SAP®-Praxishandbuch ABAP®

Teil I: Konzeption, Entwicklung und Debugging

2., erweiterte Auflage

Thomas Stutenbäumer

Willkommen bei Espresso Tutorials!

Unser Ziel ist es, SAP-Wissen wie einen Espresso zu servieren: Auf das Wesentliche verdichtete Informationen anstelle langatmiger Kompendien – für ein effektives Lernen an konkreten Fallbeispielen. Viele unserer Bücher enthalten zusätzlich Videos, mit denen Sie Schritt für Schritt die vermittelten Inhalte nachvollziehen können. Besuchen Sie unseren YouTube-Kanal mit einer umfangreichen Auswahl frei zugänglicher Videos: *https://www.youtube.com/user/EspressoTutorials*.

Kennen Sie schon unser Forum? Hier erhalten Sie stets aktuelle Informationen zu Entwicklungen der SAP-Software, Hilfe zu Ihren Fragen und die Gelegenheit, mit anderen Anwendern zu diskutieren:

http://www.fico-forum.de.

Bibliografische Information der Deutschen Nationalbibliothek
Die Deutsche Nationalbibliothek verzeichnet diese Publikation in der Deutschen Nationalbibliografie; detaillierte bibliografische Daten sind im Internet über https://portal.dnb.de abrufbar.

Thomas Stutenbäumer
SAP®-Praxishandbuch ABAP®
Teil I: Konzeption, Entwicklung und Debugging – 2., erweiterte Auflage

ISBN: 978-3-96012-156-5

Lektorat: Anja Achilles

Korrektorat: Stefan Marschner, Petra Schweitzer, Team Wallmow 65

Coverdesign: Philip Esch

Coverfoto: iStockphoto.com | bluebay2014 No. 500907477

Satz & Layout: Johann-Christian Hanke

2. Auflage 2023

URL: *www.espresso-tutorials.de*

Feedback:
Wir freuen uns über Fragen und Anmerkungen jeglicher Art. Bitte senden Sie diese an: *info@espresso-tutorials.com*.

Inhaltsverzeichnis

Vorwort

Auf dem Markt gibt es eine Reihe von Veröffentlichungen zur SAP-Programmiersprache ABAP. Warum also ein weiteres Buch?

Die bestehende Literatur bzgl. ABAP beschäftigt sich oft sehr umfassend mit den Basics der ABAP-Entwicklung oder ist so speziell, dass nur ein Bruchteil daraus für die Praxis relevant ist. Auf der einen Seite wird der Leser mit Informationsfülle überfrachtet, auf der anderen Seite erhält er zu wenige Informationen.

Dieses Buch geht daher einen anderen Weg. Auf der Grundlage langjähriger Entwicklungserfahrung habe ich Methoden und Verfahren gesammelt, die tagtäglich für die Umsetzung von Kundenanforderungen benötigt werden. Dieser so entstandene Werkzeugkasten geht über das reine ABAP-Grundlagenwissen hinaus, das für das Verständnis dieses Buches vorausgesetzt wird.

Es werden Themen behandelt, die der professionelle Entwickler täglich anwendet und sonst nur durch den Besuch vieler ABAP-Seminare erfährt. Wenige Entwickler verwenden das komplette ABAP-Repertoire. Die meisten nutzen lediglich einen Bruchteil dessen, was ABAP bietet – die Essenz aus ABAP, die sie für ihre täglichen Arbeiten benötigen. Das ist es, was sie zu professionellen ABAP-Entwicklern macht.

Und genau um diese Essenz geht es in diesem Buch.

Der heutige ABAP-Entwickler ist kein reiner Programm-Codierer. Technisches Detailwissen zur Programmiersprache »ABAP« allein genügt nicht, um die an ihn gestellten Anforderungen zu bewältigen. Daneben muss er sich in die Lage des Anwenders versetzen können und mit Einfühlungsvermögen erfassen, was dieser von ihm erwartet.

Das bedeutet, dass sich ein ABAP-Entwickler über die Programmierung hinaus mit weiteren Themen auseinandersetzen muss, etwa mit den Möglichkeiten des SAP-Customizings und der SAP-Anwendungen.

Ebenso bedarf es einiger Grundkenntnisse der SAP-Basis, um z. B. Dateien aus SAP-Verzeichnissen auf den Arbeitsplatzrechner herunterzuladen oder Transporte von Entwicklungen in Fremdsysteme zu importieren.

Die in diesem Buch zusammengetragenen Kenntnisse basieren auf meinen persönlichen Erfahrungen in mehr als 20 Jahren ABAP-Entwicklung für Versorgungsunternehmen. Die Versorgungswirtschaft setzt sowohl SAP-Core-Module wie die Finanzbuchhaltung, die Materialwirtschaft und die Instandhaltung als auch ein SAP-Modul mit dem Namen »Industry Solution – Utilities« (kurz: SAP IS/U) ein. Die Liberalisierung des Energiemarktes hat in den vergangenen Jahren zu enormen Umwälzungen beim Einsatz von IT-Technologien und damit zu einem hohen Anpassungsaufwand geführt.

Jede der in diesem Buch dargestellten Methoden bzw. jedes Verfahren kann analog auf andere SAP-Anwendungen übertragen werden. Unter der Prämisse, viele Facetten der Aufgaben eines ABAP-Entwicklers zu berücksichtigen, werden Themen behandelt, die über die Programmiersprache ABAP hinausgehen.

Soweit es Entwicklungstätigkeiten betrifft, wird in dieser zweiten Auflage auf die Eigenschaften der SAP-S/4HANA-Version hingewiesen, und Sie erhalten notwendige Erläuterungen zum besseren Verständnis des Einflusses der HANA-Datenbank.

S/4HANA

SAP S/4HANA wurde als Nachfolgeversion von SAP R/3 Anfang des Jahres 2015 von der SAP zur Verfügung gestellt. Die neue ERP-Version ermöglicht, das SAP-System entweder vollständig als internetbasierte Cloudanwendung, als On-Premise-Lösung im eigenen Haus oder als hybride Version mit Teilen der Anwendung in der Cloud zu nutzen. Damit verbunden ist der Einsatz der HANA-Datenbank. Diese »High-performance ANalytic Appliance« ist eine Multi-Modell-Datenbank, die Daten in Ihrem Arbeitsspeicher statt auf einer Festplatte speichert. Dadurch ist im Regelfall ein erheblich schnellerer Zugriff auf die Daten möglich als mit den zuvor eingesetzten relationalen Datenbank-Systemen. Das HANA-Datenbankmanagementsystem wurde von der SAP entwickelt und ist seit 2010 – und damit bereits unter der SAP-Version R/3 – verfügbar.

In Band I des ABAP-Praxishandbuches geht es darum, Anforderungen der Kunden zu erfassen und in ein Realisierungskonzept umzusetzen. Ich werde Ihnen u. a. die wichtigsten Aspekte des SAP Data Dictionarys beschreiben und näher auf den Debugger eingehen, der einerseits als Hilfsmittel zur Entwicklung eigener Programme und andererseits zur Lokalisierung von Fehlern in SAP-Programmen dient. Im letzten Kapitel lernen Sie häufig benötigte Methoden in der ABAP-Programmiersprache kennen.

Das **erste Kapitel** zeigt, wie eine konkrete Anforderung aus der Praxis zu Lösungsansätzen im SAP-System führt. Anhand dieser Umsetzung werde ich in den folgenden Kapiteln eine Reihe von Verfahren erläutern. Vor der ersten programmierten Zeile muss der Entwickler die Anforderungen des Anwenders vollständig erfasst haben und eine Lösungsstrategie erarbeiten. Jede andere Vorgehensweise kann zu Enttäuschungen aufseiten des Anwenders und zu Unmut beim Entwickler führen, weil die entwickelten Programme ansonsten wiederholt modifiziert oder erweitert werden müssten.

Das **zweite Kapitel** gehört dem SAP Data Dictionary und seinen Funktionen. Das Data Dictionary stellt die Schnittstelle zwischen dem Datenbankmanagementsystem (kurz DBMS, DBS oder DB) und den SAP-Anwendungen dar. Das gilt sowohl für traditionelle relationale DBMS als auch für das HANA-DBMS. Zunächst stehen grundlegende Aspekte inbesondere der HANA-DB im Fokus, bevor die Aufgaben des Data Dictionary erläutert werden.

Die Grundlage jeder Entwicklung ist das Datenmodell. Der Entwickler muss anhand der Bedarfe des Anwenders entscheiden, wie die Daten der zu entwickelnden Anwendung vorgehalten werden: Eignen sich SAP-Standardtabellen oder eher sogenannte Z-Tabellen als Erweiterung des SAP-Datenmodells? Sind es Anwendungs- oder Customizing-Tabellen, die als Wertehilfen verwendet werden? Müssen Tabelleninhalte im produktiven System durch den Anwender bearbeitet werden können? Jede Anforderung führt zu einer anderen Umsetzung des Datenmodells.

Das **dritte Kapitel** beschreibt die Handhabung des Debuggers. Er ist bei der Programmentwicklung und bei der Analyse von Fehlern in Programmen das Werkzeug der ersten Wahl. Der aktuelle »Standard ABAP Debugger« bietet um ein Vielfaches mehr Möglichkeiten der Fehleranalyse als der inzwischen veraltete »Klassische Debugger«. Neben einer übersichtlichen Darstellung des Programm-Codes werden der sogenannte ABAP-Stack sowie die verwendeten lokalen und globalen Variablen zu jedem Programmteil des ABAP-Stacks zeitgleich angezeigt. Das Debuggen ermöglicht ein Vor- und Rückwärtsspringen im Programmverlauf. Variablen können während des Programmlaufes manipuliert und damit die implementierten Funktionalitäten zur Laufzeit des Programms unter veränderten Bedingungen getestet werden.

Das **vierte Kapitel** ist erweiterten Funktionen und Entwickler-Tricks in ABAP gewidmet. Es geht hier insbesondere um die Notwendigkeit sowie die Möglichkeiten der Programmdokumentation und des Error-Handlings. Sie lernen immer wieder benötigte Programmiertricks kennen, wie z. B. ALV-Grid-Listen in der List- und Dialogverarbeitung, den Up- und Download von Daten, die Bearbeitung von Zeitscheiben, das Call-Transaction-Verfahren, den E-Mail-Versand, die »Dirty Assign«-Methode und dynamische Select-Statements.

Das **fünfte Kapitel** bietet einen Exkurs über neuere Entwicklungswerkzeuge, die zum einen schnellere Datenbank-Zugriffe und zum anderen die Entwicklung internetbasierter Komponenten in SAP ermöglichen sollen.

Im **sechsten Kapitel** finden Sie eine Auflistung der bisherigen Ergebnisse für die in Kapitel 1 dargestellten Anforderungen sowie einen Ausblick auf Verfahren und Methoden für die noch ausstehenden Aspekte der Umsetzung der anfänglich beschriebenen Aufgabe. Diese Methoden und Verfahren werden im zweiten Band des ABAP-Praxishandbuches behandelt.

In Teil II (Neuauflage erscheint im Frühjahr 2023) werden weitere Aspekte der ABAP-Programmierung vorgestellt: der Einfluss des Entwicklers auf die Performance, Modifikationen und Erweiterungen am SAP-Standard, das Customizing im SAP, das Transportwesen, Möglichkeiten der Fehlerbehebung und der Einsatz des SAP-Support-Portals bei der Behebung von Fehlern in SAP-Standard-Programmen.

Ich bin überzeugt, Ihnen mit diesem SAP-Kompendium für ABAP-Entwickler Werkzeuge an die Hand zu geben, mit denen Sie einen Großteil Ihrer Anforderungen umsetzen können. Damit das Wissen um diese Methoden und Verfahren auch zum beruflichen Erfolg führt, obliegt es Ihren persönlichen Fähigkeiten, die Wünsche des Anwenders gut zu erfassen und mithilfe der dargestellten Werkzeuge effizient und platziert umzusetzen.

Ich erhebe keinen Anspruch auf Vollständigkeit. Sollten Sie der Auffassung sein, dass aufgrund Ihrer Erfahrungen als ABAP-Entwickler wichtige Teile fehlen oder sich Fehler in dem Buch eingeschlichen haben, nehmen Sie bitte Kontakt zu mir auf. Ihre Hinweise können in einer neuen Auflage des Buches berücksichtigt werden.

Verwendete SAP-Versionen

Da sich die SAP-Versionen und deren Komponenten in den letzten Jahren sehr rasant entwickeln, weise ich darauf hin, dass sich die in diesem Ratgeber dargestellten Methoden und Verfahren auf folgende Versionsstände beziehen:

- SAP Basis 7.5 oder älter
- SAP ABAP 7.5 oder älter
- SAP Logon GUI 7.7 oder älter
- SAP IS-U/T 6.18 oder älter

Dem Leser sollte bewusst sein, dass die ABAP-Syntax und -Befehle vom zugrunde liegenden SAP-Basis-Release und nicht von der Datenbank abhängig sind. Die im Praxishandbuch ABAP vorgestellten Verfahren haben sich im Laufe der Zeit zwar teilweise geändert, sind aber grundsätzlich weiterhin nutzbar.

Anmerkung zum verwendeten Screen-Layout

Die SAP hat im Zuge der Einführung von S/4HANA im Graphical User Interface (GUI) ansprechendere und modernere Bildschirm-Layouts zur Verfügung gestellt.

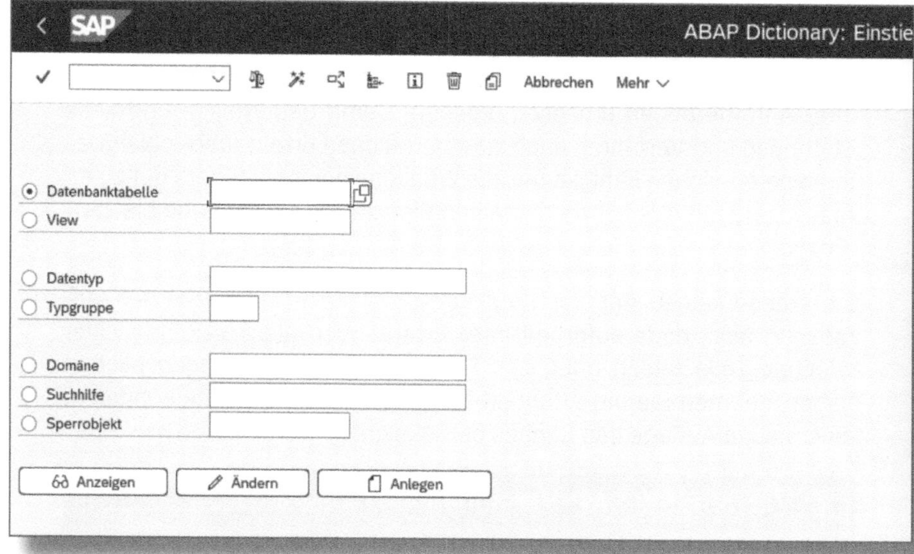

Zeitgemäßes Bildschirmlayout in SAP-Systemen

Vergleichen Sie diese Abbildung mit dem älteren Design der Transaktion SE11 – Data Dictionary (siehe Abbildung 2.4). Sie werden feststellen, dass sich dieses Design aufgrund kleiner, auf größeren Bildschirmen kaum lesbarer Icons schlecht für eine begleitende Illustrierung der Erläuterungen eignet. Daher greife ich in diesem Ratgeber auf eine ältere Version des Layouts zurück.

Führen Sie einen Mausklick auf das kleine SAP-Icon oben links im SAP-Logon-Screen aus, um das Bildschirm-Design zu ändern.

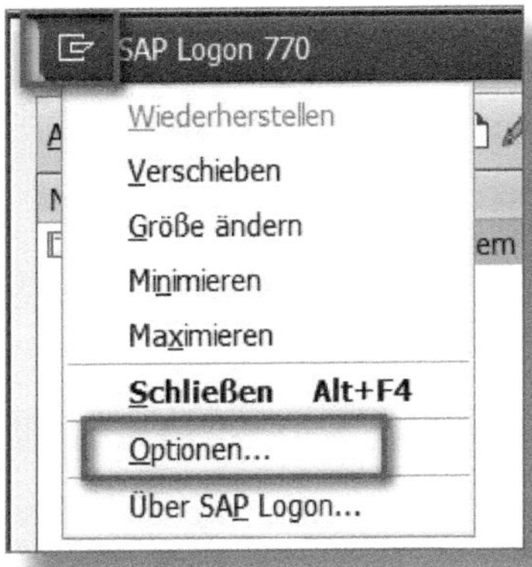

SAP-Icon im SAP Logon

Daraufhin erscheint ein Kontextmenü, über das Sie mit einem weiteren Mausklick den Menüpunkt OPTIONEN auswählen. Es öffnet sich folgender Eingabebildschirm:

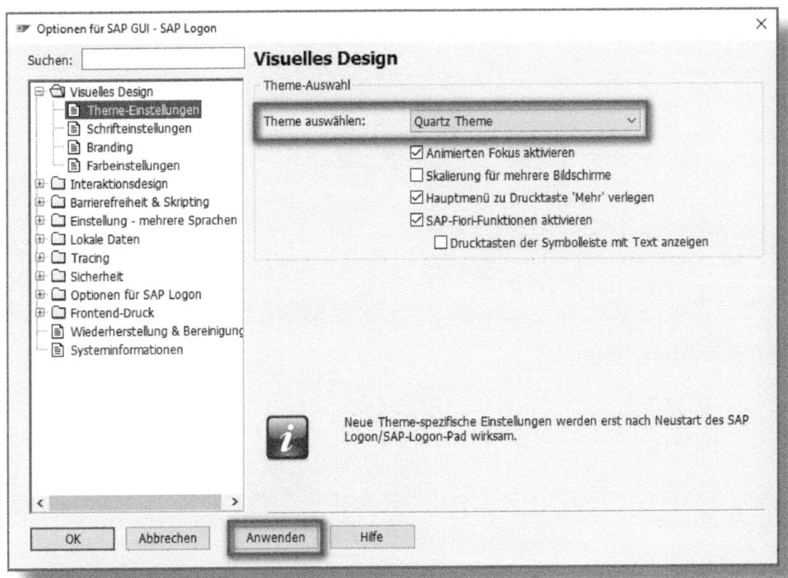

Ändern des visuellen GUI-Designs im SAP Logon

Unter VISUELLES DESIGN • THEME-EINSTELLUNGEN können Sie sich rechts im Feld THEME AUSWÄHLEN für eines der GUI-Designs entscheiden. Vergessen Sie nicht, die Änderung des Theme über den Button ANWENDEN zu bestätigen.

In dieser Neuauflage verwende ich aus Gründen der besseren Lesbarkeit das SAP SIGNATURE THEME.

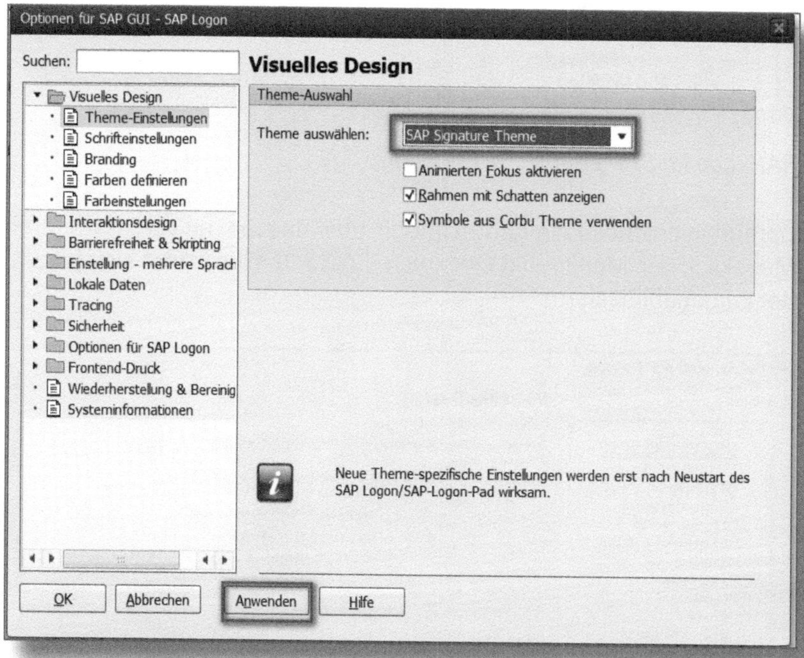

SAP Signature Theme

In den Text sind Kästen eingefügt, um wichtige Informationen besonders hervorzuheben. Jeder Kasten ist zusätzlich mit einem Piktogramm versehen, das diesen genauer klassifiziert:

Hinweis

Hinweise bieten praktische Tipps zum Umgang mit dem jeweiligen Thema.

Beispiel

Beispiele dienen dazu, ein Thema besser zu illustrieren.

! Achtung

Warnungen weisen auf mögliche Fehlerquellen oder Stolpersteine im Zusammenhang mit einem Thema hin.

Die Form der Anrede

Um den Lesefluss nicht zu beeinträchtigen, verwenden wir im vorliegenden Buch bei personenbezogenen Substantiven und Pronomen zwar nur die gewohnte männliche Sprachform, meinen aber gleichermaßen Personen weiblichen und diversen Geschlechts.

Hinweis zum Urheberrecht

Sämtliche in diesem Buch abgedruckten Screenshots unterliegen dem Copyright der SAP SE. Alle Rechte an den Screenshots hält die SAP SE. Der Einfachheit halber haben wir im Rest des Buches darauf verzichtet, dies unter jedem Screenshot gesondert auszuweisen.

1 Anforderungen und die Konzeption einer Lösung

Am Anfang jeder Entwicklung steht ein Kundenwunsch. In diesem Kapitel wird daher eine Anforderung aus der Praxis dargestellt. Ich zeige Ihnen auf, wie aus dem Kundenwunsch ein Konzept zur Realisierung der Anforderung in SAP entsteht. Bei den weiteren Erläuterungen von Methoden und Verfahren wird dieses Beispiel so weit wie möglich zugrunde gelegt.

»Ärmel aufkrempeln genügt nicht mehr – jetzt brauchen wir Konzepte.« Dieser bedeutende Satz eines Vertriebs-Mitarbeiters zeigt ein heute leider noch immer existierendes Phänomen: Dem Kunden werden Funktionalitäten versprochen, die nicht oder zumindest nicht in der gewünschten Form umzusetzen sind. Der Aufwand und die Dauer der Entwicklungen werden unterschätzt. Oder aber der Entwickler erhält unzureichende Beschreibungen von dem, was er umsetzen soll.

Und so schlittern IT-Dienstleister von einem Desaster zum nächsten, und die Enttäuschungen beim Kunden wachsen.

Was unternommen werden kann, um diese Situation zu entschärfen:

- Beteiligen Sie die Entwickler an den Kundengesprächen.
- Lassen Sie den Entwicklungsaufwand nur von erfahrenen Entwicklern abschätzen.
- Vereinbaren Sie Termine zwischen Anwendern und Entwicklern, in denen die geforderten Funktionalitäten abgestimmt werden.
- Fassen Sie die so diskutierten Anforderungen schriftlich zusammen.
- Lähmen Sie die Entwickler nicht durch ein aufgeblasenes Projekt-Controlling.
- Vereinbaren Sie Testmodalitäten, d. h. Testfälle sowie deren Umfang, Test-Mitarbeiter und Testdauer.

- Stellen Sie rechtzeitig hinreichende Hardware-Ressourcen zur Verfügung.
- Schulen Sie die Anwender kurz vor der Produktivsetzung in den neuen Anwendungen.
- Dokumentieren Sie die Entwicklungen in der Form, dass zum einen der Anwender begreift, wozu er die Entwicklungen nutzen kann, und zum anderen Sie einen anderen ABAP-Entwickler in die Lage versetzen, Ihre Arbeiten zu erweitern bzw. zu warten.

Diese Liste lässt sich beliebig fortsetzen. Bei jedem IT-Dienstleister bzw. in jeder IT-Abteilung wird der eine oder andere Ratschlag helfen. Es ist nicht meine Absicht, an dieser Stelle Organisationsberatung zu leisten – jeder gute Mitarbeiter kennt die Schwachstellen in seinem Unternehmen am besten. Vielmehr möchte ich zu bedenken geben, dass zu einer erfolgreichen ABAP-Entwicklung deutlich mehr gehört als das reine Wissen um das Programmieren und die Programmiertechniken.

Im Folgenden werde ich die dargestellten Methoden und Verfahren anhand von Praxis-Beispielen verdeutlichen. Das nun aufgezeigte Beispiel einer Anforderung dient als Grundlage für die weiteren Erläuterungen von Verfahren und Methoden in den einzelnen Kapiteln. Es zeigt die Dimensionen einer »einfachen Anforderung« und die daraus resultierenden erforderlichen Arbeiten eines ABAP-Entwicklers.

1.1 Eine Anforderung aus der Praxis

Kennzeichnung im SAP-System für Kunden mit hohem Umsatz

Bei einem Energieversorgungsunternehmen sollen Kunden mit einem sehr hohen Umsatz für die Kundenbetreuer besonders kenntlich gemacht werden. Energieversorger steuern die Ablesung und damit indirekt die Abrechnung ihrer Dienstleistungen über sogenannte Ableseeinheiten.

Ziel dieser Maßnahme ist es, Kunden mit einem hohen Absatz in einer neuen Ableseeinheit zusammenzufassen.

In Gesprächen zwischen dem Energieversorger und dem IT-Dienstleister ergeben sich folgende Anforderungen:

- Die Vertragskonten des Kunden sollen als *Kontoklasse* die neue Kontoklasse »First Customer« erhalten.
- Ein *Geschäftspartner* mit einem Vertragskonto der Kontoklasse »First Customer« soll für die Kundenbetreuer in der Geschäftspartner-Verwaltung kenntlich gemacht werden.
- Im *SAP Customer Interaction Center* (CIC) soll der »First Customer« durch einen besonderen Eintrag in den Geschäftspartner-Kontakten kenntlich gemacht werden.
- Im Vertrag des Kunden sollen sogenannte *Rahmenvertragsdaten* des »First Customers« zugeordnet und kenntlich gemacht werden. Ein Rahmenvertrag besitzt die Attribute: »Rahmenvertragsnummer«, »Bezeichnung des Rahmenvertrags« und den »Kundenbetreuer«. Die Daten zur Verwaltung von Rahmenverträgen sollen aus einer lokalen Datei in das SAP-System hochgeladen werden.
- Eine Umstellung der Ableseeinheit von »First Customer« soll stichtagsbezogen durchgeführt werden.
- Durch die Änderung der Ableseeinheit ändern sich auch die Ableseportion (also das Ablesegebiet) und damit der Abschlagsplan für die Energiekosten der Kunden. Ein Programm soll die stichtagsbezogene Umstellung der Abschlagspläne von »First Customer«-Kunden ermöglichen.

1.2 Vorüberlegungen zur Umsetzung der Anforderungen

Wie aus den Anforderungen hervorgeht, ist die Kennzeichnung der »First Customer« in verschiedenen SAP-Standard-Programmen erforderlich.

1. Die Kennzeichnung im Vertragskonto erfordert das Einstellen (sogenanntes Customizen) einer neuen Kontoklasse.
2. Die Darstellung eines »First Customers« in der Geschäftspartner-Verwaltung erfordert zusätzliche Felder in der Anzeige des Geschäftspartners.
3. Die Zuordnung von Rahmenverträgen zu den Verträgen des Geschäftspartners erfordert zusätzliche Ausgabefelder in der SAP-Vertragsverwaltung.

Ebenso werden eine neue Datenbanktabelle und eine Suchhilfe benötigt.

- Die Eingabe von Rahmenverträgen erfordert die Erstellung einer neuen kundenspezifischen Datenbanktabelle, in der diese Rahmenverträge gespeichert werden.
- Damit einem Vertrag durch den Anwender die korrekten Rahmenverträge zugeordnet werden, soll eine Suchhilfe zu den Rahmenverträgen angezeigt werden.

Die stichtagsbezogene Einführung von »First Customer«-Kunden kann nur mithilfe von Eigenentwicklungen ermöglicht werden.

- Die Zuordnung der neuen Kontoklasse »First Customer« zu den entsprechenden Vertragskonten erfordert die Entwicklung eines Programms, das die Kontoklasse gewählter Geschäftspartner umstellt.
- Um die Daten von Rahmenverträgen in einer kundeneigenen Tabelle im SAP-System zur Verfügung zu stellen, wird ein Programm benötigt, das diese Daten aus einer externen Datei in das SAP-System hochlädt.
- Die Ableseeinheit ist ein Feld in den *Zeitscheiben* der Anlagen, die beim Kunden installiert sind. Es muss ein Programm entwickelt werden, das zu einem Stichtag eine neue Anlagenzeitscheibe mit einer neuen Ableseeinheit erstellt.
- Durch die Einführung einer neuen Ableseeinheit und damit einer neuen Ableseportion sind die Abschlagspläne umzustellen. Es ist ein Programm zu entwickeln, das die Portion in je-

dem Abschlagsplan der neuen Abrechnungsperiode prüft. Ist im Abschlagsplan die neue Portion für die neue Ableseeinheit korrekt, ist keine weitere Aktion erforderlich. Wenn nicht, dann muss der alte Abschlagsplan gelöscht und ein neuer angelegt werden. Sind bereits finanzielle Ausgleiche auf dem »alten« Abschlagsplan erfolgt, so kann dieser nicht mithilfe des neu entwickelten Programms gelöscht werden. Vor dem Löschen müssen die Ausgleiche manuell zurückgenommen und nach Umstellung auf einen neuen Abschlagsplan manuell gebucht werden.

- Die Kennzeichnung eines First Customers im SAP CIC durch eine besondere Kontakt-Nachricht in der Geschäftspartner-Übersicht erfordert die Entwicklung eines Programms, das für selektierte Geschäftspartner diese speziellen Kontakt-Nachrichten anlegt.

Der Entwickler muss nun entscheiden, ob und wie er diese Anforderungen im SAP-System des Kunden umsetzen kann.

1.3 Das Grob-Konzept der Lösung

Das *Datenmodell* ist die Grundlage jeder Entwicklung. Ein ABAP-Entwickler muss wissen, wo welche Daten zu finden sind, ob bestehende SAP-Standardtabellen erweitert werden können und ob das Anlegen einer neuen kundeneigene Tabelle erforderlich ist.

Im vorliegenden Beispiel ist das Datenmodell relativ einfach (siehe Abbildung 1.1).

Ein *Geschäftspartner* kann mehrere Vertragskonten besitzen. Ein *Vertragskonto* hat immer genau eine *Kontoklasse*, ihm können beliebig viele Verträge zugeordnet werden. Ein *Vertrag* besitzt genau einen *Rahmenvertrag*. Diesem (Versorgungs-) Vertrag ist eine Anlage zugeordnet. Eine *Anlage* besitzt beliebig viele *Anlagenzeitscheiben*. Für die Verwaltung von Rahmenverträgen muss eine kundeneigene Datenbanktabelle erstellt werden. Die Zuordnung eines Rahmenvertrags zu einem Vertrag wird durch das Feld RAHMENVERTRAGS-ID eingerichtet.

Dieses Feld wird im Customer-Include CI_EVER (Felderweiterungen für den Vertrag) angelegt (siehe Abschnitt 2.7).

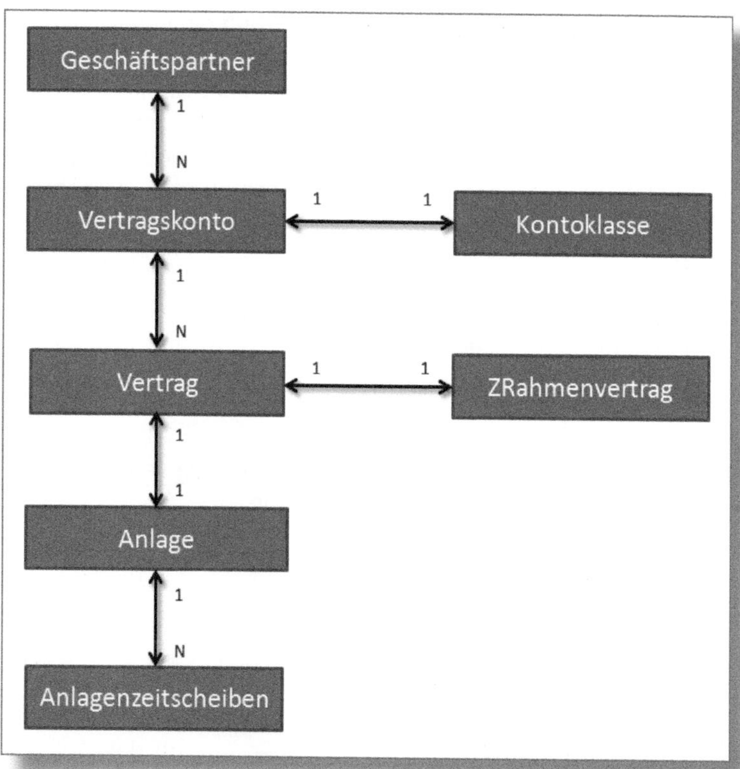

Abbildung 1.1: Datenmodell zur Anforderung

Für die Datenhaltung sind folgende Aktivitäten erforderlich:

- Anlegen einer Tabelle ZRAHMENVERTRAG, in der die Daten für die Rahmenverträge gespeichert werden,
- Erweiterung der Felder im (Versorgungs-)Vertrag für die Verbindung zwischen diesem und dem Rahmenvertrag, sowie die Aufnahme weiterer Felder für Ansprechpartner und deren Kontaktinformationen im Versorgungsvertrag,
- Customizing von Prüftabellen, z. B. für die neue Kontoklasse.

Die Anforderungen des Anwenders setzen einige Erweiterungen von in den SAP-Standard-Programmen voraus (vgl. Abschnitt 1.4.1):

- Anzeige der Kontoklasse im Vertragskonto,
- Anzeige der »First-Customer«-Eigenschaft im Geschäftspartner,
- Anzeige von Rahmenverträgen in Verträgen,
- Anzeige einer bestimmten Kontaktklasse im Customer-Interaction-Center.

Für eine stichtagsbezogene Umstellung ist die Entwicklung von Programmen erforderlich (vgl. Abschnitt 1.4.2):

- Upload von Rahmenvertragsdaten,
- Umstellung der Vertragskonten auf die neue Kontoklasse,
- Umstellung der Ableseeinheit über eine neue Zeitscheibe in den Anlagen,
- Erstellung spezifischer Geschäftspartnerkontakte mit einer neuen Kontaktklasse,
- Anpassen der Abschlagspläne.

1.4 Das Detail-Konzept der Lösung

1.4.1 Anpassungen von SAP-Standard-Programmen

Anzeige der Kontoklasse »First Customer« im Vertragskonto

Diese Anzeige wird durch das Einstellen (Customizen) der neuen Kontoklasse in der Prüftabelle zum Feld KONTOKLASSE des Vertragskontos erzielt. Das Customizing wird im zweiten Teil des »SAP-Praxishandbuchs ABAP« behandelt.

Anzeige von »First Customer« im Geschäftspartner

Für modifikationsfreie Erweiterungen im Geschäftspartner werden die Transaktionen BUPT und BUCO verwendet. Die Lösung dieser Problemstellung finden Sie im zweiten Teil vom »SAP-Praxishandbuch ABAP«, im Kapitel »Änderungen und Erweiterungen im SAP-Standard«.

Anzeige von Rahmenverträgen in der Vertragsverwaltung

Modifikationsfreie Erweiterungen von Feldern in der Vertragsverwaltung können über sogenannte *User-* und *Screen-Exits* erreicht werden. Die Lösung zeige ich ebenfalls in zuvor genanntem Kapitel vom zweiten Teil des Praxishandbuchs.

1.4.2 Umstellungsprogramme

Umstellungsprogramme müssen eine Analyse-Funktion besitzen, die dem Anwender zeigt, welche Objekte wie umgestellt werden können und welche aus welchen Gründen nicht. Dabei ist zu berücksichtigen, dass bereits umgestellte Objekte nicht erneut umgestellt werden, d. h., das Programm muss »wiederaufsetzbar« sein. Erst in einem Umstellungs-Programmlauf werden die analysierten Objekte anhand der Analyseergebnisse so weit wie möglich umgestellt. Die Entwicklung dieser Programme wird im Abschnitt über die Programmierung von ALV-Grid-Ausgaben erläutert (siehe Abschnitt 4.11).

Und nun zu den geforderten Funktionalitäten der neu zu entwickelnden Programme.

Umstellung auf eine neue Kontoklasse

Diese Entwicklung muss den Fall abfangen, dass die neue Kontoklasse in der Customizing-Tabelle noch nicht eingestellt wurde. Ansonsten ergeben sich keine weiteren Schwierigkeiten.

Zeitscheiben für Ableseeinheiten

SAP speichert in bestimmten Tabellen die Historie von Datenobjekten. Diese Datensätze werden mit einem Ab- und einem Bis-Datum für ihren

Gültigkeitszeitraum versehen. Die einzelnen Datensätze bezeichnet man mit dem Begriff *Zeitscheibe*.

Damit die Anlagenhistorie bzgl. der Ableseeinheiten in SAP verwaltet werden kann, dürfen die Zeitscheiben einer Anlage weder zeitliche Überlagerungen noch Lücken aufweisen. Es stellt sich die Frage, wie die Umstellung der Ableseeinheiten durchgeführt werden soll.

Zunächst stellt sich das Problem sehr einfach dar: Die Anlage erhält zu einem Stichtag eine neue Zeitscheibe. Die vorhandene Zeitscheibe erhält ein BIS-Datum mit dem Umstellungsdatum minus einen Tag.

Weitere Überlegungen machen erste notwendige Fallunterscheidungen für die Programmierung erkennbar:

- Besitzt die Anlage einen aktiven Vertrag?
- Hat die Anlage bereits die neue Ableseeinheit zum Umstellungstermin?
- Hat die Anlage eine BIS-Zeitscheibe vor dem Umstellungstermin minus einen Tag?

In unserem Fallbeispiel stellte der Anwender bei Tests der Anwendung die Ableseeinheit weit in der Zukunft um und wählte anschließend einen Termin in der näheren Zukunft. Das führte zu einer Reihe von Fallunterscheidungen, die unterschiedliche Lösungen erforderten. Diese Anforderung des Kunden – obwohl sie nur einen Sonderfall darstellte – sprengte den geschätzten Aufwand. Also: Vorsicht bei der Bearbeitung von Zeitscheiben und der Aufwandsschätzung.

Auf die »fallenträchtige« Programmierung zur Änderung von Zeitscheiben werde ich im Abschnitt 4.8 eingehen.

Geschäftspartnerkontakte

Bei einem Programm zur Erstellung von Geschäftspartnerkontakten können SAP-Standard-Funktionsbausteine verwendet werden, die mit entsprechenden Parametern aufzurufen sind. Die Geschäftspartnerkontakte nutzen einen Nummernkreis, der ihre fortlaufende Nummerierung ermöglicht. Die Entwicklung des Programms wird im Abschnitt über die Nummernkreise erläutert (siehe Abschnitt 4.19).

Abschlagspläne

Mit diesem Programm kommen wir in den für Versorgungsunternehmen sensiblen Abrechnungsbereich. Prinzipiell muss das Programm zunächst die grundlegenden Prüfungen für die Erstellung korrekter Abschlagspläne durchführen, d. h.:

- Hat die Anlage eine Zeitscheibe mit der neuen Ableseeinheit?
- Hat die Ableseeinheit Terminsätze für die Ablesung?
- Ist die neue Ableseeinheit einer (Ablese-)Portion zugeordnet?
- Gibt es Terminsätze für diese Portion?
- Gibt es auf bestehende und umzustellende Abschlagspläne bereits Ausgleichszahlungen?

Das Löschen und Anlegen von Abschlagsplänen ist über SAP-Standard-Transaktionen möglich, die im SAP-Betrieb bereits ausgereift sind. So greift z. B. die Transaktion zum Löschen von Abschlagsplänen nicht, wenn bereits Ausgleichszahlungen erfolgt sind. Daher ist es sinnvoll, diese Transaktionen im Programm zur Umstellung von Abschlagsplänen zu verwenden. Im ABAP wird hierfür der Befehl *Call Transaction* genutzt. Die Verwendung dieses Befehls ist nur nach einer Reihe von Vorarbeiten möglich. Ich gehe im Rahmen von Abschnitt 4.20 auf diese Besonderheit ein.

Mit Erstellung des Realisierungskonzeptes sollte allen Beteiligten die Leistung der zu entwickelnden Funktionen bekannt sein. Im ersten Schritt muss sich der Entwickler Gedanken darüber machen, welche Daten er für die Entwicklung dieser Funktionen benötigt. Beginnen wir also mit der Erläuterung von Grundlagen zur Datenhaltung in SAP-Systemen.

2 Das SAP Data Dictionary

Grundlage einer jeden ABAP-Entwicklung sind die Daten, die durch das Programm verarbeitet werden. Vor der ersten Programmierzeile muss sich der Entwickler im Klaren sein, wo die zu bearbeitenden Daten zu finden sind und in welcher Form sie im SAP-System gespeichert werden.

Mit dem *Data Dictionary* erschuf die SAP eine Schnittstelle zwischen den Datenbankmanagementsystemen (DBMS) und den ABAP-Entwicklungen, die unabhängig vom eingesetzten DBMS ist. Betrachten wir zum genaueren Verständnis das Stufenmodell von SAP-Systemen.

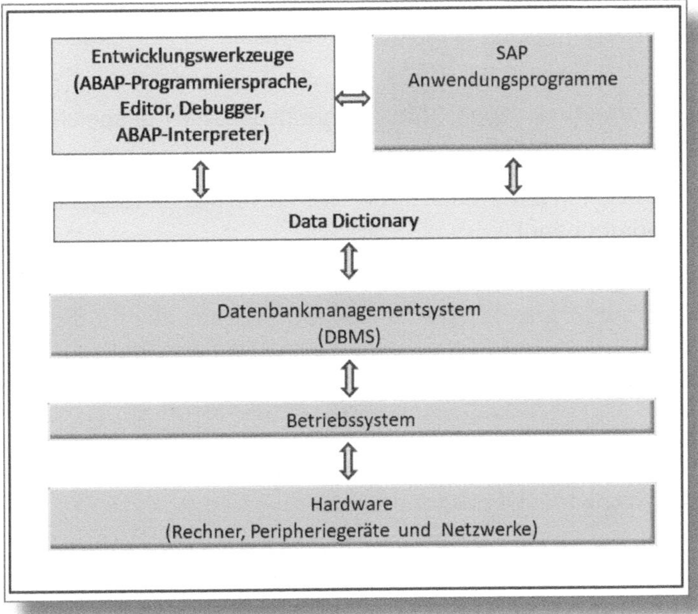

Abbildung 2.1: Stufenmodell von SAP-Systemen

Das Data Dictionary dient damit als Vermittler zwischen der Programmierumgebung sowie den SAP-Anwendungen auf der einen Seite und dem DBMS auf der anderen Seite.

Zunächst werde ich grundlegende Aspekte von Datenbankmanagementsystemen erläutern, um das notwendige Verständnis für die Verwaltung von Daten in SAP-Systemen zu entwickeln. Erst damit werden die darauffolgenden Erklärungen zum Data Dictionary verständlich.

2.1 Datenbankmanagementsysteme für SAP

DBMS dienen der Verwaltung aller Daten einer Anwendung. Im Detail haben sie folgende Aufgaben:

- Daten speichern
- Daten den Anwendungen zur Verfügung stellen
- Änderungen an Daten ermöglichen und in sogenannten *Datenbank-Logs* protokollieren
- Daten bei zeitgleichen Zugriffen verschiedener Anwender sperren und entsperren
- Die Korrektheit (auch Datenintegrität genannt) gespeicherter Daten sicherstellen
- Die Beziehungen zwischen den Daten verwalten (sogenannte Metadatenbank)

Noch vor wenigen Jahren gab es ausschließlich traditionell relationale DBMS wie Informix, MaxDB, Oracle, DB4, SQL-DB etc., die für die Verwaltung von Daten in SAP-Systemen eingesetzt wurden. Erst seit 2010 stellte die SAP mit der HANA-DB eine neue Generation von DBMS zur Verfügung.

Diese neue HANA-DB beinhaltet zwei zuvor in keinem bisher verwendeten DBMS vorhandene Funktionen:

- In-Memory-Datenspeicherung
- Erweiterung der bisherigen zeilenorientierten Datenspeicherung um eine spaltenorientierte Datenspeicherung

Beide Aspekte haben Auswirkungen auf die Performance beim Speichern, Lesen und Ändern von Daten in SAP-Systemen. Mit der HANA-DB können auch größere Datenmengen in einer – für den Anwender

– vertretbaren Zeit bearbeitet werden. In den beiden folgenden Abschnitten werden diese Funktionen eingehender erläutert.

2.1.1 In-Memory-Datenspeicherung der HANA-Datenbank

Mit der neuen Datenbanktechnologie ändern sich insbesondere der schreibende und der lesende Zugriff auf die im Programm benötigten Daten. Der Begriff »In-Memory-Datenbank« beschreibt die Fähigkeit eines DBMS, die für eine Anwendung erforderlichen Daten für einen schnelleren Zugriff im Hauptspeicher vorzuhalten statt, wie bisher, auf den erheblich langsameren Festplatten eines Rechners. Das bedeutet, dass beim Datenzugriff die Daten nicht mehr aufwendig von den Festplatten gelesen werden müssen. Der wesentlich schnellere Datenzugriff wird über den Hauptspeicher des Rechners realisiert.

Hauptspeicher von Rechnern sind flüchtige Speicher. Das bedeutet, dass z. B. bei einem Stromausfall alle Daten aus dem Hauptspeicher verloren gehen. Um diesem Verlust vorzubeugen, werden die Daten zusätzlich auf Festplatten persistent (also dauerhaft) gespeichert. Diese Aufgabe übernimmt die *HANA-Persistenzschicht*. Anhand von Änderungslogs werden die Daten in regelmäßigen zeitlichen Abständen (im Standard alle 5 Minuten) dauerhaft auf die Festplatte geschrieben. Die Änderungszeitpunkte nennt man auch *Savepoints*.

Das HANA-Speichermodell kann wie in Abbildung 2.2 skizziert werden.

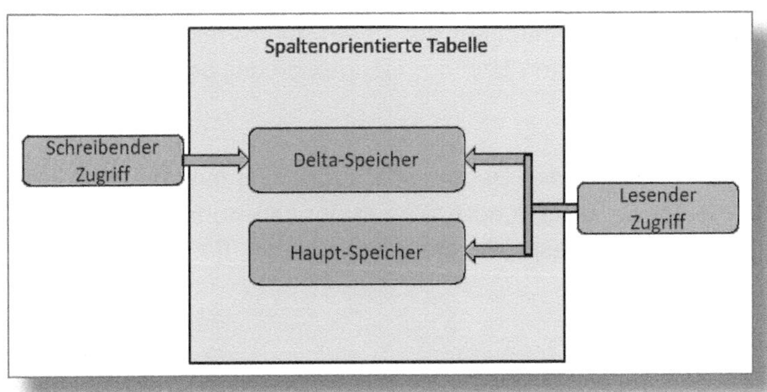

Abbildung 2.2: Das HANA-In-Memory-Speichermodell

Bei einem schreibenden Zugriff auf den Tabelleninhalt werden die Daten zunächst in den Delta-Speicher geschrieben. Dieser Speicher ist für schreibende Zugriffe optimiert.

Die neuen, gelöschten oder geänderten Daten im Delta-Speicher werden für den Hauptspeicher in kurzen Perioden komprimiert und für lesende Zugriffe optimiert (sog. Delta-Merge-Operation).

Bei lesenden Zugriffen werden die Daten sowohl aus dem Delta-Speicher als auch aus dem Hauptspeicher gelesen, um auch Aktualsierungen, die nur im Delta-Speicher liegen, zu berücksichtigen.

Um möglichst viele Daten im Hauptspeicher vorzuhalten, werden aufwendige und schnelle Kompressionsalgorithmen während der Delta-Merge-Operation eingesetzt.

2.1.2 Spalten- versus zeilenorientierte Datenspeicherung

Die HANA-DB ist, wie die traditionellen DBMS, ein relationales Datenbankmanagementsystem. Die Daten werden tabellenartig in Zeilen und Spalten gespeichert. Während traditionell relationale DBMS nur die zeilenorientierte Datenspeicherung kennen, beherrscht das HANA-DBMS sowohl die zeilenorientierte als auch die spaltenorientierte Option.

Der Unterschied zwischen der Spalten- und der Zeilenorientierung macht sich erst beim Speichern der Daten durch das DBMS auf den physikalischen Festplatten bzw. im Hauptspeicher bemerkbar (siehe Abbildung 2.3).

Bei einer **zeilenorientierten Datenspeicherung** werden die Daten einer Zeile hintereinander gespeichert. Wird in der zeilenorientierten Datenbank ein Datensatz gelesen, so stehen alle Daten dieser Zeile im Programm zur Verfügung.

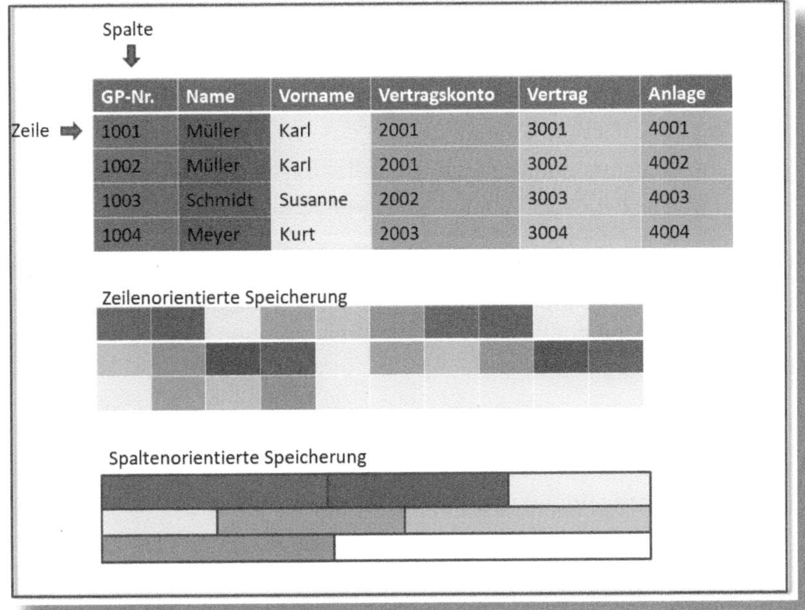

Abbildung 2.3: Zeilen- versus Spaltenorientierung

Bei einer **spaltenorientierten Datenspeicherung** werden die Daten einer Spalte hintereinander gespeichert. Stünde nun in einer Spalte z. B. der Umsatz eines Kunden, dann könnte bei einer spaltenorientierten Speicherung sehr schnell der Gesamtumsatz über alle Kunden ermittelt werden.

Je nach Art des Datenbank-Zugriffs haben beide Alternativen Vor- und Nachteile:

Vorteile der zeilenorientierten Datenspeicherung:

- Schnelleres Lesen der Daten z. B. bei Änderungen für einen Geschäftspartner (sprich: *Online Transaction Prozessing*, kurz *OLTP*)
- Schnellere lesende Zugriffe auf die Datenbank im Vergleich zur spaltenorientierten Datenspeicherung

Vorteile der spaltenorientierten Datenspeicherung:

- Bei Analyseaufgaben werden im Regelfall nur die Inhalte weniger Spalten benötigt (sprich: *Online Analytical Prozessing*, kurz *OLAP*)
- Schnellere schreibende Zugriffe auf die Datenbank im Vergleich zur zeilenorientierten Datenspeicherung

Durch die Einführung der HANA-DB konnte die bis dato bestehende Unabhängigkeit des Data Dictionary vom darunter liegenden DBMS nicht durchgehend eingehalten werden. Im Wesentlichen handelt es sich bei diesen Änderungen um:

- die technischen Einstellungen von Tabellen im Data Dictionary (vgl. Abbildung 2.10),
- die Verwendung von Datenbank-Indizes sowie
- den lesenden Zugriff auf die Datenbanktabellen.

Auf diese Änderungen beim Einsatz der HANA-DB wird in den folgenden Abschnitten zum Data Dictionary hingewiesen.

2.2 Die SE11 – Einstieg zum Dictionary

Ein SAP-System verfügt über zigtausende von Datenbanktabellen. Diese enthalten Daten oder Inhalte von Prüftabellen zur sinnvollen Eingrenzung von Einträgen in den Datenbanktabellen. Um den Überblick über diese Informationsfülle zu behalten, wurde das *Data Dictionary* als das zentrale Hilfsmittel zur Verfügung gestellt.

Im SAP Data Dictionary werden Informationen über das im SAP-System verwendete DBMS, die Tabellen und Datenstrukturen und ihre Beziehungen untereinander verwaltet. Es dient u. a. dazu, Tabellen anzulegen, Felder zu definieren und ihnen Datentypen zuzuweisen.

Der routinierte Umgang mit diesem Data Dictionary ist eine grundlegende Voraussetzung für einen ABAP-Entwickler. Es ist mit der Transaktion SE11 aufzurufen (siehe Abbildung 2.4).

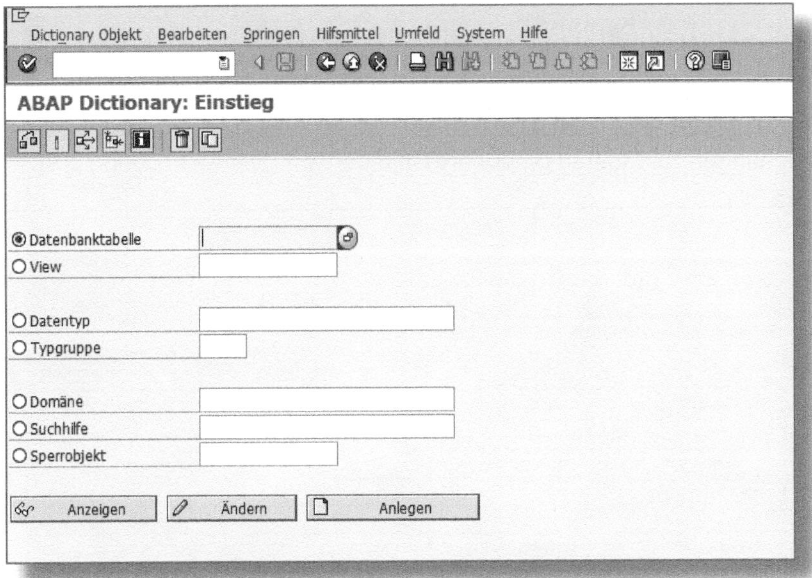

Abbildung 2.4: Die Transaktion SE11 – das Data Dictionary

Das Data Dictionary ermöglicht das Anlegen, Ändern, Prüfen, Aktivieren, Löschen und Kopieren von

- Tabellen,
- Views,
- Datentypen (Datenelementen, Strukturen und Tabellentypen),
- Typgruppen,
- Domänen,
- Suchhilfen,
- Sperrobjekten.

Darüber hinaus bietet es eine Reihe von Werkzeugen für das Festlegen von Eigenschaften der Dictionary-Objekte, ihre Erweiterung, Verwendung und Umfeldanalyse.

Umfeldanalyse

Über das Icon gelangen Sie zur Umfeldanalyse eines konkreten Dictionary-Objektes. Die Umfeldanalyse zeigt Ihnen dessen Beziehungen zu anderen Dictionary-Objekten auf (siehe Abbildung 2.5).

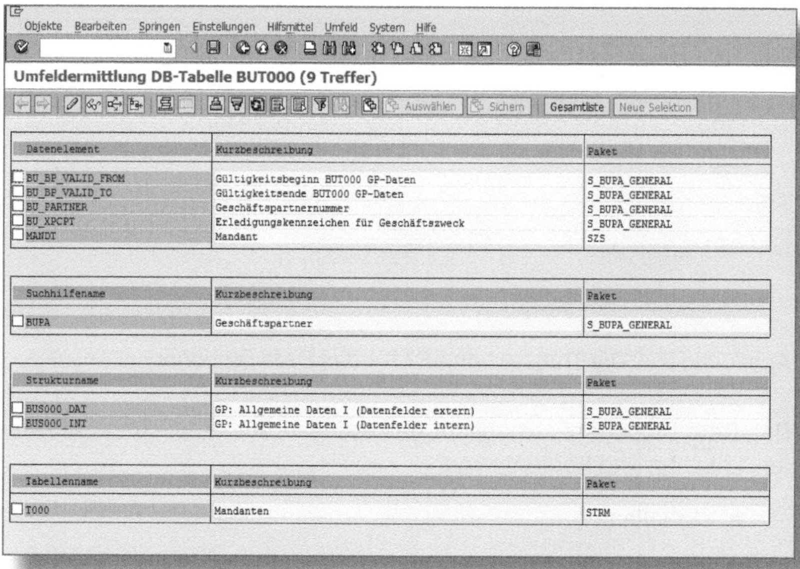

Abbildung 2.5: Umfeldanalyse von Tabellen

Verwendungsnachweis

Mit dem Verwendungsnachweis (Icon) können Sie feststellen, in welchen SAP-Objekten (Programmen, Klassen etc.) ein Dictionary-Objekt eingesetzt wird. Abbildung 2.6 zeigt dies am Beispiel eines Verwendungsnachweises für die Tabelle BUT000 (Geschäftspartner).

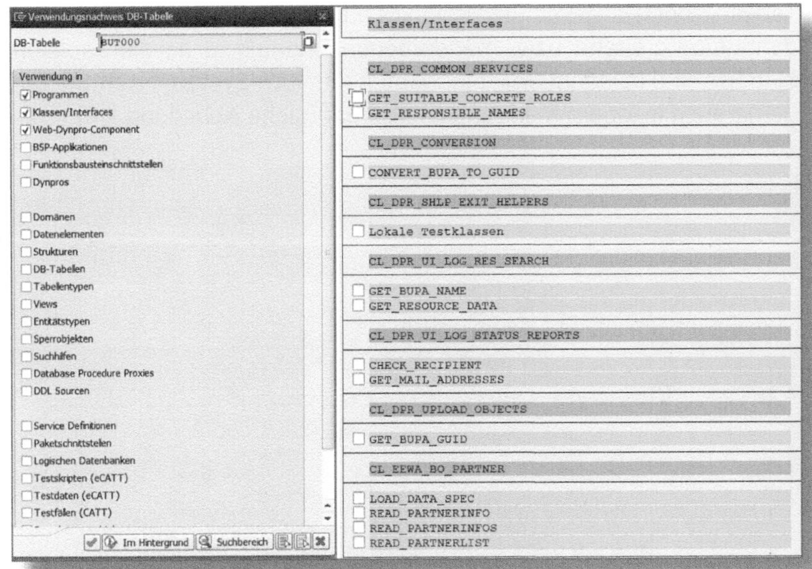

Abbildung 2.6: Verwendungsnachweis von Tabellen

2.3 Tabelleneigenschaften

Besitzt eine Tabelle wie in Abbildung 2.7 als erstes Schlüsselfeld das FELD »CLIENT« bzw. »MANDT« mit dem DATENELEMENT »MANDT«, so ist die Tabelle mandantenabhängig. Das bedeutet, dass die jeweiligen Tabelleneinträge nur in dem genannten SAP-Mandanten sichtbar sind.

Dictionary: Tabelle anzeigen

Transp.Tabelle BUT000 aktiv
Kurzbeschreibung GP: Allgemeine Daten I

Feld	Key	Initi	Datenelement	Datentyp	Länge	DezSt	Kurzbeschreibung
CLIENT	☑	☑	MANDT	CLNT	3	0	Mandant
PARTNER	☑	☑	BU_PARTNER	CHAR	10	0	Geschäftspartnernummer
.INCLUDE	☐	☐	BUS000_DAT	STRU	0	0	GP: Allgemeine Daten I (Datenfelder extern)
.INCLUDE	☐	☐	BUS000A	STRU	0	0	ZGP: Allgemeine Daten (Partnertypunabhängig)
.INCLUDE	☐	☐	BUS000AINI	STRU	0	0	ZGP: Allgemeine Daten (partnertypunabhängig), Einstiegsbild
TYPE	☐	☐	BU_TYPE	CHAR	1	0	Geschäftspartnertyp
BPKIND	☐	☐	BU_BPKIND	CHAR	4	0	Geschäftspartnerart
BU_GROUP	☐	☐	BU_GROUP	CHAR	4	0	Geschäftspartnergruppierung

Abbildung 2.7: Die mandantenabhängige Tabelle BUT000

Tabellen ohne das Schlüsselfeld »CLIENT« bzw. »MANDT« sind mandantenübergreifend bzw. mandantenunabhängig, d. h., die Tabelleneinträge sind in jedem SAP-Mandanten des SAP-Systems sichtbar und damit auch in jedem Mandanten änderbar (siehe Abbildung 2.8).

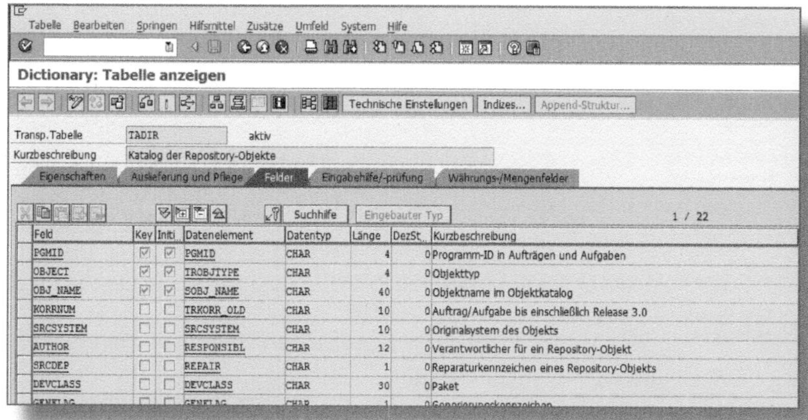

Abbildung 2.8: Die mandantenunabhängige Tabelle TADIR

Die in Abbildung 2.9 gezeigte AUSLIEFERUNGSKLASSE und PFLEGE-Eigenschaften von Tabellen haben Auswirkungen auf die Möglichkeiten zur Anzeige und Pflege von Tabelleninhalten.

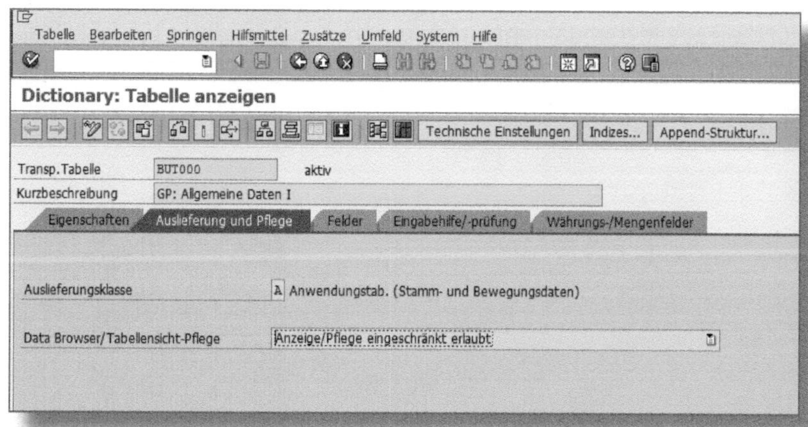

Abbildung 2.9: Auslieferung und Pflege einer Tabelle

In den meisten Fällen werden folgende Auslieferungsklassen verwendet:

- »A« = Anwendungstabelle,
- »C« = Customizing-Tabelle.

Weitere Auslieferungsklassen und deren Bedeutung können mit der F1-Hilfe auf dem Feld AUSLIEFERUNGSKLASSE in der Transaktion SE11 entnommen werden.

Anwendungstabellen enthalten Stamm- und Bewegungsdaten im SAP-System. *Customizing-Tabellen* sind im Regelfall Prüftabellen, die dafür sorgen, dass die möglichen Einträge in den Anwendungstabellen auf die in der Prüftabelle enthaltenen Einträge begrenzt werden. Damit sollen Fehleingaben durch Anwender verhindert werden.

Einträge in Customizing-Tabellen werden durch sogenannte *Tabellen-Pflege-Views* ermöglicht (vgl. Abschnitt 2.12). Sie können mithilfe der Transaktion SM30 (Einstieg in die Tabellenpflegesicht) gepflegt bzw. geändert werden. Diese Einträge und deren Änderung werden im Testsystem vorgenommen und über sogenannte Customizing-Transporte produktiv gesetzt. Alle SAP-Systemeinstellungen, die mithilfe der Transaktion SPRO (Customizing: Projektbearbeitung) vorgenommen werden, nutzen diese Tabellen-Pflege-Views.

Im Feld DATA BROWSER/TABELLENSICHT-PFLEGE können Sie folgende Auswahl treffen:

- Anzeige/Pflege erlaubt,
- Anzeige/Pflege eingeschränkt erlaubt,
- Anzeige/Pflege nicht erlaubt.

Diese Einstellung hat Auswirkung auf die Änderbarkeit von Tabelleninhalten. Ist die »Anzeige/Pflege nicht erlaubt«, so lassen sich Tabelleneinträge weder anzeigen noch ändern bzw. hinzufügen. Ist die »Anzeige/Pflege eingeschränkt erlaubt«, können Datensätze mithilfe der Transaktionen SE16 bzw. SE16N oder der Tabellenpflege SM30 zwar angezeigt, aber nicht geändert bzw. hinzugefügt werden. Die

Eigenschaft »Anzeige/Pflege erlaubt« ermöglicht sowohl das Ändern von Datensätzen als auch die Datenpflege.

Die technischen Einstellungen einer Tabelle dienen dazu, die Eigenschaften der Tabelle für das jeweilige darunterliegende Datenbanksystem zu beschreiben (siehe Abbildung 2.10).

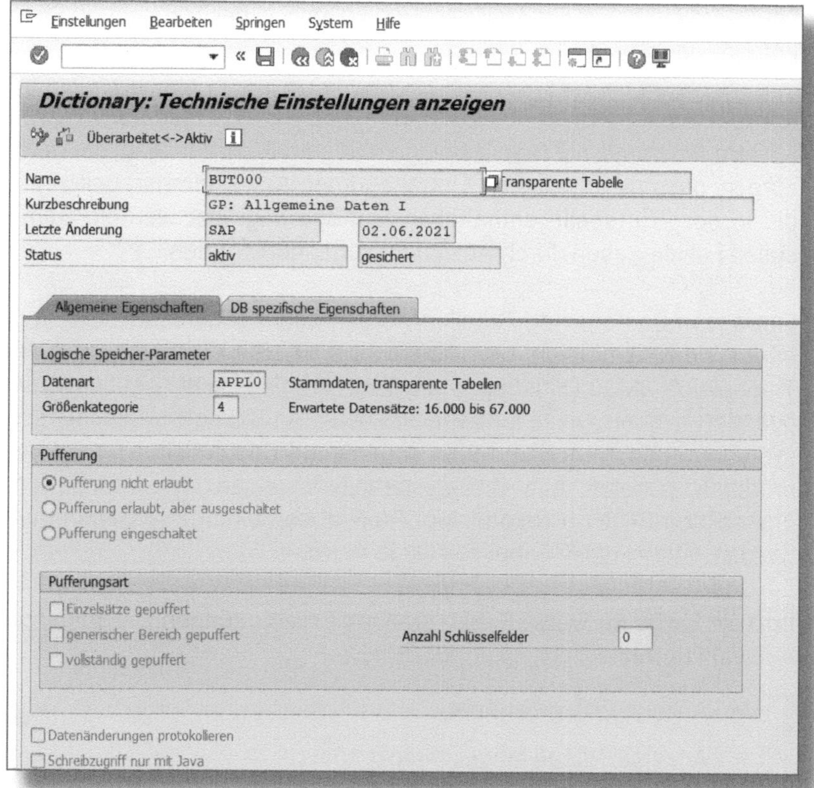

Abbildung 2.10: Technische Einstellungen einer Tabelle

Die DATENART legt fest, in welchem physischen Speicher die Daten abgelegt werden (dies gilt nur für die Datenbanken Oracle und Informix). Die GRÖSSENKATEGORIE soll eine zu erwartende Datensatzmenge der Tabelle beschreiben. Durch diese Angabe wird beim Anlegen der Tabelle auf der Datenbank ein initialer Platz auf der Datenbank reserviert, der dynamisch je nach aktueller Tabellengröße erweitert wird. Die PUFFERUNG beschreibt die Eigenschaft von Datenbanken, bestimmte Teile der Datenbanktabelle für einen performanten Zugriff auf einzelne Datensätze im Hauptspeicher vorzuhalten. Eine Pufferung von Tabelleninhalten im Hauptspeicher ist dann von Interesse, wenn z. B. Prüftabellen mit kleineren Datenmengen häufig benötigt werden.

Auf weitere Tabellen-Eigenschaften wie Indizes und Prüftabellen gehe ich in späteren Abschnitten ein.

Betrachten wir nun die im ersten Kapitel dargestellte Anforderung zur Erstellung einer Z-Tabelle für Rahmenverträge. Diese Tabelle enthält Stammdaten. Die Datensätze sollen im produktiven System geändert bzw. hinzugefügt werden. Damit muss die Tabelle die Auslieferungsklasse »A« besitzen und die Pflegeeigenschaft »Anzeige und Pflege« erlaubt. Es handelt sich hier um die Datenart »APPL0«. Je nach Anzahl der zu erwartenden »First Customer« ist die Größenkategorie festzulegen. Eine Pufferung der Rahmenvertragsdaten ist nicht erforderlich. Im Abschnitt zum Tabellenpflegegenerator (Abschnitt 2.12) finden Sie beschrieben, wie der Entwickler einen Dialog und eine Transaktion zur Pflege der Tabelleneinträge erstellen kann.

Im zweiten Reiter zu den »Technischen Einstellungen« werden DB-SPEZIFISCHE Informationen hinterlegt (siehe Abbildung 2.11).

Abbildung 2.11: DB-spezfische Eigenschaften von Tabellen

Hier stehen drei mögliche Einstellungen zur Verfügung:

- COLUMN (Spalte) STORE
  Damit wird auf der Datenbank ein spaltenorientiertes Speichern der Anwendungsdaten im DBMS-System veranlasst. Nach Vorgaben der SAP ist diese Einstellung vorgesehen für
  - Anwendungsdaten, die mit SAP HANA analysiert werden sollen,
  - Datenbanktabellen, die sehr viele Zeilen enthalten, da die zeilenorientierte Speicherung eine bessere Datenkomprimierung besitzt,
  - Datenbanktabellen, die einen Volltext-Index haben; dies ist ein Tabellenindex, der – angelegt als »unsichtbare« Spalte – speziell für eine Volltextsuche aufbereitet ist,
  - Datenbanktabellen mit Tabellenfeldern, die HANA-Datentypen enthalten, welche nur von der spaltenorientierten Speicherung unterstützt werden.
- ROW (Zeile) STORE
  Damit wird auf der Datenbank ein zeilenorientiertes Speichern von Daten veranlasst. Diese Einstellung soll nur dann verwendet werden, wenn eine Tabelle ausschließlich für häufige Einzelzeilenzugriffe verwendet wird.
- UNDEFINED
  Bei sogenannten Pool- und Clustertabellen kann nur diese Einstellung verwendet werden. Diese Tabellen sind auf der Datenbank nicht als Datenbanktabellen ausgeprägt, weshalb die Angabe einer Speicherungsart nicht sinnvoll ist.

Für unsere Tabelle ZRAHMENVERTRAG wählen wir beim Einsatz einer HANA-DB die Speicherart COLUMN STORE.

2.4 Tabellenindizes

Damit in Tabellen mit vielen Datensätzen die benötigten Datensätze möglichst schnell von der Datenbank gelesen werden können, werden sogenannte *Tabellenindizes* angelegt. Ein erster Index entsteht automatisch bei der Definition von Schlüsselfeldern der Tabelle, der sog. *Primärindex*. Weitere Tabellenindizes werden angelegt, wenn die Daten einer Tabelle in den ABAP-Programmen häufig über andere Feldinhalte selektiert werden. Zum Beispiel wird ein Geschäftspartner oft über seinen Nachnamen selektiert. Dann wird auf das Feld »Nachname« ein *Sekundärindex* angelegt.

2.4.1 Tabellenindizes bei traditionell relationalen DBMS

Für Erläuterungen zum Umgang mit Indizes komme ich zurück auf das in Kapitel 1 aufgezeigte Beispiel. Die SAP-Standard-Tabelle für Vertragskonten (FKKVKP) spielt hier eine wichtige Rolle. Diese Tabelle hat die Primärschlüssel »Mandant«, »Vertragskonto« und »Geschäftspartner«.

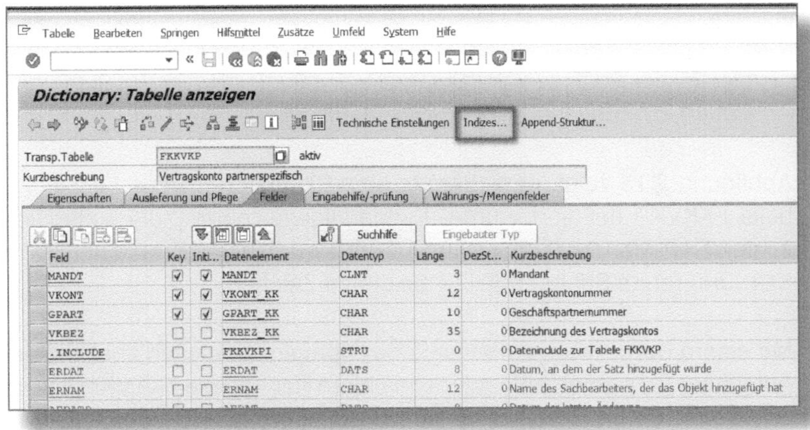

Feld	Key	Initi...	Datenelement	Datentyp	Länge	DezSt...	Kurzbeschreibung
MANDT	☑	☑	MANDT	CLNT	3	0	Mandant
VKONT	☑	☑	VKONT_KK	CHAR	12	0	Vertragskontonummer
GPART	☑	☑	GPART_KK	CHAR	10	0	Geschäftspartnernummer
VKBEZ	☐	☐	VKBEZ_KK	CHAR	35	0	Bezeichnung des Vertragskontos
.INCLUDE	☐	☐	FKKVKPI	STRU	0	0	Dateninclude zur Tabelle FKKVKP
ERDAT	☐	☐	ERDAT	DATS	8	0	Datum, an dem der Satz hinzugefügt wurde
ERNAM	☐	☐	ERNAM	CHAR	12	0	Name des Sachbearbeiters, der das Objekt hinzugefügt hat

Abbildung 2.12: Tabelle FKKVKP für die Verwaltung von Vertragskonten

Bei einem SELECT-Statement mit den Feldern VERTRAGSKONTONUMMER und GESCHÄFTSPARTNERNUMMER in der WHERE-Bedingung würden die Datensätze aufgrund des impliziten Tabellen-Index auf die Primärschlüsselfelder sehr schnell gefunden.

Für das in Kapitel 1 beschriebene Beispiel wird das Feld KONTOKLASSE in einigen Vertragskonten mit dem neuen Wert »First Customer« gefüllt. Verwenden Programme bei der Suche nach Vertragskonten häufig die Eigenschaft »Kontoklasse«, so können die selektierten Vertragskonten mittels Index auf das Feld KONTOKLASSE erheblich schneller ermittelt werden.

Dazu wird zunächst mit einem Mausklick auf den Button INDIZES geprüft, welche Indizes bereits für diese Datenbanktabelle definiert wurden.

DCU(1)/504 Indizes zu Tabelle FKKVKP

Ind	Ext. Index	Kurzbeschreibung	Status	Unique	Letzter Änderer	Datum	DB-Indexname	DBSt	Ein/Aus	DBS	DBS	DBS	DBS
1	☐	Index über die Partnernummer	aktiv	☐	SAP	06.08.2022	FKKVKP~1						
2	☐	Abweichender Zahler	aktiv	☐	STUTETH	24.11.2022	FKKVKP~2		E				
3	☐	Abweichender Zahlempfänger	aktiv	☐	SAP	06.08.2022	FKKVKP~3		E				
4	☐	Abweichender Rechnungsempfänger	aktiv	☐	SAP	06.08.2022	FKKVKP~4		E				
5	☐	Abweichender Mahnempfänger	aktiv	☐	SAP	06.08.2022	FKKVKP~5		E				
6	☐	Abweichendes Vertragskonto für Sa...	aktiv	☐	SAP	06.08.2022	FKKVKP~6		E				
7	☐	Regulierungsvertragskonto	aktiv	☐	SAP	06.08.2022	FKKVKP~7		E				
8	☐	GUID zur Geschäftsvereinbarung	aktiv	☐	SAP	06.08.2022	FKKVKP~8		E				
9	☐	Zuständiger Sachbearbeiter	aktiv	☐	SAP	06.08.2022		O	E				

Abbildung 2.13: Die Indizes der Tabelle FKKVKP

Abbildung 2.13 zeigt, dass bereits eine Reihe von Indizes für die Tabelle FKKVKP definiert wurde. Kundeneigene Indizes, die zusätzlich zu den SAP-Standardindizes hinzugefügt wurden, besitzen eine INDEX-KENNUNG (erste Spalte) mit »Z« als erstes Zeichen.

Mit einem Doppelklick auf einen Index können Sie diesen analysieren. Abbildung 2.14 zeigt, auf welchen Feldern der Tabelle FKKVKP der Index definiert wurde. So hat beispielsweise der Index mit der KENNUNG »3« (ein SAP-Standard-Index) einen Index auf das Feld ABWEICHENDER RECHNUNGSEMPFÄNGER (FELD »ABWRE«) definiert. Die Anzeige des Index »3« zeigt ebenfalls, dass dieser »aktiv« und »auf allen Datenbank-Systemen« definiert ist.

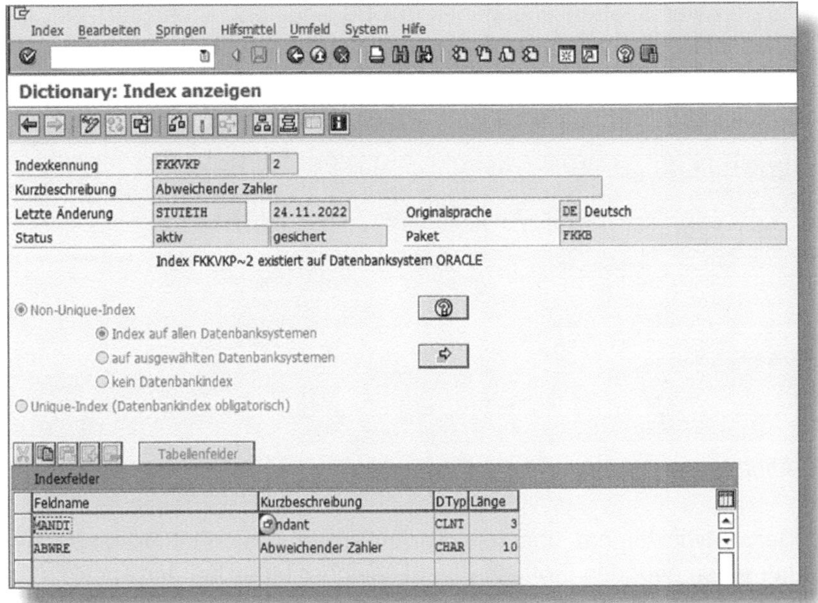

Abbildung 2.14: Ein Index auf der Tabelle FKKVKP

Ein SELECT-Statement mit der WHERE-Bedingung auf das Feld »ABWRE« würde einen ganz bestimmten Datensatz aus einer großen Datenmenge auf der Datenbank sehr schnell herausfiltern, wenn das Datenbanksystem (DB) diesen Index verwendet.

Bei allen Indizes (auch bei SAP-Standard-Tabellen) kann über das Icon das Anlegen des Index für bestimmte Datenbanksysteme erlaubt oder ausgeschlossen werden.

Aufschluss darüber, ob ein Index auf der aktuellen Datenbank aktiv ist, gibt in der Index-Übersicht die Spalte DB-STATUS (siehe Abbildung 2.15). Ist das Feld leer, so ist der Index aktiv. Der DB-Status »O« zeigt, an, dass der Index nicht aktiv ist, und »D« besagt, dass er abhängig vom DB-System angelegt wurde und aktiv ist. Sind in den letzten vier Spalten Datenbanksysteme angegeben, so wirkt diese Einstellung in der Spalte EIN-/AUSSCHLUSS. Steht hier ein »I« (Einschlussliste: Index auf diesen DB-Systemen anlegen), dann wird der Index auf den in den letzten vier Spalten angegebenen DBS angelegt. Steht dort ein »E« (Ausschlussliste: Index auf diesen DB-Systemen nicht anlegen), dann wird er dort nicht erstellt.

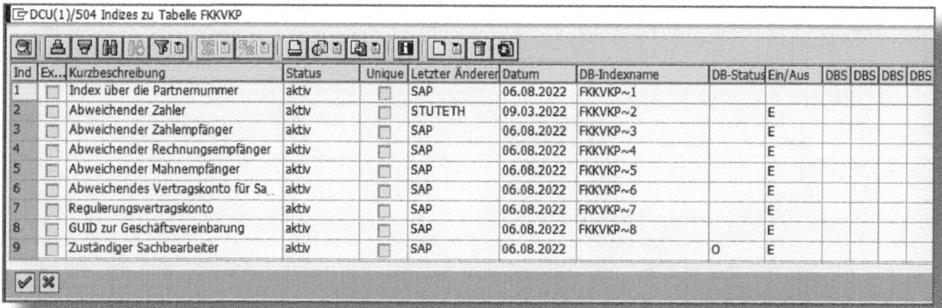

DCU(1)/504 Indizes zu Tabelle FKKVKP

Ind	Ex...	Kurzbeschreibung	Status	Unique	Letzter Änderer	Datum	DB-Indexname	DB-Status	Ein/Aus	DBS	DBS	DBS	DBS
1	☐	Index über die Partnernummer	aktiv	☐	SAP	06.08.2022	FKKVKP~1						
2	☐	Abweichender Zahler	aktiv	☐	STUTETH	09.03.2022	FKKVKP~2		E				
3	☐	Abweichender Zahlempfänger	aktiv	☐	SAP	06.08.2022	FKKVKP~3		E				
4	☐	Abweichender Rechnungsempfänger	aktiv	☐	SAP	06.08.2022	FKKVKP~4		E				
5	☐	Abweichender Mahnempfänger	aktiv	☐	SAP	06.08.2022	FKKVKP~5		E				
6	☐	Abweichendes Vertragskonto für Sa...	aktiv	☐	SAP	06.08.2022	FKKVKP~6		E				
7	☐	Regulierungsvertragskonto	aktiv	☐	SAP	06.08.2022	FKKVKP~7		E				
8	☐	GUID zur Geschäftsvereinbarung	aktiv	☐	SAP	06.08.2022	FKKVKP~8		E				
9	☐	Zuständiger Sachbearbeiter	aktiv	☐	SAP	06.08.2022		O	E				

Abbildung 2.15: Ein- und Ausschlusslisten eines Tabellenindex

Der Entwickler hat über die Formulierung des SELECT-Statements nur einen geringen Einfluss darauf, welcher Index bei der Ausführung vom DBMS verwendet wird. Diese Entscheidung wird datenbankintern getroffen. Es ist zwar sehr wahrscheinlich, dass bei einer Datensatzsuche der Index gezogen wird, dessen Felder in der WHERE-Bedingung des SELECT-Statements verwendet wurden, aber eben nicht sicher.

Soll der Index zum abweichenden Rechnungsempfänger bei einem SELECT auf die Tabelle FKKVKP gezogen werden, dann sollte das Select-Statement wie in Listing 2.1 aufgebaut sein.

```
    SELECT gpart kontoklasse
      FROM fkkvkp
      INTO CORRESPONDING FIELDS OF TABLE gt_output
      WHERE abwre = pa_abwre.
      .

  IF sy-subrc <> 0.
*   Zu den Selektionskriterien keine Daten gefunden
    MESSAGE e000(zcu_isu).
  ENDIF.
```

Listing 2.1: Select-Befehl für die Verwendung eines Index

Ein Index für die Kontoklasse existiert noch nicht auf der Tabelle FKKVKP und kann über das Icon [icon] in der Anzeige der Tabellen-Indizes angelegt werden. Der Entwickler muss abwägen, ob ein solcher Index erforderlich ist. Damit ließe sich zwar die Datenbanksuche enorm beschleunigen, jedoch erhöht jeder weitere Index auf einer Tabelle den datenbankinternen Verwaltungsaufwand und könnte sich u. U. kontraproduktiv auf die Performance auswirken. Die SAP schlägt eine maximale Anzahl von fünf Indizes vor. Begründet wird dieses Maximum mit folgenden Argumenten:

- Änderungen von Tabellenfeldern, die in einem Index vorkommen, müssen in den betreffenden Indizes nachgezogen werden.
- Das Datenvolumen der Tabelle vergrößert sich mit jedem zusätzlichen Index.
- Der datenbankinterne *Optimizer* erhält zu viele Auswahlmöglichkeiten und die Wahrscheinlichkeit, sich für einen »falschen« Index zu entscheiden, steigt.

2.4.2 Tabellenindizes bei der HANA-DB

An dieser Stelle kommen wir zu einer weiteren Änderung durch den Einsatz einer HANA-DB.

Bei einer spaltenorientierten Datenspeicherung besitzt jede Spalte selbstverständlich einen eigenen Primärindex. Daher ist es beim Einsatz von HANA im Regelfall nicht zwingend erforderlich, weitere Sekundärindizes anzulegen.

In den SAP-Standardtabellen, wie der FKKVKP, zeigen die technischen Einstellungen (siehe Abschnitt 2.3), dass die Daten der Tabelle FKKVKP unter der HANA-DB spaltenorientiert gespeichert werden.

Betrachten wir nun die vorhandenen Indizes der Tabelle FKKVKP in der Transaktion SE11 (siehe Abbildung 2.16).

- In der Spalte STATUS steht, dass die Indizes AKTIV sind.

- In der Spalte DB-STATUS sehen Sie den Buchstaben *D*, was bedeutet, dass dieser Index abhängig vom DBS (Datenbanksystem) anzulegen ist.
- Der Buchstabe *E* in Spalte EIN/AUS (Ein-/Ausschlussliste) besagt, dass der Index auf diesen DB-System NICHT anzulegen ist.
- In der Spalte DBS (Datenbanksystem) steht das Kürzel HDB, also die HANA-Datenbank.

Zusammengefasst bedeutet dies, dass die Standard-Indizes der Tabelle FKKVKP auf der HANA-DB nicht angelegt sind.

SWQ(1)/300 Indizes zu Tabelle FKKVKP

Ind	Ext...	Kurzbeschreibung	Status	Unique	DB-Status	Ein/Aus	DBS	Letzter Änderer
1	☐	Index über die Partnernummer	aktiv	☐	D	E	HDB	SAP
10	☐	Adressnummer abweichender Korrespondenz...	aktiv	☐	D	E	HDB	SAP
2	☐	Abweichender Zahler	aktiv	☐	D	E	HDB	SAP
3	☐	Abweichender Zahlempfänger	aktiv	☐	D	E	HDB	SAP
4	☐	Abweichender Rechnungsempfänger	aktiv	☐	D	E	HDB	SAP
5	☐	Abweichender Mahnempfänger	aktiv	☐	D	E	HDB	SAP
6	☐	Abweichendes Vertragskonto für Sammelrech...	aktiv	☐	D	E	HDB	SAP
7	☐	Regulierungsvertragskonto	aktiv	☐	D	E	HDB	SAP
8	☐	GUID zur Geschäftsvereinbarung	aktiv	☐	D	E	HDB	SAP

Abbildung 2.16: Indizes der Standard-Tabelle FKKVKP bei der Verwendung der HANA-DB

Führen wir nun einen Doppelklick auf die Zeile mit der laufenden Nr. 4 aus. Daraufhin werden uns die Details zu diesem Index angezeigt. Hier steht eindeutig, dass dieser Index zum ABWEICHENDEN RECHNUNGSEMPFÄNGER nicht auf dem DBS HANA existiert (siehe Abbildung 2.17).

Auch beim Einsatz der HANA-DB kann es in bestimmten Konstellationen sinnvoll sein, einen Sekundärindex auf Spalten mit eindeutigen Inhalten zu erstellen, um die Performance von lesenden Zugriffen zu erhöhen. Dies gilt insbesondere für komplexe Abfragen auf Tabellen mit großen Datenmengen. Leider gibt es zu diesen Konstellationen keine Regel. Es liegt im Aufgabenbereich des SAP-Systembetreibers, die Performance von DB-Zugriffen zu monitoren und ggf. beschleunigende Maßnahmen zu ergreifen.

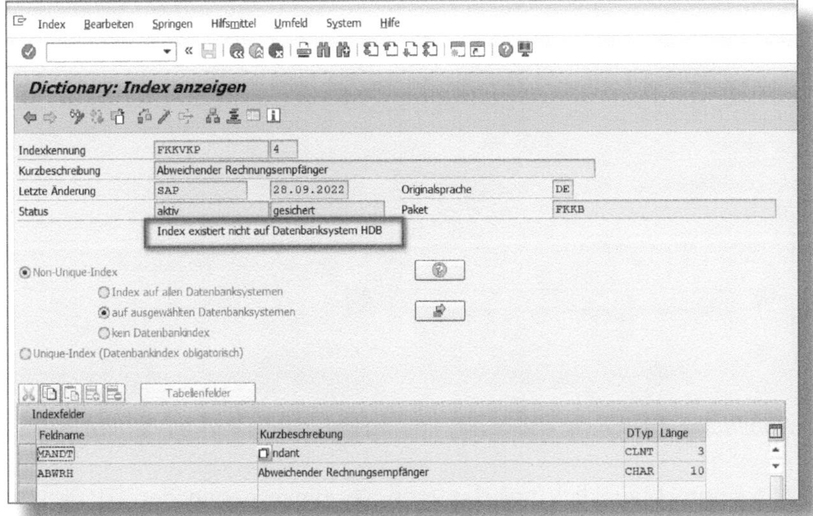

Abbildung 2.17: Index für die HANA-DB nicht aktiv

2.5 Fremdschlüssel

Um Fehleingaben durch Anwender zu vermeiden, können für bestimmte Felder sogenannte *Fremdschlüssel* definiert werden. Diese Fremdschlüssel (auch als *Prüftabelle* bezeichnet) beschreiben die Beziehung zwischen zwei Tabellen. Die Funktionsweise des Fremdschlüssels kann gut anhand der Tabelle für Vertragskonten (FKKVKP) erläutert werden.

Sehen wir uns die Tabelle FKKVKP in der Transaktion SE11 an und nutzen den vierten Reiter EINGABEHILFE/-PRÜFUNG.

Auf dem Feld GESCHÄFTSPARTNER (»GPART«) liegt ein Fremdschlüssel, der die Beziehung zwischen der Tabelle Geschäftspartner (»BUT000«) und der Tabelle Vertragskonten (»FKKVKP«) definiert (siehe Abbildung 2.18).

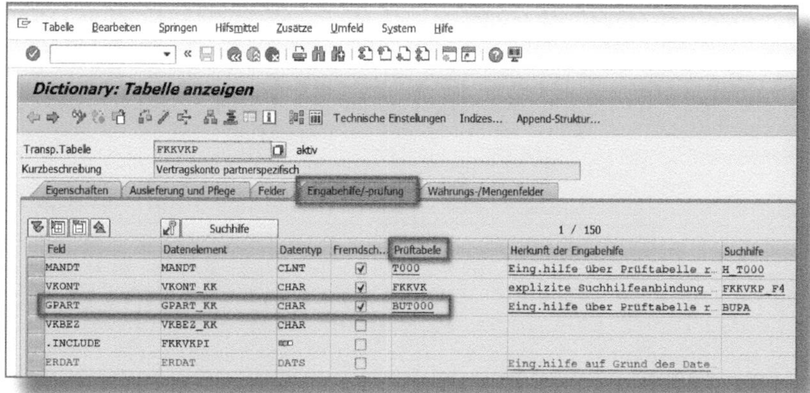

Abbildung 2.18: Prüftabelle mit Fremdschlussel als Eingabehilfe

Mit einem Mausklick auf das Icon (links neben der SUCHHILFE) werden die Details zum Fremdschlüssel angezeigt. Es können also nur dann Vertragskonten zu der Tabelle hinzugefügt werden, wenn im Feld GESCHÄFTSPARTNER eine Geschäftspartner-Nummer verwendet wird, die in der Tabelle BUT000 vorhanden ist.

Fremdschlüssel FKKVKP-GPART anzeigen

Kurzbeschreibung
Prüftabelle BUT000

Fremdschlüsselfelder

Prüftabelle	Prüftabfeld	FremdschlT...	FremdschlFeld	generisch	Konstante
BUT000	CLIENT	FKKVKP	MANDT	☐	
BUT000	PARTNER	FKKVKP	GPART	☐	

Dynpro-Prüfung
☐ Prüfung erwünscht Fehlernachricht MsgNr AGeb

Semantische Eigenschaften
Art der Fremdschlüsselfelder
◉ nicht spezifiziert
○ keine Schlüsselfelder/-kandidaten
○ Schlüsselfelder/-kandidaten
○ Schlüsselfelder einer Texttabelle
Kardinalität 1 : CN

Abbildung 2.19: Fremdschlüssel einer Datenbanktabelle

Die ART DER FREMDSCHLÜSSELFELDER wird im Regelfall nicht weiter spezifiziert und hat auch keinen mir bekannten Einfluss auf die Fremdschlüsseleigenschaft. Dieser Fremdschlüssel hat die KARDINALITÄT »1:CN«, was bedeutet, dass es zu einer Geschäftspartner-Nummer beliebig viele Vertragskonten geben kann.

2.6 Währungs- und Mengenfelder

Felder, die Währungsbeträge beinhalten, haben den ABAP-eigenen Datentyp CURR (für »Currency«). Dieser Währungsbetrag muss eine Beziehung zu einem Feld mit dem Datentyp CUKY besitzen, das den Währungsschlüssel (z. B. EUR für die EURO-Währung oder USD für den US-Dollar) beinhaltet.

Analog gilt dies auch für Mengenangaben, die den ABAP-eigenen Datentyp QUAN (für »Quantity«) besitzen. Mengenangaben müssen den Bezug zu einer Mengeneinheit haben, die in SAP durch ein Feld mit dem Datentyp UNIT definiert sind.

Im Regelfall wird in einer Tabelle mit Währungsbeträgen ein weiteres Feld für den Währungsschlüssel hinzugefügt. Das gilt ebenso für Tabellen mit einer Mengenangabe; diese besitzen ein weiteres Feld vom Datentyp UNIT.

Im letzten Reiter der Tabellenansicht in der Transaktion SE11 (siehe Abbildung 2.20) muss einem Währungsbetrag vom DATENTYP CURR das Feld mit dem DATENTYP CUKY zugeordnet werden.

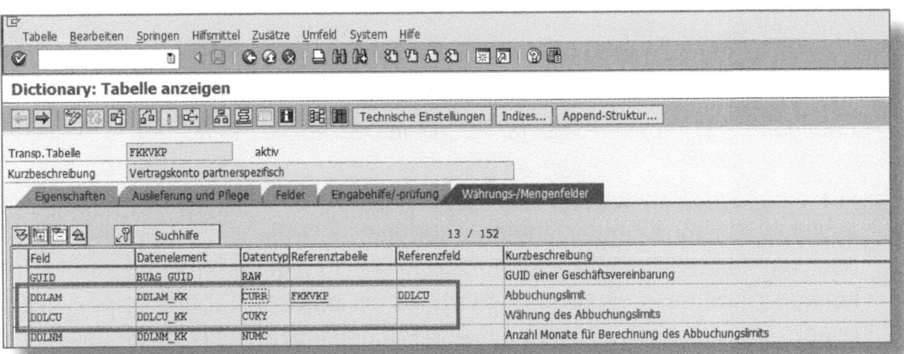

Abbildung 2.20: Währungsfeld und Währungsschlüssel

Der Datentyp CUKY für den Währungsschlüssel nutzt bei einer F4-Hilfe die Prüftabelle TCURC für den Währungsschlüssel und TCURT für die Währungsbezeichnung.

Die Mengeneinheit vom Typ UNIT nutzt bei der F4-Hilfe die Prüftabelle T006 für genormte Einheiten.

2.7 Append-Strukturen

Append-Strukturen stellen Datenbanktabellen weitere Felder zur Verfügung. Für viele SAP-Standardtabellen existieren SAP-Standard-Append-Strukturen, z. B. für die Vertragstabelle EVER gibt es die Append-Struktur EVERA. Dies ist eine Datenstruktur, die allgemeine Felder zum IS-U-Vertrag beinhaltet.

In der Tabellenanzeige werden die ergänzten Felder eines Includes immer mit blauer Schrift gekennzeichnet, die ursprünglichen Felder der Tabelle in schwarzer Schrift (siehe Abbildung 2.21).

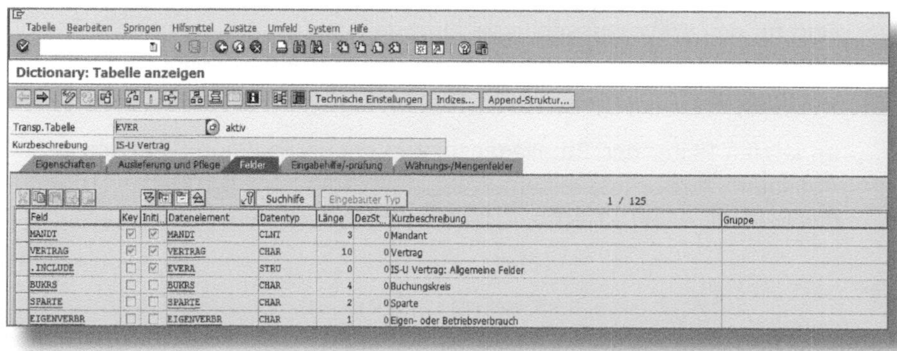

Abbildung 2.21: Append-Struktur EVERA in DB-Tabelle EVER

Für die ABAP-Entwicklung sind insbesondere die sogenannten *CI-Includes* (Customizing-Includes) von Interesse. Dies sind Strukturen, über die kundeneigene Felder in die Tabellen aufgenommen werden können, ohne dass es zu einer Modifikation der SAP-Tabelle kommt (siehe hierzu auch das Kapitel zu »Änderungen und Erweiterungen des SAP-Standards« im 2. Teil).

In unserem Beispiel werden zusätzliche Felder im Vertrag benötigt. Diese werden dem *Customer-Include* »CI_EVER« hinzufügt (siehe Abbildung 2.22):

- RAHMENVERTRAGSNUMMER (Nummer des Rahmenvertrags),
- RAHMENVERTRAG_BEZEICHNUNG (Bezeichnung des Rahmenvertrags),
- BETREUER (Kundenbetreuer des Rahmenvertrags),
- ZZ_ANSPRECH_VERTRAG (Ansprechpartner beim Kunden zum Vertrag),
- ZZ_KOMM_VERTRAG (Kommunikationsdaten für den Ansprechpartner zum Vertrag),
- ZZ_ANSPRECH_ABRECH (Ansprechpartner beim Kunden für die Abrechnung),
- ZZ_KOMM_ABRECHNUNG (Kommunikationsdaten für den Ansprechpartner zur Abrechnung),
- ZZ_ANSPRECH_ABLESUNG (Ansprechpartner beim Kunden für die Ablesung),
- ZZ_KOMM_ABLESUNG (Kommunikationsdaten für den Ansprechpartner zur Ablesung).

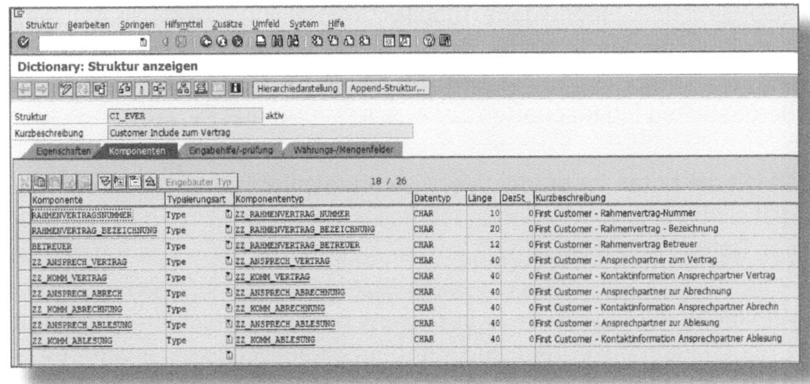

Abbildung 2.22: Kundeneigene Felder im Customer-Include einer SAP-Standardtabelle

In einem ABAP-Programm können die Felder eines Includes genauso behandelt werden wie die Felder in der eigentlichen Tabelle.

Bei der Aktivierung zusätzlicher Felder im Customer-Include »CI_EVER« werden sowohl die Tabelle EVER als auch alle davon abhängigen Strukturen neu generiert (im Fall der Tabelle EVER können es über 400 abhängige Strukturen sein). Die Aktivierung zusätzlicher Felder wird beim Import in das produktive System durch das Transportmanagementsystem durchgeführt. Je nach Anzahl der Datensätze in der Tabelle EVER sowie der Anzahl abhängiger Strukturen kann dieser Vorgang längere Zeit in Anspruch nehmen.

Transport von Customer-Includes planen

Durch die Änderung eines CI-Includes kann es in der produktiven Zeit aufgrund von Modifikationen von Tabellen und abhängigen Strukturen zu Programmabbrüchen kommen. Daher ist der Import eines solchen Transportauftrags in das Produktivsystem immer in einer nicht-produktiven Zeit vorzunehmen.

2.8 Datenbanktabelle ZRAHMENVERTRAG

Nach den vorangegangenen Abschnitten sind wir nun in der Lage, die erforderliche kundeneigene Tabelle ZRAHMENVERTRAG zu erstellen. Auf Grundlage der abschließenden Anmerkungen in Abschnitt 2.3 hat die kundeneigene Tabelle ZRAHMENVERTRAG die in Abbildung 2.23 dargestellten Eigenschaften zur AUSLIEFERUNG UND PFLEGE.

Damit die Daten im produktiven System gepflegt werden können, handelt sich um eine »Anwendungstabelle«, bei der die Anzeige und Pflege von Daten erlaubt ist.

Abbildung 2.24 zeigt, dass in diesem Beispiel zwischen 27.000 und 110.000 Rahmenverträge und Rahmenvertragsversionen erwartet werden.

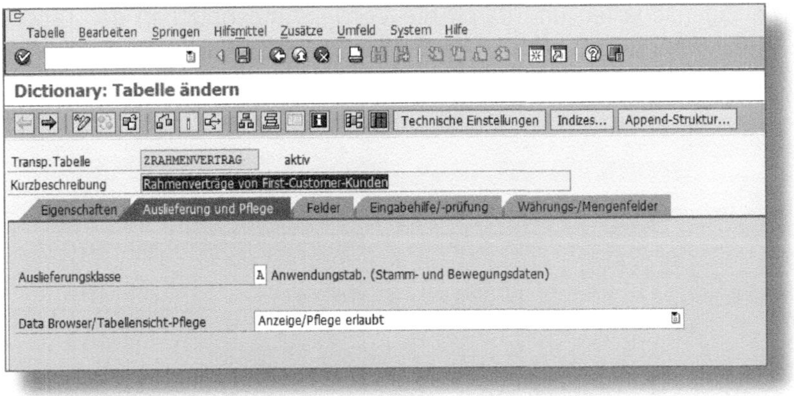

Abbildung 2.23: Auslieferung und Pflege einer Z-Tabelle

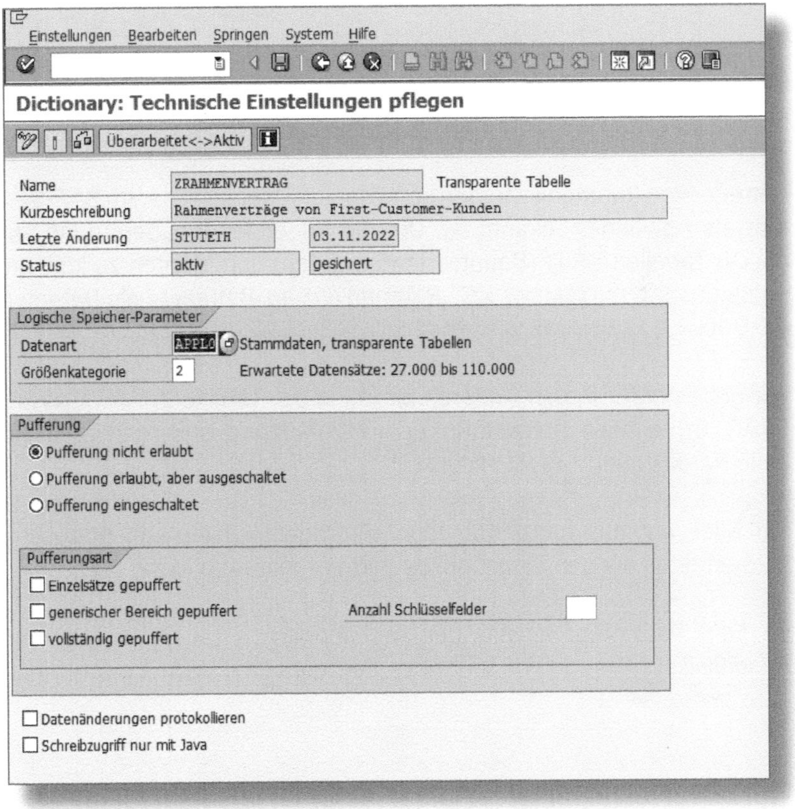

Abbildung 2.24: Technische Einstellungen einer Z-Tabelle

Die Eigenschaften und damit die Verwendungsoptionen der Tabelle ZRAHMENVERTAG werden durch die in Abbildung 2.25 definierten FELDER bestimmt:

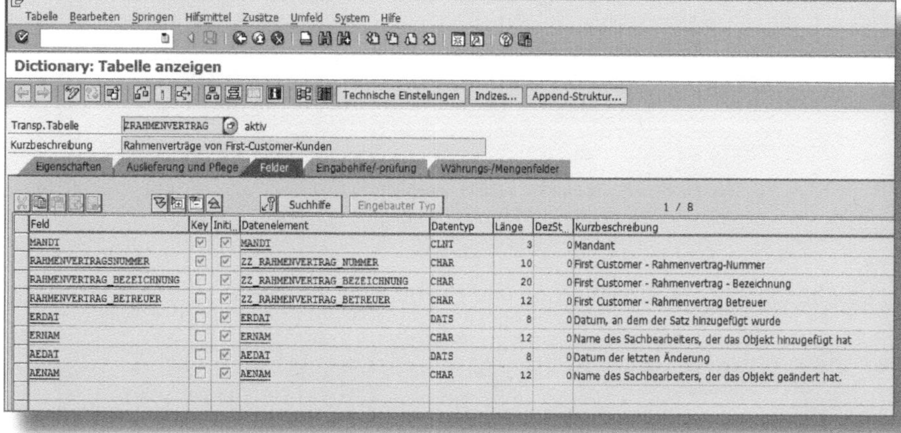

Feld	Key	Initi..	Datenelement	Datentyp	Länge	DezSt..	Kurzbeschreibung
MANDT	☑	☑	MANDT	CLNT	3	0	Mandant
RAHMENVERTRAGSNUMMER	☑	☑	ZZ_RAHMENVERTRAG_NUMMER	CHAR	10	0	First Customer - Rahmenvertrag-Nummer
RAHMENVERTRAG_BEZEICHNUNG	☐	☑	ZZ_RAHMENVERTRAG_BEZEICHNUNG	CHAR	20	0	First Customer - Rahmenvertrag - Bezeichnung
RAHMENVERTRAG_BETREUER	☐	☑	ZZ_RAHMENVERTRAG_BETREUER	CHAR	12	0	First Customer - Rahmenvertrag Betreuer
ERDAT	☐	☑	ERDAT	DATS	8	0	Datum, an dem der Satz hinzugefügt wurde
ERNAM	☐	☑	ERNAM	CHAR	12	0	Name des Sachbearbeiters, der das Objekt hinzugefügt hat
AEDAT	☐	☑	AEDAT	DATS	8	0	Datum der letzten Änderung
AENAM	☐	☑	AENAM	CHAR	12	0	Name des Sachbearbeiters, der das Objekt geändert hat.

Abbildung 2.25: Felder der Tabelle ZRAHMENVERTRAG

Betreuer von Rahmenverträgen kann nur ein User sein, der im SAP-System als Anwender bekannt ist. Um die folgende Eingabeprüfung auf die DB-Tabelle USR01 (Benutzerstammdaten) durchführen zu können, muss das DATENELEMENT »ZZ_Rahmenvertrag_Betreuer« als Datentyp die DOMÄNE XUBNAME verwenden.

Wir gehen dafür in den Änderungsmodus der Tabelle ZRAHMENVERTRAG, öffnen den Reiter EINGABEHILFE/-PRÜFUNG und markieren die Zeile RAHMENVERTRAG_BETREUER.

Mit Klick auf das umrahmte Icon »Fremdschlüssel« aus Abbildung 2.26 erhalten wir den Eingabebildschirm gemäß Abbildung 2.27.

Im Feld PRÜFTABELLE wird der Tabellennamen *USR01* angegeben. Anschließend lassen wir uns über den gleichnamigen Button einen Vorschlag erzeugen.

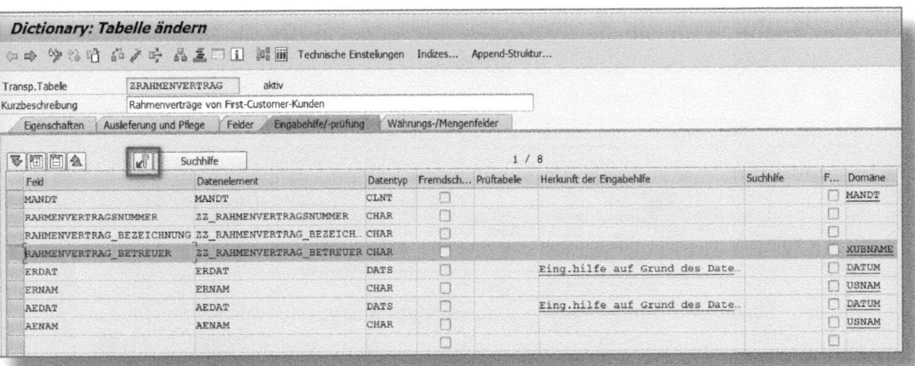

Feld	Datenelement	Datentyp	Fremdsch...	Prüftabelle	Herkunft der Eingabehilfe	Suchhilfe	F...	Domäne
MANDT	MANDT	CLNT						MANDT
RAHMENVERTRAGSNUMMER	ZZ_RAHMENVERTRAGSNUMMER	CHAR						
RAHMENVERTRAG_BEZEICHNUNG	ZZ_RAHMENVERTRAG_BEZEICH..	CHAR						
RAHMENVERTRAG_BETREUER	ZZ_RAHMENVERTRAG_BETREUER	CHAR						XUBNAME
ERDAT	ERDAT	DATS			Eing.hilfe auf Grund des Date..			DATUM
ERNAM	ERNAM	CHAR						USNAM
AEDAT	AEDAT	DATS			Eing.hilfe auf Grund des Date..			DATUM
AENAM	AENAM	CHAR						USNAM

Abbildung 2.26: Anlegen eines Fremdschlüssels als Eingabehilfe

Fremdschlüssel ZRAHMENVERTRAG-RAHMENVERTRAG_BETREUER anlegen
Kurzbeschreibung
Prüftabelle USR01 Vorschlag erzeugen
Fremdschlüsselfelder
Prüftabelle | Prüftabfeld | FremdschlTab | FremdschlFeld | generisch | Konstante
Dynpro-Prüfung
Prüfung erwünscht Fehlernachricht MsgNr AGeb
Semantische Eigenschaften
Art der Fremdschlüsselfelder
nicht spezifiziert
keine Schlüsselfelder/-kandidaten
Schlüsselfelder/-kandidaten
Schlüsselfelder einer Texttabelle
Kardinalität :
Übernehmen

Abbildung 2.27: Fremdschlüssel einer Tabelle erstellen

In die Felder FREMDSCHLTAB und FREMDSCHLFELD werden die korrespondierenden, d. h. gleichnamigen Feldnamen der Tabelle ZRAHMENVERTRAG eingetragen. Mit dem Button [✔ Übernehmen] wird diese Verknüpfung der beiden Tabellen gesichert.

Abschließend ist diese Tabellenerweiterung mit dem Icon [icon] im Änderungsmodus der Tabelle zu aktivieren.

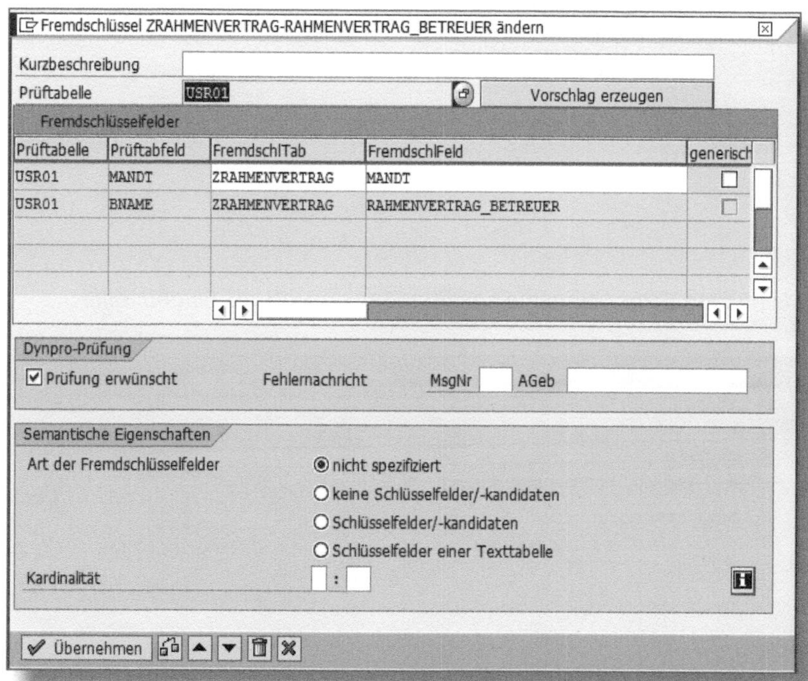

Abbildung 2.28: Prüftabelle für das Feld BETREUER der Tabelle ZRAHMENVERTRAG

Mit diesen Einstellungen muss nun bei jeder zukünftigen Eingabe von Rahmenverträgen der Username eines SAP-Benutzers als Rahmenvertragsbetreuer angegeben werden.

2.9 Erweiterungskategorie von Tabellen und Strukturen

Bei der Aktivierung einer neuen Datenbanktabelle erscheint eine Warnmeldung (siehe Abbildung 2.29), wenn die *Erweiterungskategorie* der Tabelle nicht spezifiziert wurde.

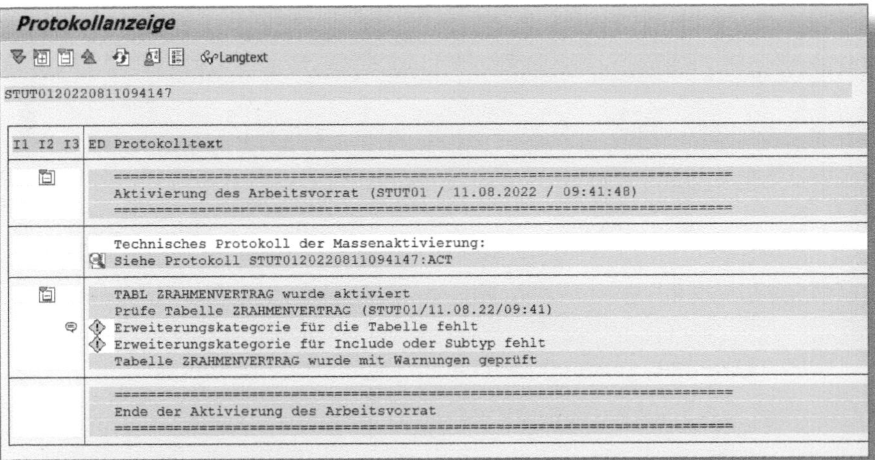

Abbildung 2.29: Warnung, wenn die Erweiterungskategorie einer Tabelle nicht spezifiziert wurde

Was hat es auf sich mit diesen Erweiterungskategorien?

Wie bereits erwähnt, können Sie Tabellen und Strukturen mithilfe der Customer-Includes oder Append-Strukturen erweitern. Solche Erweiterungen beziehen sich nicht nur auf die aktuelle, sondern auch auf alle abhängigen Tabellen bzw. Strukturen, welche die aktuelle als Include oder als referierte Struktur nutzen.

Bei einer Erweiterung der Tabelle/Struktur kann es, etwa bei der Typprüfung für sogenannte tiefe Strukturen oder in Programmen, die über Offset und Feldlänge auf Tabellen bzw. Strukturinhalte zugreifen, zu Laufzeitfehlern kommen (vgl. Erweiterungen zur Tabellenpflege im Abschnitt 2.12).

Über das Pull-down-Menü HILFSMITTEL • ERWEITERUNGSKATEGORIE in Transaktion SE11 hat der Entwickler verschiedene Eingabemöglichkeiten für die ERWEITERUNGSKATEGORIE (siehe Abbildung 2.30).

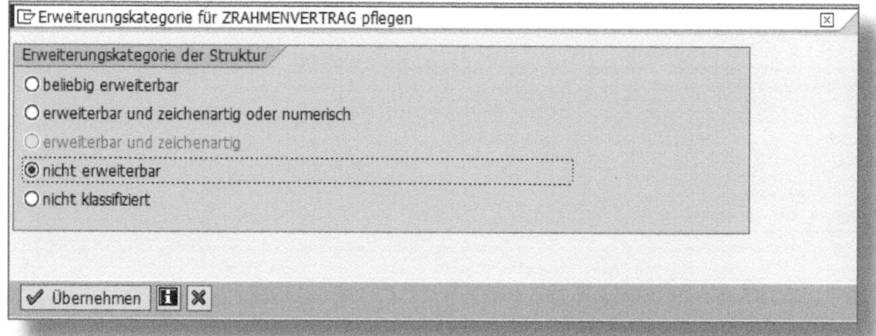

Abbildung 2.30: Erweiterungskategorien einer Tabelle bzw. Struktur

Diese Erweiterungskategorien haben folgende Bedeutungen:

- NICHT ERWEITERBAR = die Struktur darf nicht erweitert werden,
- ERWEITERBAR UND ZEICHENARTIG = alle Strukturkomponenten und deren Erweiterungen müssen zeichenartig (C, N, D oder T) sein. Ausgangsstruktur sowie alle Erweiterungen durch CI-Includes oder Append-Strukturen unterliegen dieser Einschränkung,
- ERWEITERBAR UND ZEICHENARTIG ODER NUMERISCH = die Struktur und deren Erweiterung dürfen keine tiefen Datentypen (Tabellen, Referenzen, Strings) enthalten,
- BELIEBIG ERWEITERBAR = die Struktur und deren Erweiterung dürfen Komponenten mit beliebigem Datentyp enthalten,
- NICHT KLASSIFIZIERT (voreingestellt) = diese Kategorie kann z. B. für einen Übergangszustand gewählt werden, nicht jedoch beim Anlegen von Strukturen.

Wichtig ist, dass sich diese Kategorisierung auch auf Strukturen bezieht, die die aktuelle Tabelle/Struktur als Include verwenden bzw. in ihr inkludiert sind.

Bei einer Reihe inkludierter Tabellen bzw. Strukturen wie der nachfolgenden darf die Erweiterungskategorie einer darüber liegenden Tabelle/Struktur nicht restriktiver sein:

```
Tabelle/Struktur A ⇒ inkludiert Tabelle/Struktur B ⇒
inkludiert Tabelle/Struktur C
```

Dabei gilt folgende »Hierarchie« in den Erweiterungsstrukturen:

```
nicht erweiterbar ⇐ erweiterbar und zeichenartig ⇐
erweiterbar und zeichenartig oder numerisch ⇐ beliebig
erweiterbar
```

Beim Anlegen neuer kundeneigener Tabellen steht die Erweiterungskategorie automatisch auf »nicht klassifiziert«. Die SAP empfiehlt allerdings bei kundeneigenen Tabellen, die Kategorie »beliebig erweiterbar« zu wählen. Dadurch können inkludierte Tabellen/Strukturen eine beliebige andere Erweiterungskategorie besitzen.

In unserem Beispiel werden keine weiteren Strukturen und auch die kundeneigene Tabelle ZRAHMENVERTRAG wird nicht in anderen Tabellen/Strukturen inkludiert. Es ist daher sinnvoll, diese Struktur als »nicht erweiterbar« zu klassifizieren.

Eine erneute Aktivierung der Tabelle ZRAHMENVERTRAG zeigt nun keine Warnmeldungen mehr.

2.10 View anstelle von Select mit Join-Option

In ABAP-Programmen werden häufig Daten aus mehreren Tabellen benötigt, die miteinander in Beziehung stehen, zum Beispiel die Anforderung, dass zu einem vorgegebenen Geschäftspartner alle Vertragskonten und Verträge angezeigt werden.

Lange Zeit wurden diese Anforderungen über sogenannte *SELECT-Statements* mit JOIN-Option realisiert (siehe Abbildung 2.31).

```
SELECT a~partner a~type
       b~vkont b~vkbez b~loevm
       c~vertrag c~bukrs c~sparte
       c~einzdat c~auszdat c~billfinit c~loevm
  FROM  ( ( but000 AS a
        JOIN  fkkvkp AS b ON a~partner = b~gpart )
        JOIN  ever   AS c ON b~vkont   = c~vkonto )
  INTO TABLE gt_input
  WHERE a~partner IN so_gpart
  AND   b~vkont   IN so_vkont
  AND   c~vertrag IN so_vertr
  AND   b~loevm <> 'X'
  AND   c~loevm <> 'X'.
```

Abbildung 2.31: SELECT mit JOIN-Option über die drei Tabellen BUT000, FKKVKP und EVER

Diese Select-Statements sind aufwendig zu entwickeln, und ihre Korrektheit kann nur zur Laufzeit eines Programms geprüft werden. Die Gefahr solcher JOIN-Optionen besteht darin, dass bei einer unbedachten Programmierung zu viele nicht benötigte Datensätze von der Datenbank selektiert werden. Das hat zur Folge, dass die Laufzeiten von Programmen unnötig verlängert werden. Darüber hinaus können diese SELECT-Statements mit JOIN-Option nicht in anderen Programmen wiederverwendet werden.

Heute nutzt man stattdessen die Erstellung von Datenbank-Views mithilfe der Transaktion SE11. Datenbank-Views ermöglichen die Definition beteiligter Datenbanktabellen, von Verknüpfungs- und einschränkenden Selektionsbedingungen sowie View-Feldern.

Das in Abbildung 2.31 dargestellte Select-Statement kann durch den DATENBANK-VIEW »Z_GP_VKONT_VERTR« ersetzt werden (siehe Abbildung 2.32).

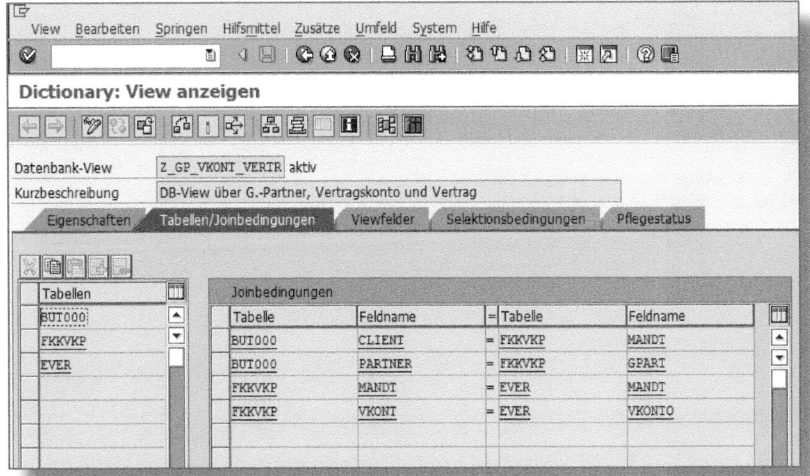

Abbildung 2.32: Tabellen und JOIN-Bedingungen eines Datenbank-Views

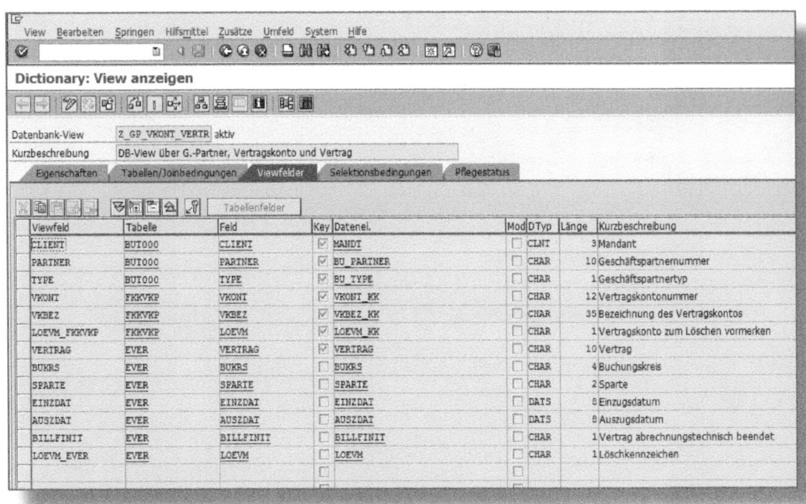

Abbildung 2.33: View-Felder eines Datenbank-Views

Abbildung 2.33 zeigt die Felder der beteiligten Tabellen, die der View bei einer Selektion ausgibt.

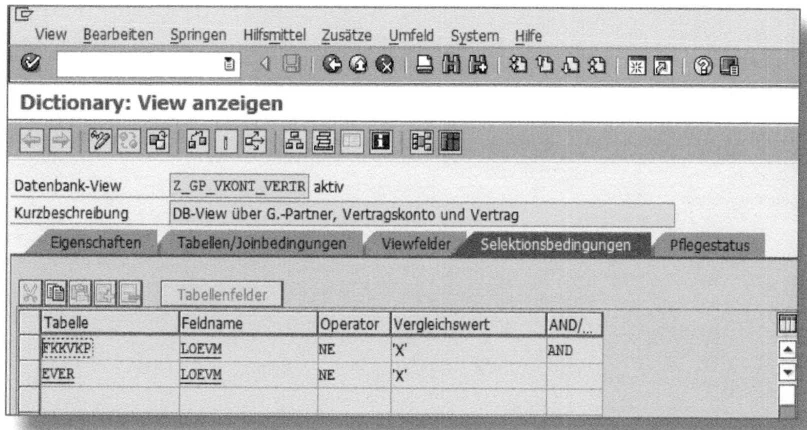

Abbildung 2.34: Die Selektionsbedingungen eines Datenbank-Views

In den Selektionsbedingungen des Views (siehe Abbildung 2.34) können Einschränkungen zur Selektion der Daten gemacht werden. In diesem Beispiel werden keine Vertragskonten und Verträge selektiert, die ein Löschkennzeichen haben.

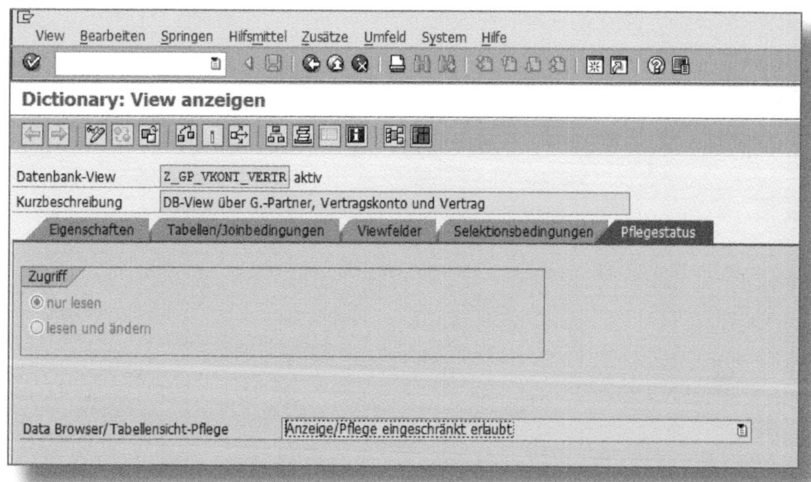

Abbildung 2.35: Die Eigenschaften eines Datenbank-Views

Die Eigenschaften eines Views (siehe Abbildung 2.35) werden bereits beim Anlegen bestimmt. Direkt nach der Eingabe des neuen View-Namens erscheint die Aufforderung, einen View-Typen zu bestimmen (siehe Abbildung 2.36).

Abbildung 2.36: Festlegen des Typs eines Datenbank-Views

Der **Datenbank-View** ermöglicht die Selektion der Daten, nicht aber das Ändern oder Hinzufügen neuer Datensätze. Sollen Datensätze geändert oder hinzugefügt werden, ist ein Pflege-View zu verwenden.

Der **Projektions-View** dient dazu, einzelne Felder einer Tabelle bei der Selektion auszublenden. Dadurch können z. B. Datenmengen in Schnittstellen von Funktionsbausteinen reduziert werden.

Der **Pflege-View** erlaubt die Zusammenfassung mehrerer Tabellen zu einem betriebswirtschaftlichen Objekt. Die darin enthaltenen Datensätze können zeitgleich in mehreren Tabellen angelegt bzw. geändert werden. Die Eigenschaften eines Pflege-Views entsprechen den bereits beschriebenen von Datenbanktabellen.

Der **Help-View** dient der Selektion von Daten aus verschiedenen Tabellen in Suchhilfen und entspricht in seiner Eigenschaften einem Datenbank-View.

Sofern die Anzeige und Pflege in einem View erlaubt sind, kann dieser zur Änderung von Datensätzen dienen (siehe Abbildung 2.37).

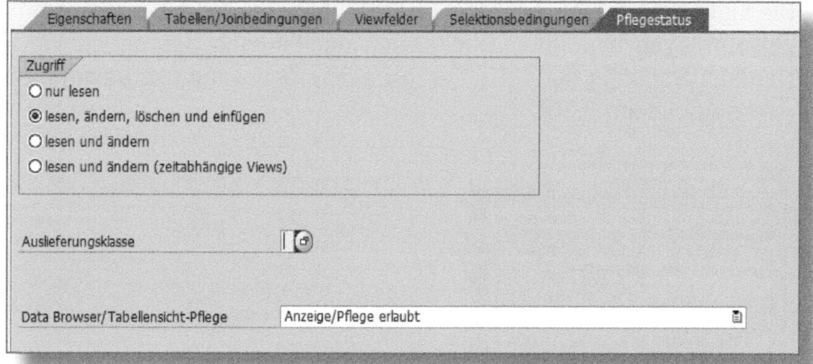

Abbildung 2.37: Definition der Eigenschaften eines Pflege-Views.

Die Definition von Views belastet nicht die Datenbank. Views sind mehrfach einsetzbar und können unmittelbar nach ihrer Aktivierung getestet werden. Die von einem View gelieferte Datenmenge kann damit unabhängig von weiterem ABAP-Coding geprüft werden.

Views ermöglichen nur einen sogenannten *Inner-Join*, d. h., es werden nur die Daten angezeigt, die in allen beteiligten Tabellen vorhanden, also über die angegebene Join-Bedingung im View miteinander verbunden sind. In diesem Beispiel würde etwa ein Geschäftspartner ohne Vertragskonto nicht angezeigt.

2.11 Konvertierungsroutinen in Domänen

Bei der Selektion von Daten innerhalb des ABAP-Codings sorgt eine besondere Eigenschaft von *Domänen* (das sind die Typdeklarationen von Datenelementen) für Verwirrung.

Sucht der Entwickler auf der Datenbanktabelle mithilfe der Transaktion SE16N in der TABELLE BUT000 z. B. nach einem GESCHÄFTSPARTNER mit der Nummer »10000100«, so wird ihm ein Datensatz angezeigt (siehe Abbildung 2.38).

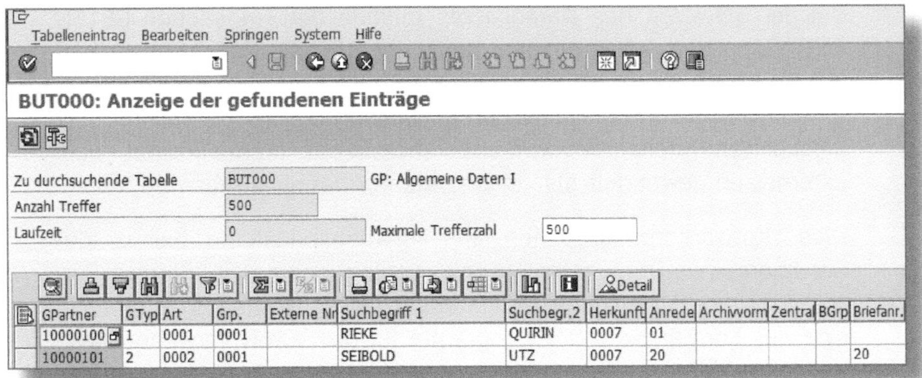

Tabelleneintrag Bearbeiten Springen System Hilfe

BUT000: Anzeige der gefundenen Einträge

Zu durchsuchende Tabelle	BUT000	GP: Allgemeine Daten I	
Anzahl Treffer	500		
Laufzeit	0	Maximale Trefferzahl	500

GPartner	GTyp	Art	Grp.	Externe Nr	Suchbegriff 1	Suchbegr.2	Herkunft	Anrede	Archivvorm	Zentral	BGrp	Briefanr.
10000100	1	0001	0001		RIEKE	QUIRIN	0007	01				
10000101	2	0002	0001		SEIBOLD	UTZ	0007	20				20

Abbildung 2.38: Anzeige der Tabelle BUT000 (Geschäftspartner) mit der SE16N

Verwendet dagegen der Entwickler in einem ABAP-Programm die gleiche Nummer zur Selektion des Geschäftspartners, so wird das Select-Statement keinen Datensatz finden.

Die Ursache liegt darin, dass das Feld GESCHÄFTSPARTNER-NUMMER auf der Datenbank ein zehnstelliges Zeichenfeld ist, diese Nummer also auf der Datenbank mit zehn Zeichen gespeichert wird. Aus der achtstelligen Geschäftspartner-Nummer »10000100« wird auf der Datenbank die zehnstellige Geschäftspartner-Nummer »0010000100«. Ein Doppelklick auf den Datensatz bestätigt diese Aussage (siehe Abbildung 2.39).

DCU(1)/504 Detailanzeige

Feldname	Wert	Technischer Feldname	Wert unkonvertiert
Mandant	504	CLIENT	504
Geschäftspartner	10000100	PARTNER	0010000100
Geschäftspartnertyp	1	TYPE	1
Geschäftspartnerart	0001	BPKIND	0001
Gruppierung	0001	BU_GROUP	0001

Abbildung 2.39: Anzeige und gespeicherter Wert der Geschäftspartner-Nummer auf der Datenbank

Bei der Selektion des Datensatzes mithilfe der Transaktion SE16N wird durch das Selektionsprogramm der SAP die Geschäftspartner-Nummer von einem externen Format (ohne führende Nullen) in ein internes (mit führenden Nullen) umgewandelt. Bei der Darstellung des selektierten Datensatzes wird andersherum das interne Format in ein externes umgewandelt, also in ein Datenformat ohne führende Nullen.

Diese Konvertierungsroutinen sind Funktionsbausteine, die vor der Selektion eines Datensatzes (Konvertierung externes in internes Format) bzw. vor der Anzeige des Datensatzes (Konvertierung internes in externes Format) vom SAP-Programm für die SE16N verwendet werden. Um den gesuchten Datensatz selektieren zu können, muss der Entwickler diese Logik ebenfalls in seinen ABAP-Programmen nutzen. Die entsprechenden Funktionsbausteine zur Konvertierung sind in der Domäne zur Geschäftspartner-Nummer zu finden.

Die Geschäftspartner-Nummer in der Tabelle BUT000 hat das Datenelement »PARTNER«, das wiederum die DOMÄNE »BU_PARTNER« beinhaltet (siehe Abbildung 2.40).

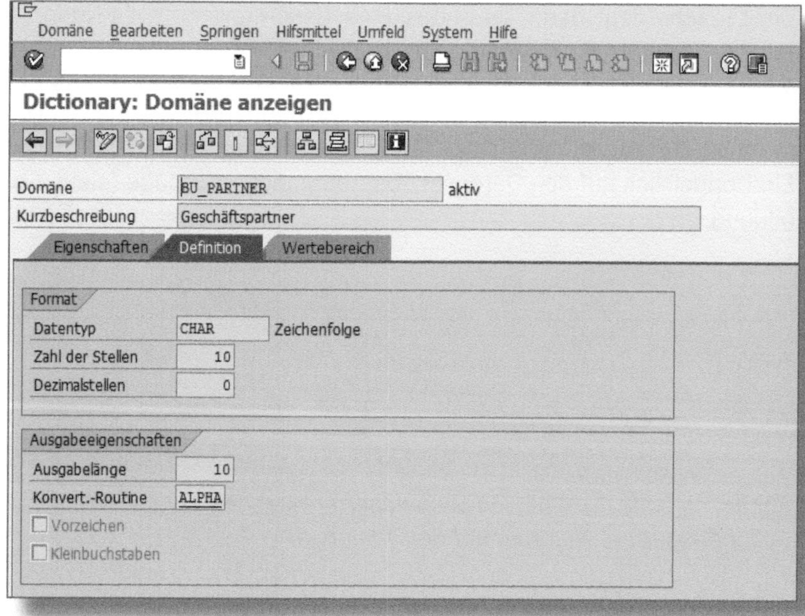

Abbildung 2.40: Die Domäne BU_PARTNER

In den AUSGABEEIGENSCHAFTEN befindet sich im Feld KONVERT.-ROUTINE die Bezeichnung »ALPHA«. Ein Doppelklick darauf zeigt dem Entwickler die zur Konvertierung verwendeten Funktionsbausteine.

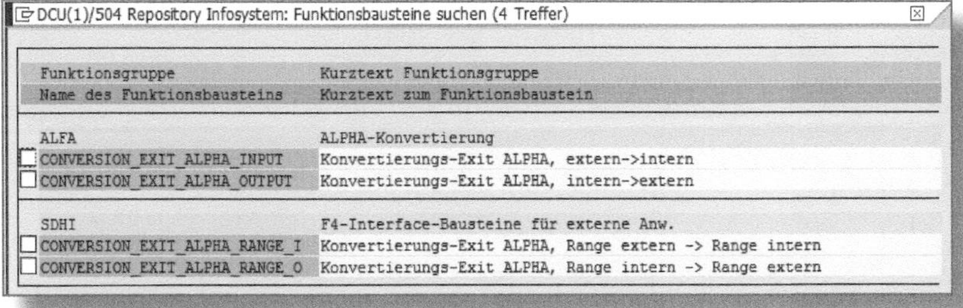

Abbildung 2.41: Konvertierungsroutinen für die Geschäftspartner-Nummer

2.12 Der Tabellenpflegegenerator

Der *Tabellenpflegegenerator* ermöglicht dem Anwender, Tabelleninhalte anzuzeigen, zu ändern, zu löschen oder hinzuzufügen.

2.12.1 Generierung von Pflege-Views

Pflege-Views werden mit der Transaktion SE11 erstellt. Davor erfolgt zunächst die Anlage und Aktivierung der Funktionsgruppe ZRAHMENVERTRAG, in der die im Prozess der Erstellung eines Pflege-Views generierten Programmobjekte abgelegt werden.

In unserem Anwendungsbeispiel nutzen wir für die Verwaltung von Rahmenverträgen die Tabelle ZRAHMENVERTRAG. Es handelt sich dabei um eine mandantenabhängige Anwendungstabelle, bei der die Pflege von Daten erlaubt ist.

Über das Pull-down-Menü der Transaktion SE11 HILFSMITTEL • TABELLENPFLEGEGENERATOR wird das Menü zum Anlegen von Pflege-Views aufgerufen. In unserem Beispiel verwenden wird die BERECHTIGUNGS-

GRUPPE &NC& (ohne Berechtigungsgruppe) und die FUNKTIONSGRUPPE ZRAHMENVERTRAG (siehe Abbildung 2.42).

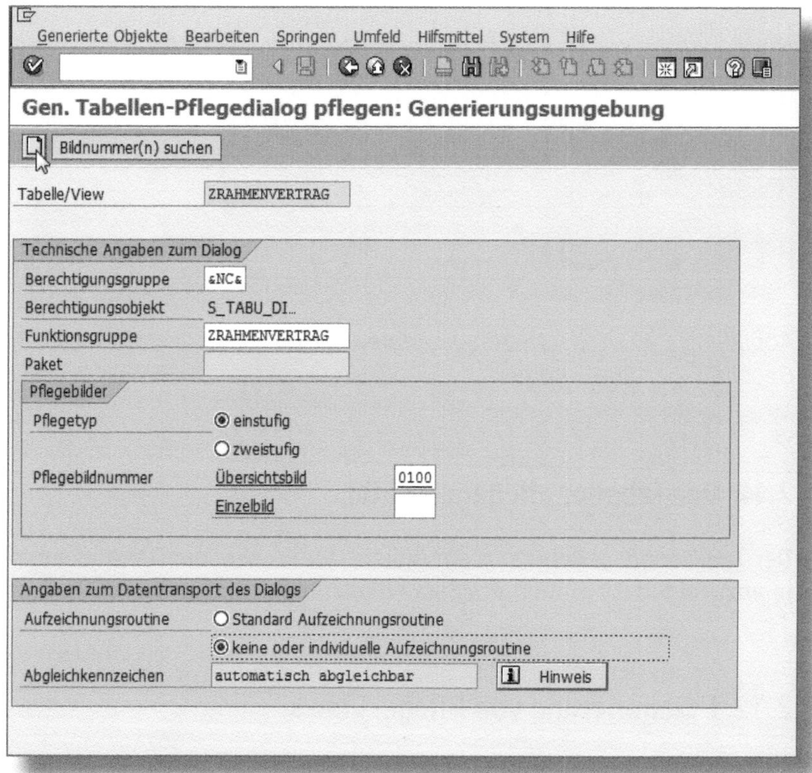

Abbildung 2.42: Erstellen eines Tabellen-Pflege-Views

Mit diesen Eingaben und Klick auf das Icon wird der Tabellen-Pflegeview gespeichert.

Erscheint in der Statusleiste des SAP-Menüs die Meldung »Auftrag erfolgreich abgeschlossen«, wurde ein Tabellen-Pflegedialog mit einem Bild (Dynpro 0100) erfolgreich angelegt.

Die Tabelleninhalte können nun mithilfe der Transaktion SM30 gepflegt werden (siehe Abbildung 2.43).

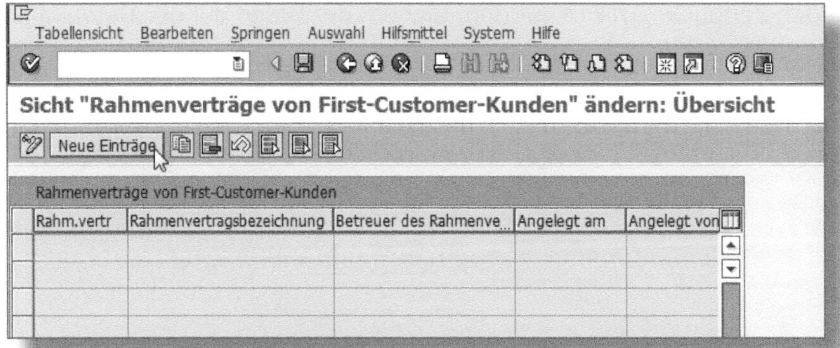

Abbildung 2.43: Der Pflege-View in der Transaktion SM30

Durch einen Mausklick auf den Button NEUE EINTRÄGE kann der Anwender weitere Datensätze in der Tabelle ZRAHMENVERTRAG erfassen. Bestehende Datensätze können geändert oder gelöscht werden.

Da es sich nicht um eine Customizing-Tabelle handelt, wird bei Änderungen des Tabelleninhalts auch kein Customizing-Auftrag für den Transport in Folgesysteme erzeugt.

2.12.2 Erweiterungen von Tabellenpflegetransaktionen

Des Weiteren soll dokumentiert werden, wer wann die Datensätze in dieser Tabelle angelegt oder geändert hat. Die Eingabe von Erstellungsdatum und Ersteller sowie Änderungsdatum und Änderer soll beim Anlegen bzw. Ändern des Datensatzes automatisch erfolgen. Eine Änderung dieser Daten durch den Anwender wiederum muss verhindert werden.

Die Realisierung dieser Anforderung bedarf einer Erweiterung des Quellcodes im Pflege-View. Änderungen am Pflege-View selbst können aus dem Tool zur Erstellung von Pflege-Views heraus angelegt werden (siehe Abbildung 2.44).

Um die geforderten Erweiterungen zu entwickeln, ist das PFLEGEBILD zu modifizieren (siehe Abbildung 2.44) und ein Funktionsbaustein für den Zeitpunkt »01« (= vor dem Sichern der Daten auf der Datenbank) anzulegen.

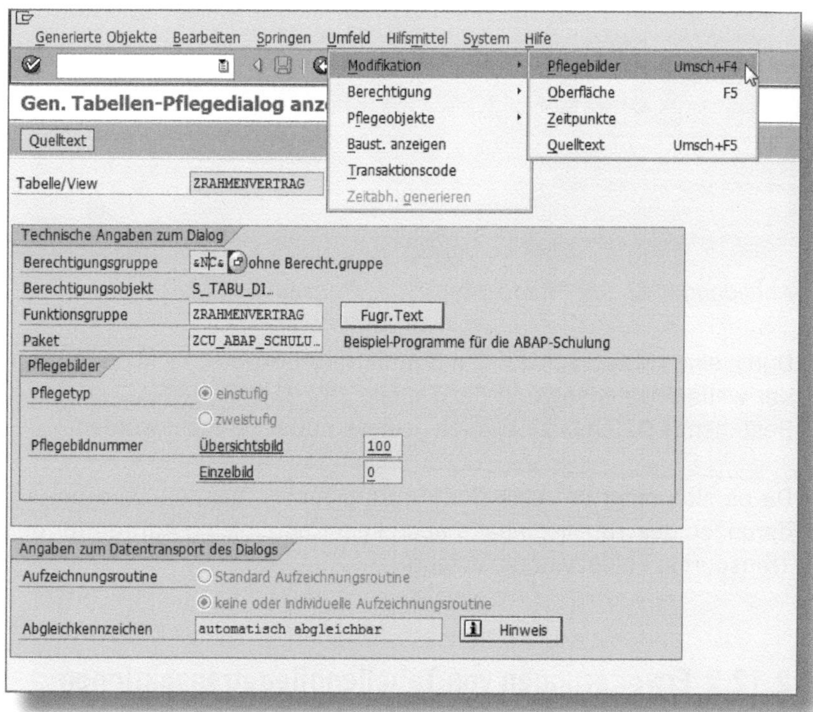

Abbildung 2.44: Modifikation eines Tabellenpflege-Views

Über den Menüpfad UMFELD • MODIFIKATION • PFLEGEBILDER gelangen Sie zum ersten Schritt: der Änderung des Pflegebildes. Im Pflegebild dürfen die Felder ERSTELLER, ERSTELLUNGSDATUM, ÄNDERER und ÄNDERUNGSDATUM nur angezeigt werden, aber nicht eingabebereit sein.

Durch den Aufruf zur Modifikation des Pflegebildes wird das generierte Pflegedynpro »100« angezeigt.

Für die Änderung der Ein- und Ausgabefähigkeit im Dynpro wechseln Sie auf den Reiter ELEMENTLISTE. Mit einem Mausklick auf das Icon gelangt der Entwickler in den Änderungsmodus (siehe Abbildung 2.45).

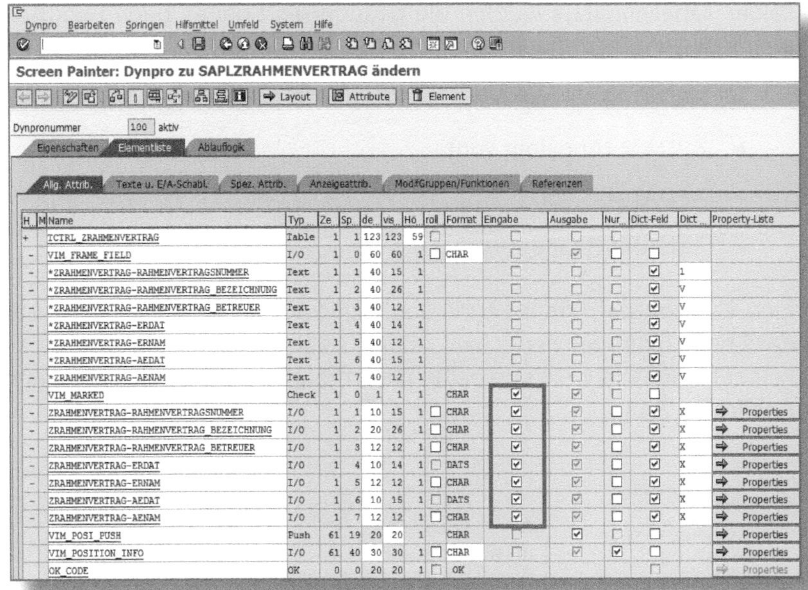

Abbildung 2.45: Dynpro des Tabellenpflege-Views im Screen Painter

Nun entfernen Sie in Abbildung 2.45 für die ELEMENTE »ZRAHMENVERTRAG-ERDAT«, »-ERNAM«, »-AEDAT« und »-AENAM« in der Spalte EINGABE den Haken und aktivieren diese Änderung am Dynpro durch einen Mausklick auf das Icon [i] (siehe Abbildung 2.46).

Abbildung 2.46: Modifikation des Dynpros im Tabellenpflege-View

In der Tabellenpflege werden die geänderten Spalten nach Begriffen aus dem Data Dictionary bezeichnet:

- ERDAT (Angelegt am),
- ERNAM (Angelegt von),
- AEDAT (Geändert am),
- AENAM (Geändert von).

Eine Prüfung der Dynpro-Änderung mit der Transaktion SM30 zeigt, dass beim Eintragen neuer bzw. Ändern bestehender Datensätze diese Felder nicht mehr weiß und daher nicht mehr eingabebereit sind (siehe Abbildung 2.47).

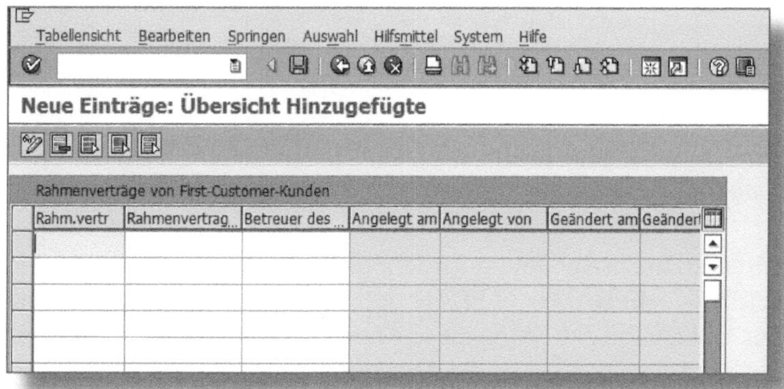

Abbildung 2.47: Modifiziertes Dynpro in der Tabellenpflege

Damit beim Anlegen von Datensätzen die Felder ERDAT und ERNAM und beim Ändern von Datensätzen die Felder AEDAT und AENAM gefüllt werden, muss im Tabellenpflegegenerator zum Zeitpunkt »01« ein Funktionsbaustein aufgerufen werden, der diese Einträge vornimmt.

Damit das Anlegen neuer Funktionsbausteine funktioniert, muss die Tabelle ZRAHMENVERTRAG im Änderungsmodus der Transaktion SE11 aufgerufen werden. Anschließend wird unter HILFSMITTEL • TABELLENPFLEGEGENERATOR der Generator im Änderungsmodus aufgerufen.

Über MODIFIKATION • ZEITPUNKTE können nun neue Zeitpunkte angelegt werden (siehe Abbildung 2.48).

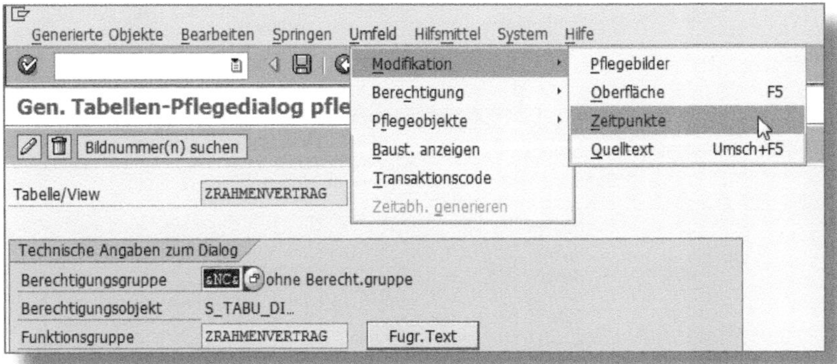

Abbildung 2.48: Modifikation von Zeitpunkten im Pflege-View

Das sich öffnende Pop-up (siehe Abbildung 2.49) ist mit dem grünen Haken zu quittieren.

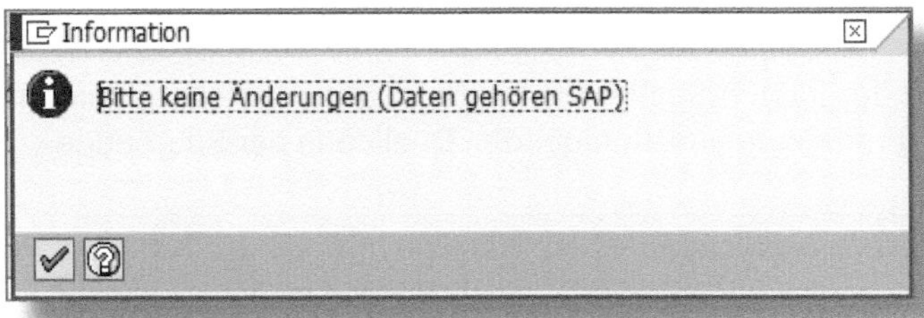

Abbildung 2.49: Bestätigen der Info-Meldung

Durch einen Mausklick auf den Button NEUE EINTRÄGE im darauffolgenden Bildschirmbild kann ein Funktionsbaustein für den Zeitpunkt »01« (vor dem Sichern der Daten in der Datenbank) eingetragen werden. Die F4-Hilfe auf »Zeitpunkt« zeigt eine Reihe möglicher Zeitpunkte, zu denen Subroutinen im Pflegedialog aktiviert werden können (siehe Abbildung 2.50).

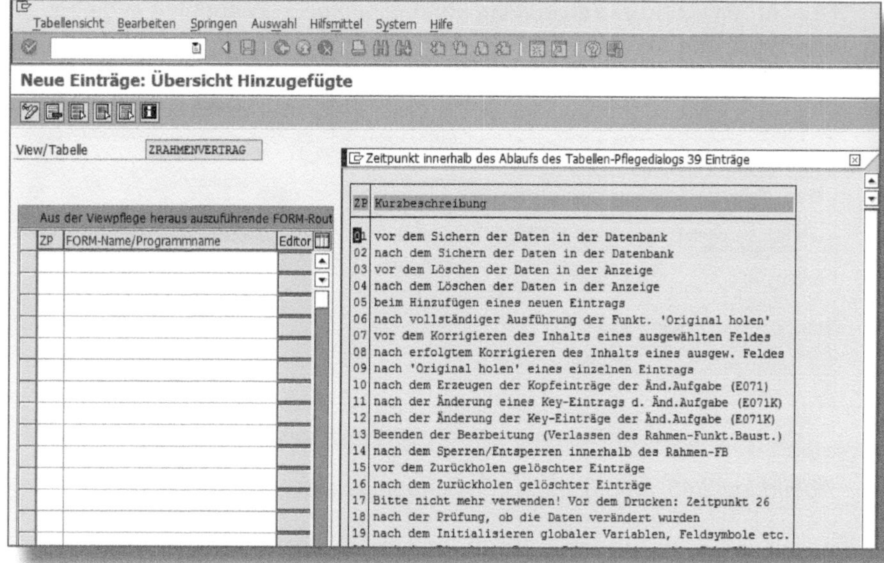

Abbildung 2.50: Zeitpunkt im Pflege-View erstellen

Wir speichern die Subroutine ZFIRST_CUSTOMER_DATUM. Über einen Mausklick in der letzten Spalte des Eintrags EDITOR (siehe Abbildung 2.51) gelangt man zum auszuprägenden Quellcode der Subroutine.

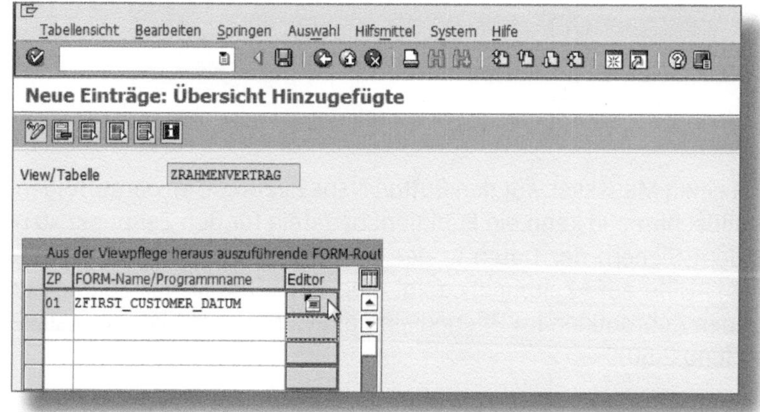

Abbildung 2.51: Eigene Routine für einen Zeitpunkt im Pflege-View

Wir wählen als Zuordnung der Subroutine zu einer Funktionsgruppe ein »neues Include« für unsere Funktionsgruppe ZRAHMENVERTRAG (siehe Abbildung 2.52), die auch die generierten Objekte zum Pflege-View enthält.

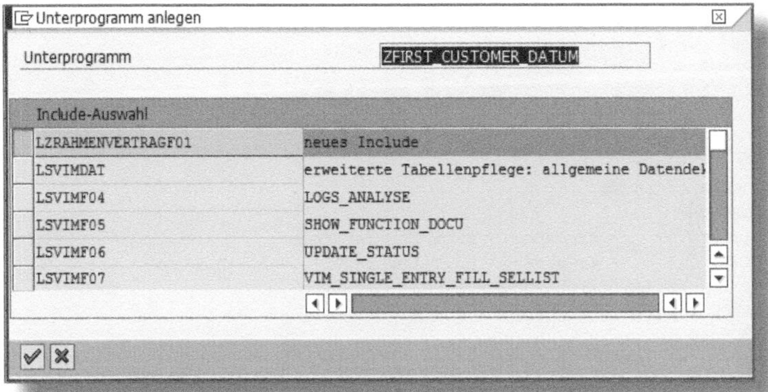

Abbildung 2.52: Funktionsgruppe des Pflegeviews

Durch einen »Breakpoint« in dieser Subroutine kann der Entwickler beim Aufruf der Transaktion SM30 mit der Tabelle ZRAHMENVERTRAG und dem Speichern oder Ändern eines Datensatzes erkennen, welches ABAP-Coding in dieser Subroutine zu entwickeln ist, damit beim Anlegen neuer Datensätze das Erstellungsdatum und der Ersteller sowie beim Ändern von Datensätzen das Änderungsdatum und der letzte Änderer in dem jeweiligen Datensatz abgespeichert werden.

Es gehört ein wenig Geduld dazu, die Anzahl der Stellen zu finden, bei denen sich die Feldinhalte von ERDAT, ERNAM, AEDAT und AENAM in dem String »TOTAL« befinden (siehe Abbildung 2.53).

```
FORM zfirst_customer_datum.

  DATA: lv_index      LIKE sy-tabix,
        lv_action(1)  TYPE c.

  LOOP AT total.

    lv_action = total+85(1).

    IF lv_action = 'N'. "Neuer Datensatz
      READ TABLE extract WITH KEY <vim_xtotal_key>.
      IF sy-subrc EQ 0.
        lv_index = sy-tabix.
      ELSE.
        CLEAR lv_index.
      ENDIF.
      total+45(8)   = sy-datum. "Erstellungsdatum
      total+53(12)  = sy-uname. "Ersteller
*     Ausgabetabelle total ändern
      MODIFY total.
      CHECK lv_index > 0.
      extract = total.
      MODIFY extract INDEX lv_index.

    ENDIF.

    IF lv_action = 'U'. "Geänderter Datensatz
      READ TABLE extract WITH KEY <vim_xtotal_key>.
      IF sy-subrc EQ 0.
        lv_index = sy-tabix.
      ELSE.
        CLEAR lv_index.
      ENDIF.
      total+65(8)   = sy-datum. "Änderungsdatum
      total+73(12)  = sy-uname. "Änderer
*     Ausgabetabelle total ändern
      MODIFY total.
      CHECK lv_index > 0.
      extract = total.
      MODIFY extract INDEX lv_index.

    ENDIF.

  ENDLOOP.

ENDFORM.                    "
```

Abbildung 2.53: Coding für den modifizierten Pflege-View

Eine Prüfung der Funktionalität des Pflege-Views zeigt, dass beim Anlegen eines Datensatzes nun das Feld ANGELEGT VON (STUT01) und das Feld ANGELEGT AM (hier 01.08.2022) angezeigt werden (siehe Abbildung 2.54).

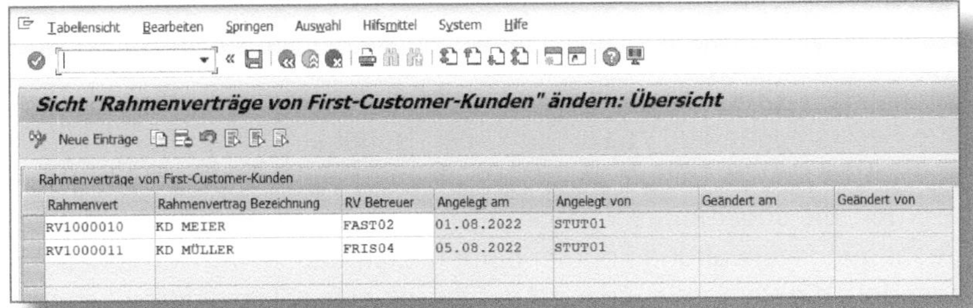

Abbildung 2.54: Automatisches Füllen des Erstellers und Erstelldatum im Pflege-View

Entsprechend werden bei einer Änderung des Datensatzes das Änderungsdatum und der letzte Änderer im Datensatz hinterlegt (siehe Abbildung 2.55).

Tabellensicht Bearbeiten Springen Auswahl Hilfsmittel System Hilfe

Sicht "Rahmenverträge von First-Customer-Kunden" ändern: Übersicht

Neue Einträge

Rahmenverträge von First-Customer-Kunden

Rahmenvert	Rahmenvertrag Bezeichnung	RV Betreuer	Angelegt am	Angelegt von	Geändert am	Geändert von
RV1000010	KD MEIER	FAST02	01.08.2022	STUT01	10.08.2022	STUT01
RV1000011	KD MÜLLER	FRIS04	05.08.2022	STUT01	10.08.2022	STUT01

Abbildung 2.55: Automatisches Füllen des Änderers und Änderungsdatums im Pflege-View

Alle Entwicklungen befinden sich in der Funktionsgruppe, die beim Anlegen des Tabellen-Pflege-Views angegeben wurde: in diesem Fall in der Funktionsgruppe ZRAHMENVERTRAG. Der Entwickler kann die erforderlichen Änderungen ebenso über die ABAP-Entwicklungsumgebung (Transaktion SE80) vornehmen.

2.12.3 Erstellen von Tabellenpflegetransaktionen

In fast allen produktiven Systemen gibt es kaum einen Anwender, der die Berechtigung zur Verwendung der Transaktion SM30 besitzt. Daher muss für die Pflege der Daten eine eigene Transaktion angelegt werden, die sogenannte *Tabellenpflegetransaktion*. Mitarbeiter der Berechtigungsverwaltung können dann gezielt den verantwortlichen Anwendern die Berechtigung zur Ausführung dieser Transaktion geben.

Zur Anlage wählen Sie die Transaktionspflege (Transaktion SE93). Für den TRANSAKTIONSCODE »Z_RAHMENVERTRAG« wird eine sogenannte *Parametertransaktion* angelegt (siehe Abbildung 2.56).

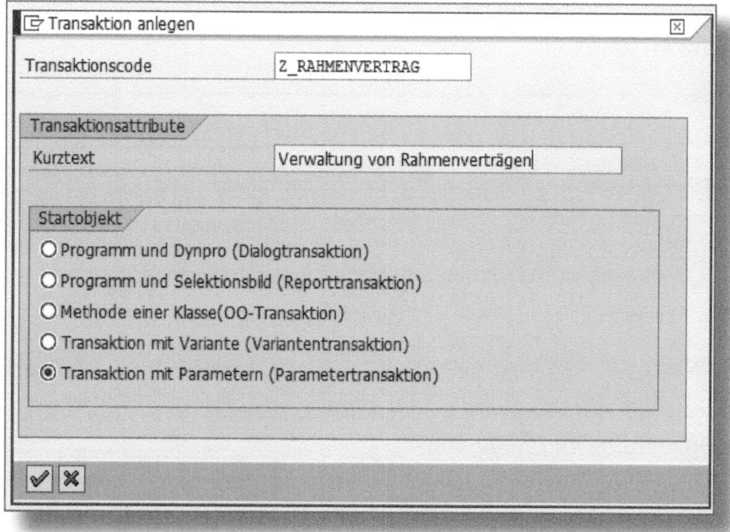

Abbildung 2.56: Erstellen einer Parametertransaktion

Mit der Transaktion Z_RAHMENVERTRAG wird anschließend die Datenpflege der Tabelle ZRAHMENVERTRAG programmintern über die Transaktion SM30 aufgerufen. Im Eingabefeld für die SM30 wird der Name des Dynprofeldes der SM30 benötigt. In dieses DYNPROFELD muss beim Aufruf der Tabellenpflegetransaktion der Name der zu pflegenden Tabelle übergeben werden (siehe DYNPROFELD *VIEWNAME* in Abbildung 2.58). Dieser Feldname kann im Dynpro der SM30 mit der

F1-Hilfe zum Feld TABELLEN/VIEWNAME und dem anschließenden Betätigen des Buttons TECHNISCHE INFORMATIONEN in Erfahrung gebracht werden (siehe Abbildung 2.57).

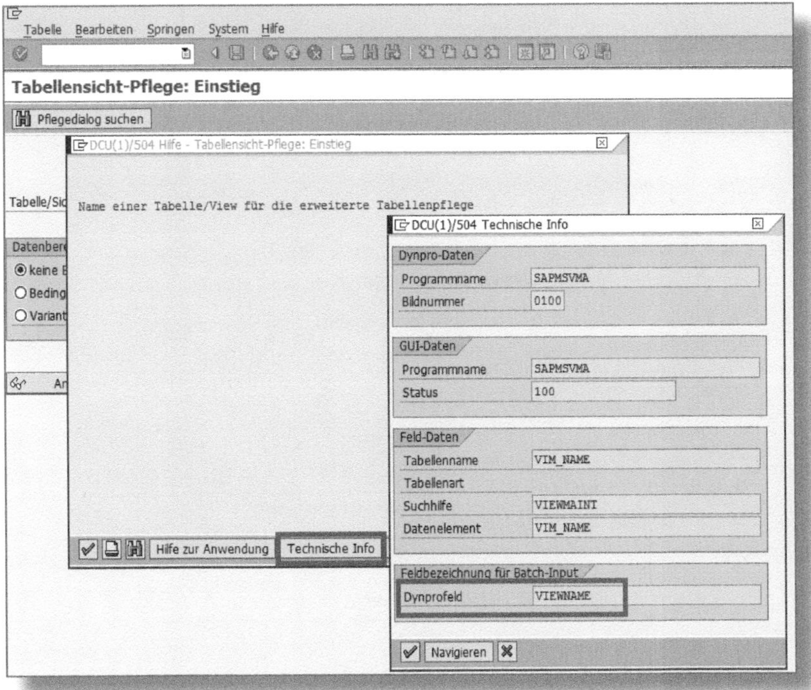

Abbildung 2.57: Technische Informationen eines Dynpro-Feldes

Analog zum Finden des Namens für das DYNPROFELD *VIEWNAME* kann der Entwickler über die F1-Hilfe im Dynpro der Transaktion SM30 auf den Screen »0100« des Modulpools »SAPMSVMA« navigieren und in den Elementen des Screens das Kennzeichen für das »Update« der Tabelleninhalte finden.

Abbildung 2.58 zeigt alle Einstellungen zum Erstellen einer Transaktion mit dem Namen Z_RAHMENVERTRAG, auf die Anwender im produktiven System zugreifen können, wenn ihnen dazu die Berechtigung erteilt wurde.

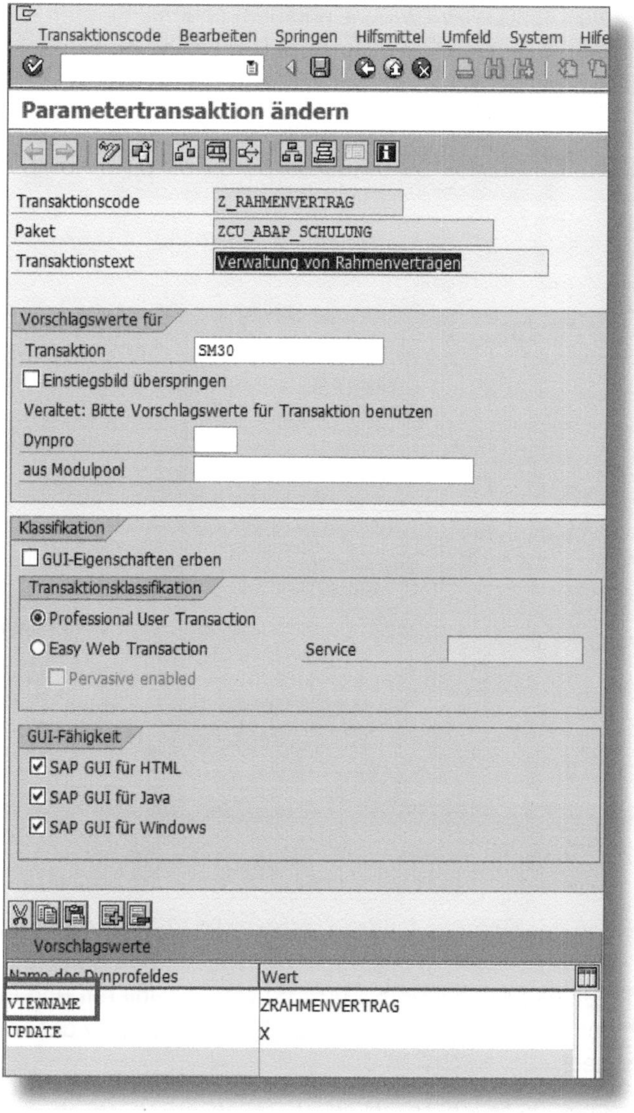

Abbildung 2.58: Erstellen einer Tabellenpflegetransaktion

2.13 Suchhilfen

In vielen SAP-Screens wird bei der Eingabe von Werten die [F4]-Hilfe angeboten. Über diese Funktion können Sie sich die möglichen Eingaben in dieses Feld anzeigen lassen. Bei bestimmten [F4]-Hilfen werden zusätzlich umfangreiche Suchfunktionen zur Verfügung gestellt.

Generell werden beim Aufrufen der [F4]-Hilfe im SAP-Dynro programmintern die in Abbildung 2.59 dargestellten Prüfungen (*Suchhilfe-Hierarchie*) durchlaufen:

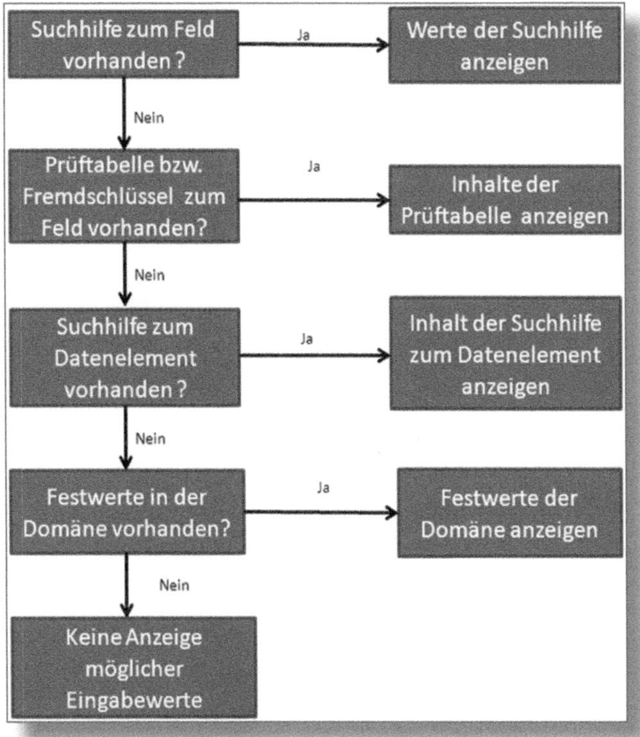

Abbildung 2.59: Hierarchie der Eingabeprüfung für Dynpro-Felder

Die Eigenschaften von Prüftabellen bzw. Fremdschlüsseln und Festwerten in Domänen habe ich bereits beschrieben. Die Suchhilfe ist das mächtigste Hilfsmittel, mit dem Anwender nach bestimmten Datensätzen suchen können.

Nehmen wir als Beispiel die Suchhilfe zum Geschäftspartner. Der Anwender kann sich mittels der Transaktion BUG3 einen Geschäftspartner anzeigen lassen. Durch Betätigen der [F4]-Hilfe im Feld für den GESCHÄFTSPARTNER wird dem Anwender eine komplexe Suchhilfe angeboten (siehe Abbildung 2.60).

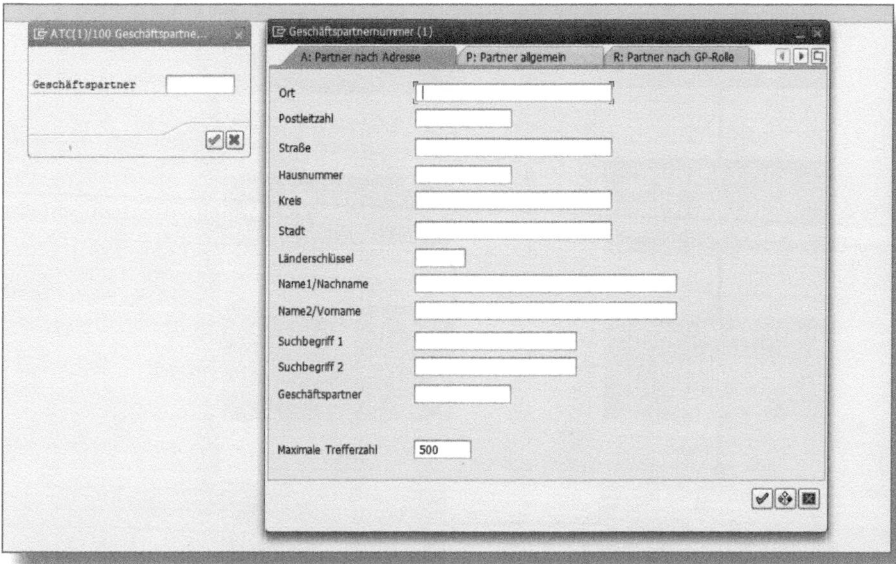

Abbildung 2.60: Die Suchhilfe zum Geschäftspartner

Ein Mausklick auf das rechte Icon oben neben den Reitern zeigt, wie viele verschiedene Suchhilfen in den Reitern verfügbar sind. Der Anwender verzweigt damit auf einen der möglichen Reiter in der Suchhilfe und kann einen Geschäftspartner nach verschiedenen Kriterien selektieren (siehe Abbildung 2.61).

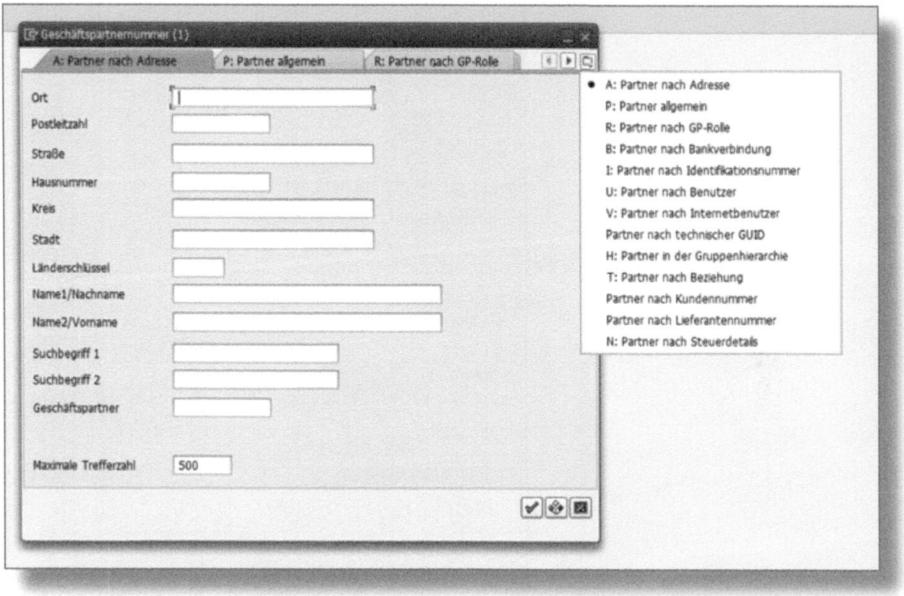

Abbildung 2.61: Komplexe Suchhilfen bzw. Sammelsuchhilfen

Solche komplexen Suchhilfen werden in SAP als *Sammelsuchhilfen* bezeichnet, die sich aus mehreren sogenannten *Elementaren Suchhilfen* zusammensetzen.

In dem gezeigten Fall handelt es sich um eine SAP-Standard-Suchhilfe.

Um zu erfahren, welche Suchhilfe verwendet wird, muss der Entwickler anhand der Suchhilfe-Hierarchie (Suchhilfe zum Feld Prüftabelle ⇒ Suchhilfe zum Datenelement ⇒ Festwerte in der Domäne) recherchieren, welche Form der Suchhilfe zum Geschäftspartner in diesem Fall gezogen wird.

Mithilfe der [F1]-Funktionstaste auf dem Feld GESCHÄFTSPARTNER mit anschließendem Mausklick auf den Button TECHNISCHE INFORMATIONEN erfährt der Entwickler, welches Dynpro in welchem Programm aktuell angezeigt wird (siehe Abbildung 2.62).

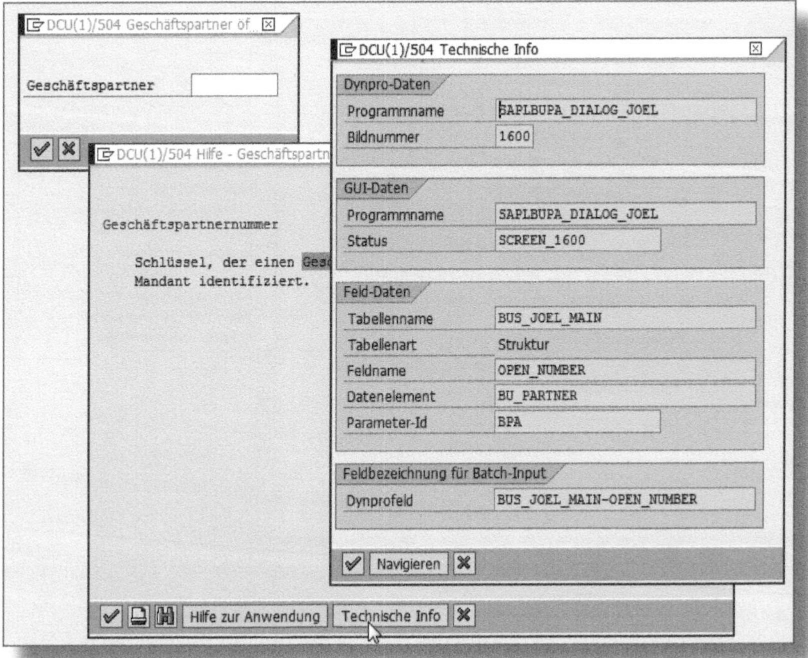

Abbildung 2.62: Die Suche nach der Suchhilfe

Es gibt zwei Möglichkeiten, an welcher Stelle sich die Suchhilfe befinden kann:

1. Die Suchhilfe ist an das Bildschirmfeld »OPEN_NUMBER« im Dynpro »1600« des Programms »SAPLBUPA_DIALOG_JOEL« gekoppelt.
2. Die Suchhilfe ist an das Feld einer Prüftabelle, die in der Domäne des DATENELEMENTS »BU_PARTNER« liegt, gekoppelt.

Zur Analyse wird zunächst ein Doppelklick auf die BILDNUMMER »1600« in Abbildung 2.62 ausgeführt. Dadurch navigiert der Entwickler in die Entwicklersicht des Dynpro (siehe Abbildung 2.63).

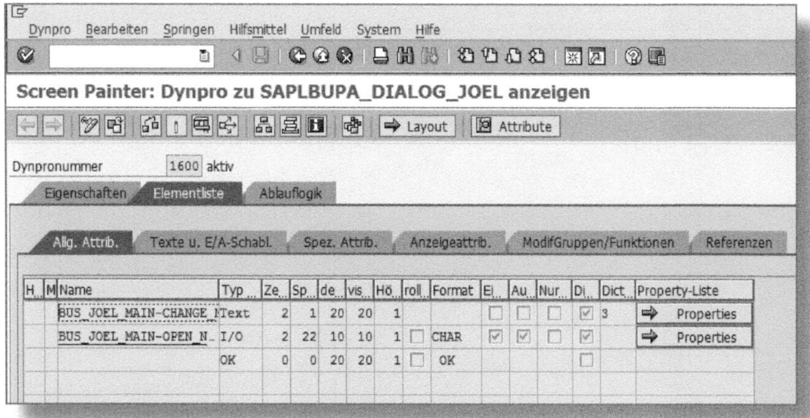

Abbildung 2.63: Die Entwicklersicht auf ein Dynpro

Durch einen Mausklick auf den Button LAYOUT wird das Dynpro in der Entwicklersicht angezeigt.

Mit einem anschließenden Doppelklick auf das Eingabefeld zum GESCHÄFTSPARTNER werden die Eigenschaften des Feldes aufgeführt.

Abbildung 2.64 zeigt, dass das Feld SUCHHILFE in den Feldeigenschaften (im Bild rechts unten) leer ist. Demnach wird die F4-Suchhilfe nicht über das DYNPRO-Feld gesteuert.

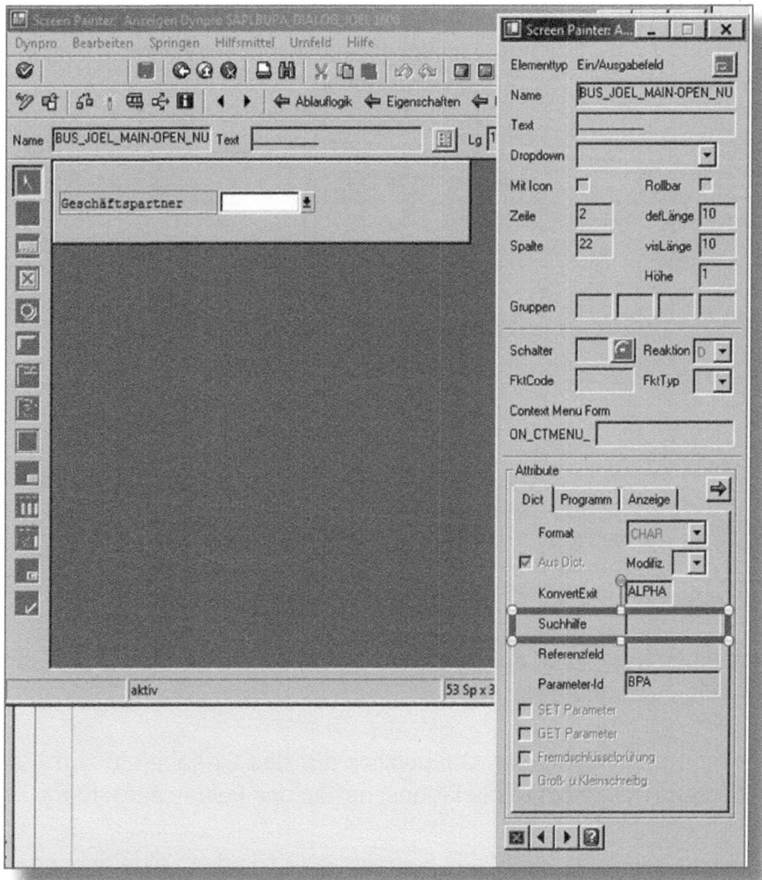

Abbildung 2.64: Der Layout-Editor für Dynpros

Jetzt untersuchen wir die zweite Möglichkeit: Die Suchhilfe ist an ein Feld in einer Tabelle gekoppelt. Dazu schließen wir die Entwicklersicht auf den Bildschirm und führen im Bildschirm für die technischen Informationen (siehe Abbildung 2.62) einen Doppelklick auf das Datenelement »BU_PARTNER« aus, woraufhin es in der SE11 angezeigt wird (siehe Abbildung 2.65).

Das Datenelement »BU_PARTNER« hat die gleichnamige DOMÄNE. Durch einen Doppelklick auf die Domäne wird diese angezeigt (siehe Abbildung 2.66).

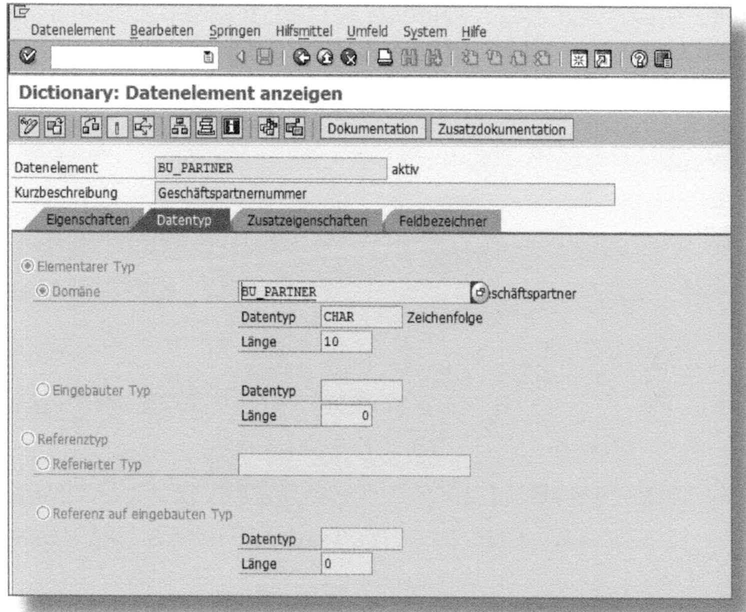

Abbildung 2.65: Datenelement und Domäne

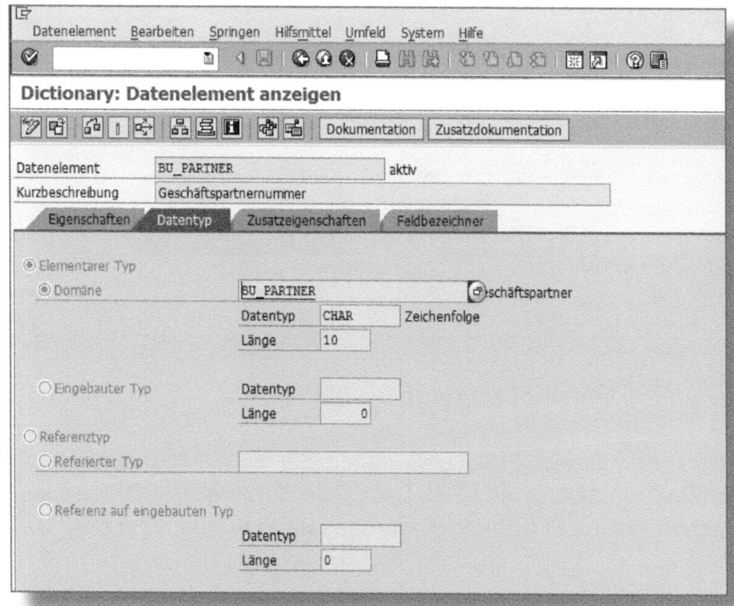

Abbildung 2.66: Die Domäne BU_PARTNER

Im Reiter WERTEBEREICH im Feld WERTETABELLE wird die Datenbanktabelle BUT000 angegeben (siehe Abbildung 2.67).

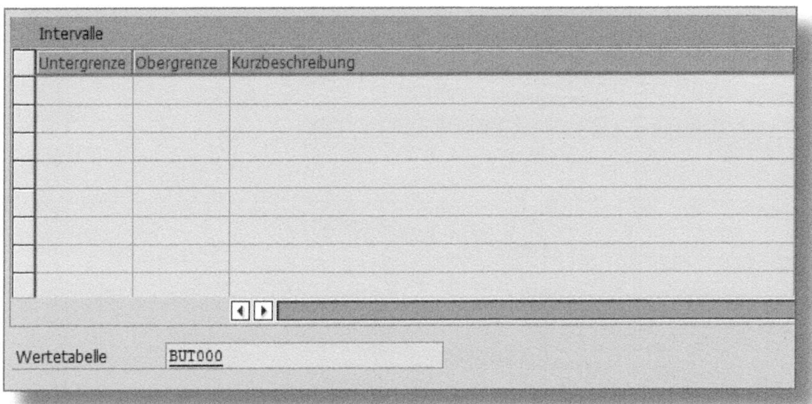

Abbildung 2.67: Die Wertetabelle BUT000 in der Domäne BU_PARTNER

Durch einen weiteren Doppelklick auf die Tabelle BUT000 öffnet sich diese im SE11-Anzeigemodus, dargestellt in Abbildung 2.68.

Tabelle Bearbeiten Springen Hilfsmittel Zusätze Umfeld System Hilfe

Dictionary: Tabelle anzeigen

Technische Einstellungen | Indizes... | Append-Struktur...

Transp.Tabelle BUT000 aktiv

Kurzbeschreibung GP: Allgemeine Daten I

Eigenschaften | Auslieferung und Pflege | Felder | Eingabehilfe/-prüfung | Währungs-/Mengenfelder

Suchhilfe 1 / 108

Feld	Datenelement	Datentyp	Fremdsc.	Prüftabelle	Herkunft der Eingabehilfe	Suchhilfe	Fe	Domäne
CLIENT	MANDT	CLNT	☑	T000	Eing.hilfe über Prüftabelle r...	H_T000	☐	MANDT
PARTNER	BU_PARTNER	CHAR	☐		explizite Suchhilfeanbindung ...	BUPA	☐	BU_PARTNER
.INCLUDE	BUS000_DAT		☐				☐	
.INCLUDE	BUS000A		☐				☐	
.INCLUDE	BUS000AINI		☐				☐	

Abbildung 2.68: Die Suchhilfe zur Domäne

Im Reiter EINGABEHILFE/-PRÜFUNG sehen Sie zum FELD »PARTNER« mit dem DATENELEMENT »BU_PARTNER« die SUCHHILFE »BUPA«. Diese kann mithilfe der SE11 angezeigt werden (siehe Abbildung 2.69).

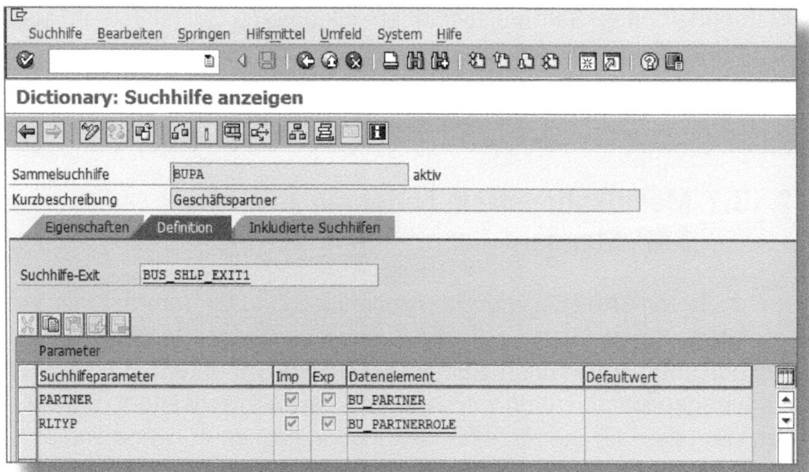

Abbildung 2.69: Die Suchhilfe zum Geschäftspartner

Es handelt sich bei der Suchhilfe BUPA um eine Sammelsuchhilfe. Im Reiter INKLUDIERTE SUCHHILFEN werden die elementaren Suchhilfen angezeigt, die dieser SAMMELSUCHHILFE zugeordnet sind (siehe Abbildung 2.70).

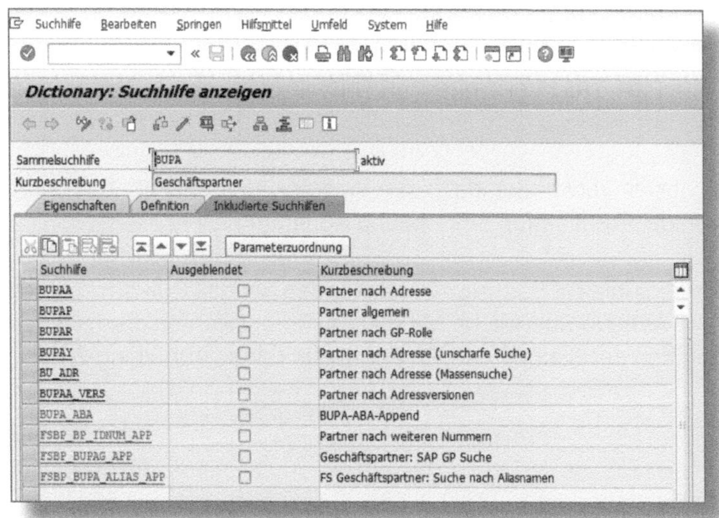

Abbildung 2.70: Sammelsuchhilfe BUPA und inkludierte Suchhilfen

Während in den Sammelsuchhilfen inkludierte Suchhilfen in blauer Schrift dargestellt werden, handelt es sich bei den Suchhilfen in schwarzer Schrift um elementare Suchhilfen.

2.13.1 Modifikationsfreie Änderung von SAP-Standard-Suchhilfen

Nicht alle von SAP ausgelieferten Suchhilfen sind für Unternehmen von Interesse. So ist für sie z. B. die Suche des Geschäftspartners nach »technischer GUID« unerheblich. Diese wird SAP-intern zur weltweit eindeutigen Identifikation von Geschäftspartnern verwendet. Stattdessen kann die SAP-Standard-Suchhilfe ohne großen Aufwand und ohne eine Modifikation vorzunehmen angepasst werden.

Im nächsten Beispiel sollen in der Geschäftspartnersuchhilfe nur die folgenden SAP-Standard-Suchhilfen angezeigt werden:

- BUPAA – Partner nach Adresse,
- BUPAP – Partner allgemein,
- BUPAR – Partner nach GP-Rolle,
- BP_BUPAK – Partner nach diversen Attributen
- BP_ERP_TREX – Einfache und erweiterte Suche nach Geschäftspartner

Der Entwickler verwendet dazu die Anzeige der SAMMELSUCHHILFE »BUPA« in der Transaktion SE11 (siehe Abbildung 2.71).

Im Reiter INKLUDIERTE SUCHHILFEN verwenden Sie das Pull-down-Menü SPRINGEN • APPEND-SUCHHILFE. Mit diesem Befehl werden die inkludierten Suchhilfen der Suchhilfe BUPA angezeigt (siehe Abbildung 2.72).

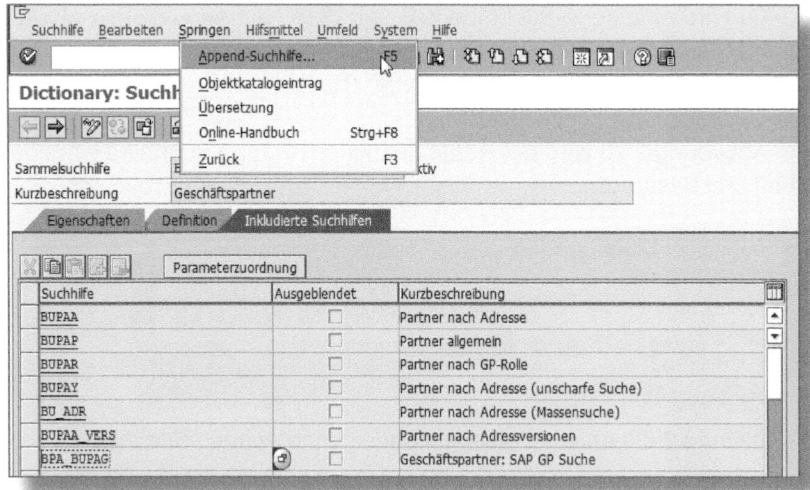

Abbildung 2.71: Auffinden von Append-Suchhilfen einer Suchhilfe

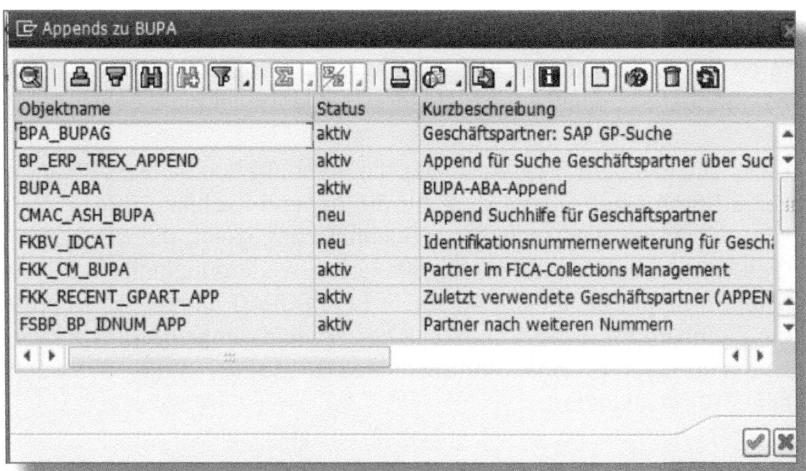

Abbildung 2.72: Append-Suchhilfen einer Suchhilfe

Jetzt wird eine neue Suchhilfe z. B. mit dem Namen »ZBUPA« als Append-Suchhilfe in die SAP-Standard-Suchhilfe BUPA inkludiert. Dazu verwendet der Entwickler das Icon [ ] (für Anlegen).

In Abbildung 2.73 wird der Name der neuen Append-Suchhilfe eingegeben und bestätigt.

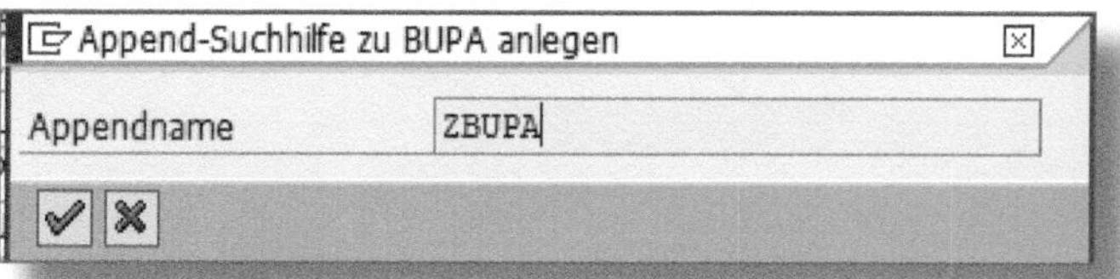

Abbildung 2.73: Anlegen einer kundeneigenen Append-Suchhilfe

Nun sind alle Suchhilfen der SAP-Standard-Suchhilfe BUPA in der neuen Append-Suchhilfe aufzunehmen. Es gilt jedoch, dass Append-Suchhilfen wie z. B. BPA_BUPAG nicht in einer anderen Suchhilfe als BUPA inkludiert werden können. Also verwendet der Entwickler alle »Elementaren Suchhilfen« dieser Append-Suchhilfe, um sie anschließend aus der Standard-Suchhilfe auszublenden (siehe Abbildung 2.66).

Dazu wird in einem zweiten Modus die Standard-Suchhilfe BUPA angezeigt. Durch einen Doppelklick auf die Append-Suchhilfe BPA_BUPAG wird wiederum eine includierte Suchhilfe angezeigt, die BP_BUPAG. Dies ist eine »Elementare Suchhilfe« ohne weitere includierten Suchhilfen. Im Fall der Append-Suchhilfe BPA_BUPAG handelt es sich um die Suchhilfe BP_BUPAG. Anstelle der Append-Suchhilfe BPA_BUPAG wird also deren »Elementare Suchhilfe« BP_BUPAG in die neue Suchhilfe ZBUPA inkludiert.

Dieses Verfahren wird auf alle Append-Suchhilfen aus der Standard-Suchhilfe BUPA angewendet. Abbildung 2.74 stellt alle in die neue SAMMELSUCHHILFE »ZBUPA« inkludierten Suchhilfen dar.

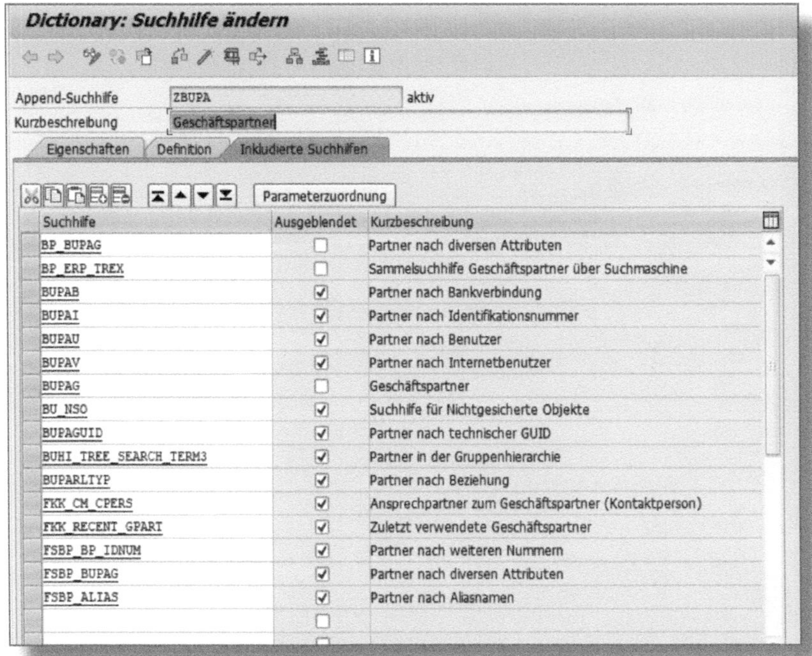

Abbildung 2.74: Ausblenden von elementaren SAP-Standard-Suchhilfen

In der Spalte AUSGEBLENDET sind all die Suchhilfen mit einem Haken versehen, die nicht mehr angezeigt werden sollen.

Die Append-Suchhilfe wird abschließend aktiviert und diese Änderung gespeichert. Die Anzeige der Append-Suchhilfen der SAP-Standard-Suchhilfe BUPA zeigt nun am Ende die inkludierte SUCHHILFE »ZBUPA« (siehe Abbildung 2.75).

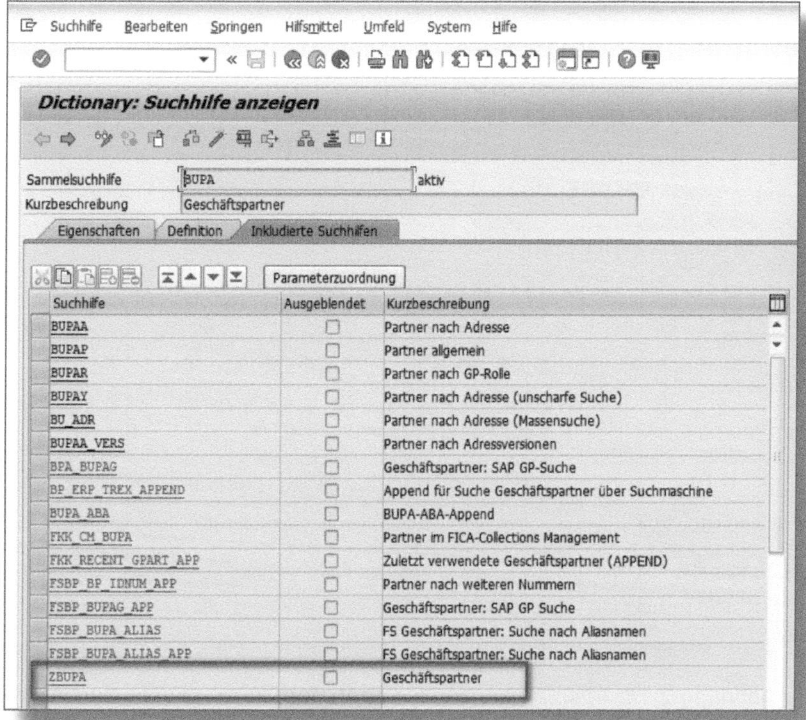

Abbildung 2.75: Kundeneigene Append-Suchhilfe ZBUPA in der SAP-Standard-Sammelsuchhilfe

Das Ausblenden von Suchhilfen in der inkludierten Suchhilfe ZBUPA sorgt dafür, dass diese nicht mehr in der SAP-Standard-Suchhilfe zum Geschäftspartner angezeigt werden, wie in Abbildung 2.76 zu sehen ist.

Zum Vergleich die SAP-Standard-Suchhilfe BUPA in Abbildung 2.77.

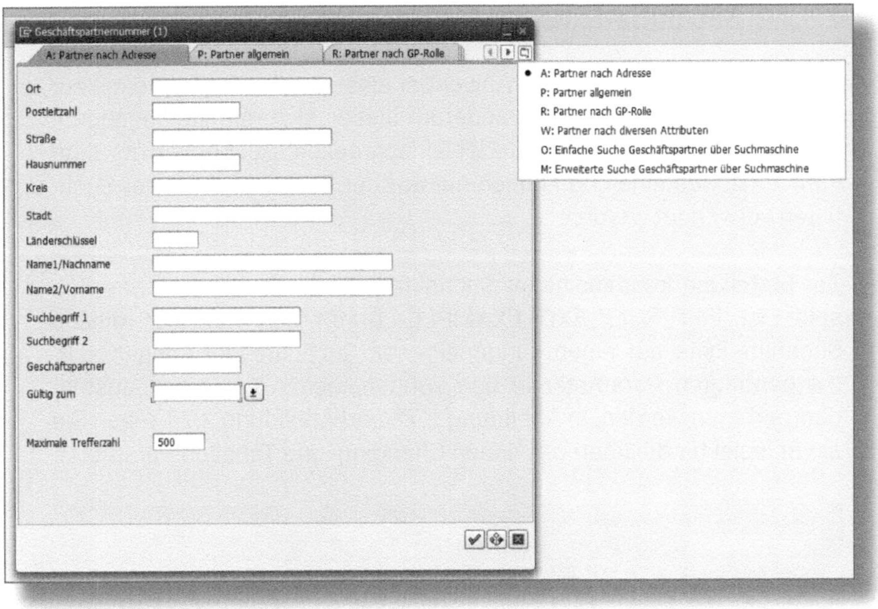

Abbildung 2.76: Modifikationsfreie Änderung der komplexen SAP-Standard-Suchhilfe

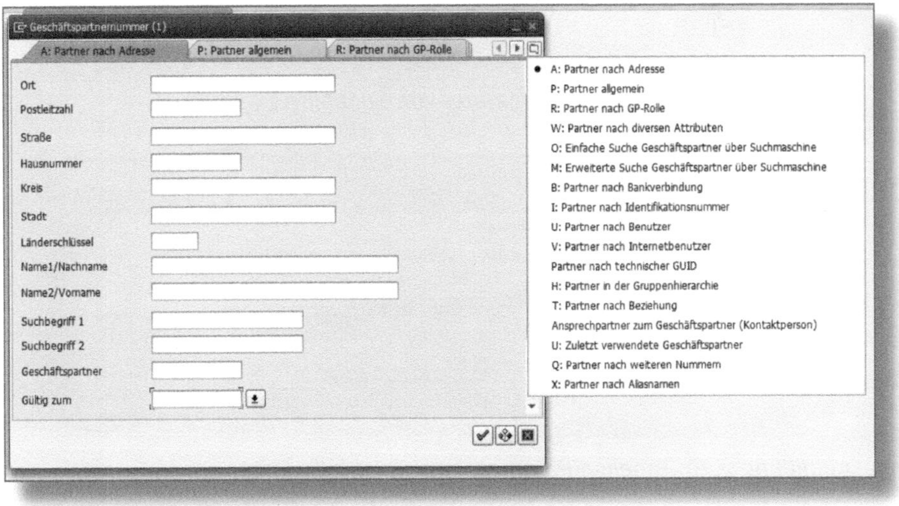

Abbildung 2.77: Komplexe SAP-Standard-Suchhilfe zum Geschäftspartner

2.13.2 Suchhilfe-Exits zur Eingrenzung der Treffermenge

Suchhilfen dienen dazu, dem Anwender eine gezielte Treffermenge zur Verfügung zu stellen. Diese wiederum lassen sich mithilfe sogenannter *Suchhilfe-Exits* erweitern oder einschränken. Suchhilfe-Exits sind Funktionsbausteine und können nur auf der Ebene elementarer Suchhilfen verwendet werden.

Zur Erstellung kundeneigener Suchhilfe-Exits bietet die SAP das Beispiel-Exit F4IF_SHLP_EXIT_EXAMPLE. Durch das Kopieren dieses Suchhilfe-Exits auf einen kundeneigenen Suchhilfe-Exit können z. B. die benötigten Parameter in den kundeneigenen Funktionsbaustein übernommen werden. In Abbildung 2.78 und Abbildung 2.79 sehen Sie ein Beispiel für die übernommenen Changing- und Tabellen-Parameter.

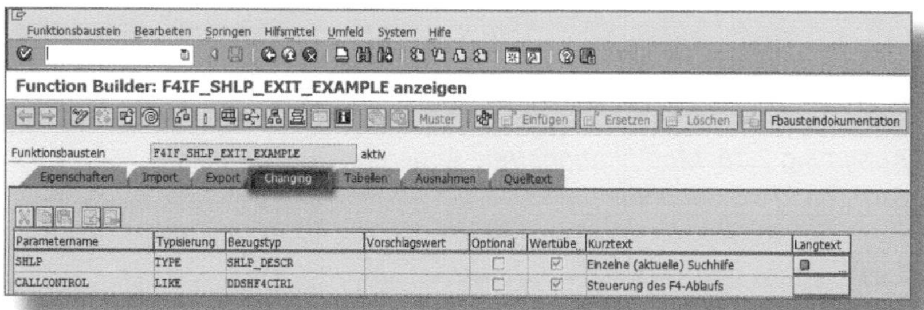

Abbildung 2.78: Changing-Parameter von Suchhilfe-Exits

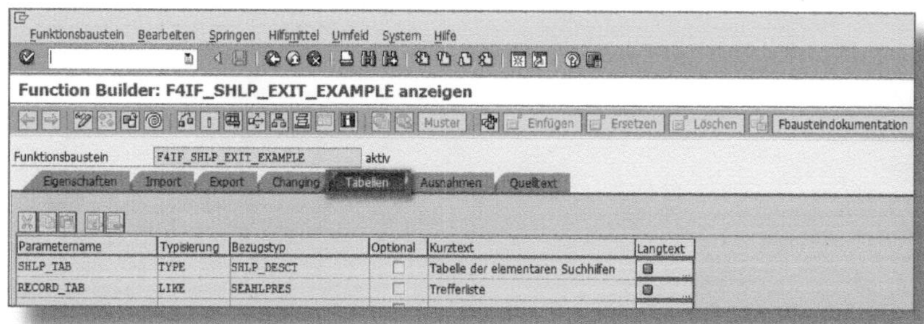

Abbildung 2.79: Tabellen-Parameter von Suchhilfe-Exits

Die Dokumentation des Funktionsbausteins (Button FBAUSTEINDOKUMENTATION) weist darauf hin, dass beim Aufruf einer F4-Hilfe verschiedene Zeitpunkte – sogenannte *Callcontrol-Steps* – durchlaufen werden (siehe Abbildung 2.80).

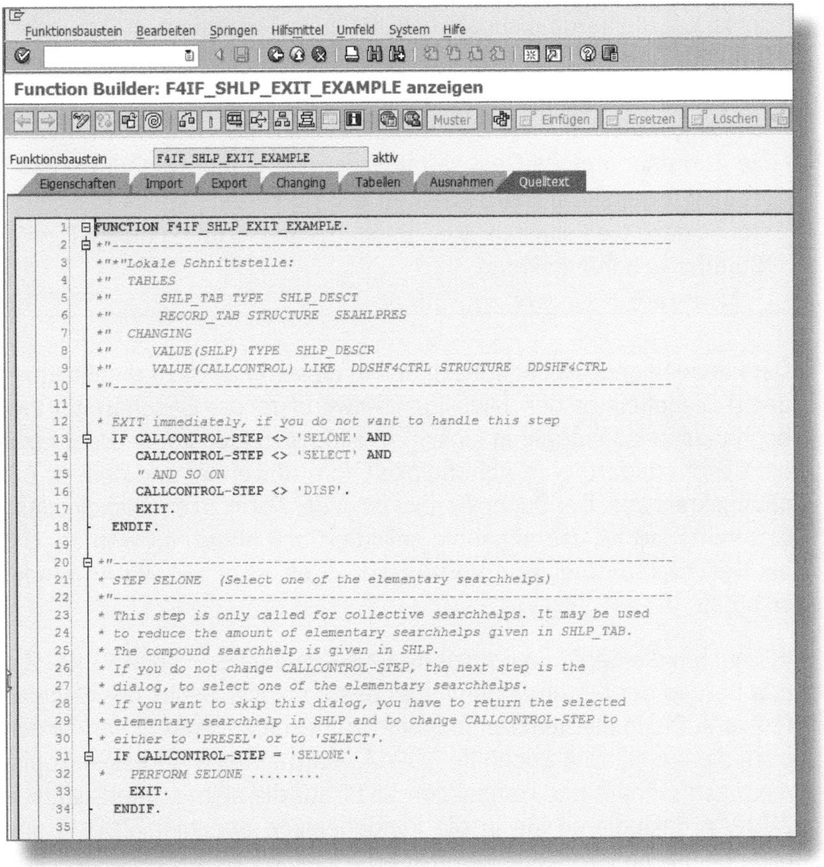

Funktionsbaustein F4IF_SHLP_EXIT_EXAMPLE aktiv

```
FUNCTION F4IF_SHLP_EXIT_EXAMPLE.
*"----------------------------------------------------------------------
*"*"Lokale Schnittstelle:
*"  TABLES
*"      SHLP_TAB TYPE  SHLP_DESCT
*"      RECORD_TAB STRUCTURE  SEAHLPRES
*"  CHANGING
*"     VALUE(SHLP) TYPE  SHLP_DESCR
*"     VALUE(CALLCONTROL) LIKE  DDSHF4CTRL STRUCTURE  DDSHF4CTRL
*"----------------------------------------------------------------------

* EXIT immediately, if you do not want to handle this step
  IF CALLCONTROL-STEP <> 'SELONE' AND
     CALLCONTROL-STEP <> 'SELECT' AND
     " AND SO ON
     CALLCONTROL-STEP <> 'DISP'.
     EXIT.
  ENDIF.

*"----------------------------------------------------------------------
* STEP SELONE  (Select one of the elementary searchhelps)
*"----------------------------------------------------------------------
* This step is only called for collective searchhelps. It may be used
* to reduce the amount of elementary searchhelps given in SHLP_TAB.
* The compound searchhelp is given in SHLP.
* If you do not change CALLCONTROL-STEP, the next step is the
* dialog, to select one of the elementary searchhelps.
* If you want to skip this dialog, you have to return the selected
* elementary searchhelp in SHLP and to change CALLCONTROL-STEP to
* either to 'PRESEL' or to 'SELECT'.
  IF CALLCONTROL-STEP = 'SELONE'.
*   PERFORM SELONE .........
    EXIT.
  ENDIF.
```

Abbildung 2.80: SAP-Beispiel-Coding im Funktionsbaustein F4IF_SHLP_EXIT_EXAMPLE

Ein kundeneigenes Suchhilfe-Exit sollte in seinem Namen die Kennzeichnung »..._SHLP_EXIT_...WERTEBEREICH« verwenden, um dieses später über die F4-Hilfe zu den Funktionsbausteinen in der Transaktion SE37 wiederzufinden.

Erstellung eines Suchhilfe-Exits

Als Praxis-Beispiel schauen wir uns im Weiteren einen IT-Dienstleister an, der mehrere Kunden betreut. Alle Kunden arbeiten im gleichen SAP-Mandanten und werden durch Buchungskreise unterschieden. Die Sammelsuchhilfe BUPA zum Geschäftspartner selektiert alle Geschäftspartner in einem SAP-Mandanten, gleichgültig, welchem Buchungskreis sie angehören. Die Anwender im SAP-System sind Mitarbeiter verschiedener Kunden des IT-Dienstleisters. Die Zuordnung eines Geschäftspartners zu einem Buchungskreis ist im Vertragskonto zu finden. In der Datenbanktabelle FKKVKP gibt es dazu die Felder OPBUK (Buchungskreisgruppe) oder STDBK (Standard-Buchungskreis).

Der kundeneigene Suchhilfe-Exit soll in diesem Fall dazu dienen, dass der IT-Dienstleister den jeweiligen Anwendern die Geschäftspartner buchungskreisabhängig in einer F4-Hilfe anzeigen kann. Dieser gibt die Geschäftspartner in Abhängigkeit vom Anwender und dessen Buchungskreis aus. Der Suchhilfe-Exit ist in der Form zu entwickeln, dass Geschäftspartner userabhängig selektiert und angezeigt werden. Hat ein Geschäftspartner kein Vertragskonto, so ist er für alle Anwender sichtbar.

Wir nutzen die bereits modifizierte SAP-Standard-Suchhilfe BUPA. Zur Erläuterung der Methode genügt es uns an dieser Stelle, den Suchhilfe-Exit auf eine elementare Suchhilfe zu beschränken. Wir verwenden dazu die elementare Suchhilfe BUPAA »Partner nach Adresse«, kopieren diese mithilfe der Transaktion SE11 auf die elementare Suchhilfe ZBUPAA, inkludieren sie in die kundeneigene Suchhilfe ZBUPA und blenden alle anderen Suchhilfen in ZBUPA aus.

Die Suchhilfe zum Geschäftspartner zeigt nun lediglich die Suche »Partner nach Adresse« (siehe Abbildung 2.81).

Damit selektierte Werte aus der elementaren Suchhilfe ZBUPAA an die Sammelsuchhilfe ZBUPA übergeben werden, ist die PARAMETERZUORDNUNG zwischen diesen Suchhilfen auf Ebene der Sammelsuchhilfe zu definieren (siehe Abbildung 2.82).

Wertebereich einschränken

A: Partner nach Adresse

Ort
Postleitzahl
Straße
Hausnummer
Länderschlüssel
Name1/Nachname
Name2/Vorname
Suchbegriff 1
Suchbegriff 2
Geschäftspartner
Gültig zum

Anzahl beschränken auf 500 keine Beschränkung

Abbildung 2.81: Modifizierte Suchhilfe zum Geschäftspartner

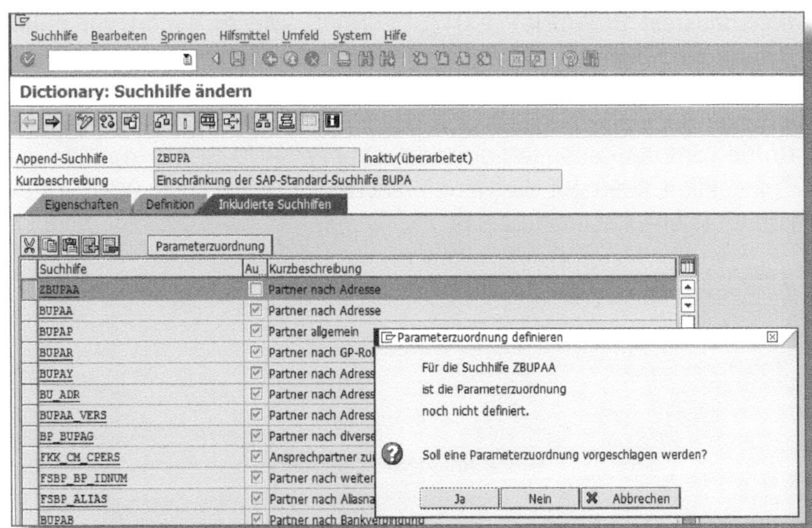

Abbildung 2.82: Aufrufen der Parameterzuordnung einer Sammelsuchhilfe und elementaren Suchhilfe

Wie Abbildung 2.83 zeigt, schlägt das SAP-System aufgrund der definierten Felder in den Suchhilfen eine Parameterzuordnung vor.

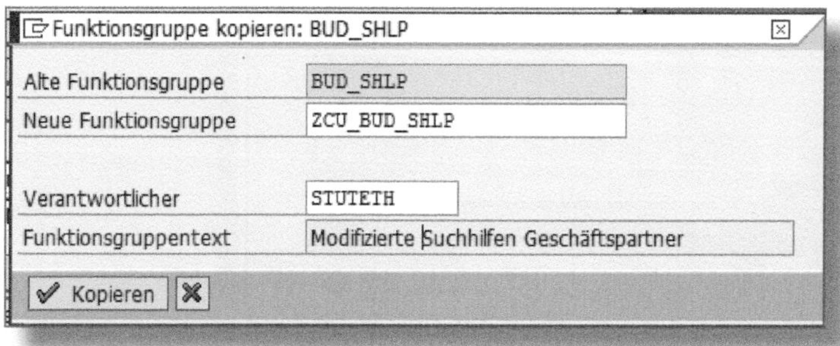

Abbildung 2.83: SAP-Vorschlag bei der Parameterzuordnung

Gegebenenfalls sind weitere Parameterzuordnungen zu löschen. Die Auswahl des Parameters ist mit dem Button ÜBERNEHMEN zu akzeptieren. Abschließend ist die Suchhilfe ZBUPA erneut zu aktivieren.

Der Standard-Suchhilfe-Exit für die Suchhilfe BUPAA ist der Funktionsbaustein BUP_SHLP_EXIT_SEVERALS. Dieser gehört zur Funktionsgruppe BUD_SHLP. Der Suchhilfe-Exit verwendet Subroutinen mit verschiedenen Selektionsmethoden, die auch bei der neuen kundeneigenen Suchhilfe in geänderter Form benötigt werden. Aus diesem Grund wird die gesamte FUNKTIONSGRUPPE »BUD_SHLP« mithilfe der Transaktion SE80 auf die NEUE FUNKTIONSGRUPPE »ZCU_BUD_SHLP« kopiert (siehe Abbildung 2.84).

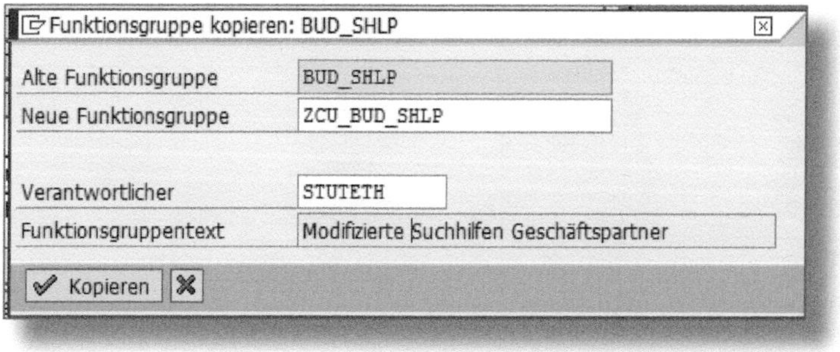

Abbildung 2.84: Kopieren einer Funktionsgruppe

In Abbildung 2.85 werden die Funktionsbausteine der Funktionsgruppe auf den kundeneigenen Namensraum (Z-Namensraum) kopiert.

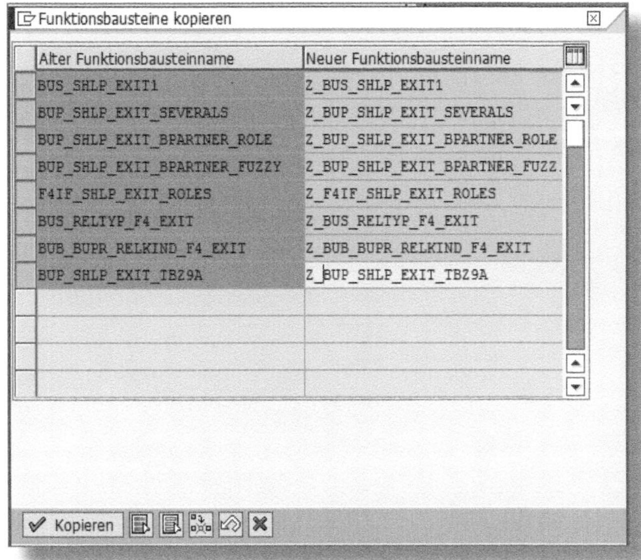

Abbildung 2.85: Kopieren aller Funktionsbausteine einer Funktionsgruppe

Damit stehen die neuen Funktionsbausteine für ggf. erforderliche Erweiterungen zur Verfügung.

In die ELEMENTARE SUCHHILFE »Z_BUPAA« wird anstelle des SAP-Standard-Suchhilfe-Exits BUP_SHLP_EXIT_SEVERALS das kundeneigene SUCHHILFE-EXIT *Z_BUP_SHLP_EXIT_SEVERALS* eingetragen (siehe Abbildung 2.86).

An allen Stellen der neuen Funktionsgruppe ZCU_BUD_SHLP, an denen die »alte« Suchhilfe BUPAA abgefragt wird, ist die neue Suchhilfe ZBUPAA zu ergänzen (z. B. in IF-Abfragen oder CHECK-Statements). Dazu dient die globale Suche nach Begriffen in der Funktionsgruppe ZCU_BUD_SHLP, wie in Abbildung 2.87 dargestellt.

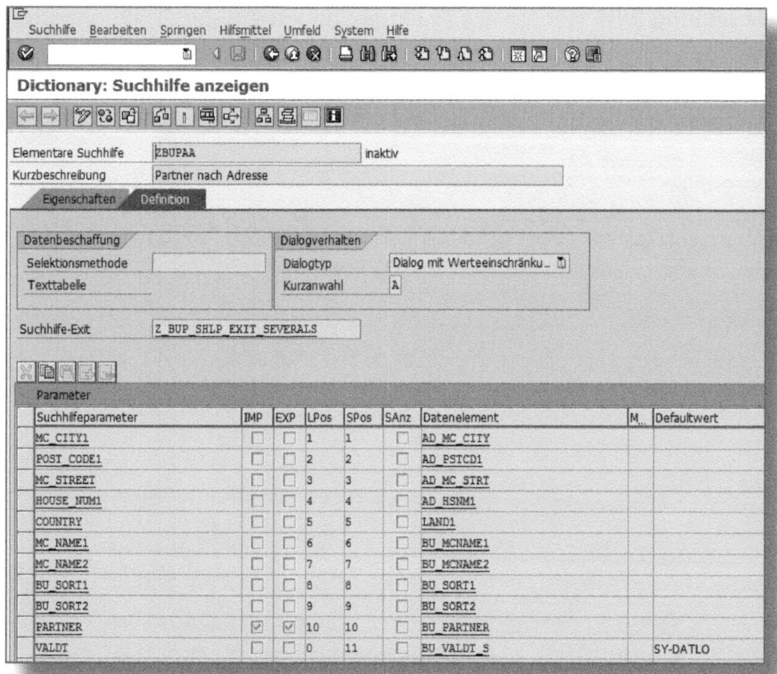

Abbildung 2.86: Einsatz eines modifizierten Suchhilfe-Exits

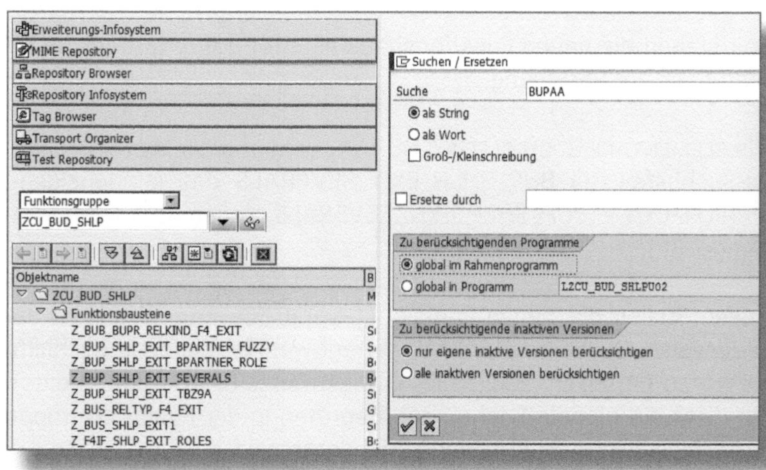

Abbildung 2.87: Modifikation des kopierten SAP-Standard-Suchhilfe-Exits

Eine Prüfung der Fundstellen muss zeigen, dass bei jeder Abfrage der Suchhilfe BUPAA auch die neue elementare Suchhilfe ZBUPAA berücksichtigt wird, damit die Selektionen des Geschäftspartners für diese neue Suchhilfe einwandfrei funktionieren (siehe Abbildung 2.88).

```
Fundstellen/Kurzbeschreibung

      WHEN 'ZBUPAA' OR 'BUPAA' OR 'BUPAA_VERS' OR 'BU_ADR'.
    CHECK shlp-shlpname = 'BUPAA'
       OR shlp-shlpname = 'BUPAA_VERS'
       OR shlp-shlpname = 'ZBUPAA'.
    IF shlp-shlpname = 'BUPAA'
    OR shlp-shlpname = 'ZBUPAA'.
          SELECT * FROM m_bupaa INTO CORRESPONDING FIELDS OF TABLE
lt_result
                          WHERE partner    IN lr_partner
                          AND   post_code1 IN lr_pcode1
                          AND   mc_street  IN lr_street
                          AND   house_num1 IN lr_hsnm1
                          AND   mc_city1   IN lr_city1
                          AND   country    IN lr_country
```

Abbildung 2.88: Ergebnis einer globalen Suche nach dem Begriff »BUPAA«

Der neue Suchhilfe-Exit Z_BUP_SHLP_EXIT_SEVERALS kann nun den Anforderungen gemäß angepasst werden, d. h., es kann eine Einschränkung der angezeigten Suchhilfe-Ergebnisse in Abhängigkeit vom Buchungskreis im Vertragskonto vorgenommen werden.

Es wird dazu die Information benötigt, zu welchem Buchungskreis der jeweilige Anwender einen Zugriff hat. Das kann entweder über die Berechtigungsprüfung erfolgen, oder es wird eine kundeneigene Tabelle verwendet, in der die User-Namen und die berechtigten Buchungskreise definiert sind. Die Entscheidung ist abhängig von den Vorgaben des Kunden.

Die Erweiterung für die buchungskreisabhängige Selektion von Geschäftspartnern wird im Suchhilfe-Exit der elementaren Suchhilfe ZBUPAA, d. h. im Funktionsbaustein Z_BUP_SHLP_EXIT_SEVERALS, entwickelt.

Diese Entwicklung wird direkt im Anschluss an die Selektion der Daten zur Ausgabe der Treffermenge eingefügt (also im CALLCONTROL-STEP = 'SELECT') (siehe Abbildung 2.89).

```
* Prüfe anhand der Tabelle ZCU_USER_BUKRS, ob der User die Berechtigung
* besitzt die Daten des Geschäftspartners einzusehen.
* Massgeblich für die Zuordnung eines Geschäftspartners zum Bukrs
* ist, ob der GP ein Vertragskonto mit dem Standard-Buchungskreis besitzt.
* Hat der GP kein Vertragskonto, so darf dieser GP von allen
* Usern unabhängig von den Einträgen in der Tabelle ZCU_USER_BUKRS
* eingesezen werden.
* Hat der User nicht die Berechtigung, so ist der Geschäftspartner
* aus der Treffermenge zu löschen.
      LOOP AT record_tab.
        lv_partner = record_tab-string+183(10).

        SELECT SINGLE *
          FROM fkkvkp
          INTO ls_fkkvkp
          WHERE gpart = lv_partner.

*       Gibt es kein Vertragskonto, dann darf jeder
*       Anwender den Datensatz des GP einsehen.
        IF sy-subrc <> 0.
          CONTINUE.
        ENDIF.
*       Prüfe Buchungskreisberechtigung des Anwenders
        IF NOT ls_fkkvkp-stdbk IS INITIAL.
          SELECT SINGLE *
            FROM zcu_user_bukrs
            INTO ls_zcu_user_bukrs
            WHERE anwender = sy-uname
            AND   bukrs    = ls_fkkvkp-stdbk.
*           Ist der Anwender nicht berechtigt, Eintrag löschen.
          IF sy-subrc <> 0.
            DELETE record_tab.
          ELSE.
*           Hat der Anwender die Berechtigung für diesen Buchungskreis,
*           kann der Eintrag im Suchhilfe-Ergebnis stehen bleiben.
            CONTINUE.
          ENDIF.
        ELSE.
          CONTINUE.
        ENDIF.
      ENDLOOP.
```

Abbildung 2.89: Coding zur buchungskreisabhängigen Anzeige von Geschäftspartnern

Die Verwendung eines Views über die Tabellen BUT000 und FKKVKP ist an dieser Stelle nicht möglich, weil es sich bei einem View immer um einen *Inner Join* handelt, d. h., es werden nur die Daten selektiert, die in beiden Tabellen vorhanden sind. Geschäftspartner ohne Vertragskonto würden in diesem Fall nicht angezeigt werden.

Durch die Begrenzung der Anzahl der maximal angezeigten Treffer bei der Ergebnisliste einer Suchhilfe kann es passieren, dass bei bestimmten Selektionen kein Datensatz in der Treffermenge enthalten ist. In diesem Fall muss der Entwickler eine erneute Suche von Datensätzen vorsehen. Darauf gehe ich hier nicht weiter ein.

2.13.3 Suchhilfe mit Übergabe von Werten an ein Dynpro

Sie können Suchhilfen dafür einsetzen, Werte, die über eine [F4]-Hilfe ausgewählt wurden, an das Dynpro zu übergeben.

Zur näheren Erläuterung beziehe ich mich auf unser bekanntes Beispiel aus Kapitel 1: Zu einem Versorgungsvertrag sollen Rahmenvertragsdaten aus einer kundeneigenen Tabelle selektiert und im Vertrag angezeigt werden.

Im Abschnitt 2.7 hatten wir zu diesem Beispiel mehrere Felder an das Customer-Include CI_EVER zum Vertrag angehängt (siehe Abbildung 2.22).

Diese Daten werden in einem kundeneigenen Sub-Screen zum Vertrag angezeigt. Mit der [F4]-Hilfe soll der Rahmenvertrag aus der kundeneigenen Tabelle ZRAHMENVERTRAG angezeigt und ausgewählt werden können.

Ich greife an dieser Stelle ein wenig vor. Die hier gezeigten kundeneigenen Screen-Erweiterungen im Vertrag werden im zweiten Band (Kapitel »Änderungen und Erweiterungen am SAP-Standard«) beschrieben. Wir gehen im Weiteren davon aus, dass diese Entwicklungen bereits vorgenommen wurden.

Beim Einsatz der Suchhilfe für die Rahmenvertragsdaten stellt sich für den Entwickler eine entscheidende Frage bzgl. der Funktionalität der Suchhilfe: Welche Felder sollen aus der Suchhilfe in das kundeneigene Dynpro zum Vertrag übernommen werden?

! Übernahme von Daten aus der Suchhilfe in das Dynpro

Handelt es sich nur um die Vertragsnummer und nicht um weitere Datenfelder, dann kann die Suchhilfe ZRAHMENVERTRAG dem Dynpro-Feld zugeordnet werden. Bei Suchhilfen, die Dynpro-Feldern zugeordnet sind, lässt sich deren erstes Feld an das Dynprofeld übergeben. Sollen allerdings auch die Feldinhalte der Vertragsbezeichnung und des Betreuers in das Dynpro übernommen werden, ist die Suchhilfe an das Feld »Rahmenvertragsnummer« in der Struktur CI_EVER zu hängen. Die Übergabe von mehreren Parametern der Suchhilfe an das Dynpro ist auf Dynpro-Ebene nicht möglich.

In unserem Fall sollen die selektierte Rahmenvertragsnummer, die Rahmenvertragsbezeichnung und der Betreuer des Rahmenvertrags aus der Suchhilfe in die entsprechenden Dynpro-Felder übernommen werden. Die Suchhilfe muss dazu an das Feld ZZ_RAHMENVERTRAGSNUMMER der Struktur CI_EVER gekoppelt werden.

Im ersten Schritt wird eine Suchhilfe mit den in Abbildung 2.90 gezeigten Eigenschaften über die Transaktion SE11 definiert.

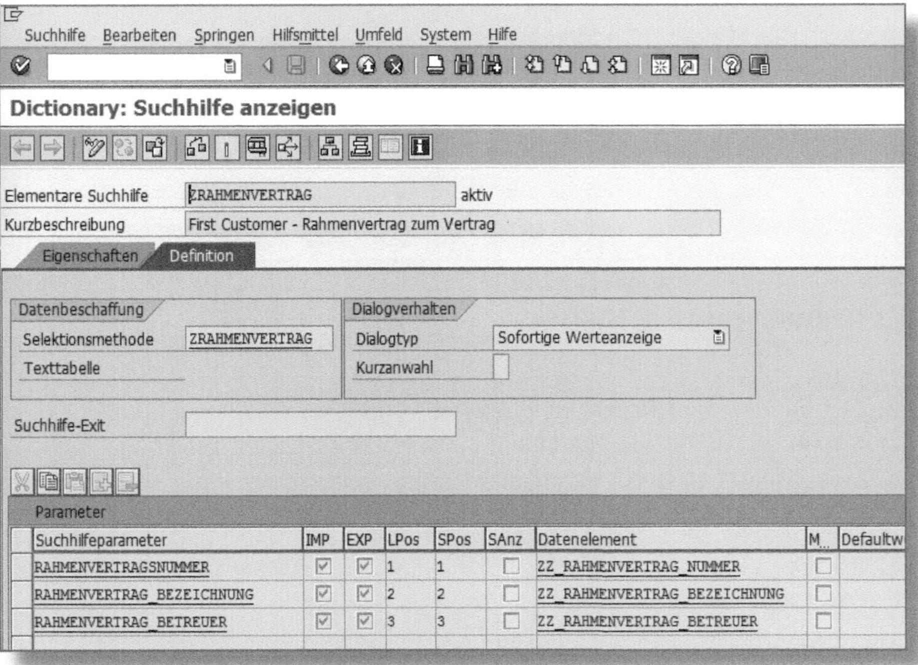

Abbildung 2.90: Die Suchhilfe ZRAHMENVERTRAG

Die Definition erfolgt als Suchhilfe für das Feld »RAHMENVERTRAGS-NUMMER« der STRUKTUR »CI_EVER«. Unter SUCHHILFENAME wird *ZRAHMENVERTRAG* eingegeben und anschließend mit dem Icon ✔ bestätigt (siehe Abbildung 2.91).

Das SAP-System schlägt daraufhin, aufgrund der Datenelemente der beteiligen Felder, eine Verknüpfung der Felder aus der Struktur CI_EVER mit den Feldern der Tabelle ZRAHMENVERTRAG vor.

Die Verknüpfung ist korrekt, also bestätigen wir sie mit dem Button ÜBERNEHMEN. Abschließend ist die Struktur CI_EVER erneut zu aktivieren. Denken Sie daran, dass die Aktivierung der Struktur aufgrund vieler abhängiger Strukturen, Tabellentypen und Tabellen etwas länger dauern kann.

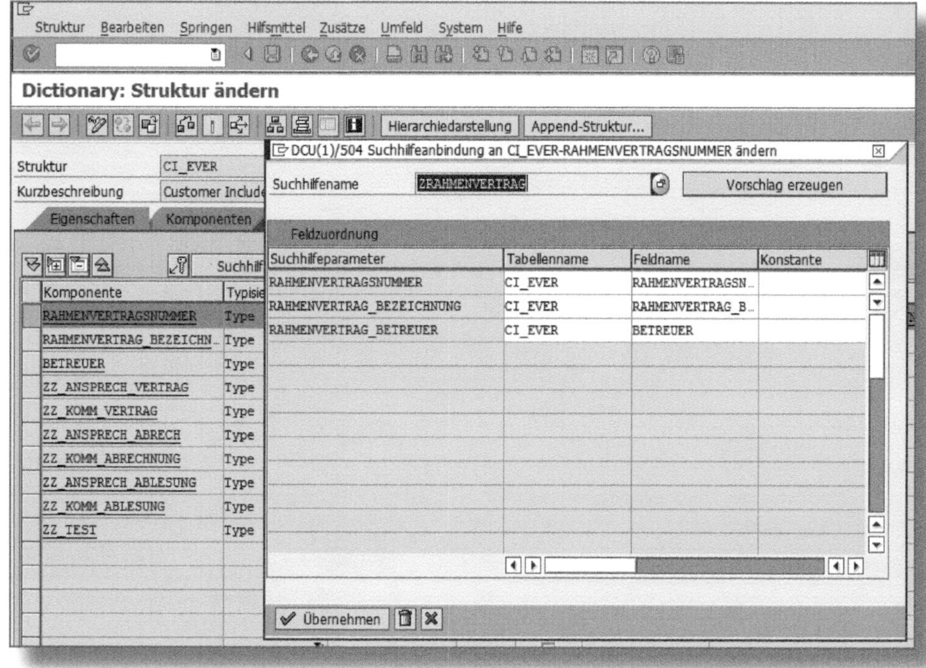

Abbildung 2.91: Kopplung der Suchhilfe an das Datenelement eines Datenbank-Feldes

Nun können wir anhand dieser Suchhilfe auf dem kundeneigenem Subscreen für FIRST CUSTOMER mit der F4-Hilfe den entsprechenden Rahmenvertrag zum Vertrag selektieren (siehe Abbildung 2.92).

First Customer

Rahmenvertrag
Rahmenvertragsbezeichnung
Kundenbetreuer
Kundenname: Zissi Middendorp
Ansprechpartner Vertrag
Telefon/Mail
Ansprechpartner Abrechnung
Telefon/Mail
Ansprechpartner Ablesung
Telefon/Mail

First Customer - Rahmenvertrag-Nummer 10 Einträge

Rahm.vertr	Rahmenvertragsbez.	Betreuer
7000000000	RAHMENVERTRAG 2/2014	HEINEDA
7000000001	RAHMENVERTRAG 3/2014	TEGETMA
7000000002	RAHMENVERTRAG 4/2014	MENGUHU
7000000003	RAHMENVERTRAG 5/2014	TORAMAY
7000000004	RAHMENVERTRAG 6/2014	VOGTTOR
7000000005	RAHMENVERTRAG 7/2014	TEGETMA
7000000006	RAHMENVERTRAG 8/2014	MENGUHU
7000000007	RAHMENVERTRAG 9/2014	TORAMAY
7000000008	RAHMENVERTRAG 1/2015	AKRANME
7000000009	RAHMENVERTRAG 2/2015	AKRANME

Abbildung 2.92: Die Suchhilfe ZRAHMENVERTRAG im Dynpro zur Vertragsverwaltung

In Abbildung 2.93 sehen Sie, dass die Felder RAHMENVERTRAG, RAHMENVERTRAGSBEZEICHNUNG und KUNDENBETREUER zum selektierten Datensatz mit der Selektion direkt in die entsprechenden Felder des Sub-Dynpros übernommen wurden.

Es gehören weitere Entwicklungen dazu, damit die selektierten Daten auch gespeichert werden. Diese werden im zweiten Teil vom »SAP-Praxishandbuch ABAP« beschrieben.

First Customer

Rahmenvertrag	7000000000
Rahmenvertragsbezeichnung	RAHMENVERTRAG 2/2022
Kundenbetreuer	HEINEDA
Kundenname	Zissi Middendorp
Ansprechpartner Vertrag	
Telefon/Mail	
Ansprechpartner Abrechnung	
Telefon/Mail	
Ansprechpartner Ablesung	
Telefon/Mail	

Abbildung 2.93: Übernahme von Daten aus der Suchhilfe in das Dynpro

2.14 Sperrobjekte und Sperrbausteine

Mithilfe der Transaktion SE11 können Sperrobjekte angelegt, geändert oder gelöscht werden. *Sperrobjekte* dienen dazu, eine zeitgleiche Bearbeitung eines Datensatzes von zwei Anwendern zu verhindern.

Ist ein Datensatz gesperrt, so kann sich ein anderer User diesen Datensatz zwar anzeigen lassen, ihn aber nicht bearbeiten. Versucht er es dennoch, so erhält er in der Statuszeile die Meldung, dass der Datensatz von einem anderen Benutzer gesperrt wird.

Tabelle 2.1 zeigt die in SAP verfügbaren Typen von Datensatzsperren.

Name	Typ	Verhalten
Lesesperre	*S* (*S*hared)	Mehrere Benutzer können (über Transaktionen) gleichzeitig im Anzeigemodus auf die gesperrten Daten zugreifen. Anforderungen weiterer Lesesperren werden akzeptiert, auch wenn diese von anderen Benutzern kommen.
Schreibsperre	*E* (*E*xclusive)	Eine Schreibsperre von einem anderen Benutzer auf ein Objekt, das schon eine Lesesperre hat, wird zurückgewiesen, wie auch jede erweiterte Schreibsperre (X).
Erweiterte Schreibsperre	*X* (e*X*clusive non-cumulative)	Während Schreibsperren mehrfach von der gleichen Transaktion angefordert und sukzessive wieder abgebaut werden können, kann eine Erweiterte Schreibsperre nur ein einziges Mal angefordert werden. Jede weitere Anforderung einer Sperre wird abgewiesen.
Optimistische Sperre	*O* (*O*ptimistic)	Optimistische Sperren verhalten sich zunächst wie Lesesperren, können aber in Schreibsperren umgewandelt werden.

Tabelle 2.1: Typen von Datensatzsperren

Gesperrte Datensätze werden in der sogenannten Sperrtabelle **im Arbeitsspeicher** einer SAP-Zentralinstanz vorgehalten. Diese Sperrtabelle ist damit nicht in der Datenbank zu finden. Die aktuell im SAP-System gesperrten Objekte können mit der Transaktion SM12 angezeigt werden, wie das Beispiel in Abbildung 2.94 zeigt.

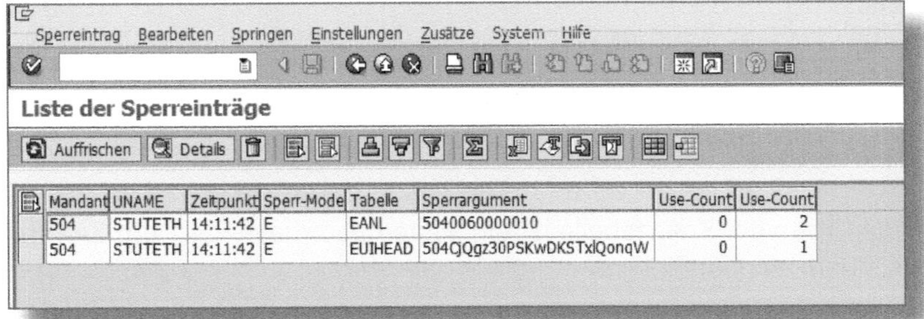

Abbildung 2.94: Anzeige von Datensatzsperren mit der Transaktion SM12

Um Datensätze manuell aus dieser Tabelle zu löschen, markieren Sie einen Datensatz und gehen auf SPERREINTRAG • LÖSCHEN.

! Erst kontrollieren, dann löschen

Bei einem unbedachten Löschen von Sperreinträgen kann es zu Dateninkonsistenzen kommen.

Programmtechnisch ist beim Sperren von Objekten folgende Verfahrensweise einzuhalten:

1. Selektion des zu bearbeitenden Datensatzes
2. Setzen der Sperre mit einem *ENQUEUE-Funktionsbaustein*
3. Durchführen der Änderung auf der Datenbank
4. Entfernen der Sperre mit einem *DEQUEUE-Funktionsbaustein*

! Nicht benötigte Sperren im Programm löschen

Der Entwickler hat darauf zu achten, dass eine gesetzte Sperre, sobald nicht mehr benötigt, unbedingt wieder entfernt wird. Das Entsperren ist z. B. auch dann durchzuführen, wenn eine Änderung auf der Datenbank fehlerhaft war. Werden gesetzte Sperren nicht

> gelöscht, so kann es zum Überlauf der Sperrtabelle kommen. Die Folge ist, dass das SAP-System »steht«, d. h., kein Anwender kann eine Eingabe vornehmen.

Die Größe der Sperrtabelle ist ein Systemparameter, der vom SAP-Basisteam eingestellt wird.

Bei einem ändernden Zugriff auf eine Datenbanktabelle muss das Programm das entsprechende Datenbank-Objekt sperren. Um welches Sperrobjekt es sich handelt, kann der Entwickler mit der F4-Hilfe in der SE11 recherchieren. Alternativ kann er das gesuchte Objekt mithilfe einer Transaktion bearbeiten und sich mit der Transaktion SM12 das Objekt anzeigen lassen, das er sperrt. In einem anderen Bildschirm-Modus können die Details zum gesperrten Objekt mithilfe der Transaktion SM12 in Erfahrung gebracht werden.

Nehmen wir noch einmal das im Kapitel 1 erwähnte Beispiel der Änderung von Anlagenzeitscheiben, um eine neue Ableseeinheit für die Anlage einzustellen. In diesem Fall wird nach dem Sperrobjekt einer IS-U-Anlage gesucht. Nutzt man die Transaktion ES31 (Anlage ändern), so wird die entsprechende Anlage für einen ändernden Zugriff anderer Anwender gesperrt (siehe Abbildung 2.95).

Die TECHNISCHEN EIGENSCHAFTEN in der Detailanzeige der SM12 zeigen für diesen Sperreintrag, dass es sich um das Sperrobjekt (auch ENQUEUE-OBJEKT genannt) »E_EANL« handelt.

Im Data Dictionary (SE11) kann dieses Sperrobjekt eingesehen werden (siehe Abbildung 2.96).

DCU(2)/504 Sperreintrag-Details

Benutzername und Sperrargument

Mandant	504
Benutzer-Name	STUTETH
Tabellen-Name	EANL
Sperr-Argument	5040060000010

Sperreigentümer-Identifikation

Sperr-Eigentümer			
Sperr-Eigentümer	20221221125844674000012400R3DCUCI.........................		
Rechner-Name	R3DCUCI.........................		
SAP-System-Nr	0		
Work-Prozess	024		
Datum	21.12.2022	12:58:44	674000

Technische Eigenschaften

Backup-Kennzeichen		
Transaktions-Code	ES31	
Enqueue-Objekt-Name	E_EANL	
Kumulations-Zähler	0	2

Auffrischen

Abbildung 2.95: Anzeige von Sperreinträgen in der Transaktion SM12

! SAP-Standard-Sperrobjekte nicht ändern

SAP-Standard-Sperrobjekte sollten in keinem Fall geändert werden, da ansonsten die Sperren in den Standard-Transaktionen nicht mehr funktionieren.

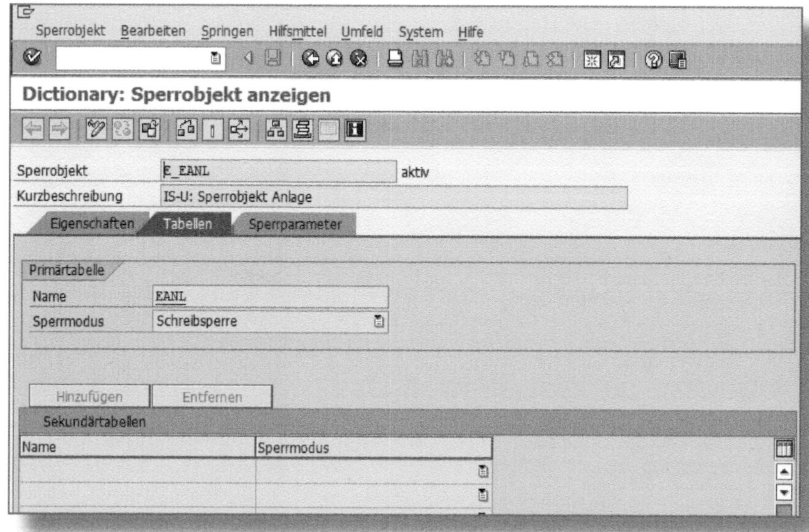

Abbildung 2.96: Das Sperrobjekt im Data Dictionary

Für das Setzen von Sperren auf Anlagen sind die in Abbildung 2.97 gelisteten SPERRPARAMETER zu berücksichtigen.

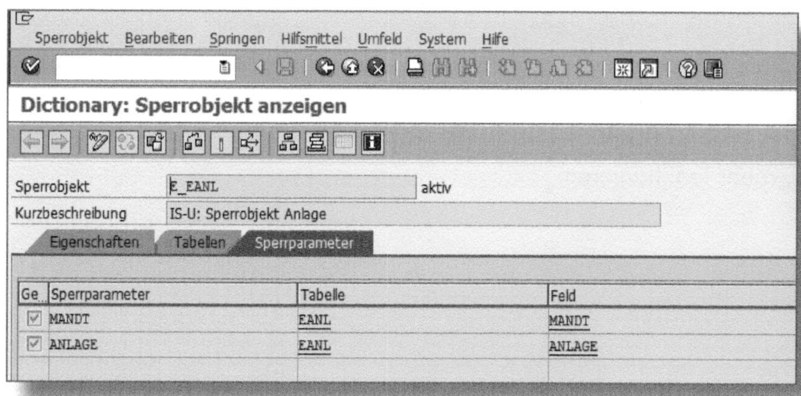

Abbildung 2.97: Sperrparameter eines Sperr-Objektes

Über SPRINGEN • SPERRBAUSTEINE erhält der Entwickler die notwendigen Informationen über die zu verwendenden Funktionsbausteine.

Für die Anlage werden der Sperrbaustein DEQUEUE_E_EANL und der Entsperrbaustein ENQUEUE_E_EANL angezeigt.

Am Beispiel des Sperrobjektes E_EANL für die IS/U-Anlage zeigt sich die Namenskonvention für diese Funktionsbausteine:

- DEQUEUE_<Bezeichnung des Sperrobjektes> für das Sperren von Datenbank-Objekten
- ENQUEUE_<Bezeichnung des Sperrobjektes> für das Entsperren von Datenbank-Objekten

Während einer Entwicklung kann im ABAP-Editor der *Muster-Generator* verwendet werden, um den Aufruf des Sperr-Funktionsbausteins zu codieren (siehe Abbildung 2.98).

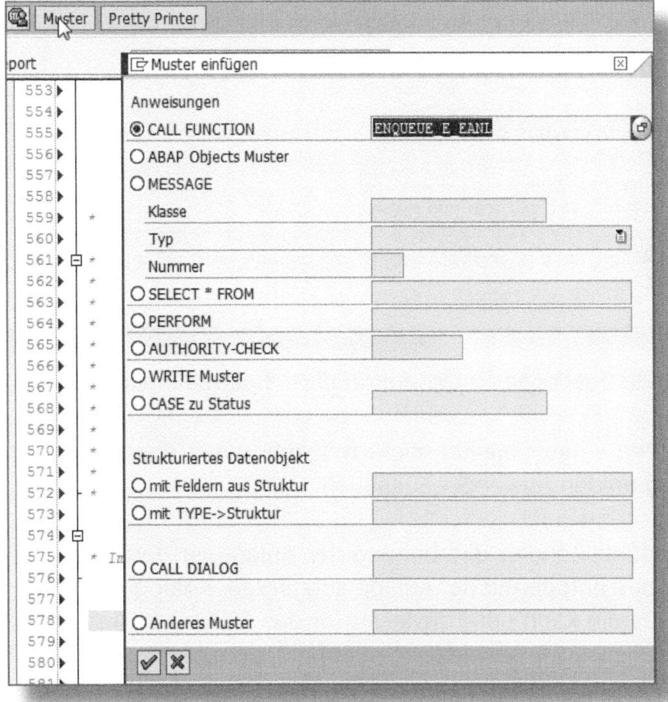

Abbildung 2.98: Mustergenerator im ABAP-Editor für den Aufruf von Sperrbausteinen

Der Muster-Generator erzeugt daraus das in Abbildung 2.99 gezeigte Coding, das anschließend vom Entwickler zu vervollständigen ist. Hier sehen Sie, wie die Sperre in unserem Beispiel-Programm ZCU_FIRST_CUSTOMER_ABLEINH aussieht.

```
*      Sperren der Anlage
       CALL FUNCTION 'ENQUEUE_E_EANL'
         EXPORTING
           mode_eanl       = 'E'
           mandt           = sy-mandt
           anlage          = gs_output-anlage
           x_anlage        = ' '
           _scope          = '2'
           _wait           = ' '
           _collect        = ' '
         EXCEPTIONS
           foreign_lock    = 1
           system_failure  = 2
           OTHERS          = 3.

       IF sy-subrc = 1.
         gs_output_umstellung-anmerkung =
         'Error: Anlage aktuell vom anderen User in Verwendung'.
         APPEND gs_output_umstellung TO gt_output_umstellung.
         CONTINUE.
       ELSEIF sy-subrc > 1.
         gs_output_umstellung-anmerkung =
         'Error: Anlage konnte für den Update nicht gesperrt werden'.
         APPEND gs_output_umstellung TO gt_output_umstellung.
         CONTINUE.
       ENDIF.
```

Abbildung 2.99: Quellcode für den Aufruf eines Sperrbausteins

Ist das Sperren eines Objektes nicht möglich, muss das Programm eine Meldung an den Anwender ausgeben.

Nach der abschließenden Bearbeitung der Anlage ist der Funktionsbaustein für das Entsperren der Anlage aufzurufen. Analog zum Sperr-Funktionsbaustein kann der Entwickler für das Coding zum Aufrufen des DEQUEUE-Funktionsbausteins ebenfalls den Muster-Generator verwenden (siehe Abbildung 2.100). Ein Error-Handling für das Entsperren des Objektes ist nicht vorgesehen.

```
*       Entsperren der Anlage
        CALL FUNCTION 'DEQUEUE_E_EANL'
          EXPORTING
            mode_eanl = 'E'
            mandt     = sy-mandt
            anlage    = gs_output-anlage.
```

Abbildung 2.100: Quellcode für den Aufruf eines Entsperr-Funktionsbausteins

2.15 Das Datenbank-Utility

Das *Datenbank-Utility* wird benötigt, wenn in einer bestehenden Tabelle mit Daten neue Felder hinzugefügt, gelöscht oder deren Länge verändert wurden. Es dient dazu, die Datensätze einer Tabelle so anzupassen, dass sie in eine geänderte Struktur übernommen werden.

Längenänderung

Das Feld ZZ_BETREUER für den Betreuer von Rahmenverträgen in der Tabelle EVER (Vertrag) wurde von einem Zeichenfeld mit der Länge »20« in ein Zeichenfeld der Länge »12« geändert.

Bei der Aktivierung der Änderung in unserem Beispiel kommt es zu einer Fehlermeldung, zu der wir uns das Aktivierungsprotokoll anzeigen lassen (siehe Abbildung 2.101).

Es gibt drei Warnmeldungen (runde Ausrufezeichen) und eine Fehlermeldung (erstes dreieckiges rotes Ausrufezeichen) und eine erforderliche Aktion zur Behebung des Fehlers (zweites dreieckiges rotes Ausrufezeichen). Der Entwickler wird dazu aufgefordert, die Tabelle EVER umzusetzen. Die Tabelle hat zu diesem Zeitpunkt den Status »teilaktiv«.

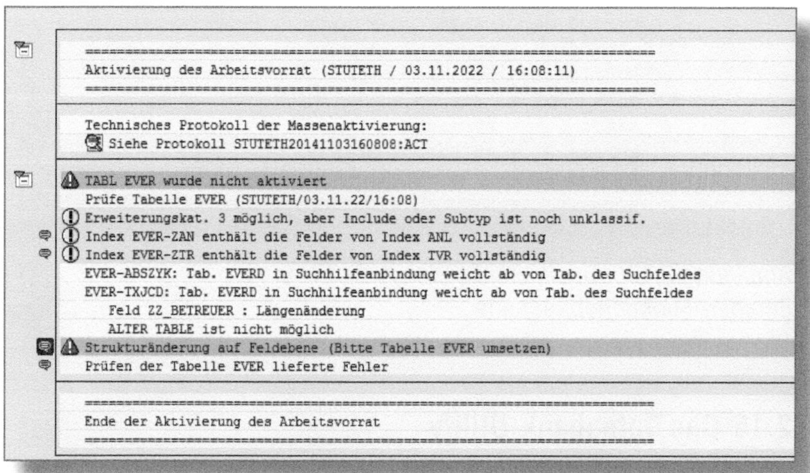

Abbildung 2.101: Fehlermeldung – Umsetzen einer Tabellenänderung erforderlich

Das Umsetzen einer Tabelle dient ebenfalls dazu, die in ihr vorhandenen Datensätze an eine geänderte Datenbankstruktur anzupassen, und wird mit dem Datenbank-Utility durchgeführt. Dazu wird die Tabelle EVER im Anzeigemodus der Transaktion SE11 aufgerufen. Anschließend wählen Sie den Menüpfad HILFSMITTEL • DATENBANK-OBJEKT • DATENBANK-UTILITY und gelangen auf den in Abbildung 2.102 gezeigten Screen.

Für das Umsetzen der Tabelle EVER wird der Button AKTIVIEREN UND DATENBANK ANPASSEN mit der Variante DATEN ERHALTEN verwendet. Die Datenbanktabelle wird damit an die geforderte Änderung angepasst. Sind z. B. im Feld ZZ_BETREUER bereits Einträge enthalten, so werden die zuvor gültigen 20 Zeichen auf nun 12 Zeichen abgeschnitten: So würde etwa der Name des Betreuers »Herr Kundenfreund« nach der Anpassung der Tabelle »Herr Kundenf« lauten.

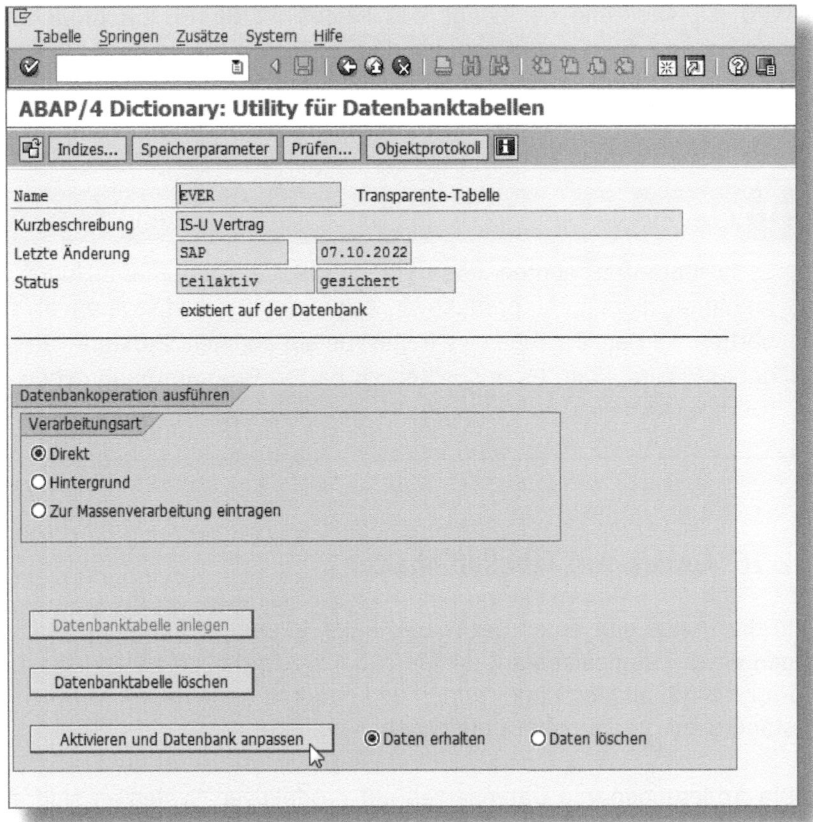

Abbildung 2.102: Aktivieren und Anpassen einer Datenbank-Änderung

Das Umsetzen der Tabelle kann einige Zeit in Anspruch nehmen. Das liegt daran, dass jeder Datensatz analysiert und geändert werden muss, aber auch alle abhängigen Tabellen und Strukturen, die diese Tabelle verwenden.

Nach der vollzogenen Umsetzung wird in der Statusleiste die Meldung »Auftrag für EVER erfolgreich durchgeführt« angezeigt. Die Tabelle EVER hat nun den Status »aktiv«. Eine erneute Aktivierung der Tabelle ist daher nicht erforderlich.

Wird die Änderung der Länge des Feldes ZZ_BETREUER produktiv gesetzt, so erfolgt das Umsetzen der Tabelle im produktiven System durch das Transportmanagementsystem. Ein erneutes Umsetzen der Datenbank in den Folgesystemen mithilfe des Datenbank-Utilities ist nicht erforderlich.

! Vorsicht bei Transporten von Customer-Includes

Es ist darauf zu achten, dass Transporte, die Customer-Includes enthalten, nicht in der produktiven Zeit in das Produktivsystem importiert werden. Da auch eine Reihe von abhängigen Strukturen angepasst wird, kann es ansonsten zu harten Programmabbrüchen (Dumps) kommen.

2.16 Ändern von Tabelleninhalten

In der Praxis gibt es immer wieder Fälle, in denen »harte« Änderungen eines Datensatzes auf der Datenbank erforderlich sind, weil z. B. Programme abgebrochen wurden und dadurch Änderungen nicht vollständig auf die Datenbank geschrieben wurden.

Die Änderungen von Datensätzen auf produktiven Systemen sind in jedem Fall für die spätere Prüfung durch einen Wirtschaftsprüfer zu dokumentieren. Die Dokumentation muss das Datum, die Uhrzeit, den Änderer, die betroffene Tabelle und den Datensatz sowie den Grund der Änderung enthalten.

Im Regelfall ist (aus Gründen der fehlenden Nachvollziehbarkeit einer Buchung) kein Anwender berechtigt, Datenbank-Änderungen in einem produktiven System direkt auf der Datenbank vorzunehmen. Aus diesem Grund wird dem ändernden Entwickler für die Zeitspanne der Änderung eine sogenannte *Notfall-Berechtigung* erteilt, deren Verwendung ebenfalls zu dokumentieren ist.

Die Änderung von Tabelleninhalten ist gerade in Entwicklungs- und Testsystemen ein ständig benötigtes Werkzeug. Der Entwickler hat dazu zwei verschiedene Möglichkeiten:

1. Die SE16N-Methode

2. Die klassische Methode

2.16.1 Daten ändern mit der SE16N-Methode

Nehmen wir als Beispiel die Änderung der Ableseeinheit einer Anlage. Dazu rufen wir die den Anlagenzeitscheiben zugrunde liegende Tabelle EANLH mit der Transaktion SE16N auf. Im Selektionsbild der Tabelle EANLH (siehe Abbildung 2.103) geben wir die Anlagennummer ein, deren aktuelle Ableseeinheit geändert werden muss: in diesem Beispiel die ANLAGE *2000000620*. Bevor die Selektion der Anlage über das Icon ausgeführt wird, müssen wir in der Kommandozeile den Befehl */h* (für das Debugging) eingeben und mit `Enter` bestätigen.

Das System antwortet in der unteren Statuszeile mit der Meldung Debugging wurde eingeschaltet.

Erst jetzt lässt sich mit dem Icon die Selektion der Daten zur genannten Anlage ausführen.

Vor der Ausgabe der selektierten Datensätze startet der Debugger (nähere Erläuterungen zum Debugger siehe Kapitel 3) und bleibt im Ereignis `Process After Input` (PAI) des Dynpros *0100* der Funktionsgruppe *SAPLSE16N* stehen (siehe Abbildung 2.104).

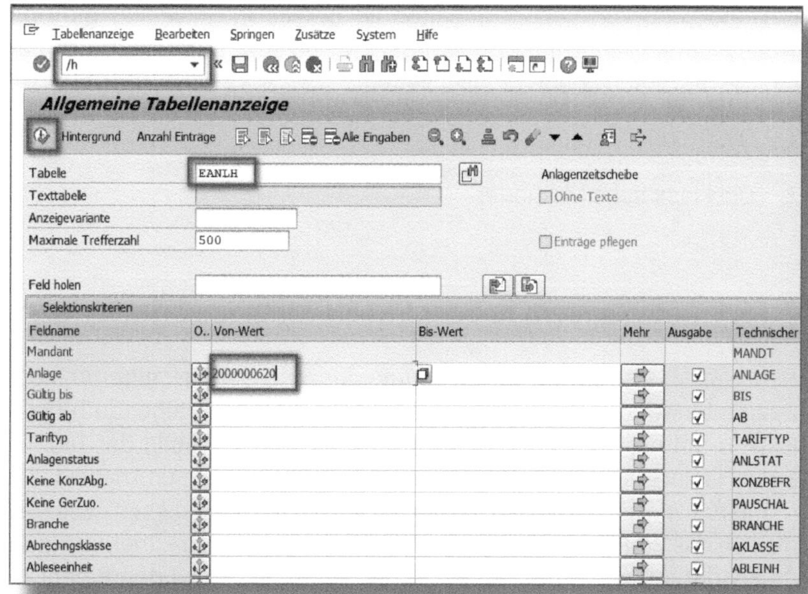

Abbildung 2.103: Ändern von Tabelleninhalten mithilfe der Transaktion SE16N

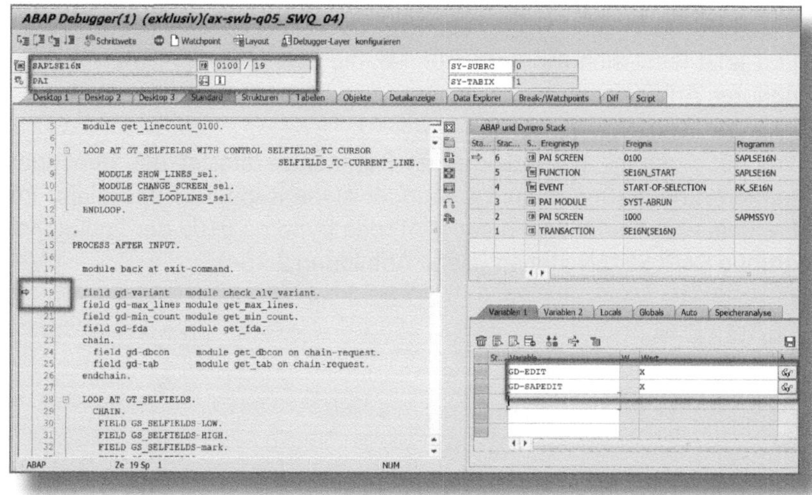

Abbildung 2.104: Eingeben der Variablen GD_EDIT und GD_SAPEDIT im Debugger

Wenn die Standard-Konfiguration des Debuggers (Reiter STANDARD) verwendet wird, können Sie – sofern Sie über Debugging-Berechtigungen verfügen – im rechten unteren Bildschirmbereich unter VARIABLEN 1 in die erste Zeile die Variable *GD-EDIT* und in die zweite Zeile die Variable *GD-SAPEDIT* eingeben. Die dritte Spalte WERT ist in den Variablen-Zeilen anfangs leer. Führen Sie für beide Variablen einen Mausklick auf das Icon in der vierten Spalte aus. Daraufhin ist die Spalte WERT eingabebereit, und es ändert sich das Icon in das Icon. Tragen Sie in beide Zeilen ein »*X*« ein und bestätigen Sie die Aktion mit Enter. Die Wertspalte enthält nun in den ersten beiden Zeilen ein »*X*« und ist nicht mehr eingabebereit (siehe Abbildung 2.105). Das Icon ändert sich wieder auf das Icon.

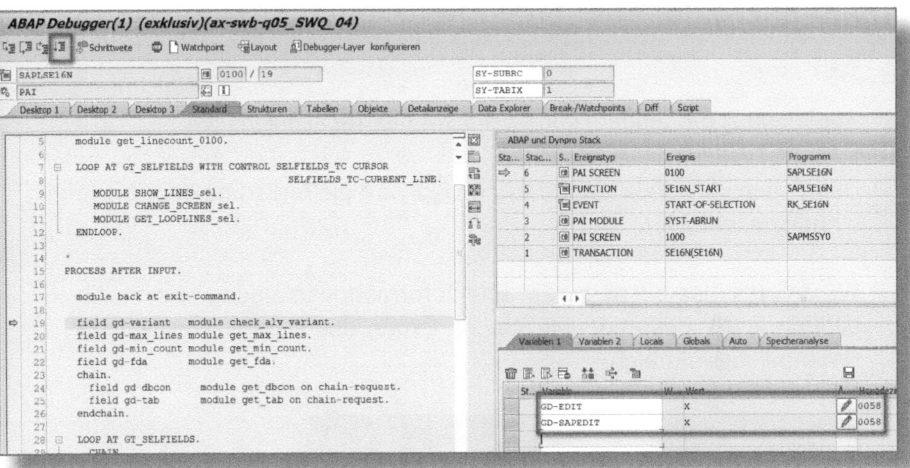

Abbildung 2.105: Beenden des SE16N-Debuggers mit dem Icon bzw. der Funktionstaste F8

Der Entwickler kann nun die Ableseeinheit in der aktuell gültigen Zeitscheibe ändern (siehe Abbildung 2.106).

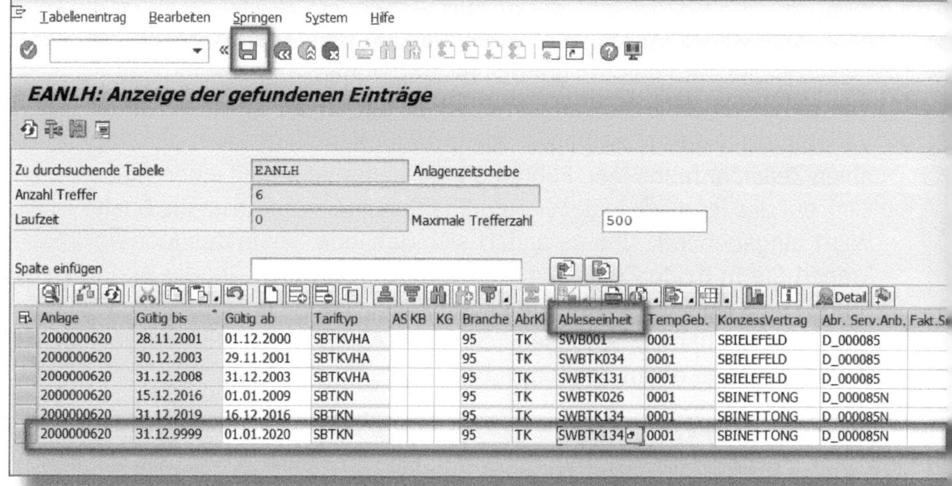

Abbildung 2.106: Ändern und Speichern des Tabelleninhaltes

Durch einen Mausklick auf das Icon 💾 wird die Änderung der Ableseeinheit gespeichert.

Wurde das Speichern durch eine Informationsmeldung wie in Abbildung 2.107 bestätigt, war die Änderung des Datensatzes auf der Datenbank erfolgreich.

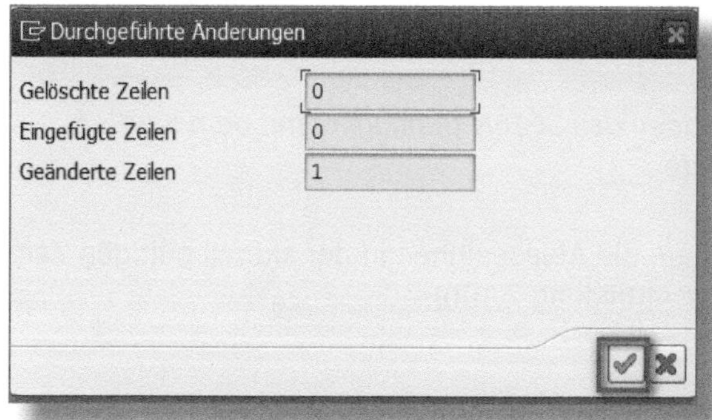

Abbildung 2.107: Meldung nach dem erfolgreichen Speichern der Änderung von Tabelleninhalten

Die Eingaben werden, falls es in der Tabelle so definiert wurde, gegen eine Prüftabelle geprüft. Im Fall der Ableseeinheiten wird der eingegebene Inhalt im Feld ABLESEEINHEIT gegen die Datenbanktabelle TE422 abgeglichen. Wenn der neu eingetragene Feldwert in der Prüftabelle nicht vorkommt, so wird dieser Fehler durch die Transaktion SE16N gemeldet (siehe Abbildung 2.108).

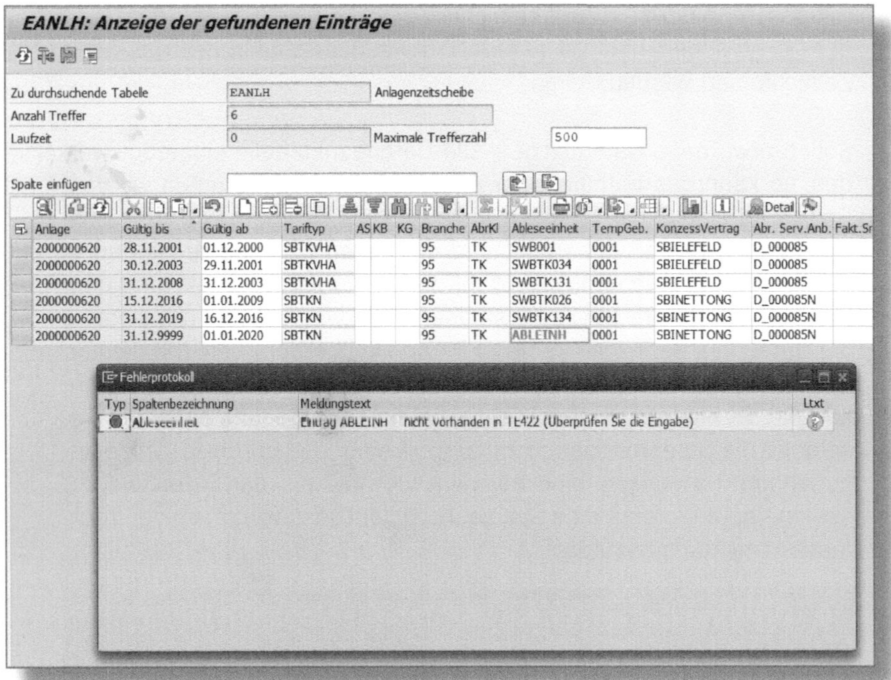

Abbildung 2.108: Fehlermeldung beim Ändern eines Datensatzes

Erst nach einer Korrektur des Feldinhalts (z. B. mit Unterstützung der F4-Hilfe) kann der geänderte Datensatz auf der Datenbank gespeichert werden.

Mit diesem Verfahren können Datensätze nicht nur geändert, sondern auch gelöscht, hinzugefügt oder kopiert werden.

In der Transaktion SE16N sind dazu folgende Icons im Änderungsmodus zu verwenden:

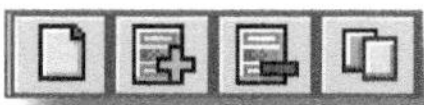

Mit dem Icon LEERES BLATT (Anlegen) können Datensätze hinzugefügt, mit dem Icon BLATT + lässt sich eine Zeile einfügen bzw. mit dem Icon BLATT – löschen, und mit dem Icon ZWEI BLÄTTER können markierte Zeilen kopiert werden.

Sollen etwa neue Datensätze in die Datenbanktabelle eingefügt werden, so kann das mithilfe einer Excel-Tabelle vorgenommen werden. Dazu wird eine Excel-Tabelle mit den gleichen Feldern wie die zu bearbeitenden Felder vorbereitet und die neuen Datensätze werden in diese aufgenommen. Mit der Wahl des Icons LEERES BLATT und dem Setzen des Cursors auf das erste leere Feld werden über Cut & Paste die Daten aus der Excel- in die SAP-Tabelle übernommen. Mit diesem Verfahren lassen sich einige Hundert Datensätze an die Tabelle anhängen. Es eignet sich damit auch für die Erstbefüllung einer Tabelle, solange die Datenmengen nicht zu groß sind. Die auf diese Weise angehängten Datensätze sind mit dem Icon 💾 auf der Datenbank zu speichern. Die erfolgreiche Speicherung der Daten wird mit einer Informationsmeldung bestätigt.

☛ Prüfung der Änderung von Tabelleninhalten in produktiven Systemen durch die Revision bzw. externen Wirtschaftsprüfer

Um Änderungen an Variabelwerten im Debugger durchzuführen, wird die sogenannte Debugging-Berechtigung benötigt. Diese Berechtigung hat in produktiven Systemen i. d. R. kein User. Um die Debugging-Berechtigung in produktiven Systemen zu erhalten, muss unternehmensintern ein Antrag gestellt werden, sodass einem User die sogenannte Notfallberechtigung erteilt wird.

Im Regelfall muß das Ändern von Tabelleninhalten in dem Antrag auf Notfallberechtigung begründet werden: Welche Tabelleninhalte wurden geändert und war die Änderung betriebswirtschaftlich erforderlich. Die interne Revision bzw. der externe Wirtschaftsprüfer überprüft derartige Tabellenänderungen in produktiven SAP-Systemen.

Änderungen an Datensätzen, die mithilfe der Transaktion SE16N und dem Debugger vorgenommen wurden, werden in den Datenbanktabellen SE16N_CD_KEY und SE16N_CD_DATA protokolliert.

In der Tabelle SE16N_CD_KEY werden die geänderte Tabelle (TAB), der Änderer (UNAME), das Datum (SDATE) und die Uhrzeit (STIME) gespeichert. Die sogenannte ID, das Schlüsselfeld dieser Tabelle, verwendet den Datentyp TIMESTAMP. Dadurch wird bis auf die Sekunde genau die Verwendung der SE16N protokolliert (siehe Abbildung 2.109).

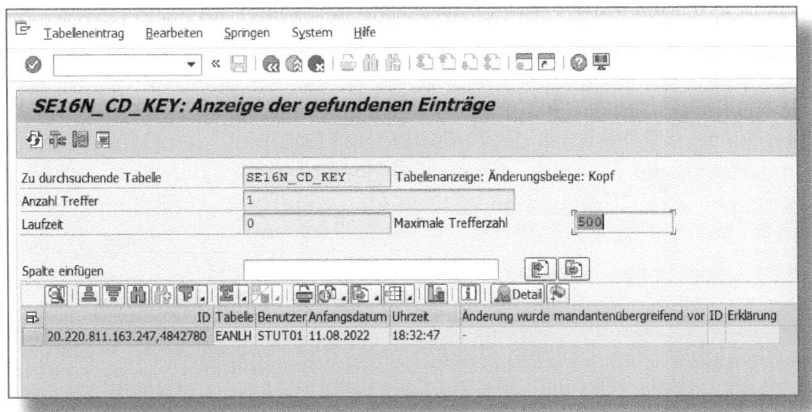

Abbildung 2.109: Einträge in der Protokoll-Tabelle SE16N_CD_KEY

Über die ID kann in der Tabelle SE16N_CD_DATA analysiert werden, welche Felder in der jeweiligen Tabelle geändert wurden. Das Ergebnis wird in Protokolltabellen ausgegeben, siehe Abbildung 2.110.

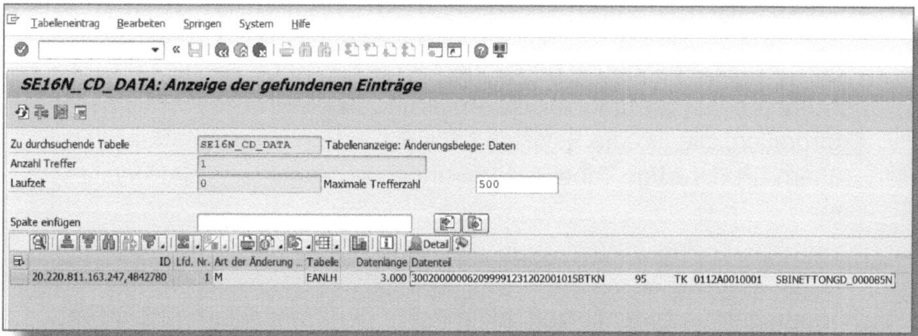

Tabelleneintrag Bearbeiten Springen System Hilfe

SE16N_CD_DATA: Anzeige der gefundenen Einträge

Zu durchsuchende Tabelle: SE16N_CD_DATA Tabellenanzeige: Änderungsbelege: Daten
Anzahl Treffer: 1
Laufzeit: 0 Maximale Trefferzahl: 500

Spalte einfügen

Detail

ID	Lfd. Nr.	Art der Änderung ...	Tabelle	Datenlänge	Datenteil
20.220.811.163.247,4842780	1	M	EANLH	3.000	300200000062099991231202001015BTKN 95 TK 0112A0010001 SBINETTONGD_000085N

Abbildung 2.110: Einträge in der Protokolltabelle SE16N_CD_DATA

Diese Protokolltabellen werden von Programmen ausgewertet, die der Wirtschaftsprüfer einsetzt, um die *Ordnungsmäßigkeit der Speicherbuchführung (GoBS)* zu prüfen. Ein Löschen von Datensätzen aus diesen Tabellen ist nur mit einer Eigenentwicklung möglich und ist aus Gründen der GoBS zu vermeiden.

2.16.2 Daten ändern mit der klassischen Methode

Ein weiterer Ansatz für die Änderung von Daten auf der Datenbank ist die *klassische Methode*. Dazu wird der Datensatz der zu ändernden Anlage mit der Transaktion SE11 aufgerufen (siehe Abbildung 2.111).

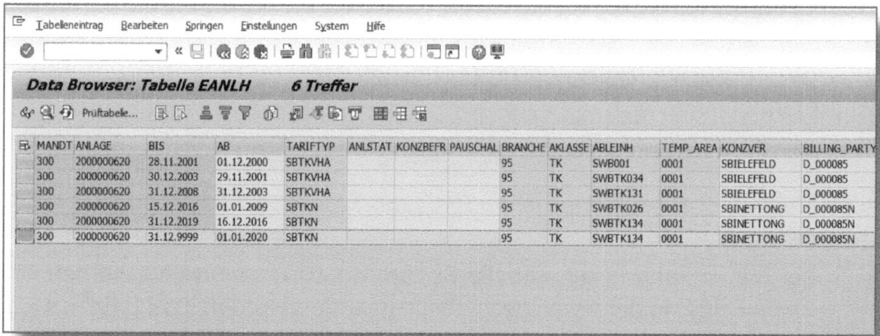

Tabelleneintrag Bearbeiten Springen Einstellungen System Hilfe

Data Browser: Tabelle EANLH 6 Treffer

Prüftabelle...

MANDT	ANLAGE	BIS	AB	TARIFTYP	ANLSTAT	KONZBEFR	PAUSCHAL	BRANCHE	AKLASSE	ABLEINH	TEMP_AREA	KONZVER	BILLING_PARTY
300	2000000620	28.11.2001	01.12.2000	SBTKVHA				95	TK	SWB001	0001	SBIELEFELD	D_000085
300	2000000620	30.12.2003	29.11.2001	SBTKVHA				95	TK	SWBTK034	0001	SBIELEFELD	D_000085
300	2000000620	31.12.2008	31.12.2003	SBTKVHA				95	TK	SWBTK131	0001	SBIELEFELD	D_000085
300	2000000620	15.12.2016	01.01.2009	SBTKN				95	TK	SWBTK026	0001	SBINETTONG	D_000085N
300	2000000620	31.12.2019	16.12.2016	SBTKN				95	TK	SWBTK134	0001	SBINETTONG	D_000085N
300	2000000620	31.12.9999	01.01.2020	SBTKN				95	TK	SWBTK134	0001	SBINETTONG	D_000085N

Abbildung 2.111: Anzeige der Datensätze in der SE11

Sollten bei Ihnen Datensätze wie in Abbildung 2.111 aufgelistet sein, so müssen Sie zunächst die Darstellung der Anzeige ändern. Dazu verwenden Sie das Pull-down-Menü EINSTELLUNGEN • BENUTZERPARAMETER (oder die Funktionstaste [F8]). Daraufhin erscheinen die spezifischen Ansichten des DATA BROWSERS, wie in Abbildung 2.112 dargestellt.

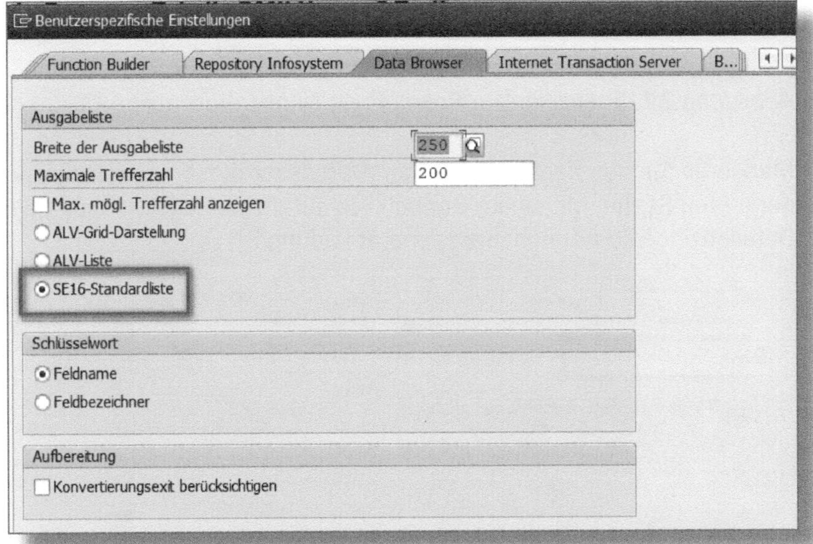

Abbildung 2.112: Benutzerspezifische Einstellungen im Data Browser

Hier muss der Radiobutton SE16-Standardliste aktiviert werden. Bestätigen Sie die Auswahl mit dem Icon ✔.

Jetzt erhalten Sie innerhalb der Transaktion SE11 die Anzeige der Datensätze wie in der SE16-Standardliste.

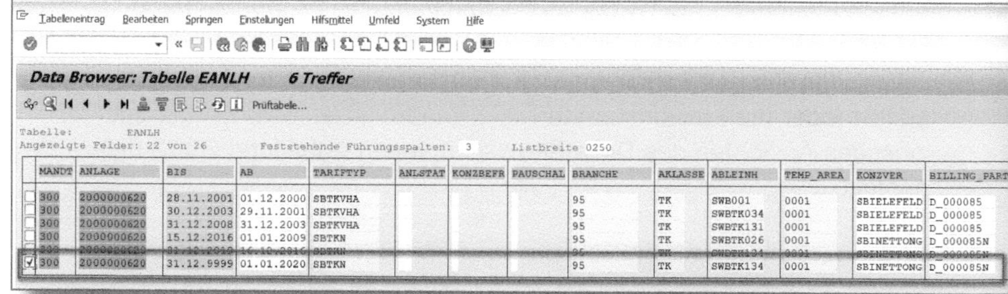

MANDT	ANLAGE	BIS	AB	TARIFTYP	ANLSTAT	KONZBEFR	PAUSCHAL	BRANCHE	AKLASSE	ABLEINH	TEMP_AREA	KONZVER	BILLING_PART
300	2000000620	28.11.2001	01.12.2000	SBTKVHA				95	TK	SWB001	0001	SBIELEFELD	D_000085
300	2000000620	30.12.2003	29.11.2001	SBTKVHA				95	TK	SWBTK034	0001	SBIELEFELD	D_000085
300	2000000620	31.12.2008	31.12.2003	SBTKVHA				95	TK	SWBTK131	0001	SBIELEFELD	D_000085
300	2000000620	15.12.2016	01.01.2009	SBTKN				95	TK	SWBTK026	0001	SBINETTONG	D_000085N
300	[illegible]	[illegible]	[illegible]	SBTKN				95	TK	[illegible]	0001	SBINETTONG	[illegible]
300	2000000620	31.12.9999	01.01.2020	SBTKN				95	TK	SWBTK134	0001	SBINETTONG	D_000085N

Abbildung 2.113: Anzeige zur Bearbeitung eines Datensatzes

Markieren Sie nun den zu ändernden Datensatz durch einen Haken in der ersten Spalte. Mit einem Doppelklick auf dieser Zeile erscheint die Detailanzeige zum Datensatz (siehe Abbildung 2.114).

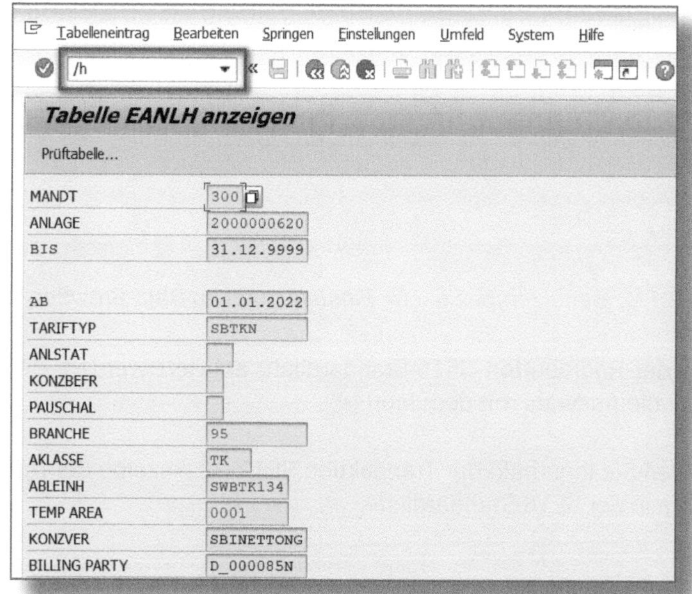

Abbildung 2.114: Detailanzeige des zu ändernden Datensatzes

Zum Ändern der Daten starten Sie den Debugger in der Kommandozeile mit dem Befehl */h* und Bestätigung durch **(Enter)**.

Durch ein wiederholtes Betätigen der `Enter`-Taste wird der Debugger aufgerufen.

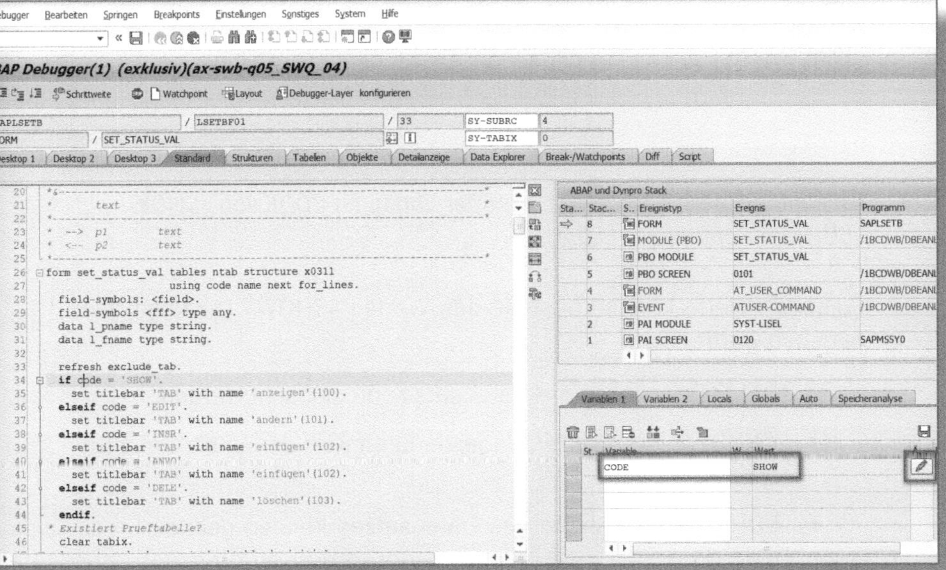

Abbildung 2.115: SAP-Standard-Coding im Debugger

Die Variable CODE im Coding auf der linken Seite wird mittels Doppelklick nach rechts unten in den Bereich zur Bearbeitung von Variablen-Inhalten überführt.

Mit einem Mausklick auf das Icon kann der Wert (aktuell SHOW) der Variable CODE geändert werden, und das Icon hinter dem WERT wechselt auf das Icon (siehe Abbildung 2.116).

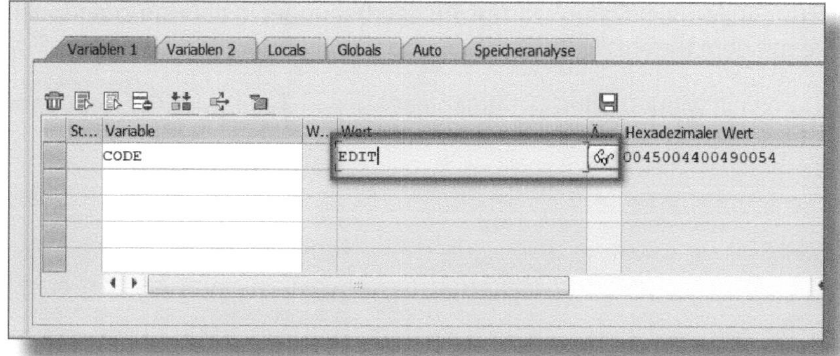

Abbildung 2.116: Geänderter Wert der Variablen CODE von »SHOW« auf »EDIT« im Debugger

Folgende Werte können anstelle des Wertes »SHOW« (Anzeige) eingegeben werden:

- DELE: Der angezeigte Datensatz kann gelöscht werden.
- ANVO: Anlegen mit Vorlage, dadurch wird der vorhandene Datensatz kopiert.
- EDIT: Die Feldinhalte des Datensatzes können geändert werden.
- INSR: Ein Datensatz kann eingefügt werden.

In diesem Beispiel soll der Inhalt des Feldes ABLESEEINHEIT geändert werden. Demnach setzen wir den Wert der Variable CODE von »SHOW« auf »EDIT«. Die Änderung des Wertes im Debugger wird mit [Enter] bestätigt. Die WERT-Spalte ist nun nicht mehr eingabebereit.

Mit dem Icon oder der Funktionstaste [F8] lassen wir den Debugger durchlaufen.

Die Felder des zu ändernden Datensatzes sind nun eingabebereit (siehe Abbildung 2.117). Der Wert des Feldes Ableseeinheit (ABLEINH) kann nun bearbeitet werden.

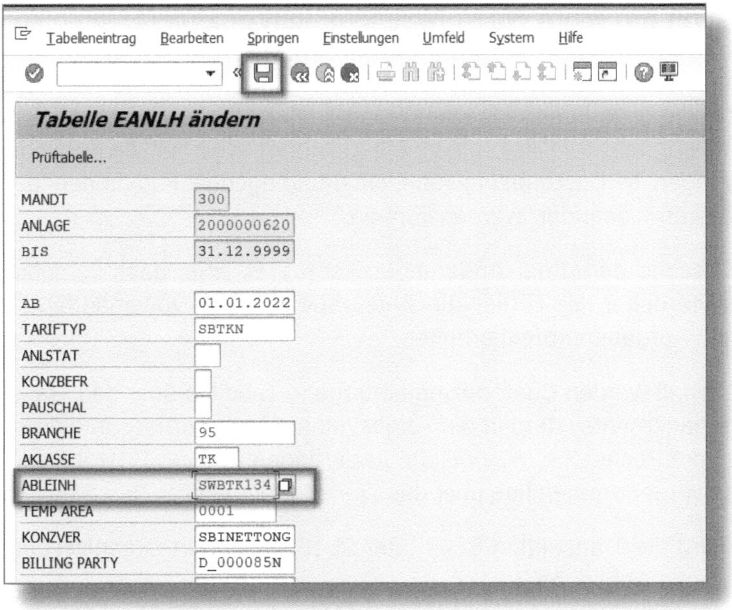

Abbildung 2.117: Weiße Felder des Datensatzes sind eingabebereit

Analog zur Bearbeitung eines Datensatzes mit der SE16N aus Abschnitt 2.16.1 findet auch bei der klassischen Methode beim Ändern und Speichern der Änderung über das Icon eine Prüfung der Eingaben anhand der definierten Prüftabellen statt.

Nach dem Sichern der Änderung mittels Mausklick auf gibt das SAP-Programm eine Erfolgsmeldung in der Statuszeile aus: Datensatz erfolgreich weggeschrieben.

Die Transaktion SE11 kann abschließend verlassen werden. Eine Änderung des Datensatzes über diese Methode wird nicht wie bei der Transaktion SE16N protokolliert.

2.17 Wer hat wann einen Tabelleninhalt geändert?

Häufig werden Tabelleninhalte geändert, und niemand kann die Frage beantworten, wodurch diese Änderung zustande gekommen ist. Das ist insbesondere bei Customizing-Einstellungen ärgerlich, da durch die Änderungen in Customizing-Tabellen grundlegende Funktionen des SAP-Systems geändert werden können.

Eine Ursache derartiger Änderungen kann z. B. sein, dass verschiedene Mitarbeiter des IT-Dienstleisters ohne Kenntnis voneinander am gleichen Aufgabenumfeld arbeiten.

Im Regelfall werden Customizing-Einträge in Tabellen über das Transportmanagementsystem in die Folgesysteme transportiert. In diesem Fall ist die Recherche, wer welche Änderungen in einer Customizing-Tabelle vorgenommen hat, über das *Transport Organizer Tool* möglich.

Dazu wird die Transaktion SE09 oder SE10 (Transport Organizer) genutzt (siehe Abbildung 2.118).

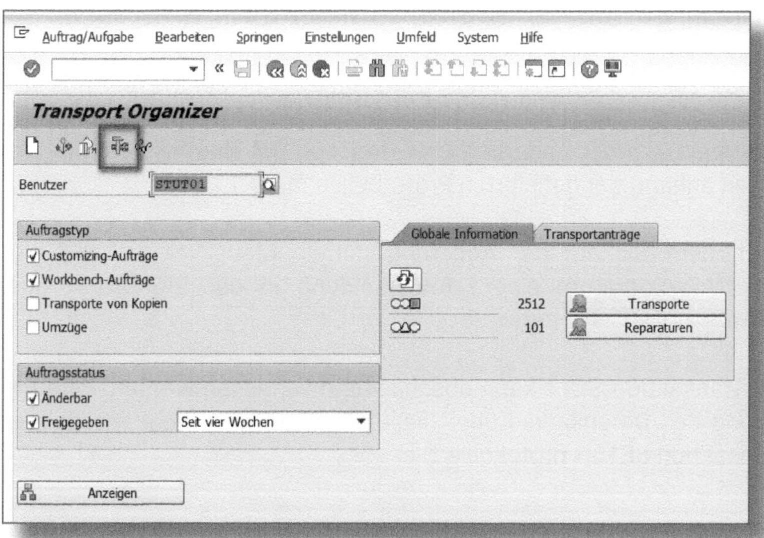

Abbildung 2.118: Der Transport Organizer

Das Transport Organizer Tool wird mit einem Mausklick auf das Icon aufgerufen.

Um OBJEKTE IN AUFTRÄGEN/AUFGABEN ZU SUCHEN, setzen Sie den Cursor auf die Zeile mit dem Icon und betätigen zur Ausführung das Icon (siehe Abbildung 2.119).

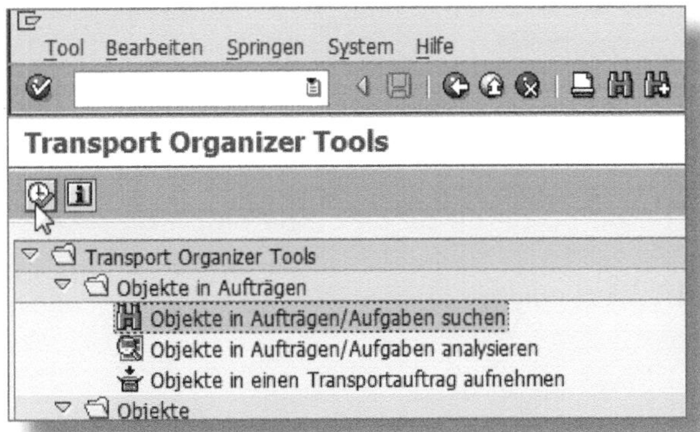

Abbildung 2.119: Objekte in Aufträgen suchen

Im nun folgenden Bildschirm kann gezielt nach Aufträgen/Aufgaben gesucht werden, die Tabelleninhalte transportiert haben. Dazu wird nach dem OBJEKT »R3TR TABU« gesucht. In der SELEKTION muss anschließend der Name der Customizing-Tabelle eingegeben werden: In diesem Beispiel suchen wir nach Transportaufträgen mit Datensätzen der Tabelle »KONTOKLASSE«. Mit dem Icon (Ausführen) wird die Selektion gestartet (siehe Abbildung 2.120).

Daraufhin erscheint eine Liste von Transportaufträgen (siehe Abbildung 2.121), mit denen Tabelleninhalte der Kontoklasse transportiert wurden.

Programm Bearbeiten Springen System Hilfe

Objekte in Aufträgen/Aufgaben suchen

Selektion der Objekte

☐	R3TR	PROG	Programm	
☐	R3TR	FUGR	Funktionsgruppe	
☐	R3TR	CLAS	Klasse	
☐	R3TR	TABL	Tabelle/Struktur	
☐	R3TR	VIEW	View	
☐	R3TR	TTYP	Tabellentyp	
☐	R3TR	DTEL	Datenelement	
☑	R3TR	TABU	Tabelleninhalt	KONTOKLASSE

☐ Auch Teilobjekte suchen (nicht bei generischer Eingabe)

IMG-Aktivität

Selektion der Aufträge/Aufgaben

Auftrag/Aufgabe bis

Inhaber bis

Datum bis

Status ☐ Änderbar ☑ Freigegeben

Auftragstyp Alle Auftrags- und Aufgabentypen

Abbildung 2.120: Suche nach Tabellenänderungen

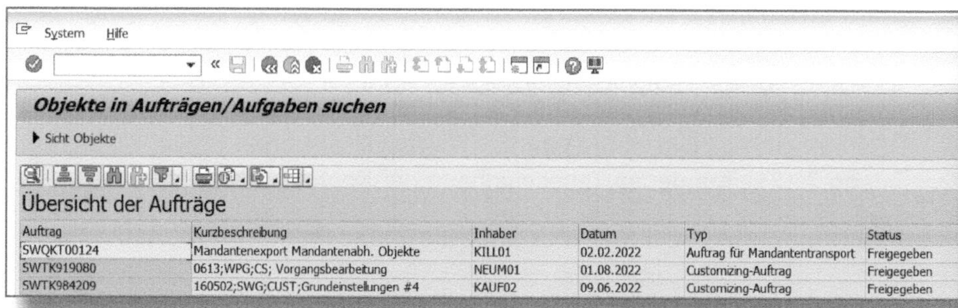

System Hilfe

Objekte in Aufträgen/Aufgaben suchen

Sicht Objekte

Übersicht der Aufträge

Auftrag	Kurzbeschreibung	Inhaber	Datum	Typ	Status
SWQKT00124	Mandantenexport Mandantenabh. Objekte	KILL01	02.02.2022	Auftrag für Mandantentransport	Freigegeben
SWTK919080	0613;WPG;CS; Vorgangsbearbeitung	NEUM01	01.08.2022	Customizing-Auftrag	Freigegeben
SWTK984209	160502;SWG;CUST;Grundeinstellungen #4	KAUF02	09.06.2022	Customizing-Auftrag	Freigegeben

Abbildung 2.121: Ergebnisanzeige bei der Suche nach Änderung von Tabelleninhalten

Wollen Sie in Erfahrung bringen, welche Daten in einem Transport enthalten sind, so ist der entsprechende Transportauftrag zu analysieren. Mit Doppelklick auf eine Transportnummer (hier AUFTRAG SWTK984209) wird die Objektliste des Transports angezeigt (siehe Abbildung 2.122).

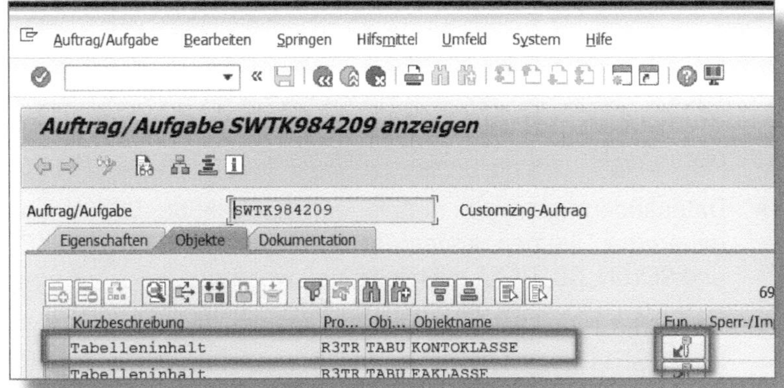

Abbildung 2.122: Objekte eines Transportauftrages

Mit einem Mausklick auf das Icon werden die Primärschlüsselfelder der transportierten Tabelleninhalte angezeigt (siehe Abbildung 2.123).

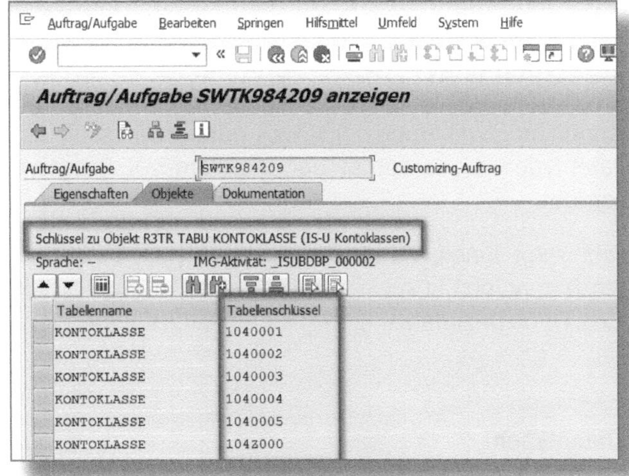

Abbildung 2.123: Tabelleneinträge eines Transportes

In diesem Fall sind es mehrere Datensätze für die Tabelle KONTO-KLASSE.

Bei der Suche nach Änderungen von Tabelleninhalten anderer Tabellentypen, wie z. B. Anwendungstabellen, wird die Recherche komplizierter. Dazu haben Sie verschiedene Recherchemöglichkeiten:

- Einige DB-Tabellen besitzen die Felder ERSTELLUNGSDATUM, ERSTELLUNGSZEIT, NAME DES ERSTELLERS, ÄNDERUNGSDATUM, ÄNDERUNGSZEIT und NAME DES ÄNDERERS.
- Datenänderungen, die mittels der Transaktion SE16N vorgenommen wurden, können in den Tabellen SE16N_CD_KEY und SE16N_CD_DATA nachvollzogen werden.
- Wenn die Protokollierung von Tabelleninhalten einer Tabelle in der SE11 eingeschaltet wurde, können Datenbank-Zugriffe über die Tabelle DBTABLOG analysiert werden.
- Bestimmte Änderungen an den SAP-Objekten werden in Form von Änderungsbelegen gespeichert (siehe hierzu auch Abschnitt 4.17). Änderungsbelege werden in den Tabellen CDHDR (Kopfinformation eines Änderungsbelegs) und CDPOS (Detailinformation über die Änderung) gespeichert.

2.18 Neue Datentypen in der HANA-Datenbank

Eine weitere wesentliche Erweiterung der HANA-Datenbank ist die Einführung neuer Datentypen. Diese wurden den Standard-SQL-Datentypkategorien zugeordnet.

Die folgende Liste zeigt Ihnen, welche Datentypen HANA über die bereits bekannten Datentypen in ABAP, wie z. B. CHAR (Text), NUMC (numerischer Text), DEC (Dezimalzahl), INTEGER (Ganzzahliger Wert), hinaus bereitstellt:

1. Numerische Datentypen

- *TINYINT:* 8-Bit-Ganzzahl ohne Vorzeichen
  (Minimalwert: 0, Maximalwert: 255)

- *SMALLINT:* 16-Bit-Ganzzahl mit Vorzeichen (Minimalwert: -32.768, Maximalwert: 32.767)
- *BIGINT:* 64-Bit-Ganzzahl mit Vorzeichen (Minimalwert: -9.223.372.036.854.775.808, Maximalwert: 9.223.372.036.854.775.808)
- *SMALL:* Dezimalzahl (Minimalwert: -10 ^ 38 +1, Maximalwert: 10 ^ 38 -1)
- *REAL:* Reelle Zahl (Minimalwert: -3,40E + 38, Maximalwert: 3,40E + 38)
- *DOUBLE:* 64-Bit-Gleitkommazahl (Minimalwert: -1,7976931348623157E308, Maximalwert: 1,7976931348623157E308)

2. Datum und Zeit

- *SECOND DATE:* Jahr, Monat, Tag, Stunde, Minute und Sekunden (Standardformat JJJJ-MM-TT HH:MM:SS)

3. Character

- *VARCHAR:* Alphabetische Zeichenketten (maximal Länge: 8000 Zeichen)
- *NVARCHAR:* Alphanumerische Zeichenketten (maximale Länge: 4000 Zeichen)
- *ALPHANUM:* Alphanumerische Zeichen (Wert für eine Ganzzahl liegt zwischen 1 und 127)
- *SHORTTEXT:* Zeichenfolgen variabler Länge, die Text- und Zeichenfolgen-Suchfunktionen unterstützen.

4. Binary

- *VARBINARY:* Binärdaten in Bytes (Ganzzahllänge liegt zwischen 1 und 5000)

5. Large Objects

- *NCLOB:* Großes UNICODE-Zeichenobjekt
- *BLOB:* Große Mengen an Binärdaten
- *CLOB:* Große Menge von ASCII-Zeichendaten
- *TEXT:* Aktivierung von Textsuchfunktionen
  Dieser Datentyp kann nur für Spaltentabellen und nicht für Zeilenspeichertabellen definiert werden.
- *BINTEXT:* Unterstützung von Textsuchfunktionen
  Mit diesem Datentyp ist es möglich, in den Text Binärdaten einzufügen.

6. Multi Valued

- *ARRAY:* Ein ARRAY ist eine mehrwertige Sammlung von Daten, die alle vom selben Datentyp sind.

Diese neuen Datentypen erweitern implizit die Funktionalität der ABAP-Programmiersprache, z. B.:

- In unstrukturierten Datensätzen wird die Suche nach Texten ermöglicht.
- Die Genauigkeit bei Berechnungen mit Dezimalzahlen wird erhöht.
- Große Datenobjekte in der Datenbank können in der Datenbank gespeichert werden. Damit ist es möglich, in ABAP-Programmen beispielsweise Fotografien, technische Zeichnungen oder PDF-Dateien zu speichern und auszugeben.

Mit dem größeren Umfang an Datentypen steigt ebenfalls die Anzahl der impliziten Konvertierungsroutinen zwischen den Datentypen. An dieser Stelle verweise ich auf die ABAP-Hilfefunktion, die zu diesem Thema umfassende Informationen liefert.

3 Richtig debuggen

SAP hat für Entwickler schon im Netweaver-Umfeld einen ABAP Debugger zur Verfügung gestellt, der zu einem sehr mächtigen Hilfsmittel entwickelt wurde. Wie auch bei vielen anderen Werkzeugen der Informationsverarbeitung verwendet der Entwickler in der Praxis nur einen, wenn auch essentiellen, Bruchteil der Möglichkeiten dieses Tools. Dieses Kapitel beschreibt die nach meiner Erfahrung notwendigen Techniken, die für einen ABAP-Entwickler im tagtäglichen Umgang mit dem Debugger erforderlich sind.

Wenn der Debugger gestartet wird, gibt es zwei mögliche Szenarien:

1. Es wird der *Standard ABAP Debugger* gestartet. Dieser benötigt einen weiteren Bildschirm-Modus.
2. Es wird der *klassische Debugger* zur Anzeige gebracht. Der klassische Debugger kann heutzutage in den benuterspezifischen Einstellungen nicht mehr voreingestellt werden. Daher wird er nur dann zur Anzeige gebracht, wenn im System, in dem der Debugger gestartet wird, bereits sechs verschiedene Modi für den User geöffnet wurden. Die maximale Zahl von Modi für einen User ist ein Systemparameter, der im Regelfall mit 6 voreingestellt ist. Da der »Standard ABAP Debugger« einen weiteren Modus benötigt, dieser aber nicht mehr zur Verfügung steht – in der Status-Leiste erscheint die Meldung »Kein weiterer externer Modus für den Neuen Debugger verfügbar« –, wird der klassische Debugger geöffnet.

ABAP Debugger: klassisch – neu – Standard?

Falls Sie die Bezeichnungen für den ABAP Debugger etwas verwirren: Früher war es einfach. Da hieß er schlicht ABAP Debugger. Doch dann kam der neue Debugger und wurde zum »Standard APAB Debugger« ernannt. Folglich musste die bisherige (alte) Version abgrenzbar sein und erhielt den Zusatz »Klassischer«.

Der aktuelle »Standard ABAP Debugger« bietet dem Entwickler erheblich mehr Möglichkeiten als der klassische Debugger. Falls sich bei Ihnen bereits der klassische Debugger geöffnet hat, können Sie einen nicht verwendeten Modus schließen und anschließend mit dem Pull-down-Menü DEBUGGING • WECHSEL ZU NEUEM ABAP DEBUGGER den Standard-Debugger starten (siehe Abbildung 3.1).

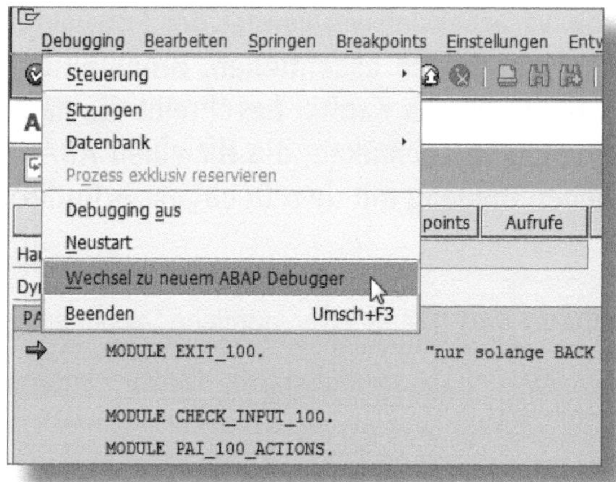

Abbildung 3.1: Wechsel vom klassischen zum Standard ABAP Debugger

Im Folgenden werde ich zunächst kurz die Funktionen des klassischen Debuggers skizzieren, bevor ich die weitreichenderen Funktionen des »Standard ABAP Debuggers« aufzeige.

3.1 Klassischer Debugger und Standard ABAP Debugger

Der klassische Debugger besitzt folgende Bildschirmbereiche (Abbildung 3.2):

❶ Pull-down-Menü

❷ Icon-Leiste

❸ Button-Leiste

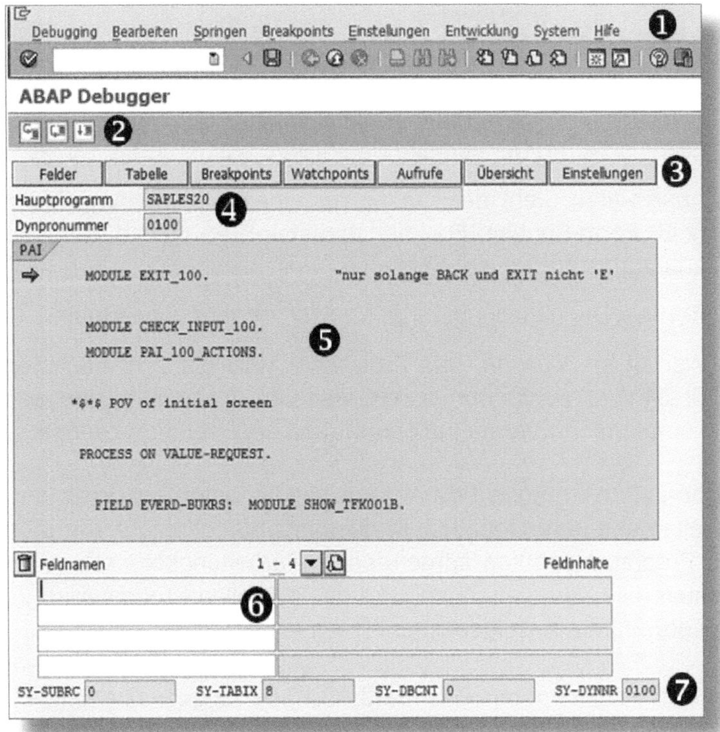

Abbildung 3.2: Der klassische Debugger

❹ Beschreibung des angezeigten Programms

❺ Quellcode mit der aktuellen Position des Programms (blauer Pfeil)

❻ Variablenbereich, in dem zunächst Felder angezeigt werden können

❼ Zeile für System-Variablen (z. B. den SY-SUBRC)

Über das Pull-down-Menü können Sie sich beispielsweise Systembereiche anzeigen lassen (z. B. Variablen im ABAP-Memory, die Screen-Tabelle), das Systemdebugging einschalten oder Breakpoints und Watchpoints anlegen, aber auch zum »Standard ABAP Debugger« wechseln.

Über die **Icon-Leiste** legen Sie die Schrittweite von Vorwärtsbewegungen im Programmverlauf fest. Von links nach rechts beschrieben, bedeuten die einzelnen Icons:

- EINZELSCHRITT: Der nächste Befehl wird ausgeführt.
- AUSFÜHREN: Steht der Cursor vor einem Verarbeitungsblock (z. B. Form-Routine, Funktionsbaustein), so wird dieser Verarbeitungsblock ausgeführt.
- RETURN: Der aktuelle Verarbeitungsblock wird abgearbeitet.
- WEITER BIS CURSOR: Das Programm wird bis zum nächsten Breakpoint ausgeführt. Ohne weiteren Breakpoint wird das komplette Programm ausgeführt und der Debugger beendet.

Die **Button-Leiste** ermöglicht die Anzeige von Variablen und deren Werten, Tabellen und deren Inhalten, Breakpoints, Watchpoints, Aufrufen (bis zur Programmposition aufgerufene Verarbeitungsblöcke) sowie Übersichten (alle Verarbeitungsblöcke des aktuellen Programms). Je nach ausgewähltem Anzeigeelement wechselt der Variablenbereich.

Im Vergleich dazu zeigt der »Standard ABAP Debugger« eine deutlich andere Aufteilung mit den folgenden Bildschirmkomponenten (siehe Abbildung 3.3):

❶ Pull-down-Menü

❷ Button-Leiste

❸ Name des angezeigten Programms

❹ Anzeige des aktuellen Verarbeitungsblocks

❺ Systemvariablen (voreingestellt: SY-SUBRC und SY-TABIX)

❻ Auswahl von standardmäßig zwölf verschiedenen Reitern, die jeweils eine andere Sicht auf den aktuellen Status des Programmverlaufs ermöglichen

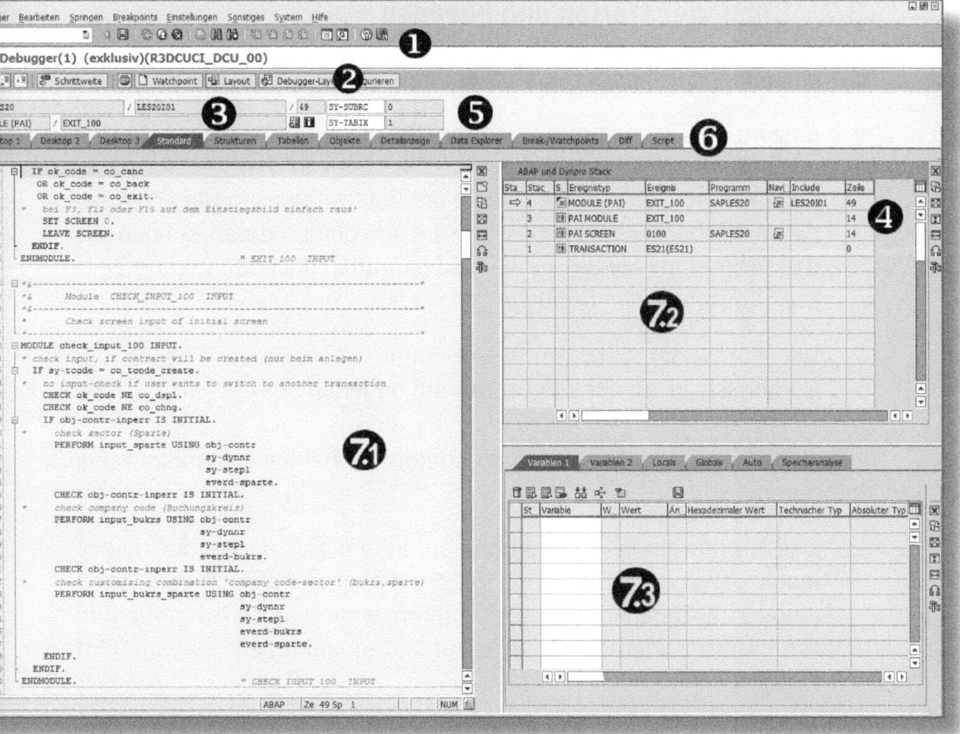

Abbildung 3.3: Der »Standard ABAP Debugger«

❼ Standard-Sicht mit drei Bildschirmbereichen:

- Quellcode (7.1)
- ABAP-Stack (7.2)
- Verschiedene Reiter zur Anzeige von Programmvariablen (7.3)

Der Standard Debugger liefert gegenüber der klassischen Variante ein übersichtlicheres Bild des betrachteten Programms und seines Status.

Der klassiche Debugger spielt heute nur noch eine untergeordnete Rolle. Daher werde ich in den folgenden Abschnitten im Wesentlichen die wichtigsten und oft benötigten Hilfsmittel des Standard ABAP Debuggers erläutern.

3.2 Debugger starten und beenden

Sie können den Debugger über zwei Wege starten:

1. Es wird ein Programm aufgerufen. Bevor das Programm gestartet wird, muss der Debugger über die Eingabe von */h* in der Kommandozeile eingeschaltet werden. In der unteren Statuszeile erscheint die Meldung Debugging wurde eingeschaltet. Im Anschluss daran können Sie das Programm starten. Ihnen wird daraufhin die erste Coding-Zeile des Programms im Debugger angezeigt.

2. Der Entwickler setzt im ABAP-Editor einen Breakpoint an der Coding-Stelle, an der das Programm anhalten soll.

Um den Debugger zu beenden, existieren die beiden folgenden Möglichkeiten:

1. Das Programm wird abgebrochen, indem z. B. eines der beiden Icons verwendet wird. Dieser einfache Abbruch kann allerdings zu Dateninkonsistenzen führen, wenn vor dem Abbruch im Programm ändernde Zugriffe auf Datenbanktabellen ausgeführt wurden.

2. Der Programmlauf wird ordnungsgemäß beendet. Das kann der Entwickler erreichen, indem er im Reiter BREAKPOINTS eine der beiden Funktionen »Lösche alle BPs« oder »Deaktiviere alle BPs« verwendet. Benötigt der Entwickler in weiteren Tests die gleichen Breakpoints, dann ist ein Deaktivieren sinnvoll, in jedem anderen Fall sollten sie gelöscht werden. Durch Anklicken des Icons (WEITER) oder der F8-Taste läuft das Programm bis zum Ende.

! Vorsicht beim Beenden des Debuggers

Der Entwickler muss wissen, an welcher Stelle des Programmlaufs sich der Debugger befindet. Ein Abbrechen des Programmlaufs an einem Breakpoint kann zu Dateninkonsistenzen führen. Im Zweifelsfall sollte der Programmlauf bei der Verwendung des Debuggers immer ordnungsgemäß beendet werden.

3.3 Breakpoint bei Anweisung – erste Wahl bei der Fehlersuche

Leider sind Fehlermeldungen in vielen Fällen nicht sprechend, d. h., der Anwender erhält eine Fehlermeldung, die den ursächlichen Fehler nicht beschreibt. Für die Fehleranalyse, ausgelöst durch SAP-Standard-Programme oder Kundenentwicklungen, ist der Debugger die erste Wahl.

Das folgende Beispiel ist konstruiert, aber in der Praxis durchaus oft zu finden. Dazu starten wir die in Abbildung 3.4 gezeigte Kundenentwicklung zur Umstellung von Ableseeinheiten.

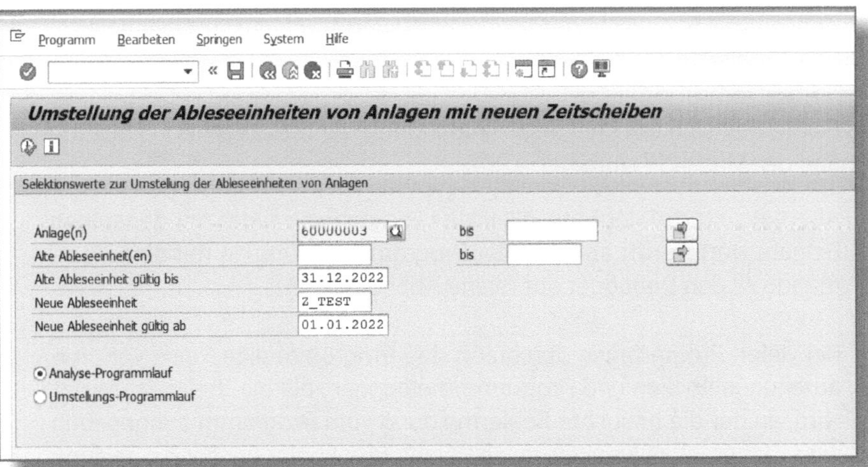

Abbildung 3.4: Start der Kundenentwicklung zur Umstellung von Ableseeinheiten

Nach dem Programmstart erhält der Anwender in der Statuszeile die Meldung »Unzureichendes Customizing« – eine Fehlermeldung ohne Aussagekraft! Aus ihr wird nicht ersichtlich, um welchen Fehler es sich handelt und wie der Fehler behoben werden kann.

Zur Analyse der Fehlerursache startet der Entwickler die Kundenentwicklung erneut mit den gleichen Eingaben. Erscheint daraufhin wieder die Fehlermeldung in der Statusleiste, so werden durch einen Doppelklick darauf Details zur Fehlermeldung angezeigt (siehe Abbildung 3.5).

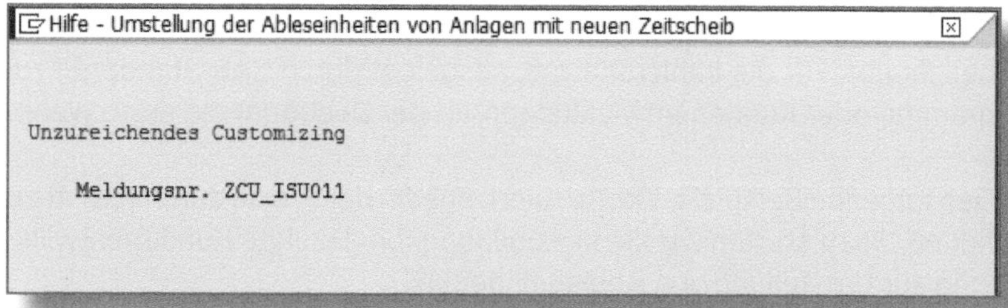

Abbildung 3.5: Anzeige der Meldungs-ID und Meldungsnummer einer Fehlermeldung

Es handelt sich um die Fehlermeldung mit der Message-ID »ZCU_ISU« und der Message-Nummer »011«.

Alternativ startet der Entwickler das Programm wieder mit denselben Eingabewerten, ruft aber vor der Programmausführung mit dem Kommando */h* den Debugger auf (siehe Abbildung 3.6).

Bei vielen Programmen durchläuft das Programm eine Reihe von Verarbeitungsblöcken und Programmmeldungen, bis die Stelle angezeigt wird, an der die gesuchte Fehlermeldung vom Programm ausgegeben wird. Daher ist es sinnvoll, gezielt einen Breakpoint bei der Anweisung »Message« zu setzen.

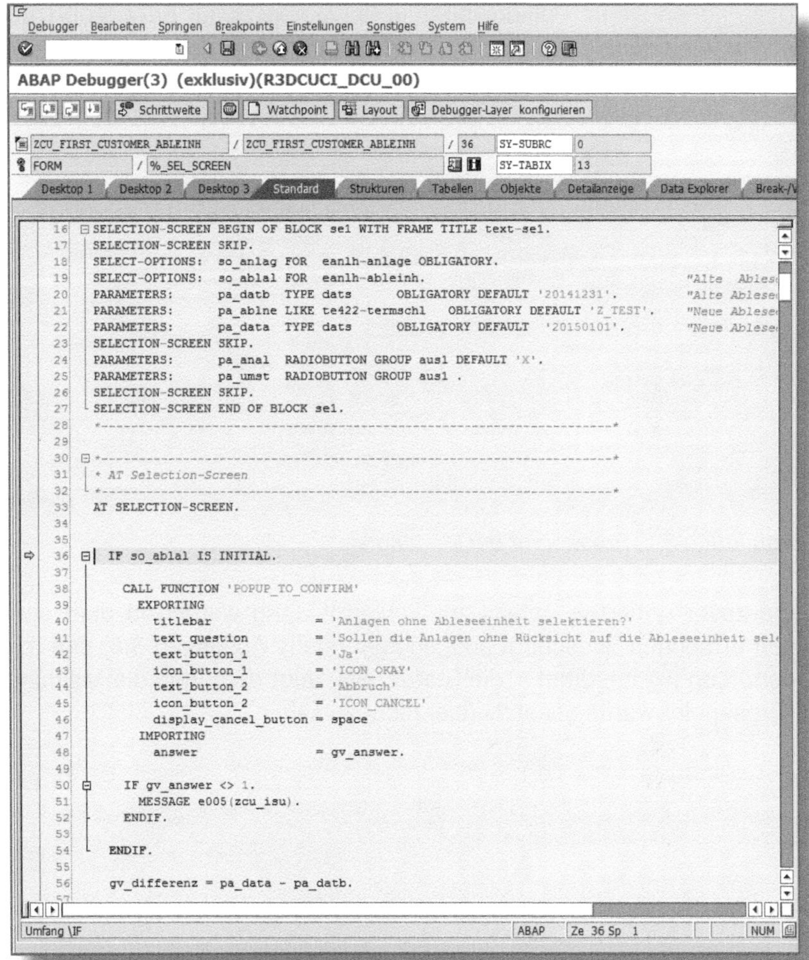

Abbildung 3.6: Start des Debuggers mit dem Kommando /h

Dazu gehen Sie im Pull-down-Menü BREAKPOINTS auf BREAKPOINT BEI und wählen dann BREAKPOINT BEI MESSAGE.

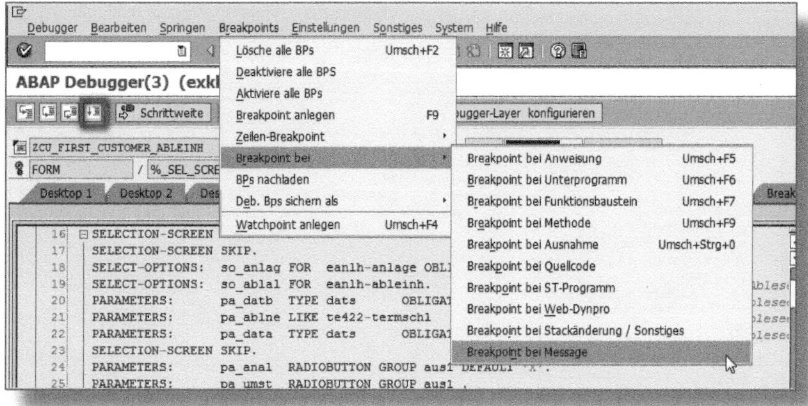

Abbildung 3.7: Breakpoint bei Message

Die zuvor notierten Details zur Fehlermeldung werden in dem sich nun öffnenden Bildschirm ausgegeben (siehe Abbildung 3.8) und mit dem Icon [✔] bestätigt – die Statuszeile zeigt daraufhin die Meldung »Breakpoint wurde gesetzt« (hier nicht zu sehen).

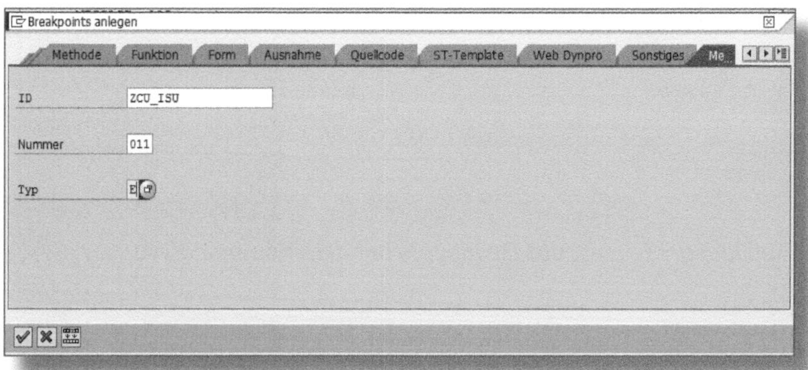

Abbildung 3.8: Angaben zur Message

Jetzt wird mit dem Icon [icon] in der Icon-Zeile (Abbildung 3.7) oder der [F8]-Taste (»Weiter«) der Programmlauf fortgesetzt.

Durch diese Methode stoppt das Programm genau an der Stelle, an der der Fehler im Programm durch einen Message-Befehl gesetzt wurde. Ein Blick in das zugehörige Coding zeigt, dass die Ableseeinheit, auf die die Anlage umgestellt werden soll, nicht in der Customizing-Tabelle TE422 vorhanden ist (siehe Abbildung 3.9).

```
* Prüfe, ob die selektierte Ableseeinheit in der DB-Tabelle TE422 vorhanden ist
SELECT SINGLE *
  FROM te422
  INTO gs_te422
  WHERE termschl = pa_ablne.

IF sy-subrc <> 0.
  MESSAGE e011(zcu_isu).
ENDIF.
```

Abbildung 3.9: Breakpoint-Halt bei gesuchter Programmstelle

Eine sprechende Fehlermeldung, wie etwa »Die neue Ableseeinheit ist nicht in Tabelle TE422 vorhanden«, hätte diese Fehlersuche erspart (vgl. Anmerkung im Abschnitt 4.3).

Die Methode »Breakpoint bei Anweisung« kann vielfältig verwendet werden, z. B.,

- um in Erfahrung zu bringen, welche Datenbanktabellen bei Ausführung einer Standard-Transaktion gelesen werden – hier eignet sich ein Breakpoint bei der Anweisung SELECT;
- um in Erfahrung zu bringen, ob in einer SAP-Standard-Transaktion ein User-Exit vorhanden ist – hier eignet sich ein Breakpoint bei der Anweisung »Call Customer-Function«;
- um in Erfahrung zu bringen, auf welche Datenbanktabelle das Programm schreibend zugreift – hier kann der Breakpoint bei der Anweisung »INSERT« oder »MODIFY« gesetzt werden.

3.4 Watchpoint

Ein *Watchpoint* ist ein Breakpoint, der an eine Bedingung geknüpft ist. Watchpoints werden verwendet, wenn z. B. in einer Loop-Schleife über eine interne Tabelle mit vielen Einträgen das Programmverhalten bei einem bestimmten Tabelleneintrag analysiert werden muss.

> **Wie kann ein Watchpoint sinnvoll eingesetzt werden?**
>
> Im Beispiel-Programm ZCU_FIRST_CUSTOMER_ABLEINH sollen 100 Anlagen mit den Nummern 0060000001 bis 0060000100 analysiert werden. Im Schleifendurchlauf entsteht ein Programmfehler für die Anlage 0060000090.

Der Breakpoint wird vor der Programmausführung auf den ABAP-Befehl `LOOP AT gt_output INTO gs_output` gesetzt. Das Programm hält an diesem Befehl mit der ersten Anlage 0060000001. Damit das Programm nicht an jedem einzelnen der nun folgenden 89 Schleifen-Durchläufe anhält, wählen Sie BREAKPOINTS • WATCHPOINT ANLEGEN und setzen einen Watchpoint auf die VARIABLE *GS_OUTPUT-ANLAGE* mit der BEDINGUNG »= '0060000090'« (siehe Abbildung 3.10).

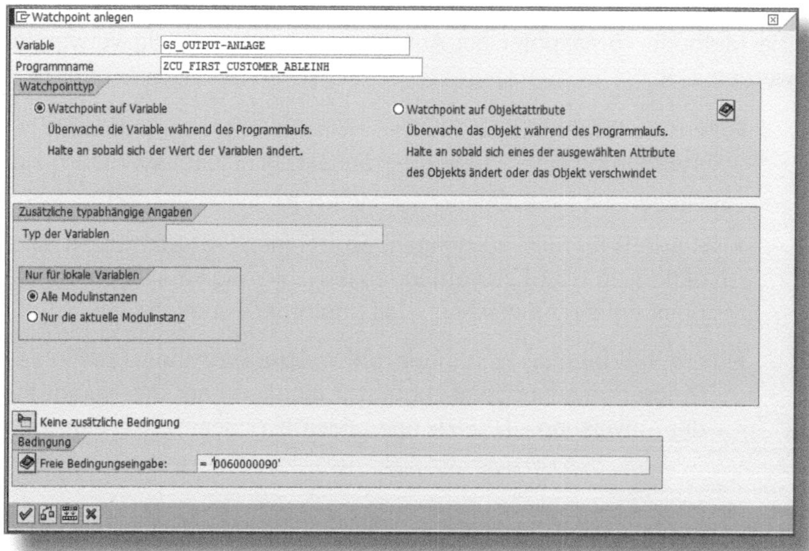

Abbildung 3.10: Watchpoint anlegen

Es erscheint in der Statuszeile die Meldung »Watchpoint wurde angelegt« (hier nicht gezeigt). Das Programm hält mit diesem Befehl an der Stelle, bei der die Variable *»gs_output-anlage«* den Wert »0060000090« annimmt. Der Schleifendurchlauf für diese Anlage kann nun analysiert werden.

Wird im Wertefeld zur »Freien Bedingungsangabe« des Watchpoints kein Wert angegeben, dann hält das Programm jedes Mal, wenn sich der Wert der Variablen ändert.

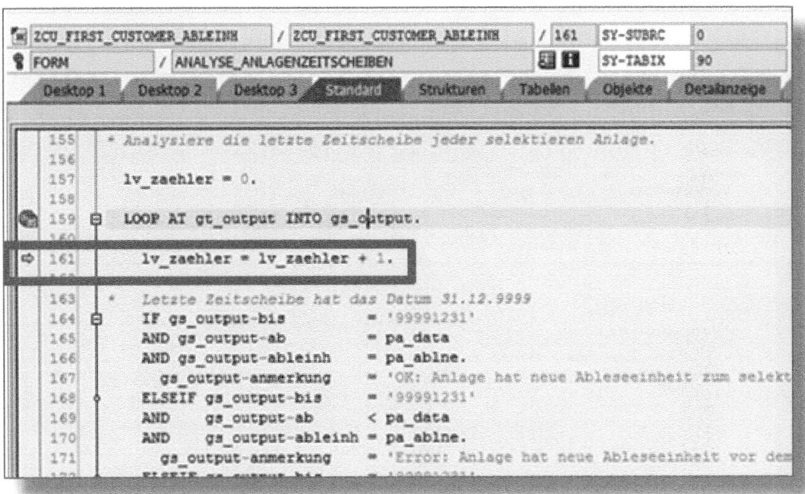

Abbildung 3.11: Haltepunkt eines Watchpoints

Im Gegensatz zum Breakpoint ist der Watchpoint direkt nach dem Programmende gelöscht. Ein Breakpoint wird im Regelfall erst nach zwei Stunden gelöscht.

3.5 Rückwärtsbewegung im Debugger

Bei der Analyse von Kundenentwicklungen ist es in einigen Fällen sinnvoll, eine *bedingte Verzweigung* unter verschiedenen Bedingungen zu testen. In diesem Fall wäre ein Rücksprung an die Verzweigungsstelle sinnvoll. Dann kann der abgefragte Wert (z. B. der sy-subrc) auf einen anderen gesetzt und somit ein anderer Programmverlauf getestet werden.

Hierfür eignet sich der *Rücksprung* im Debugger.

Abbildung 3.12 zeigt ein Beispiel. Das Programm steht im Debugger bereits in der Zeile 209. Dieser Programmzweig wird nur durchlaufen, wenn die Variable »gs_output-anmerkung« in den ersten 10 Zeichen dem Wort »Umstellung« entspricht.

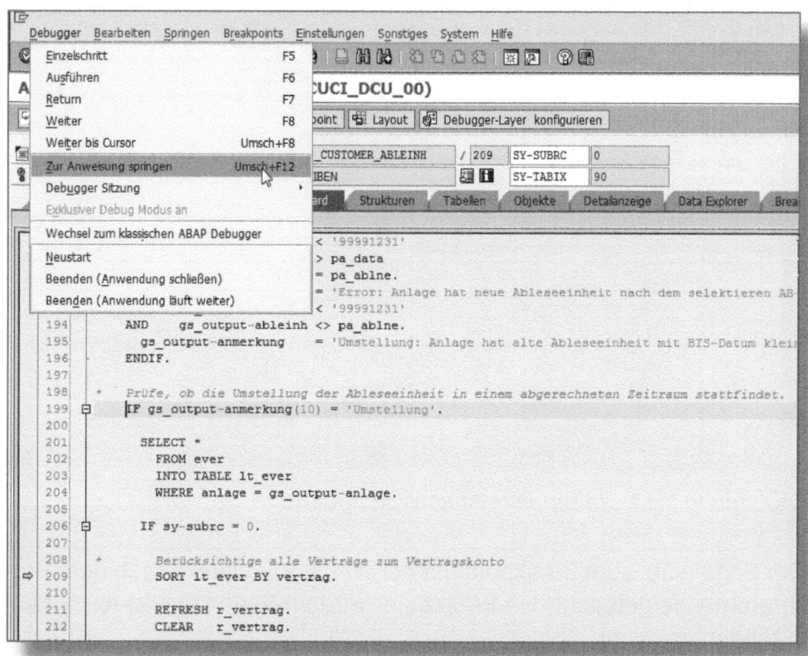

Abbildung 3.12: Im Debugger vor dem Rückwärtssprung

Nun wollen wir analysieren, wie sich das Programm verhält, wenn dort nicht das Wort »Umstellung« steht.

Dazu setzen wir den Cursor auf die Zeile 199 und verwenden das Pull-down-Menü DEBUGGER • ZUR ANWEISUNG SPRINGEN. Das Programm kehrt im Debugger zurück von der Zeile 209 auf die Zeile 199.

Der gelbe Pfeil vor der Zeile 199 zeigt den aktuellen Stand des Programmlaufs an (siehe Abbildung 3.13). Jetzt weisen wir mithilfe des Debuggers der Variablen »gs_output-anmerkung« einen anderen Inhalt zu. Das Programm läuft dann nach dem IF-Block weiter.

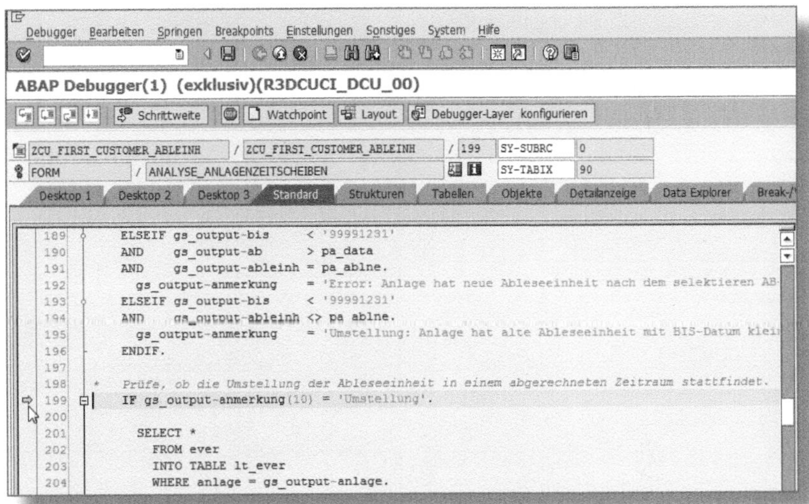

Abbildung 3.13: Debugger nach dem Rückwärtssprung

Rücksprünge im Debugger

Diese Rücksprünge sind nur innerhalb eines Verarbeitungsblocks möglich. Zeigt der Debugger in der Statuszeile die Fehlermeldung »Springen zu dieser Anweisung nicht möglich«, so sind zunächst die Verarbeitungsblöcke zu beenden, bis man sich in dem Verarbeitungsblock befindet, in den man springen will. Der Rücksprung über den Befehl zum Aufruf eines Verarbeitungsblocks (z. B. einer Form-Routine oder dem Aufruf eines Funktionsbausteins) ist möglich.

3.6 Programmverlauf im Debugger – Der ABAP-Stack

Der neue Debugger zeigt in einem Sub-Screen die im Programmverlauf aufgerufenen Verarbeitungsblöcke. Zur Erläuterung habe ich einen Versorgungsvertrag aufgerufen und einen Breakpoint bei der Anweisung »CALL CUSTOMER-FUNCTION« gesetzt. Der neue Debugger zeigt daraufhin oben rechts den sogenannten *ABAP-Stack* (siehe Abbildung 3.14).

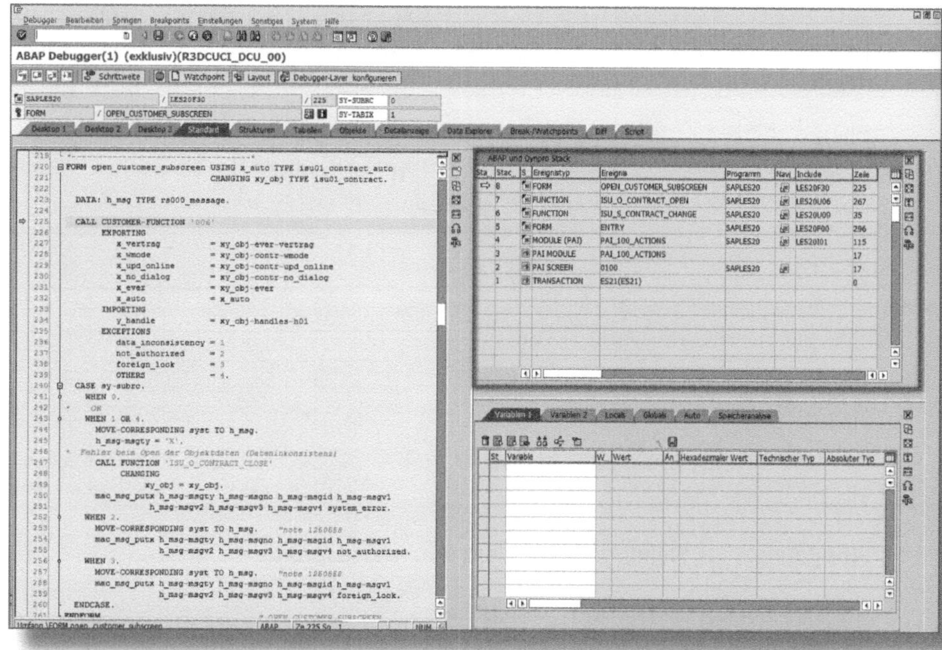

Abbildung 3.14: Der ABAP- und Dynpro-Stack

Dieser Stack zeigt alle Dynpros und Verarbeitungsblöcke, die bis zum aktuellen Programmverlauf durchgeführt wurden, in umgekehrter Reihenfolge.

Die Zeile mit dem gelben Pfeil zeigt den aktuellen Stand des Programmlaufs an. Durch einen Mausklick auf einen anderen Verarbeitungsblock springt der Debugger an die Stelle des vorgelagerten Verarbeitungsblocks, aus dem der nächste Verarbeitungsblock aufgerufen wurde.

Im folgenden Beispiel bin ich auf den Verarbeitungsblock »ISU_S_CONTRACT_CHANGE« gesprungen. Auf der linken Seite des Debuggers wird zur Aufrufstelle des folgenden Verarbeitungsblocks gesprungen. Es gilt jedoch die Ausnahme, dass dies nicht in einen Dynpro-Stack möglich ist (hier z. B. auf die Dynpro-Ablauflogik). Diese Verarbeitungsblöcke sind in der dritten Spalte mit dem Icon gekennzeichnet. In ein PAI-Modul selbst – das eine Art Subroutine darstellt – kann dennoch verzweigt werden. Die erreichbaren Verarbeitungsblöcke sind in der dritten Spalte mit dem Icon gekennzeichnet.

An dieser Stelle könnten für Analysezwecke z. B. Export-Parameter des aufgerufenen Funktionsbausteins geändert werden (da es sich nicht um Changing-Parameter handelt, können diese Parameter nicht in dem folgenden Verarbeitungsblock geändert werden).

So ist es z. B. möglich, die Variable »X_UPD_ONLINE = X« auf »space« zu setzen. In diesem Fall würden die geänderten Daten im Vertrag nicht gespeichert. Allerdings muss die Änderung einzelner Variablen sehr kontrolliert vorgenommen werden, da es sonst zu Inkonsistenzen im Programmverlauf und damit zum Programmabbruch (Dump) kommen kann.

Im ABAP-Stack werden die aufgerufenen Programme mit ihrem Namen und dem Namen des Includes angegeben. Beginnen die Programmnamen mit der Bezeichnung »SAPL...«, dann handelt es sich um Funktionsgruppen. Diese können in der Transaktion SE80 mit dem Objekttyp »Funktionsgruppe« und dem Namen, der hinter der Bezeichnung »SAPL« steht, aufgerufen werden. Für das in Abbildung 3.14 gezeigte Beispiel wird der Programmname »SAPLES20« genannt. In der Transaktion SE80 kann die betroffene Funktionsgruppe demnach mit dem Namen »ES20« aufgerufen werden, und zwar in der Spalte nach dem Programmnamen

Mithilfe des ABAP-Stacks können also alle vorgelagerten Verarbeitungsblöcke analysiert und ggf. Daten zu Analysezwecken geändert werden. Durch einen Klick auf das Icon in der (siebten) Spalte NAVI(GATION) kann der Entwickler direkt in den ABAP-Editor vom Quellcode des entsprechenden Verarbeitungsblocks springen und Änderungen vornehmen.

3.7 Lokale und globale Variablen

Rufen Sie den »STANDARD« des Debuggers auf, so wird Ihnen die vollständige rechte Bildschirmseite für die Anzeige von Variablen zur Verfügung gestellt (siehe Abbildung 3.15).

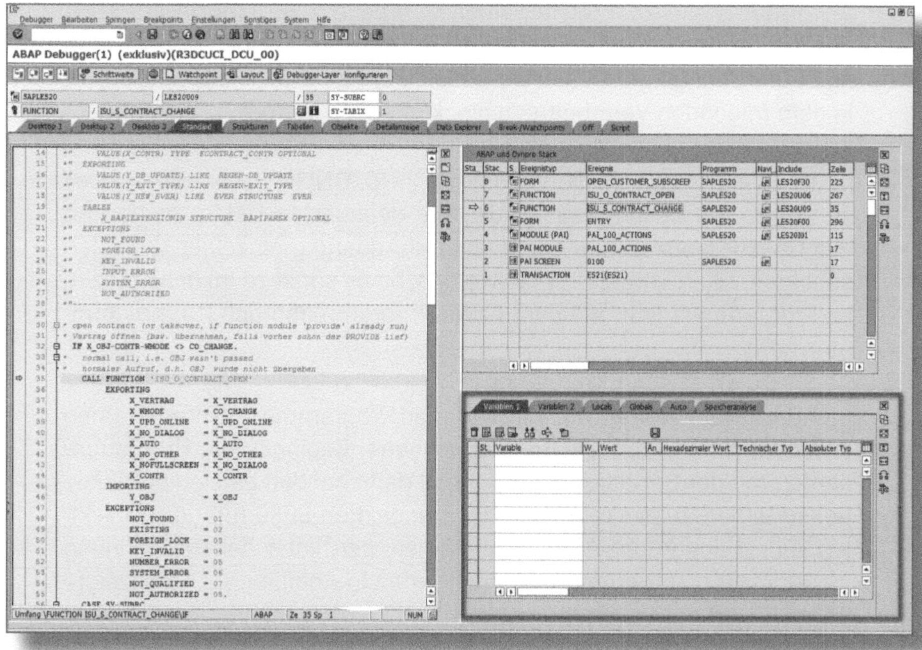

Abbildung 3.15: Standard-Ansicht des Debuggers

Abbildung 3.16 zeigt den rechten unteren Bereich des Standard-Bildschirms im Standard ABAP Debugger mit dem Variablen-Bereich.

Variablen 1
Variablen 2
Locals
Globals
Auto
Speicheranalyse
St..
Variable
W..
Wert
Än..
Hexadezimaler Wert
Technischer Typ
Absoluter Typ

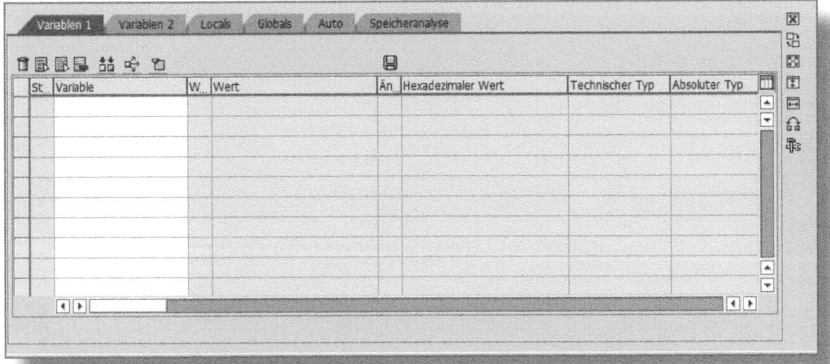

Abbildung 3.16: Lokale und globale Variablen im Debugger

In den Reitern VARIABLEN 1 und VARIABLEN 2 können frei wählbare Variablen und deren Werte aus dem aktuellen Verarbeitungsblock angezeigt werden (siehe Abbildung 3.17).

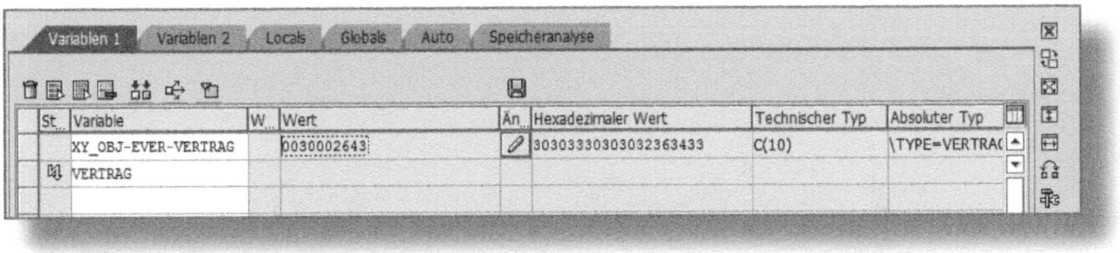

Variablen 1
Variablen 2
Locals
Globals
Auto
Speicheranalyse
St..
Variable
W..
Wert
Än..
Hexadezimaler Wert
Technischer Typ
Absoluter Typ
XY_OBJ-EVER-VERTRAG
0030002643
30303330303032363433
C(10)
\TYPE=VERTRA(
VERTRAG

Abbildung 3.17: Anzeige von Variablenwerten im Debugger

In diesem Beispiel wird die VARIABLE »XY_OBJ-EVER-VERTRAG« mit ihrem aktuellen WERT angezeigt. Das Icon vor der Variablen »VERTRAG« zeigt an, dass diese Variable in diesem Verarbeitungsblock nicht verfügbar ist.

In der dritten Spalte wird das Icon angezeigt, sofern in diesem Verarbeitungsblock die Variable änderbar ist. Dazu klicken Sie mit der Maus auf das Icon, und die Spalte mit dem Wert der Variablen wird eingabebereit (siehe Abbildung 3.18).

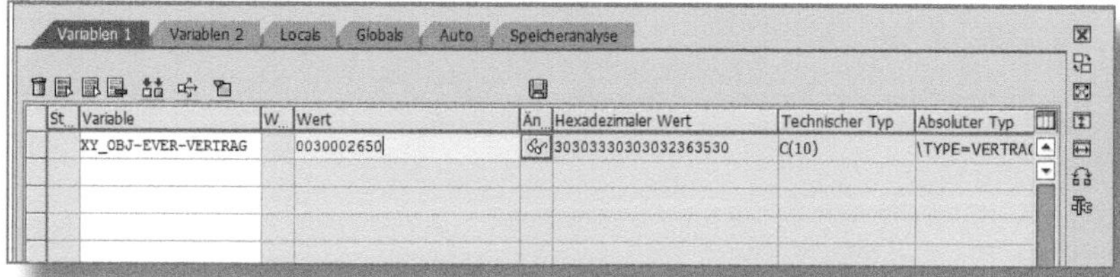

Abbildung 3.18: Ändern von Variablenwerten im Debugger

Es kann an dieser Stelle eine andere Anlagennummer eingegeben werden. Damit die Eingabe der neuen Anlagennummer gespeichert wird, muss die Änderung mit der `Enter`-Taste bestätigt werden.

Der dritte Reiter des Variablen-Bereichs zeigt die lokalen Variablen des aktuellen Verarbeitungsblocks (siehe Abbildung 3.19).

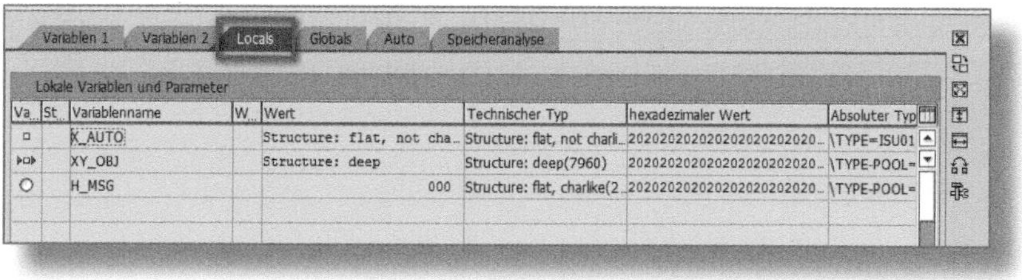

Variablen 1 | Variablen 2 | Locals | Globals | Auto | Speicheranalyse

Lokale Variablen und Parameter

Va..	St..	Variablenname	W..	Wert	Technischer Typ	hexadezimaler Wert	Absoluter Typ
		X_AUTO		Structure: flat, not cha…	Structure: flat, not charli…	2020202020202020202020…	\TYPE=ISU01
		XY_OBJ		Structure: deep	Structure: deep(7960)	2020202020202020202020…	\TYPE-POOL=
		H_MSG		000	Structure: flat, charlike(2…	2020202020202020202020…	\TYPE-POOL=

Abbildung 3.19: Variablenarten im Debugger

In der ersten Spalte wird anhand von Icons die Variablenart dargestellt:

- »X_AUTO« ist eine änderbare *Using-Variable,*
- »XY_OBJ« ist eine änderbare *Import-Variable,*
- »H_MSG« ist eine *lokale Variable.*

Die Werte von Struktur-Variablen können durch Doppelklick auf eine Variable geändert werden. Es wird sodann die vollständige Struktur angezeigt (siehe Abbildung 3.20).

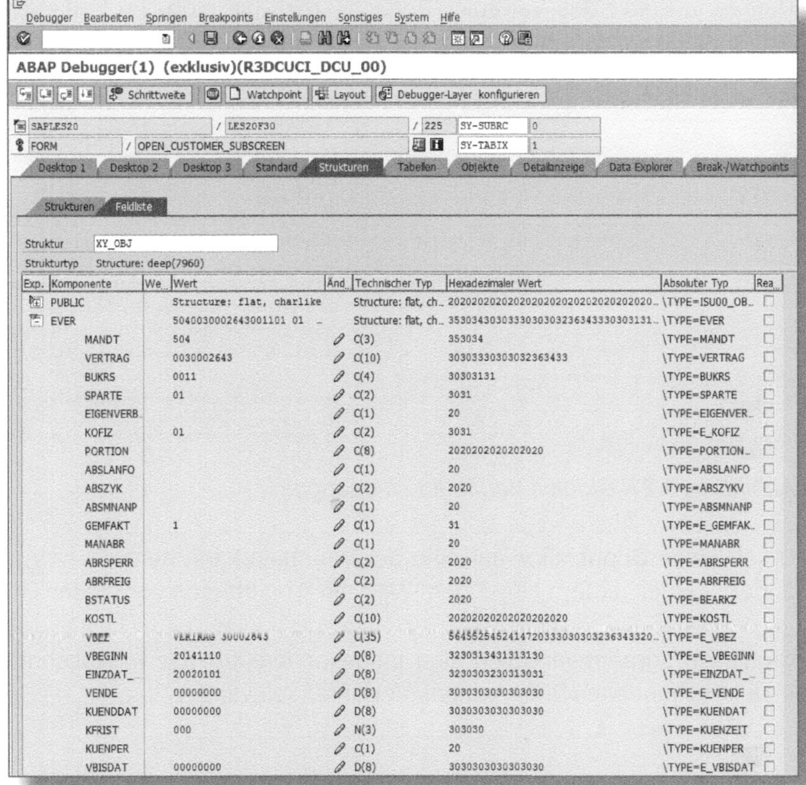

Abbildung 3.20: Ändern der Inhalte von Strukturfeldern im Debugger

Mit einem Klick auf das Icon ✎ hinter einem Variablen-Wert kann dieser Wert geändert werden. Die Änderung ist mit einem `Enter`-Befehl zu bestätigen.

☛ Änderbare Variablenwerte im Debugger

Variablen, die in einem Verarbeitungsblock nicht geändert werden können, haben kein Bleistift-Icon hinter dem Variablen-Wert.

Der vierte Reiter des Variablen-Bereichs zeigt die globalen Variablen des aktuellen Verarbeitungsblocks (siehe Abbildung 3.21). Diese sind in allen Verarbeitungsblöcken desselben Programms sichtbar.

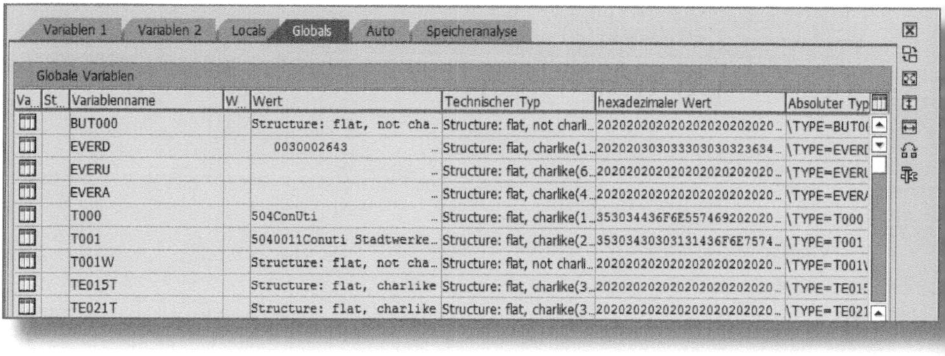

Variablen 1 | Variablen 2 | Locals | Globals | Auto | Speicheranalyse

Globale Variablen

Va...	St...	Variablenname	W...	Wert	Technischer Typ	hexadezimaler Wert	Absoluter Typ
		BUT000		Structure: flat, not cha...	Structure: flat, not charli...	2020202020202020202020...	\TYPE=BUT0(
		EVERD		0030002643 ...	Structure: flat, charlike(1...	2020203030333030323634...	\TYPE=EVERD
		EVERU		...	Structure: flat, charlike(6...	2020202020202020202020...	\TYPE=EVERU
		EVERA		...	Structure: flat, charlike(4...	2020202020202020202020...	\TYPE=EVERA
		T000		504ConUti ...	Structure: flat, charlike(1...	353034436F6E557469202020...	\TYPE=T000
		T001		5040011Conuti Stadtwerke...	Structure: flat, charlike(2...	35303430303131436F6E7574...	\TYPE=T001
		T001W		Structure: flat, not cha...	Structure: flat, not charli...	2020202020202020202020...	\TYPE=T001\
		TE015T		Structure: flat, charlike	Structure: flat, charlike(3...	2020202020202020202020...	\TYPE=TE01:
		TE021T		Structure: flat, charlike	Structure: flat, charlike(3...	2020202020202020202020...	\TYPE=TE021

Abbildung 3.21: Globale Variablen im Debugger

Durch einen Doppelklick auf eine der Variablen kann deren Wert geändert werden, sofern hinter dem Wert ein Bleistift-Icon vorhanden ist.

Globale Programmvariablen sind insbesondere für das in Abschnitt 4.15 beschriebene »Dirty-Assign«-Verfahren relevant.

3.8 Tabelleninhalte ändern

Der Standard Debugger bietet umfangreiche Hilfsmittel zur Änderung von Tabelleninhalten im Programmverlauf. Im Folgenden werden wir das bereits bekannte Programmbeispiel ZCU_FIRST_CUSTOMER_ABLEINH zur Umstellung von Ableseeinheiten verwenden. Um Tabellenmanipulationen zu erläutern, selektieren wir 100 Anlagen und setzen einen Breakpoint zu Beginn der Loop-Schleife. Mit einem Doppelklick auf die Tabelle »GT_OUTPUT« wird diese in den Variablen-Bereich unten rechts gestellt (siehe Abbildung 3.22).

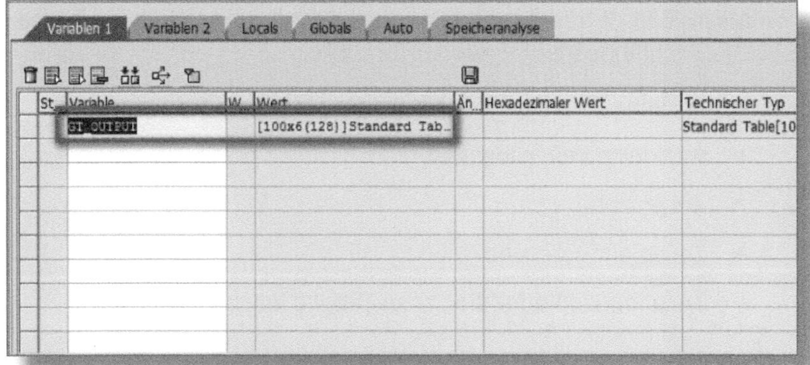

Abbildung 3.22: Anzeige von Tabellen im Debugger

Mit einem weiteren Doppelklick im Variablen-Bereich auf die Tabelle »GT_OUTPUT« wird die Tabellensicht im Debugger geöffnet, wie in Abbildung 3.23 zu sehen.

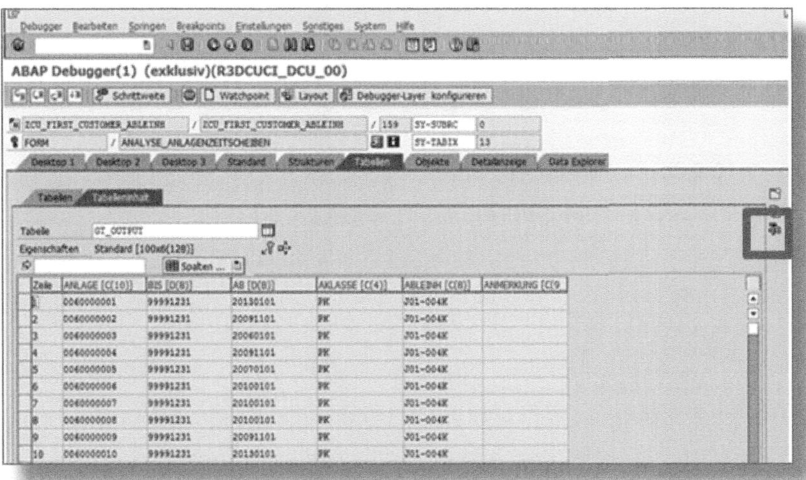

Abbildung 3.23: Werte von Tabellen im Debugger

Rechts im Bild ist das Icon zu sehen. Mit diesem Werkzeug können Tabelleninhalte bearbeitet werden, und zwar

- einzelne Zeilen ändern,
- markierte Zeilen löschen,
- Zeilen anhängen,
- Zeilen einfügen und
- Zeilenbereich oder die ganze Tabelle löschen.

Ein Mausklick auf das Werkzeug führt auf die in Abbildung 3.24 gezeigte Ansicht.

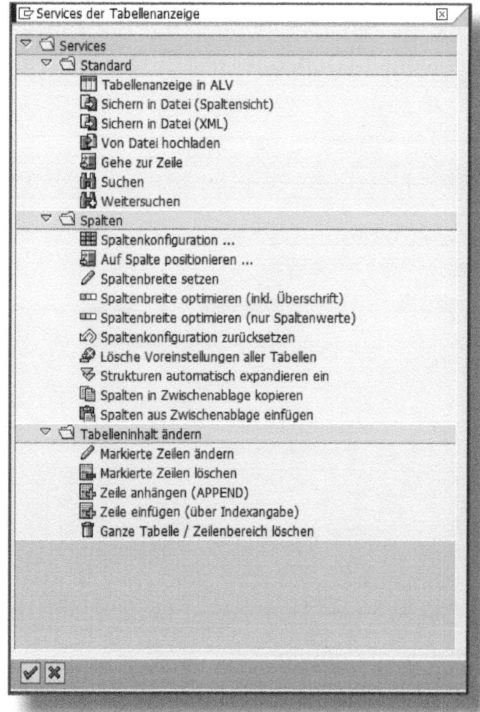

Abbildung 3.24: Werkzeuge zur Bearbeitung von Tabelleninhalten im Debugger

Nachdem Sie die aus meiner Sicht wesentlichen Tools im ABAP Debugger kennengelernt haben, gehe ich in nun auf einzelne spezielle Techniken des Debuggens ein.

3.8.1 Der Systemdebugger

Der *Systemdebugger* ermöglicht dem Entwickler, den Verlauf bestimmter SAP-Systemprogramme zu analysieren, die mit dem regulären Debugger nicht einzusehen sind. Das können z. B. Programme für den *Screen Painter* oder das Data Dictionary sein.

Im folgenden Beispiel verwende ich den Screen Painter für das kundeneigene Dynpro 0200 in der Funktionsgruppe XES20. Nachdem der Screen Painter zur Anzeige des Dynpros gestartet wurde, kann der Programmverlauf des Dynpros über DYNPRO • TESTEN analysiert werden (siehe Abbildung 3.25).

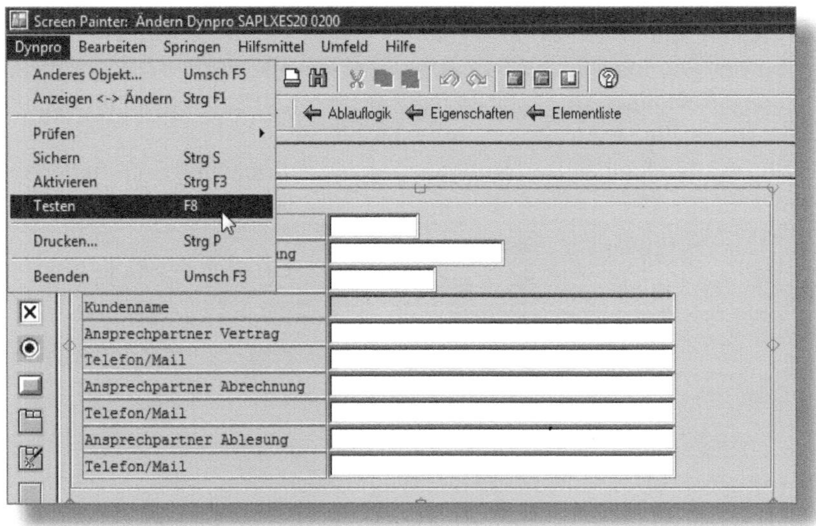

Abbildung 3.25: Dynpro-Test im Screen Painter

Durch das Kommando */h* und mit zweimaligem Bestätigen über die `Enter`-Taste wird der Debugger gestartet.

ABAP und Dynpro Stack

Sta..	Stac..	S..	Ereignistyp	Ereignis	Programm	Navi..	Include	Zeile
⇨	27		PAI SCREEN	0401	SAPLSCR0			24
	26		FUNCTION	RS_DYNPRO_TEST	SAPLSCR0		LSCR0U01	366
	25		FORM	SIMULATE	SAPLWBSCREEN		LWBSCREENF50	1.769
	24		FORM	TALK_TO_GRAF_SCREEN	SAPLWBSCREEN		LWBSCREENF70	481
	23		FORM	ENTER_GRAF_SCREEN	SAPLWBSCREEN		LWBSCREENF70	17
	22		MODULE (PBO)	D2110_PBO	SAPLWBSCREEN		LWBSCREENO00	229
	21		PBO MODULE	D2110_PBO				2
	20		PBO SCREEN	2110	SAPLWBSCREEN			2
	19		FUNCTION	WB_SCRP_PROCESS	SAPLWBSCREEN		LWBSCREENU02	182
	18		METHOD	PROCESS_DYNPRO	CL_WB_SCREEN_PAINTE..		CL_WB_SCREEN_PAINTE..	4
	17		METHOD	IF_WB_PROGRAM~PROC..	CL_WB_SCREEN_PAINTE..		CL_WB_SCREEN_PAINTE..	281
	16		METHOD	DO_THE_NAVIGATION	CL_WB_NAVIGATOR==..		CL_WB_NAVIGATOR==..	149
	15		METHOD	DO_THE_NAVIGATION	CL_WB_NAVIGATOR_VI..		CL_WB_NAVIGATOR_VI..	18
	14		METHOD	PROCESS_WB_REQUEST	CL_WB_MANAGER====..		CL_WB_MANAGER====..	139

Abbildung 3.26: ABAP-Stack in der Dynpro-Ablauflogik

Wie der ABAP-Stack in Abbildung 3.26 zeigt, wurden zuvor Verarbeitungsblöcke des Systemprogramms »SAPLWBSCREEN« aufgerufen. Ein Rückwärtssprung in dieses Programm ist mit dem Debugger nicht möglich. Bei einem Doppelklick auf das Programm SAPLWBSCREEN mit der Routine SIMULATE erscheint in der Statuszeile die Warnmeldung »Navigation im Stack ist beim Dynpro-Debuggen nicht möglich«.

Nun starten Sie den Systemdebugger, wie in Abbildung 3.27 zu sehen.

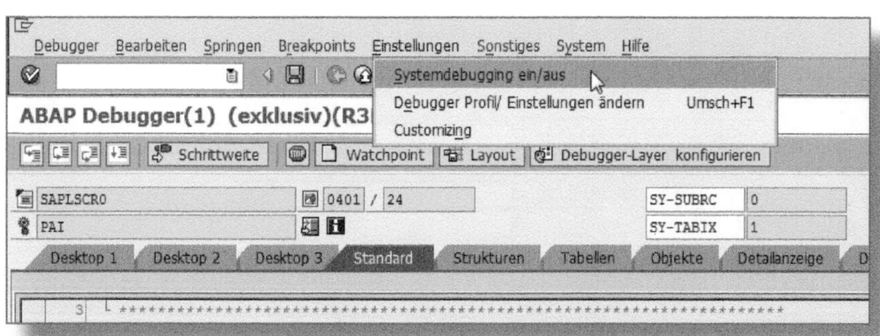

Abbildung 3.27: Start des Systemdebuggers

Daraufhin erscheint in der Status-Zeile die Erfolgsmeldung »Das Systemdebugging wurde eingeschaltet«. Jetzt beenden Sie durch das Icon

[⇣≣] bzw. die [F8]-Taste die aktuelle Debugger-Sitzung. Es erscheint wieder das Testbild des Dynpros. Ein erneutes Starten des Debuggers in der Kommando-Zeile mit anschließendem zweimaligen [Enter]-Befehl zeigt einen veränderten ABAP-Stack (siehe Abbildung 3.28).

ABAP und Dynpro Stack

Sta..	Stac..	S..	Ereignistyp	Ereignis	Programm	Navi	Include	Zeile
⇨	29		MODULE (PAI)	%_CTL_INPUT1	SAPMSSYD		SAPMSSYD	252
	28		PAI MODULE	%_CTL_INPUT1				0
	27		PAI SCREEN	0401	SAPLSCR0		CONTROL INPUT	0
	26		FUNCTION	RS_DYNPRO_TEST	SAPLSCR0		LSCR0U01	366
	25		FORM	SIMULATE	SAPLWBSCREEN		LWBSCREENF50	1.769
	24		FORM	TALK_TO_GRAF_SCREEN	SAPLWBSCREEN		LWBSCREENF70	481
	23		FORM	ENTER_GRAF_SCREEN	SAPLWBSCREEN		LWBSCREENF70	17
	22		MODULE (PBO)	D2110_PBO	SAPLWBSCREEN		LWBSCREENO00	229
	21		PBO MODULE	D2110_PBO				2
	20		PBO SCREEN	2110	SAPLWBSCREEN			2
	19		FUNCTION	WB_SCRP_PROCESS	SAPLWBSCREEN		LWBSCREENU02	182
	18		METHOD	PROCESS_DYNPRO	CL_WB_SCREEN_PAINTE..		CL_WB_SCREEN_PAINTE..	4
	17		METHOD	IF_WB_PROGRAM~PROC..	CL_WB_SCREEN_PAINTE..		CL_WB_SCREEN_PAINTE..	281
	16		METHOD	DO_THE_NAVIGATION	CL_WB_NAVIGATOR==..		CL_WB_NAVIGATOR==_	149

Abbildung 3.28: Systemprogramme im Systemdebugger

Der Debugger zeigt jetzt Systemprogramme (z. B. das Ereignis »%_CTL_INPUT1«). Auch eine Rückwärtsnavigation zur Routine SIMULATE des Programms »SAPLWBSCREEN« ist durch einen Doppelklick auf die entsprechende Zeile im ABAP-Stack möglich.

Der Systemdebugger wird wieder ausgeschaltet, indem Sie noch einmal EINSTELLUNGEN • SYSTEMDEBUGGING EIN/AUS wählen. In der Statuszeile erscheint die Erfolgsmeldung »Das Systemdebugging wurde ausgeschaltet«.

☞ Direkter Aufruf des Systemdebuggers

Der Systemdebugger kann direkt mit dem Befehl */hs* in der Kommandozeile aufgerufen werden.

3.8.2 Debuggen von Pop-up-Bildschirmen

Bei Pop-up-Bildschirmen ist ein Zugriff auf die Kommandozeile nicht möglich. Aus diesem Grund muss ein kleiner Trick angewendet werden, der das Debuggen direkt nach einer Eingabe auf einem Pop-up-Dynpro ermöglicht. Dazu ist etwas Vorarbeit erforderlich. Rufen Sie hierfür das SAP-Logon-Pad auf (siehe Abbildung 3.29).

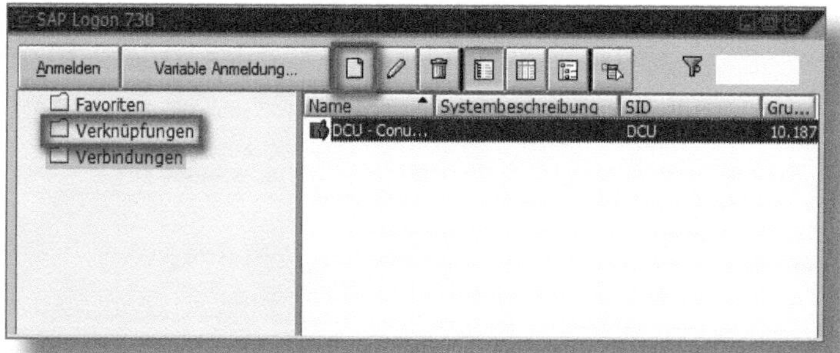

Abbildung 3.29: Das SAP-Logon-Pad

Jetzt gehen Sie im linken Bildschirmbereich auf den Menüpunkt VERKNÜPFUNGEN. Mit dem Icon wird eine neue Verknüpfung erstellt, wie Sie in Abbildung 3.30 sehen.

Geben Sie der Verknüpfung unter TITEL einen sprechenden Namen und verwenden Sie den Verknüpfungstyp »Systembefehl«. Als BEFEHL geben Sie das Debugging-Kommando */h* ein. Es folgen noch Einträge zum SAP-Mandaten und Usernamen. Diese Einstellungen werden mit dem Button OK gespeichert.

Nun rufen Sie im SAP-System wieder die entsprechende Stelle mit dem Pop-up-Menü auf – in diesem Beispiel ist es die Transaktion BUG3 zum Bearbeiten eines GESCHÄFTSPARTNERS. Es erscheint ein Pop-up-Bildschirm zur Auswahl eines Geschäftspartners (Abbildung 3.31).

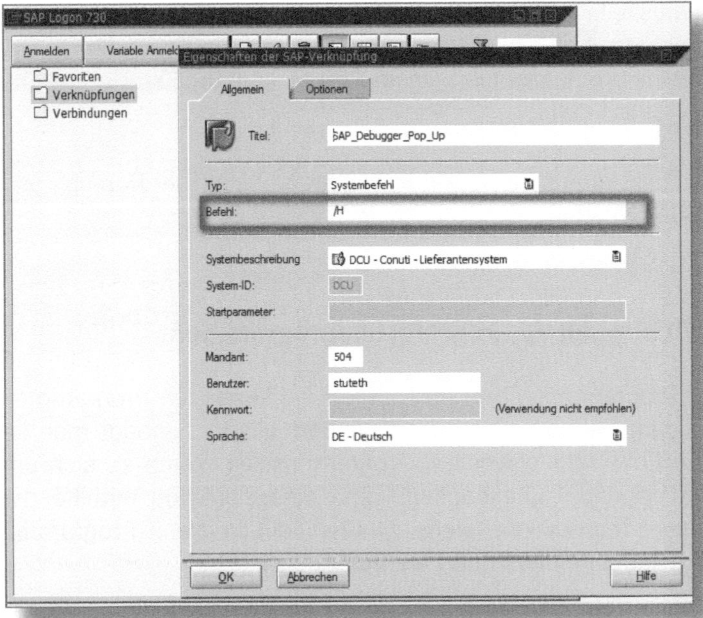

Abbildung 3.30: Systemkommando /h im SAP-Logon-Pad

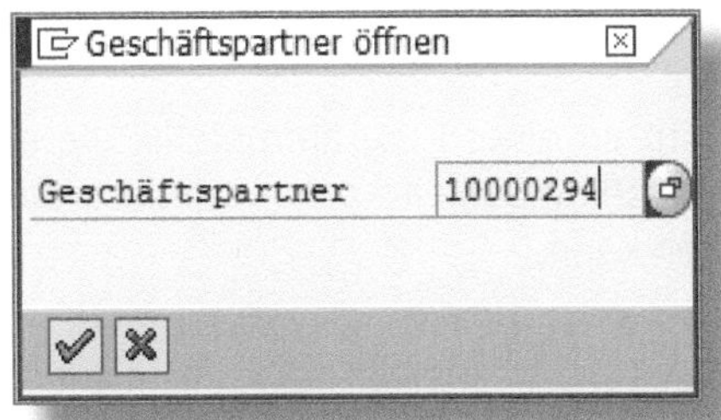

Abbildung 3.31: Auswahl des Geschäftspartners

Nach Eingabe einer Geschäftspartner-Nummer wird auf das Logon-Pad mit dem Menüpunkt VERKNÜPFUNGEN verzweigt. Durch einen Doppelklick auf die zuvor erstellte Verknüpfung mit dem Systembefehl */h* (in diesem Beispiel die Verknüpfung »SAP_Debugger_Pop_Up«) wird nun das Debugging zum aktuellen Bildschirm über den Menüpunkt GESCHÄFTSPARTNER eingeschaltet.

In der Statuszeile zur Auswahl des Geschäftspartners erscheint die Erfolgsmeldung Debugging wurde eingeschaltet. Wird nun die Auswahl des Geschäftspartners mit dem Icon im Pop-up bestätigt, startet der Debugger.

Diese Methode eignet sich für das Debuggen beliebiger Pop-ups und anderer Sub-Dynpros.

3.8.3 Debuggen von Hintergrundprogrammen

Auch der Programmlauf von im Hintergrund laufenden Programmen kann mit dem Debugger analysiert werden. Hierzu benötigt man lediglich die Entwicklung weniger Programmzeilen. Wenn es sich um SAP-Standardprogramme handelt, kann dieses Coding mithilfe der *Enhancement-Technologie* (siehe zweiter Teil) in diese Programme modifikationsfrei implementiert werden.

Im Folgenden verwenden wir das Beispiel-Programm ZCU_ABAP_HINTERGRUND_DEBUGGEN, das die Zeitscheiben selektierter Anlagen ausgibt. Dieses Programm wird im Hintergrund gestartet, um das Hintergrund-Debugging zu demonstrieren.

Zur Vorbereitung wird im Programm an einer Programmstelle, die in jedem Fall durchlaufen wird, eine Endlos-Schleife programmiert, die z. B. wie in Abbildung 3.32 aussehen kann.

```
* Endlosschleife für das Debuggen bei Programmen,
* die im Hintergrund laufen
gv_exit = space.

DO.
  IF gv_exit = 'X'.
    EXIT.
  ENDIF.
ENDDO.
```

Abbildung 3.32: Endlos-Schleife für das Debuggen im Hintergrund

Für den Programmstart im Hintergrund selektieren wir 100 Anlagen und starten den Programmlauf wie folgt (siehe Abbildung 3.33).

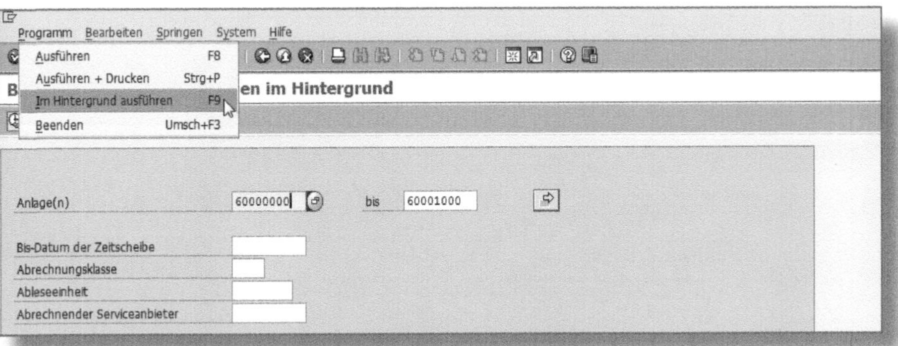

Abbildung 3.33: Programmstart im Hintergrund

Vor dem Start des Programms im Hintergrund erscheint ein Pop-up für die HINTERGRUND-DRUCKPARAMETER (siehe Abbildung 3.34).

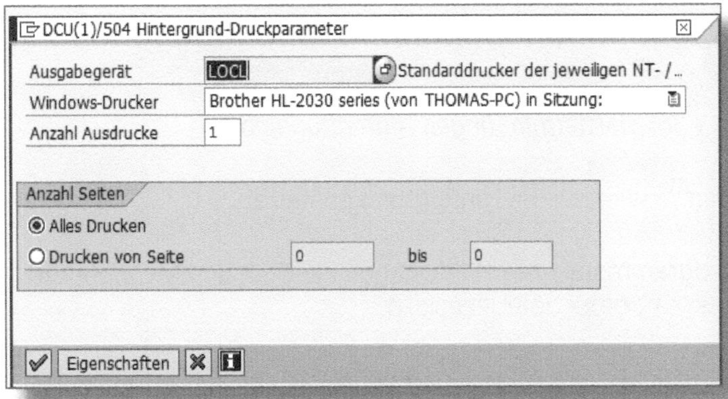

Abbildung 3.34: Druckparameter für den Programmstart im Hintergrund

Hier wählen wir den Drucker »LOCL« und bestätigen die Eingabe mit dem Icon ✔. Anschließend erscheint ein Pop-up zur Einplanung des Programmlaufs als Hintergrund-Job. In Abbildung 3.35 wählen wir als

Starttermin SOFORT über den gleichnamigen Button und bestätigen mit dem Icon (SICHERN).

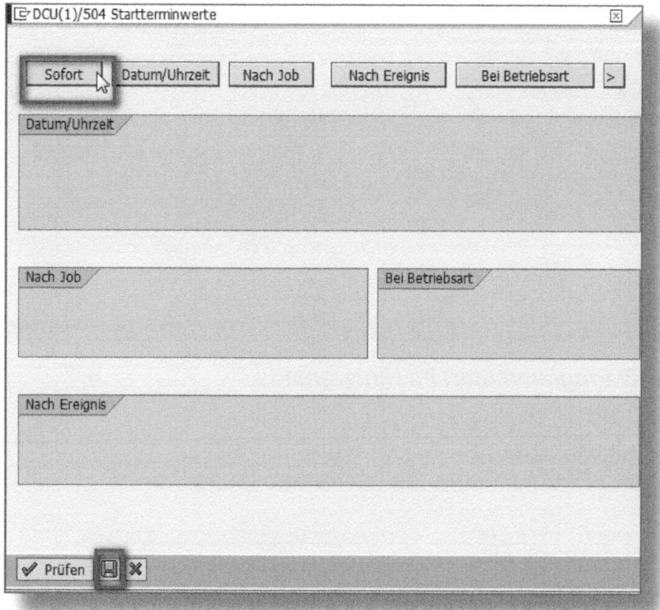

Abbildung 3.35: Starttermin für den Hintergrundjob

Das Programm wird nun im Hintergrund gestartet.

Um den Programmstart zu prüfen, gehen Sie über den Menüpfad SYSTEM • DIENSTE • JOBS • JOB-ÜBERSICHT.

Die Job-Übersicht zeigt folgendes Bild, wenn der Job erfolgreich gestartet wurde (siehe Abbildung 3.36).

Für den nächsten Schritt verwenden wir die Transaktion SM50 (Prozessübersicht). Die Prozessübersicht zeigt in diesem Beispiel in Zeile 16 den Batch-Lauf des soeben gestarteten Programms (siehe Abbildung 3.37).

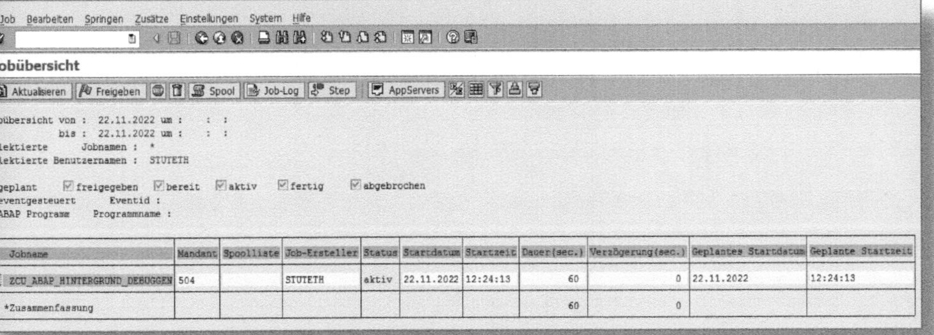

Abbildung 3.36: Aktiver Hintergrund-Job in der Endlosschleife

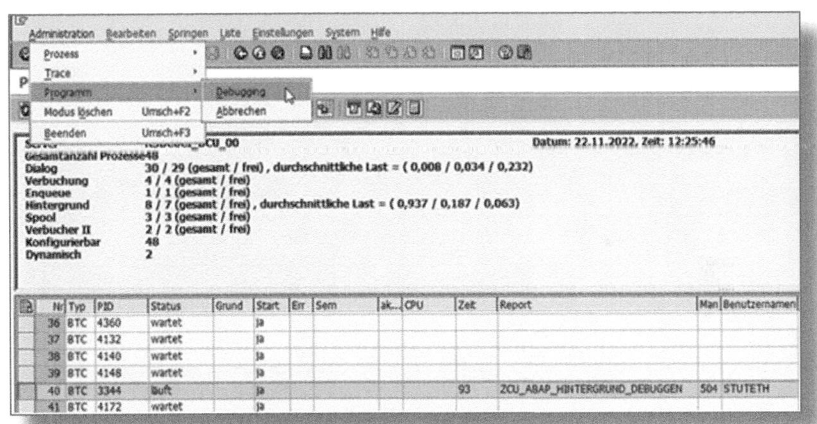

Abbildung 3.37: Prozessübersicht mit der Transaktion SM50

In dieser Prozessübersicht wird die entsprechende Zeile markiert und mit dem Pull-down-Menü ADMINISTRATION • PROGRAMM • DEBUGGING der Debugger für das im Hintergrund laufende Programm gestartet. Es erscheint eine Systemabfrage, ob das Programm wirklich im Debug-Modus aufgerufen werden soll, die mit dem Icon ✔ zu bestätigen ist. Erwartungsgemäß startet der ABAP Debugger und steht an einem Befehl (siehe gelben Pfeil an Zeile Nr. 57 in Abbildung 3.38) in der programmierten Endlos-Schleife.

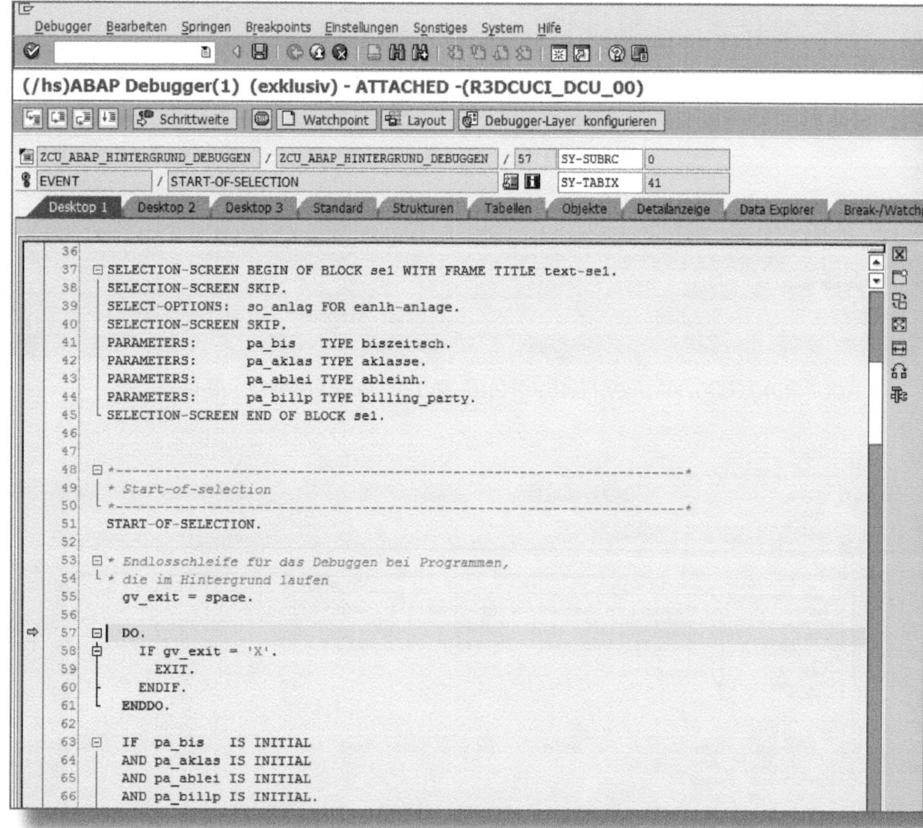

Abbildung 3.38: Debuggen des Hintergrund-Jobs in der Endlosschleife

Um mit dem Debuggen beginnen zu können, muss der Programmverlauf mit dem Einzelschritt bis an die Coding-Stelle `IF gv_exit = 'X'.` gebracht werden. Über einen Doppelklick auf die Variable »GV_EXIT« wird diese in das Sub-Dynpro des Debuggers zur Variablen-Ansicht gestellt (siehe Abbildung 3.39).

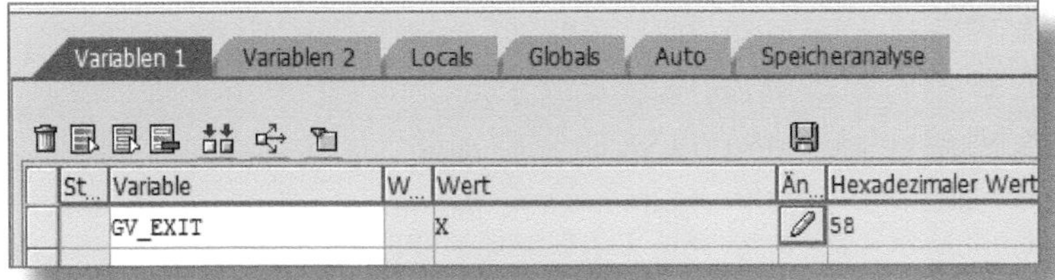

Abbildung 3.39: Beenden der Endlosschleife mit dem Debugger

Durch einen Mausklick auf das Icon in der Zeile der VARIABLEN »GV_EXIT« wird deren Wert auf den WERT »X« gesetzt.

Anschließend wird das Programm im Einzelschritt fortgeführt. Das Programm kommt dabei zum Exit-Befehl in der DO-Schleife und setzt das Programm hinter dem Befehl ENDDO fort. Jetzt kann der weitere Programmverlauf wie gewohnt mit dem Debugger analysiert werden.

3.8.4 Kommandobefehl =dbug

Einige SAP-Standardprogramme werden nach der Eingabe von Selektionswerten direkt im Hintergrund gestartet. Ein Debuggen wäre nach den bisherigen Erklärungen dann nur mit einem Enhancement in diesem Programm möglich.

Es gibt für SAP-Standard-Programme verschiedene – nur selten dokumentierte – Wege, das Debuggen von Hintergrundprogrammen zu ermöglichen. Einige Programme im Vertragskontokorrent, z. B. bei der Massensimulation von Verbrauchsabrechnungen, reagieren auf das Befehlszeilen-Kommando *=debug*. Das Programm startet dadurch nicht wie gewohnt im Hintergrund, sondern im Vordergrund.

Als Beispiel verwende ich die Transaktion EAMS01, die eine Massensimulation der Verbrauchsabrechnung, wie in Abbildung 3.40 dargestellt, ermöglicht.

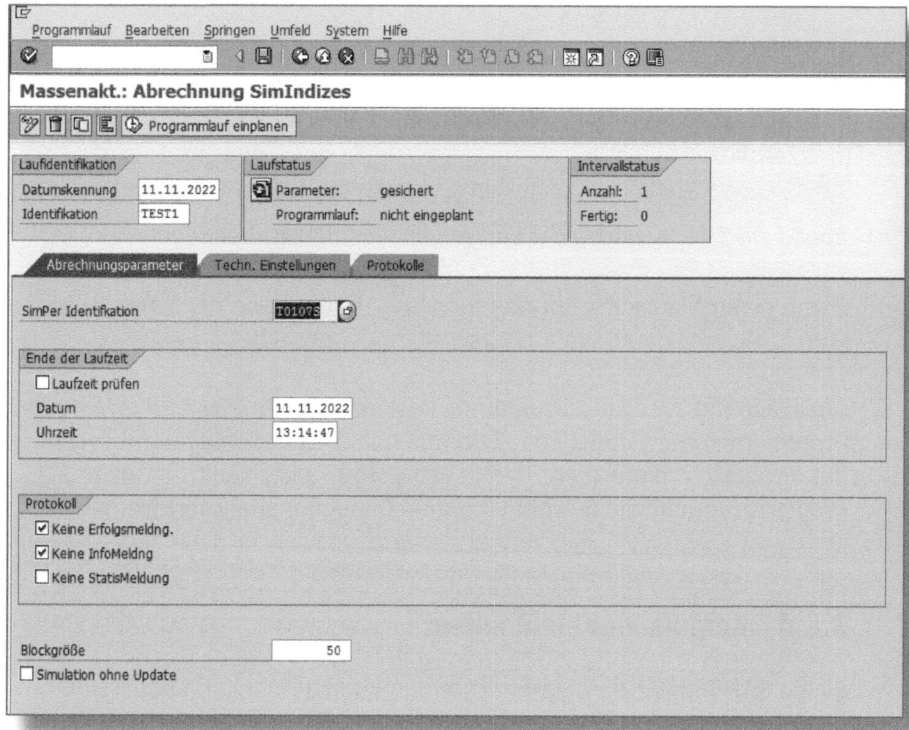

Abbildung 3.40: Start einer Abrechnungssimulation mit der Transaktion EAMS01

Nach Eingabe der Selektionswerte sichern wir die Parameter zum Programmlauf mit dem Icon und geben anschließend den Befehl *=dbug* in die Kommandozeile ein.

Daraufhin erscheint in einem Pop-up die Meldung »Aktivitätenlauf wird im Debugging-Modus gestartet«.

Wird nun der Programmlauf mit dem Button PROGRAMMLAUF EINPLANEN gestartet, erfolgt der direkte Aufruf des Debuggers wie in Abbildung 3.41.

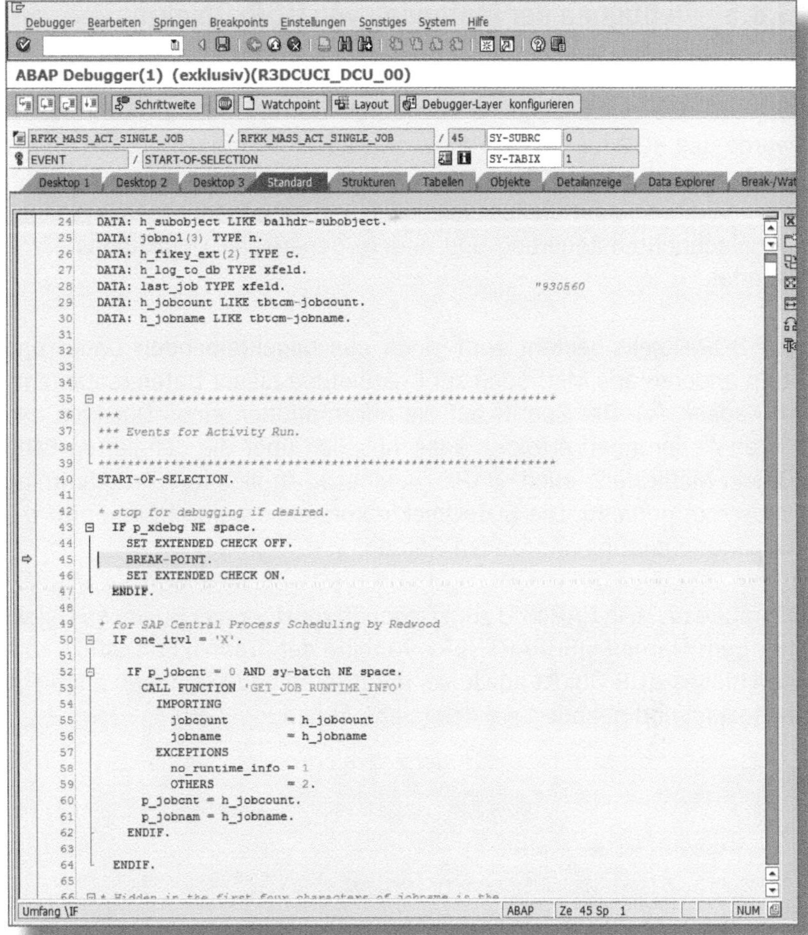

Abbildung 3.41: Debugger in einem SAP-Standardprogramm, das eigentlich nur im Hintergrund läuft

Der Programmverlauf kann jetzt wie gewohnt mit dem ABAP Debugger analysiert werden.

3.8.5 Debuggen der Methoden von BOR-Objekten

Die SAP stellte mit dem *Business Objekt Repository (BOR)* Business-Objekte und diesbezügliche Methoden zur Verfügung. Ursprünglich wurde das BOR für den Workflow entwickelt. Heute wird es neben der Speicherung von SAP-Business-Objekttypen und ihren BAPIs auch für die Funktionsschnittstelle zur Archivierung (sogenannter *Archive Link*), die Nachrichtensteuerung und andere generische Objektdienste verwendet.

Ein BOR-Objekt besteht zum einen aus beschreibenden Daten und zum anderen aus Methoden zur Bearbeitung dieser Daten (sogenannte *Kapselung*). Der Zugriff auf die Informationen eines Objektes und deren Änderungen erfolgen ausschließlich über die definierten BOR-Objekt-Methoden, auch *BAPI* (Business Application Programming Interface) genannt. Die BOR-Objekte können als eine frühe Form der Objektorientierung angesehen werden.

So gibt es z. B. in SAP IS-U zum Geschäftspartner das Business-Objekt mit dem Namen »ISUPARTNER«. Mithilfe der Transaktion SW01 können dieses BOR-Objekt sowie seine Attribute und Methoden angelegt, angezeigt und geändert werden (siehe Abbildung 3.42).

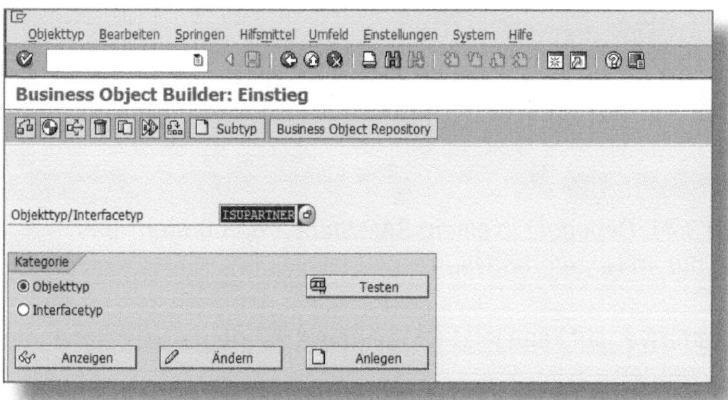

Abbildung 3.42: BOR-Objekte mit der Transaktion SW01

Mit dem Button ANZEIGEN werden die Komponenten eines BOR-Objektes aufgerufen (siehe Abbildung 3.43).

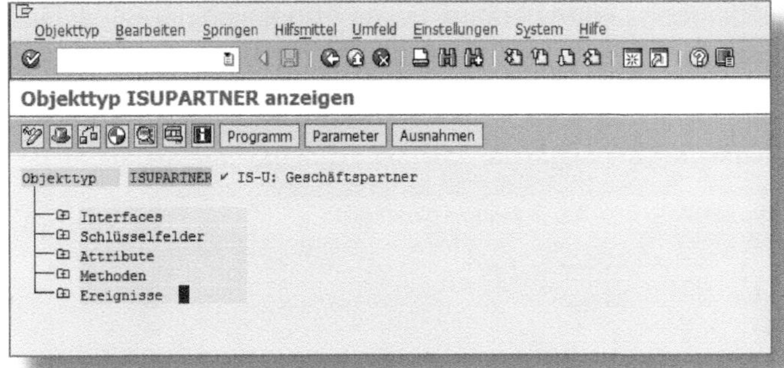

Abbildung 3.43: Übersicht eines BOR-Objektes

So können Sie sich z. B. durch einen Mausklick auf das Plus-Zeichen vor »Methoden« alle Methoden zu diesem BOR-Objekt »Geschäftspartner« anzeigen lassen (siehe Abbildung 3.44).

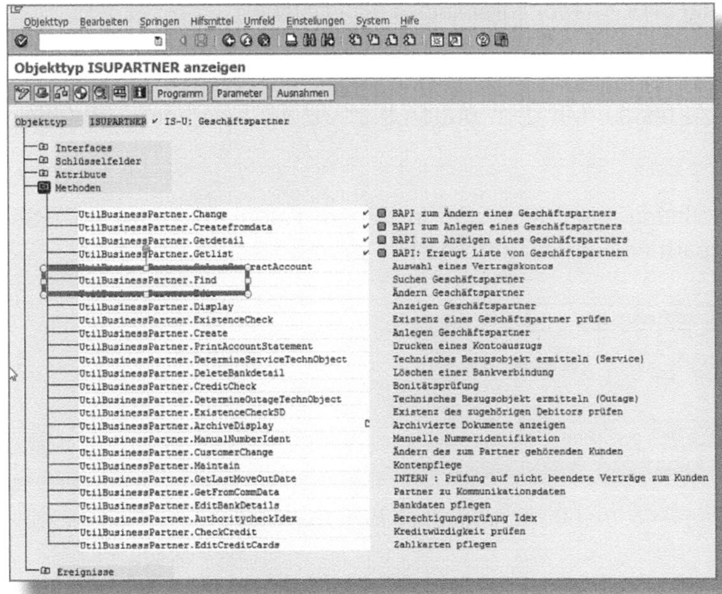

Abbildung 3.44: Methoden eines BOR-Objektes

Jeder ABAP-Entwickler wird des Öfteren mit den Tests solcher Methoden konfrontiert. Nehmen wir als Beispiel die Methode »UtilBusinessPartner.Find«. Der Cursor wird auf diese Methode gestellt und das Icon (TEST) aus der Icon-Leiste betätigt. Damit öffnet sich der Bildschirm für den Test von BOR-Methoden (siehe Abbildung 3.45).

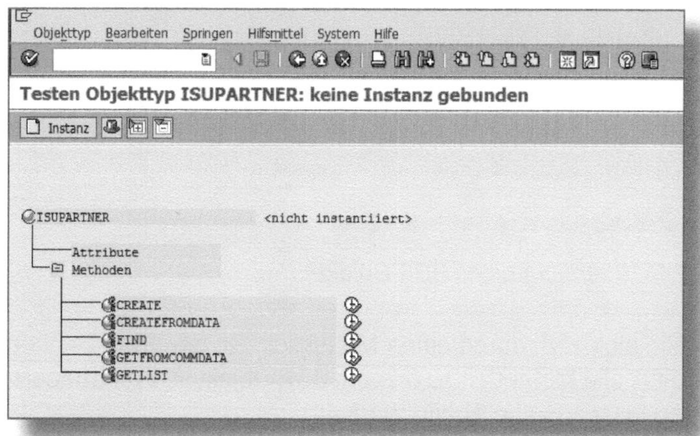

Abbildung 3.45: Methodentest eines BOR-Objektes

Als Erstes benötigen wir nun eine Objekt-Instanz, um die Methode »Find« zu testen. Mit dem Button INSTANZ wird also ein BOR-Objekt erzeugt.

Wie Abbildung 3.46 zeigt, wird in diesem Fall die Eingabe einer Geschäftspartner-Nummer gefordert.

Abbildung 3.46: Instanziierung eines BOR-Objektes

Die Auswahl des Geschäftspartners wird über das Icon bestätigt. Dadurch wird eine Geschäftspartner-Instanz für dieses BOR-Objekt erzeugt. Im nächsten Bildschirm (siehe Abbildung 3.47) stehen nun die verschiedenen Methoden zum Testen bereit.

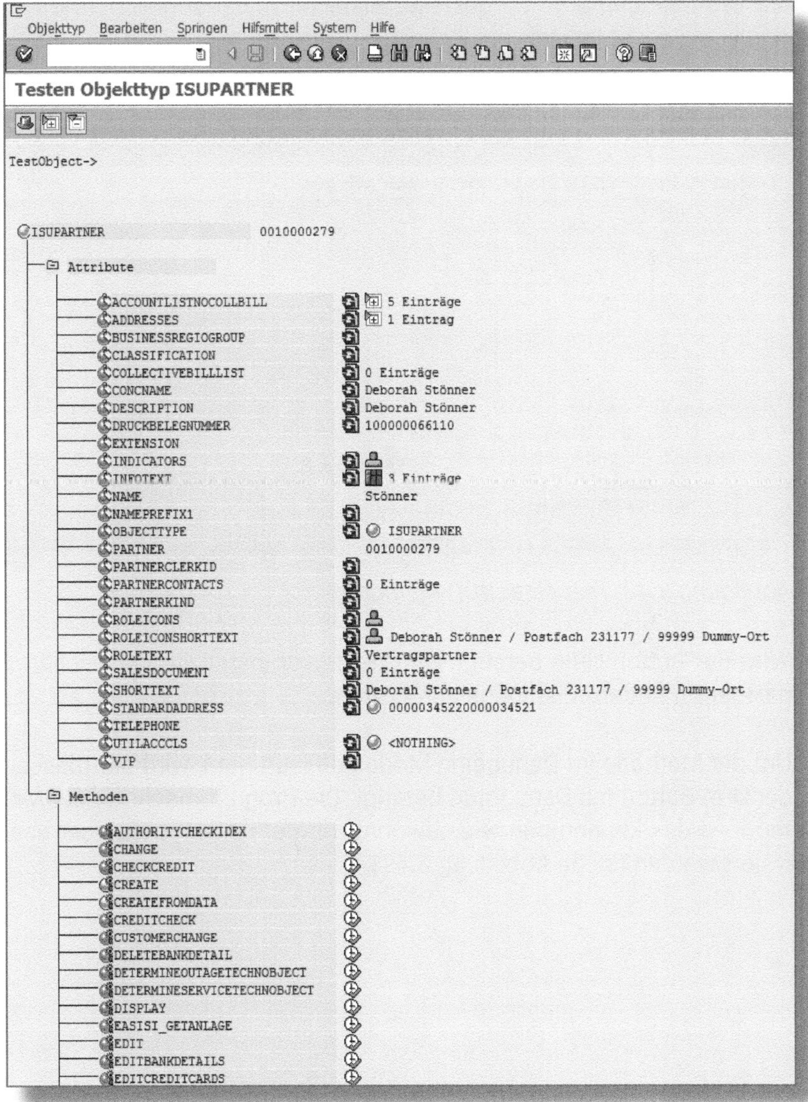

Abbildung 3.47: Testbare BOR-Methoden nach Instanziierung eines BOR-Objektes

Die Methode »EDIT« kann getestet werden, indem das Icon hinter dieser Methode mit einem Mausklick ausgewählt wird. Es erscheint der in Abbildung 3.48 dargestellte Bildschirm, der zugleich Test und Analyse dieser Methode ermöglicht.

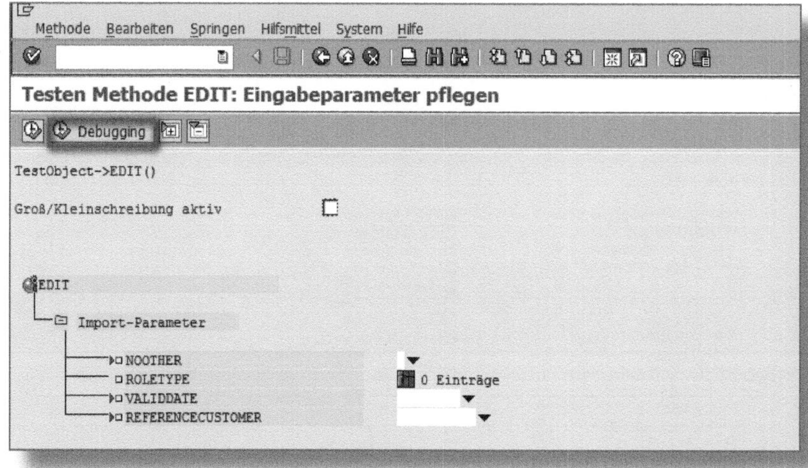

Abbildung 3.48: Test einer BOR-Methode

Wird der Button UHR- betätigt, wird der zuvor instanziierte Geschäftspartner im Änderungsmodus aufgerufen.

Um die Methode im Debugging-Modus auszuführen, wird stattdessen der UHR-Button mit DEBUGGING betätigt. Die Programmschritte der Methode »Edit« können nun wie gewohnt mit dem ABAP Debugger analysiert werden (siehe Abbildung 3.49).

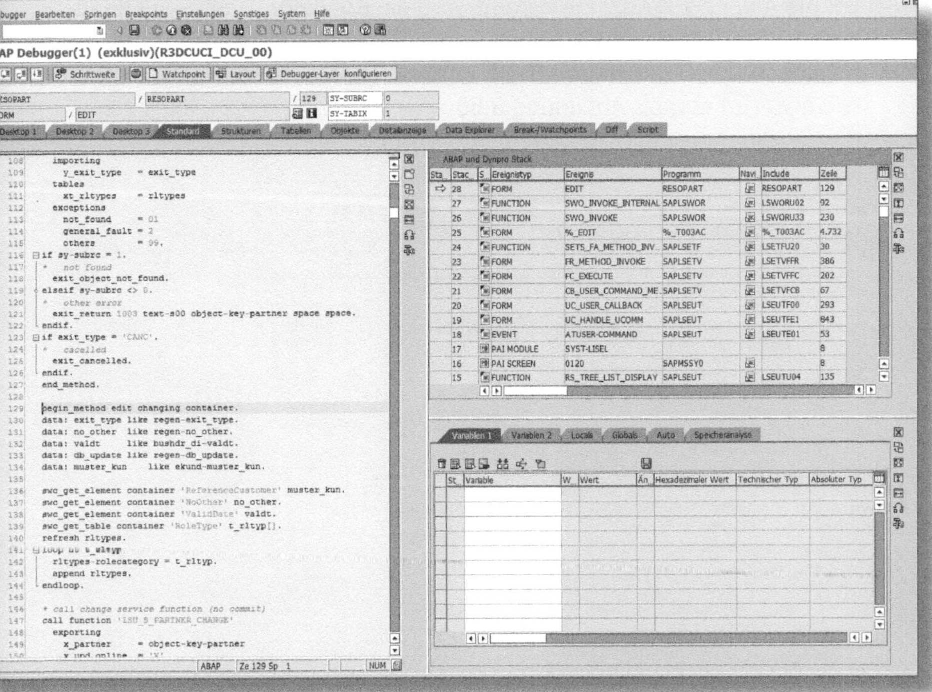

Abbildung 3.49: Starten des Debuggers für den Test einer BOR-Methode

3.8.6 Enhancements im Debugger

Besondere Vorsicht beim Debuggen ist geboten, wenn SAP-Standardprogramme mit Enhancements analysiert werden sollen. Als Beispiel soll uns ein Test-Enhancement am Ende des Funktionsbausteins ISU_O_INSTLN_OPEN dienen. Dieser Funktionsbaustein wird bei der Verwendung der Transaktion ES32 (Anlage anzeigen) durchlaufen. Bevor die Anlage zur Anzeige kommt, wird ein Breakpoint vor dem Enhancement im Funktionsbaustein ISU_O_INSTLN_OPEN gesetzt. Wird anschließend die Transaktion ES32 aufgerufen, so startet der Debugger wie erwartet gemäß Abbildung 3.50.

SAPLES30 / LES30U03 / 175 SY-SUBRC 0
FUNCTION / ISU_O_INSTLN_OPEN SY-TABIX 5
Desktop 1 | Desktop 2 | Desktop 3 | Standard | Strukturen | Tabellen | Objekte | Detailanzeige | Data Explorer

```
167   IF y_obj-contr-no_dialog = co_flag_unmarked AND
168      y_obj-contr-screenvar = co_screenvar_main.
169     y_obj-public-sub_dynnr = co_subscrdyn_main.
170   ENDIF.
171 * return authorized wmode
172   y_wmode = y_obj-contr-wmode.
173
174 * return table of timeslices
175   IF yt_timeslice IS REQUESTED.
176     CLEAR: yt_timeslice,  yt_timeslice[].
177     LOOP AT y_obj-eanlh INTO weanlh.
178       MOVE-CORRESPONDING weanlh TO yt_timeslice.
179       APPEND yt_timeslice.
180     ENDLOOP.
181   ENDIF.
182 * refresh of master data statistic
183   CALL FUNCTION 'ISU_MASTER_DATA_STATS_REFRESH'.
184 *     EXCEPTIONS
185 *          OTHERS  = 1.
186
187
188 ENDFUNCTION.
```

Abbildung 3.50: Anzeige eines Enhancements im Debugger

Achten Sie nun auf die erste Spalte, in der auch der Breakpoint gekennzeichnet ist. Am Ende dieser Spalte – vor der Zeile 188 – sehen Sie das Zeichen einer kleinen Schnecke: . Dieses weist darauf hin, dass vor dem Ende des Funktionsbausteins ein Enhancement eingebaut wurde.

Befindet sich der aktuelle Programmverlauf (gelber Pfeil in der ersten Spalte) genau auf dieser Schnecke (siehe Abbildung 3.51), gelangen Sie nur mit einem Einzelschritt (Icon ganz links) in das Coding des Enhancements (Abbildung 3.52).

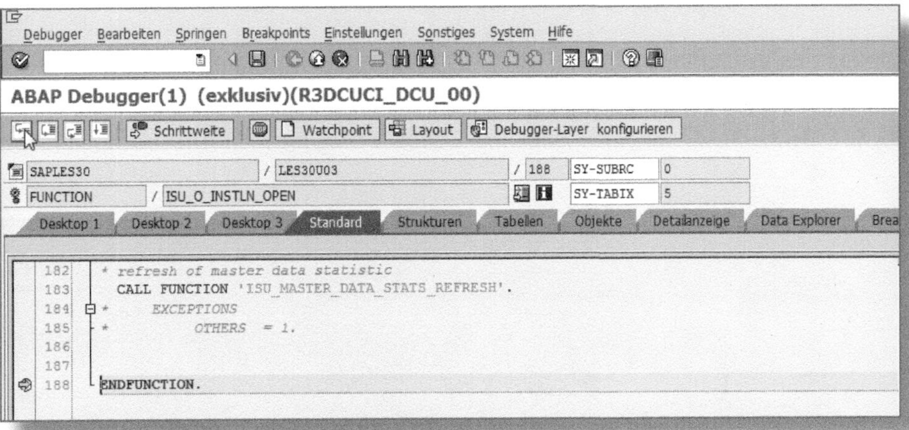

Abbildung 3.51: Der ABAP Debugger vor einem Enhancement

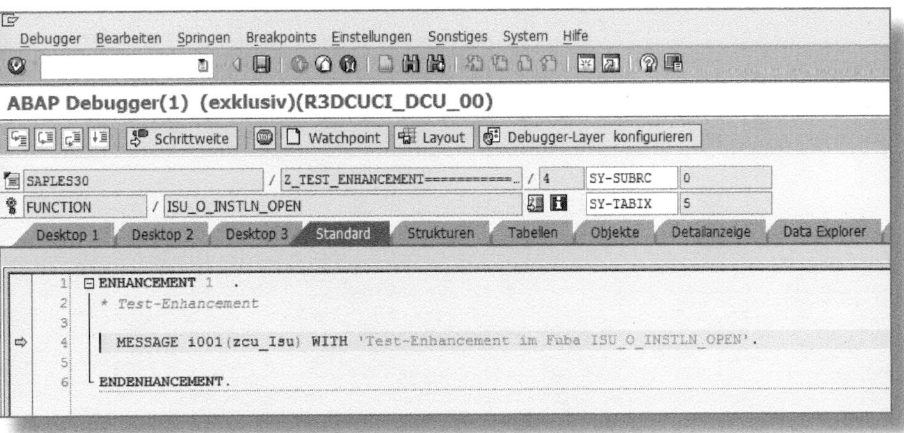

Abbildung 3.52: Der ABAP Debugger im Enhancement

Wie in Abbildung 3.51 erkennbar, muss man beim Vorhandensein von Enhancements im Coding sehr genau hinsehen, um die Enhancements zu finden. Das gilt insbesondere dann, wenn das Schnecken-Symbol durch das Symbol (»aktueller Stand im Programmverlauf«) verdeckt wird.

4 ABAP-Entwicklung

In diesem Kapitel werde ich Ihnen spezielle, immer wieder oder zumindest oft benötigte Verfahren und Methoden in der ABAP-Entwicklung vorstellen. Kenntnisse bzgl. der ABAP-Programmiersprache und der zu verwendenden Programmierlogik in der List- und Dialogverarbeitung werden vorausgesetzt.

In diesem Kapitel werden die bei einem Einsatz der HANA-DB erforderlichen Änderungen berücksichtigt, soweit es die hier vorgestellten Verfahren und Methoden erfordern.

Um sicherzustellen, dass Eigenentwicklungen auch unter der HANA-DB fehlerfrei laufen, empfehle ich Ihnen, vor jeder Produktivsetzung einer Eigenentwicklung eine HANA-Prüfung mit dem *ABAP Test Cockpit* (*ATC*) durchzuführen (siehe hierzu Abschnitt 4.22).

4.1 Dokumentation von Programmen

Kunden von IT-Dienstleistern zahlen mitunter eine beachtliche Summe für die Entwicklung von Programmen. Im Gegenzug hat der Entwickler die Aufgabe, das Programm in einer Form zu dokumentieren, die es dem unerfahrenen Anwender ermöglicht, zu verstehen, welche Eingaben ein Programm erfordert, welche Funktion(en) es besitzt und welche Ergebnisse ein Programmlauf erzeugt.

Ebenso hat der Entwickler die Pflicht, das Programm dergestalt zu entwickeln, dass es auch für andere Entwickler les- und wartbar ist. Zur Erläuterung nehmen wir das Beispiel des entwickelten Programms ZCU_FIRST_CUSTOMER_KONTOKLASSE.

Zur Dokumentation für den Anwender können folgende Hilfsmittel verwendet werden:

- Programmtitel,
- sinnvoller Aufbau des Selektionsbilds,

- verständliche Beschreibung der Eingabeparameter im Selektionsbild,
- Online-Programmdokumentation,
- hilfreiche Informationen in Fehlermeldungen.

Der **Programmtitel** wird im ABAP-Editor unter dem Reiter EIGENSCHAFTEN angelegt (siehe Abbildung 4.1).

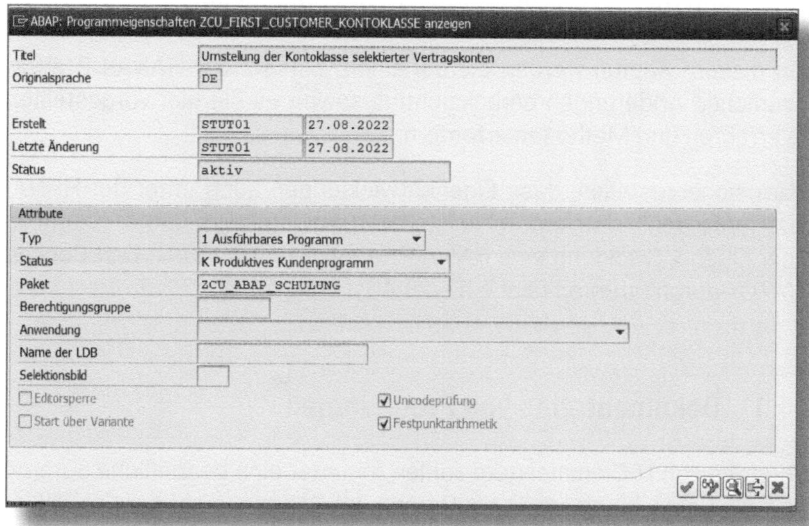

Abbildung 4.1: Programmtitel im ABAP-Editor

Abbildung 4.2 zeigt den Programmtitel im Selektionsbild des Programms.

Ein zweckmäßiger **Aufbau des Selektionsbildes** unterscheidet in sinnvoll getrennte Eingabebereiche mit Überschriften. Das Coding zum hier gezeigten Selektionsbild sehen Sie in Abbildung 4.3.

Programm Bearbeiten Springen System Hilfe

Umstellung der Kontoklasse selektierter Vertragskonten

Selektionswerte zur Umstellung der Kontoklasse von Vertragskonten

Vertragskonten bis
Geschäftspartner bis
Alte Kontoklasse(n) bis
Neue Kontoklasse 0007

Umstellungsvarianten

☐ Nur Vkonto mit aktiven Vertrag
☐ Auch VKonto mit Loeschvormerk.

Programmlaufvarianten

◉ Analyse-Programmlauf
○ Umstellungs-Programmlauf

Abbildung 4.2: Programmtitel im Selektionsbild

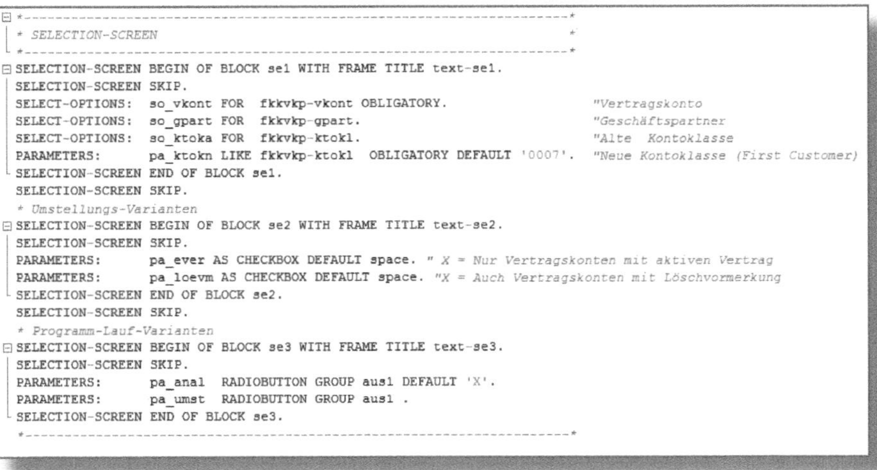

```
*-------------------------------------------------------------------*
* SELECTION-SCREEN                                                  *
*-------------------------------------------------------------------*
SELECTION-SCREEN BEGIN OF BLOCK se1 WITH FRAME TITLE text-se1.
SELECTION-SCREEN SKIP.
SELECT-OPTIONS:  so_vkont FOR  fkkvkp-vkont OBLIGATORY.              "Vertragskonto
SELECT-OPTIONS:  so_gpart FOR  fkkvkp-gpart.                         "Geschäftspartner
SELECT-OPTIONS:  so_ktoka FOR  fkkvkp-ktokl.                         "Alte  Kontoklasse
PARAMETERS:      pa_ktokn LIKE fkkvkp-ktokl  OBLIGATORY DEFAULT '0007'.  "Neue Kontoklasse (First Customer)
SELECTION-SCREEN END OF BLOCK se1.
SELECTION-SCREEN SKIP.
* Umstellungs-Varianten
SELECTION-SCREEN BEGIN OF BLOCK se2 WITH FRAME TITLE text-se2.
SELECTION-SCREEN SKIP.
PARAMETERS:      pa_ever AS CHECKBOX DEFAULT space. " X = Nur Vertragskonten mit aktiven Vertrag
PARAMETERS:      pa_loevm AS CHECKBOX DEFAULT space. "X = Auch Vertragskonten mit Löschvormerkung
SELECTION-SCREEN END OF BLOCK se2.
SELECTION-SCREEN SKIP.
* Programm-Lauf-Varianten
SELECTION-SCREEN BEGIN OF BLOCK se3 WITH FRAME TITLE text-se3.
SELECTION-SCREEN SKIP.
PARAMETERS:      pa_anal  RADIOBUTTON GROUP aus1 DEFAULT 'X'.
PARAMETERS:      pa_umst  RADIOBUTTON GROUP aus1 .
SELECTION-SCREEN END OF BLOCK se3.
*-------------------------------------------------------------------*
```

Abbildung 4.3: Coding zum Aufbau eines Selektionsbildes

Zum Eintragen der Texte für die **Eingabeparameter** (siehe Abbildung 4.4) folgen Sie im ABAP-Editor dem Menüpfad SPRINGEN • TEXTELEMENTE • SELEKTIONSTEXTE.

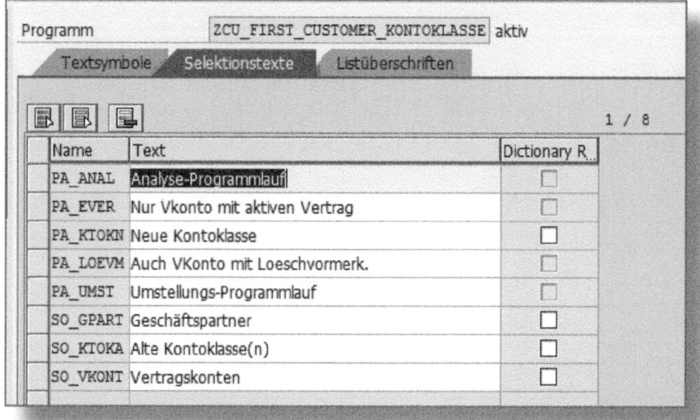

Programm ZCU_FIRST_CUSTOMER_KONTOKLASSE aktiv

Textsymbole | Selektionstexte | Listüberschriften

1 / 8

Name	Text	Dictionary R...
PA_ANAL	Analyse-Programmlauf	☐
PA_EVER	Nur Vkonto mit aktiven Vertrag	☐
PA_KTOKN	Neue Kontoklasse	☐
PA_LOEVM	Auch VKonto mit Loeschvormerk.	☐
PA_UMST	Umstellungs-Programmlauf	☐
SO_GPART	Geschäftspartner	☐
SO_KTOKA	Alte Kontoklasse(n)	☐
SO_VKONT	Vertragskonten	☐

Abbildung 4.4: Eingabe von Selektionstexten

Die Überschriften der Eingabebereiche im Selektionsbild werden über das Pull-down-Menü SPRINGEN • TEXTELEMENTE • TEXTSYMBOLE eingetragen (siehe Abbildung 4.5).

Programm ZCU_FIRST_CUSTOMER_KONTOKLASSE aktiv

Textsymbole | Selektionstexte | Listüberschriften

Nächste Freie Nummer 1 / 3

Sym	Text	Länge	Max.
SE1	Selektionswerte zur Umstellung der Kontoklasse von Vertragskonten	65	65
SE2	Umstellungsvarianten	20	20
SE3	Programmlaufvarianten	21	21
		0	

Abbildung 4.5: Eingabe von Textsymbolen

Die **Online-Programmdokumentation** wird im Änderungsmodus des ABAP-Editors über SPRINGEN • DOKUMENTATION erreicht. Es öffnet sich ein Editor, in dem sie abgelegt werden kann. Es haben sich folgende Minimalangaben in der Praxis bewährt:

- Programmaufgabe: kurze Beschreibung der Programmfunktion
- Eingabeparameter: Selektionsparameter, ggf. als Pflichtfelder gekennzeichnet
- Ausgabeparameter: alle ausgegebenen Werte des Programms
- Anmerkungen: Hinweise zur Verwendung des Programms, z. B. Voraussetzungen für einen korrekten Programmablauf, technische oder organisatorische Vorarbeiten, ggf. Angaben über lange Laufzeiten
- Angaben zur Entwicklung: Programmentwickler und Datum der Entwicklung

Bei IT-Dienstleistern wird in der Regel eine Beschreibung der erforderlichen Eingaben vorgegeben.

Die Online-Programmdokumentation kann sich der Anwender bei Bedarf im Selektionsbild durch Betätigung des Icons anzeigen lassen (siehe Abbildung 4.6).

! Programmdokumentation aktivieren

Der Entwickler muss darauf achten, dass die letzte Bearbeitung dieser Online-Dokumentation mit dem Icon aktiviert wird, andernfalls ist zwar die Dokumentation im ABAP-Editor sichtbar, aber der Anwender kann nicht darauf zugreifen, da das Icon auf dem Selektionsbild fehlt.

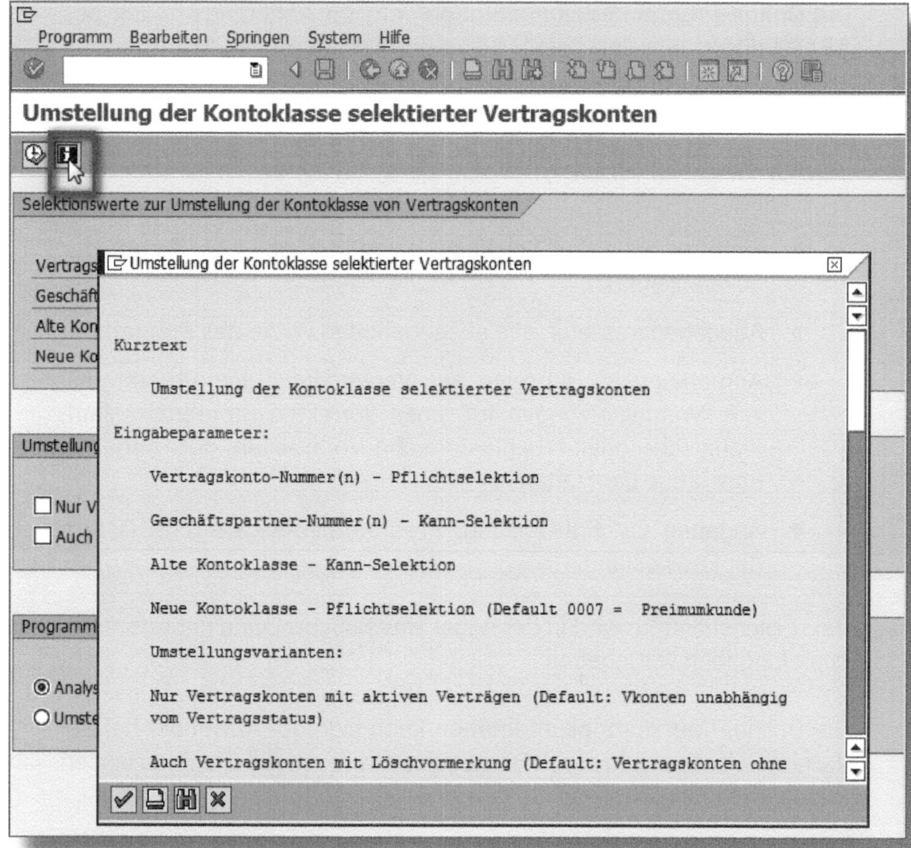

Abbildung 4.6: Die Online-Dokumentation im Selektionsbild

Für die spätere Wartung sollten in der Programmdokumentation folgende Mindestanforderungen erfüllt sein:

- Eine Funktions- und Ablaufbeschreibung im Kopf des Programms sowie Angaben zum Entwickler und zum Datum der Entwicklung, die Änderungshistorie mit dem Änderungsgrund, dem Änderer und dem Änderungsdatum sollten vorhanden sein.

- Lesbare Strukturierung der Programme: Einteilung der einzelnen Funktionen in Subroutinen oder Funktionsbausteine, Verwendung des *Pretty Printers*, mit dem im ABAP-Editor in Abhängigkeit vorgenommener Einstellungen z. B. die Schlüsselwörter (wie ABAP-Befehle) in Großbuchstaben, alle anderen Wörter (wie z. B. Variablennamen) in Kleinbuchstaben geschrieben werden.
- Inline-Dokumentation: Im Coding des Programms wird in Kommentarzeilen beschrieben, welche Funktion in den folgenden Schritten ausgeführt wird, warum ein Absprung in eine Subroutine oder einen Funktionsbaustein erfolgt; im Kopf von Form-Routinen werden die Funktion der Routine sowie die Eingabe- und Ausgabeparameter der Routine und deren Bedeutung etc. beschrieben.

4.2 Strukturierung und Lesbarkeit von Programmen

Kundenentwicklungen werden im Regelfall über einen längeren Zeitraum genutzt, was impliziert, dass diese Entwicklungen aller Voraussicht nach Änderungen unterliegen. Diese Änderungen oder Erweiterungen können bereits nach kurzer Zeit oder erst nach Monaten oder Jahren erfolgen. Der Entwickler selbst kann sich nach einem längeren Zeitraum nicht mehr an die Einzelheiten zur Entwicklung erinnern. Aus diesem Grund ist es wichtig, ein Programm strukturiert und lesbar zu gestalten.

Kundenentwicklungen können auf ganz einfache Art strukturiert werden. Das Hauptprogramm steuert eine Reihe von Unterprogrammen, Funktionsbausteinen oder Methoden, in denen die eigentliche Programmlogik enthalten ist.

Nehmen wir dazu das Beispiel aus Kapitel 1 zur Umstellung der Ableseeinheit von Anlagen. Das Programm muss folgende Schritte durchführen:

1. Prüfung der eingegebenen Selektionen,
2. Selektion von Anlagenzeitscheiben,

3. Analyse der Anlagenzeitscheiben,
4. beim Analyseprogrammlauf: Ausgabe der Analyse,
5. beim Updateprogrammlauf: Umstellung der Anlagenzeitscheiben auf Basis der Analyseergebnisse,
6. Ausgabe des Umstellungsergebnisses.

Diese klar strukturierte Vorgehensweise spiegelt sich im Hauptprogramm wider, wie Abbildung 4.7 zeigt.

```
*----------------------------------------------------------------------*
* START-OF-SELECTION                                                   *
*----------------------------------------------------------------------*
START-OF-SELECTION.

* Prüfe die Eingaben auf dem Selektionsbildschirm
  PERFORM pruefe_selektionen.

* Selektion der Anlagen
  PERFORM selektiere_anlagen.


* Ermittlung der Anlagen, die umzustellen sind.
  PERFORM analyse_anlagenzeitscheiben.

  IF pa_anal = 'X'.

*   Ausgabe des Analyseergebnisses
    PERFORM ausgabe_analyse.


  ELSEIF pa_umst = 'X'.

*   Umstellung der Ableseeinheit
    PERFORM umstellung_ableseeinheit.

*   Ausgabe des Umstellungs-Programmlauf
    PERFORM ausgabe_umstellung.


  ENDIF.

*&---------------------------------------------------------------------*
```

Abbildung 4.7: Eine lesbare Programmstruktur

Aussagekräftige Bezeichnung in Programmen

Die maximal 30 zur Verfügung stehenden Zeichen für die jeweiligen Namen von Form-Routinen, Funktionsbausteinen und Methoden sollten so genutzt werden, dass »sprechende Namen« entstehen. Kryptologie in der Bezeichnung von Subroutinen, Funktionsbausteinen und Methoden (behindert und) ergibt keinen Sinn.

Wie der Quellcode zum Selektionsbildschirm in Abbildung 4.8 zeigt, werden alle ABAP-Befehle in Großbuchstaben und Namen in Kleinbuchstaben ausgegeben.

```
*-------------------------------------------------------------------*
* SELECTION-SCREEN                                                  *
*-------------------------------------------------------------------*
SELECTION-SCREEN BEGIN OF BLOCK se1 WITH FRAME TITLE text-se1.
SELECTION-SCREEN SKIP.
SELECT-OPTIONS:  so_anlag FOR  eanlh-anlage   OBLIGATORY.
SELECT-OPTIONS:  so_ablal FOR  eanlh-ableinh.                          "Alte  Ableseeinheit
PARAMETERS:      pa_datb  TYPE dats            OBLIGATORY DEFAULT '20141231'. "Alte Ableseeinheit Gültig bis
PARAMETERS:      pa_ablne LIKE te422-termschl OBLIGATORY DEFAULT 'Z_TEST'.   "Neue Ableseeinheit
PARAMETERS:      pa_data  TYPE dats            OBLIGATORY DEFAULT  '20150101'."Neue Ableseeinheit Gültig ab
SELECTION-SCREEN SKIP.
PARAMETERS:      pa_anal  RADIOBUTTON GROUP aus1 DEFAULT 'X'.
PARAMETERS:      pa_umst  RADIOBUTTON GROUP aus1 .
SELECTION-SCREEN SKIP.
SELECTION-SCREEN END OF BLOCK se1.
*-------------------------------------------------------------------*
```

Abbildung 4.8: Quellcode, Selektionsbildschirm

Alle Befehle sind in der Form eingerückt, dass ein übersichtliches Gesamtbild entsteht.

Damit der Entwickler das Einrücken und die Groß-/Kleinschreibung nicht selbst übernehmen muss, gibt es den sogenannten »Pretty Printer« (deutsch: Schön-Schreiber).

Die erforderlichen Einstellungen für diese Funktion nimmt der Entwickler für sich einmalig je SAP-System unter HILFSMITTEL • EINSTELLUNGEN vor.

Benutzerspezifische Einstellungen zum »Pretty Printer« finden Sie unter ABAP EDITOR im Reiter PRETTY PRINTER (siehe Abbildung 4.9).

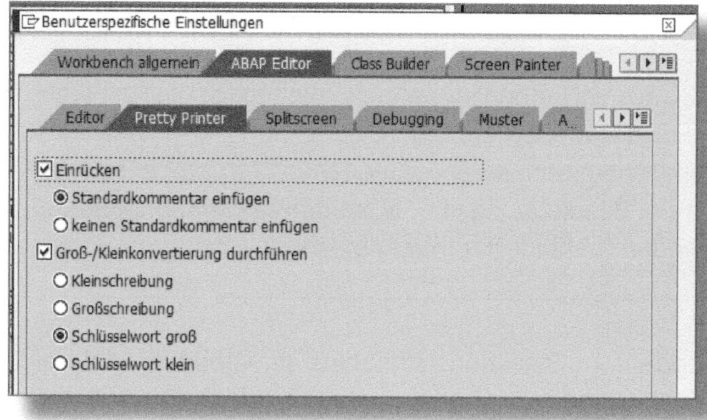

Abbildung 4.9: Einstellung des Pretty Printers

Stellen Sie sich vor, nach einer Änderung im Coding durch den Entwickler sieht das Hauptprogramm wie in Abbildung 4.10 aus.

```
*----------------------------------------------------------------*
* START-OF-SELECTION                                             *
*----------------------------------------------------------------*
START-OF-Selection.

* Prüfe die Eingaben auf dem Selektionsbildschirm
  PErFoRM       pruefe_selektionen.

* Selektion der Anlagen
      PerForm Selektiere_anlagen.


* Ermittlung der Anlagen, die umzustellen sind.
  perform ANALYSE_anlagenzeitscheiben.

          IF pa_anal = 'X'.

*   Ausgabe des Analyseergebnisses
    PERFORM ausgabe_analyse.


  ELSEIF pa_umst = 'X'.

*   Umstellung der Ableseeinheit
    PERFORM Umstellung_Ableseeinheit.

*   Ausgabe des Umstellungs-Programmlauf
    PERFORM Ausgabe_Umstellung.


          ENDIF.
```

Abbildung 4.10: Quellcode ohne Verwendung des Pretty Printers

Mit den in Abbildung 4.9 gezeigten Einstellungen des »Pretty Printers« genügt ein Mausklick auf den gleichnamigen Button im ABAP-Editor, um das Coding wieder in die im ersten Bild des Hauptprogramms (siehe Abbildung 4.7) dargestellte lesbare Struktur zu bringen.

! Programm nach Pretty-Print erneut aktivieren

Nach der Verwendung des »Pretty Printers« ist das Programm erneut mit dem Icon [icon] zu aktivieren.

4.3 Das Error-Handling in Programmen

Neben einer guten Programmdokumentation zählt das Error-Handling in kundeneigenen Entwicklungen zu einem zentralen Baustein der Bedienerfreundlichkeit. Nehmen Sie sich als Entwickler die Zeit, ein für die Anwender verständliches Error-Handling in Programmen einzubauen und berücksichtigen Sie die dafür benötigte Zeit in der Aufwandsschätzung zur Entwicklung.

Direkt nach der Entwicklung aller Funktionen eines Programms geht es an die Erarbeitung des Error-Handlings. Der Entwickler hat verschiedene Möglichkeiten, Fehler an den Anwender zu melden. Es ist zu unterscheiden zwischen verschiedenen Fehlerarten, wie z. B.

- Eingabefehlern,
- fehlendes Customizing,
- fehlerhafte Selektionen,
- Rückmeldung von Fehlermeldungen aus Funktionsbausteinen sowie
- Rückmeldung von Ausnahmen aus Methoden.

Zu einem gelungenen Error-Handling gehört, dass (vorausschauend) alle erdenklichen Fehler abgefangen und eine entsprechende Reaktion im Programm entwickelt wird.

Um dem Anwender einen Fehler im Programmverlauf mitzuteilen, gibt es zwei einfache Methoden:

1. über eine Message oder
2. über die Ausgabe des Fehlers nach Programmende.

Der *MESSAGE-Befehl* ist die einfachste Variante. Als Beispiel dient uns der in Listing 4.1 aufgeführte einfache Select-Befehl.

```
    SELECT *
      FROM eanlh
      INTO TABLE gt_output
      WHERE anlage        IN so_anlag
      AND   bis           = pa_bis
      AND   aklasse       = pa_aklas
      AND   ableinh       = pa_ablei
      AND   billing_party = pa_billp.

  IF sy-subrc <> 0.
    MESSAGE e000(zcu_isu).
  ENDIF.
```

Listing 4.1: Einsatz des MESSAGE-Befehls

In der Nachrichtenklasse ZCU_ISU steht unter der Fehlernummer 000 folgender Text: »Zu den Selektionskriterien wurden keine Daten gefunden«.

Der MESSAGE-Befehl setzt sich wie folgt zusammen:

```
MESSAGE  <Fehlertyp><Fehlernummer>
         (<Nachrichtenklasse>)
         WITH <Message_Variabel1>
              <Message_Variabel2>
              <Message_Variabel3>
              <Message_Variabel4>
        RAISING <Ausnahme>.
```

Die Option *RAISING* ist Funktionsbausteinen und Methoden vorbehalten, die als Parameter Ausnahmen besitzen, welche mit der RAISING-Option ausgelöst werden können. Das jeweils aufrufende Programm kann in Abhängigkeit von der »geworfenen« Ausnahme den weiteren Programmverlauf steuern.

Bei Ausgabe einer Fehlermeldung kann jede Variable max. 50 Zeichen beinhalten. Reichen die in Summe vorhandenen 200 Zeichen zur Fehlerbeschreibung nicht aus, so kann in der Nachrichtenklasse auch eine Fehlerdokumentation in Langform ausgegeben werden.

Wird im ABAP-Coding auf die Nummer einer Message ein Doppelklick ausgeführt, so wird dem Entwickler die Nachrichtenklasse mit den einzelnen Nachrichten angezeigt (siehe Abbildung 4.11).

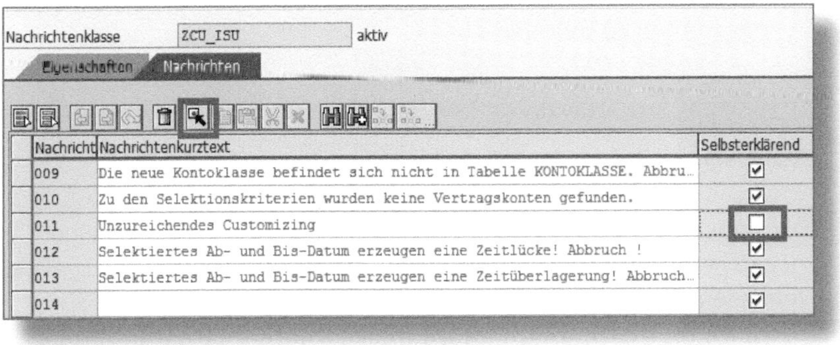

Nachrichtenklasse ZCU_ISU aktiv

Eigenschaften | Nachrichten

Nachricht	Nachrichtenkurztext	Selbsterklärend
009	Die neue Kontoklasse befindet sich nicht in Tabelle KONTOKLASSE. Abbru…	☑
010	Zu den Selektionskriterien wurden keine Vertragskonten gefunden.	☑
011	Unzureichendes Customizing	☐
012	Selektiertes Ab- und Bis-Datum erzeugen eine Zeitlücke! Abbruch !	☑
013	Selektiertes Ab- und Bis-Datum erzeugen eine Zeitüberlagerung! Abbruch…	☑
014		☑

Abbildung 4.11: Langtext für Message-Befehle

In der letzten Spalte ist für jede Meldung das Feld SELBSTERKLÄREND angekreuzt. Für Fehlermeldung 11 wird dieser Haken entfernt und der kurze Fehlerhinweis durch einen Langtext ergänzt.

Dazu wird im Bearbeitungsmodus der Nachrichtenklasse der Button LANGTEXT (siehe Pfeil) verwendet. Zur Eingabe des Langtextes öffnet sich nun ein Editor, in den eine detaillierte Fehlerbeschreibung und die Beschreibung von Maßnahmen zur Fehlerbehebung erfolgen (siehe Abbildung 4.12).

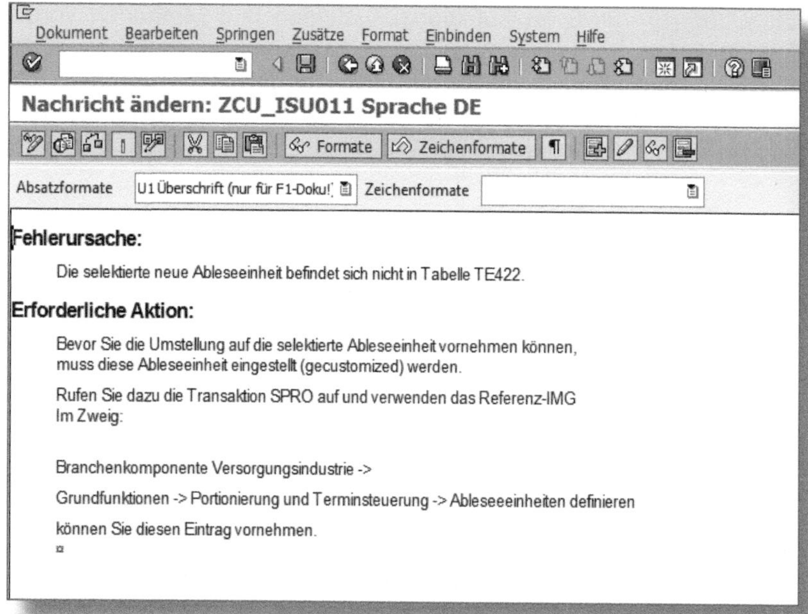

Abbildung 4.12: Erstellen des Langtextes einer Fehlermeldung

Der erfasste Text ist mit dem Icon zu sichern und über das Icon zu aktivieren. Anschließend kann der Editor mit dem Icon (ZURÜCK) verlassen werden.

Wird diese Message im Programm zum Zeitpunkt AT-SELECTION SCREEN ausgegeben, dann erscheint in der Statusleiste des Selektionsbildes die Fehlermeldung »Unzureichendes Customizing«. Mit einem Mausklick auf die Fehlermeldung erhält der Anwender den erfassten Meldungs-Langtext.

Der *Fehlertyp* entscheidet über den weiteren Verlauf im Programm. ABAP kennt die folgenden Fehlertypen, die im Regelfall in Programmen folgende Reaktionen hervorrufen:

- A = Abbruchmeldung, Pop-up mit Fehlermeldung. Nach Schließen dieses Screens Abbruch des Programms.

- E = Fehlermeldung, Ausgabe der Fehlermeldung in Status-Zeile.
- I = Informationsmeldung, Pop-up mit Fehlermeldung. Nach Schließen dieses Screens und MESSAGE-Befehl Fortsetzung des Programms.
- S = Statusmeldung, Ausgabe einer grünen Fehlermeldung in Statuszeile. Nach Bestätigung der Meldung und MESSAGE-Befehl Fortsetzung des Programms mittels `Enter`-Taste.
- W = Warnmeldung, Ausgabe einer gelben Fehlermeldung in der Statuszeile. Nach Bestätigung der Meldung und MESSAGE-Befehl Fortsetzung des Programms mittels `Enter`-Taste.
- X = Exit-Meldung, führt i. d. R. zu einem Programmabbruch (Dump) und sollte daher nicht verwendet werden.

Jeder Fehlertyp reagiert in unterschiedlichen Entwicklungsobjekten und Laufvarianten eines Programms (Batch oder Dialog) anders. Entsprechendes gilt für Message-Nachrichten. Sie unterscheiden verschiedene aufrufende Entwicklungen:

- Listenverarbeitung
- Dialogverarbeitung
- Control-Verarbeitung
- Batch-Input
- Hintergrundverarbeitung
- Verbuchung
- Konvertierungsroutinen
- Prozeduren
- RFC-Verarbeitung
- HTTP-Server

Zu den unterschiedlichen Reaktionen in den verschiedenen Entwicklungsobjekten gibt es ausreichende Erläuterungen in der `F1`-Hilfe zum Message-Befehl.

Wird eine Message ausgegeben, dann erhalten die folgenden ABAP-Systemparameter (Struktur SYST) die in der Message angegebenen Werte:

- SY-MSGID = <Nachrichtenklasse>
  vom Datentyp CHAR20
- SY-MSGTY = <Fehlertyp>
  vom Datentyp CHAR 1
- SY-MSGNO = <Fehlernummer>
  vom Datentyp NUM 3
- SY_MSGV1 = <Message_Variabel 1>
  vom Datentyp CHAR50
- SY-MSGV2 = <Message_Variabel 2>
  vom Datentyp CHAR50
- SY-MSGV3 = <Message_Variabel 3>
  vom Datentyp CHAR50
- SY-MSGV4 = <Message_Variabel 4>
  vom Datentyp CHAR 50

Wird die Fehlermeldung in einem Funktionsbaustein oder einer Methode mit der Raising-Option ausgegeben, so können diese Werte der Struktur SYST im aufrufenden Programm ausgelesen und ein entsprechendes Error-Handling kann entwickelt werden.

Bei den Rückgabewerten von Funktionsbausteinen ist darauf zu achten, dass im aufrufenden Programm die zurückgegebene Exception in Form des SY-SUBRC berücksichtigt wird, um im Fehlerfall einen Programmabbruch zu vermeiden.

Für das Beispiel in Listing 4.2 verwende ich den Funktionsbaustein »LAST_DAY_OF_MONTHS«.

```
CALL FUNCTION 'LAST_DAY_OF_MONTHS'
  EXPORTING
    day_in             = lv_actual_day
  IMPORTING
```

```
      last_day_of_month = lv_last_day_of_month
    EXCEPTIONS
      day_in_no_date    = 1
      OTHERS            = 2.

  IF sy-subrc <> 0.
* Implement suitable error handling here
  ENDIF.
```

Listing 4.2: Exceptions von Funktionsbausteinen

Bei diesem Funktionsbaustein kann in einem Fehlerfall der `sy-subrc` = 1 oder 2 zurückgegeben werden, etwa wenn die Variable LV_ACTUAL_DAY kein Datumsformat besitzt.

Geht der Entwickler jedoch davon aus, dass dieser Funktionsbaustein auf gar keinen Fall einen `sy-subrc` <> 0 zurückgeben kann, dann muss er keine Fehlerbehandlung durchführen. Es ist zwar möglich, den Funktionsbaustein nur mit dem Exporting- und Importing-Parameter aufzurufen, aber das würde im Fall eines unerwarteten Fehlers zu einem harten Programmabbruch (DUMP) führen. Um einen DUMP zu vermeiden, ist es besser, die Rückgabewerte auf »0« zu setzen. Dann erzeugt der Funktionsbaustein zwar einen Fehler, aber ohne Programmabbruch. Das entsprechende Coding sieht wie Listing 4.3 aus.

```
CALL FUNCTION 'LAST_DAY_OF_MONTHS'
  EXPORTING
    day_in            = lv_actual_day
  IMPORTING
    last_day_of_month = lv_last_day_of_month
  EXCEPTIONS
    day_in_no_date    = 0
    OTHERS            = 0.
```

Listing 4.3: Keine Fehlerbehandlung von Funktionsbausteinen

Die Entwicklung einer Fehlerbehandlung ist in diesem Fall nicht erforderlich.

☛ Datenbanktabelle T100

Die Tabelle T100 spielt für den Message-Befehl eine wichtige Rolle. Sie enthält die Nachrichten aller Nachrichtenklassen.

Darüber hinaus gibt es weitere T100*-Tabellen, die für die Anzeige von Nachrichten und Anzeigensteuerung von Interesse sind. Die interessantesten darunter sind sicherlich die Tabellen T100S und T100C (siehe Abbildung 4.13).

Tabellenname	Kurzbeschreibung
T100	Nachrichten
T100A	Message-Id's der T100
T100C	Steuerung der Nachrichten durch den Anwend
T100O	Zuordnung Nachrichten zu Objekt
T100S	Einstellbare Systemnachrichten
T100SA	Arbeitsgebiete für einstellbare Nachrichte
T100T	Texte zur Tabelle T100A
T100U	Letzter Änderer von Nachrichten
T100V	Zuordnung Nachrichten zu Tabellen/Views
T100VV	View über T100A und T100 : Infosystem
T100W	Zuordnung Nachrichten zu Workflow
T100X	Fehlermeldungen: Zusätze

Abbildung 4.13: Die T100-Tabellen zur Verwaltung von Message-Texten*

Die Tabelle T100S enthält Systemnachrichten und beschreibt, ob eine Systemmeldung für alle oder nur für ausgewählte Anwender abschaltbar ist.

Mithilfe der Tabelle T100C können Sie einzelne Meldungen für alle oder bestimmte User ganz abschalten oder den Typ der Fehlermeldung ändern. So kann eine Fehlermeldung vom Typ »E« auf eine Fehlermeldung vom Typ »W« umgestellt werden. In diesem Fall würde das Programm an der Stelle zur Ausgabe der Message nicht mehr abbrechen, sondern lediglich eine Warnmeldung ausgeben.

In Abhängigkeit vom Anwendungsgebiet (Tabelle T100SA) können mithilfe des Pflege-Views V_T100C in der Transaktion SM30 die Einstellungen für Nachrichten und deren Steuerung geändert werden. Diese Änderungen wirken sich auch auf die Fehlermeldungen in SAP-Standard-Programmen aus.

Es gibt im ABAP eine Reihe weiterer Möglichkeiten für das Error-Handling. Ich bin jedoch der Überzeugung, dass die hier erläuterten Verfahren für die Praxis vollkommen ausreichend sind, um dem Anwender im Fehlerfall eine passende Hilfestellung zu geben.

4.4 Die erweiterte Programmprüfung

Die *erweiterte Programmprüfung* im ABAP-Editor ist ein weiteres sehr sinnvolles Werkzeug. Ihre Verwendung sollte meines Erachtens verpflichtend für alle Entwicklungen sein.

Diese Programmprüfung deckt verschiedenste Ungereimtheiten in Kundenentwicklungen auf, auch wenn diese syntaktisch frei von Fehlern ist. Nicht alle Prüfungen sind stets sinnvoll, aber viele decken Programmfehler auf, die vor einer Produktivsetzung behoben sein sollten. Andererseits stellt eine erweiterte Programmprüfung nicht in jedem Fall sicher, dass das geprüfte Programm fehlerfrei funktioniert. So fehlt z. B. aus meiner Sicht der Check, ob die Typisierung von Parametern bei einem Funktionsbausteinaufruf korrekt ist. Stimmen die Typisierung vom übergebenen Parameter und die im Funktionsbaustein nicht überein, führt das in jedem Fall zu einem Dump.

Nehmen wir das Programmbeispiel aus Kapitel 1 für das Anlegen von Kundenkontakten ZCU_FIRST_CUSTOMER_KONTAKT.

Mit einem rechten Mausklick auf den Programmnamen in der Transaktion SE80 starten Sie die erweiterte Programmprüfung (siehe Abbildung 4.14).

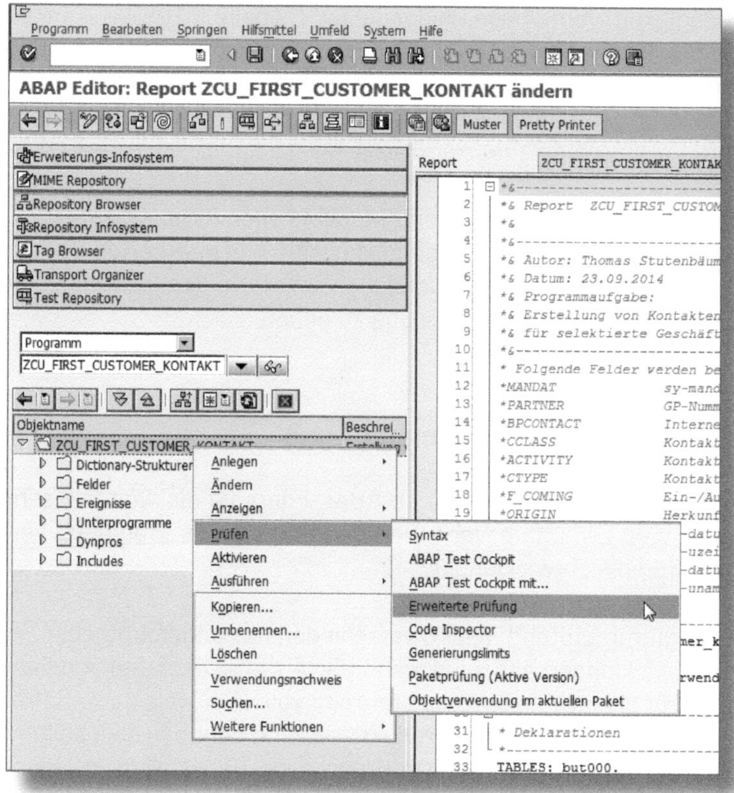

Abbildung 4.14: Aufruf der erweiterten Programmprüfung

Abbildung 4.15 zeigt die verschiedenen Prüfungen, die hier aus- oder abgewählt werden können.

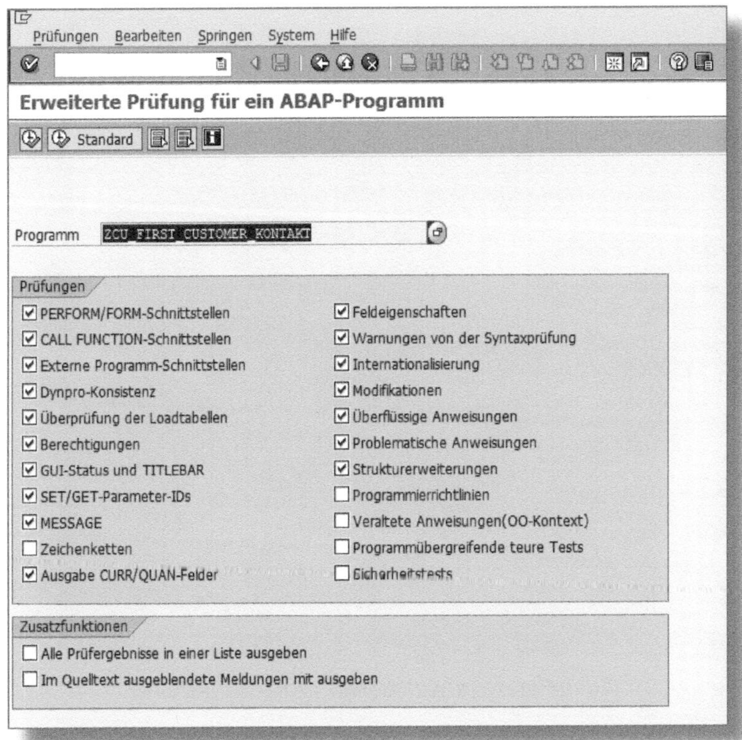

Abbildung 4.15: Verschiedene Prüfungen der erweiterten Programmprüfung

Es handelt sich um Prüfungen, die im SAP-Standard durchgeführt werden. Ich habe nun zu Demonstrationszwecken ein paar Fehler in das Programm eingebaut und lasse die Standard-Prüfungen für das Programm laufen. Die erweiterte Programmprüfung zeigt einen Fehler, sieben Warnmeldungen, zwei ausgeblendete Warnmeldungen und, dass keine weiteren Meldungen vorliegen (siehe Abbildung 4.16).

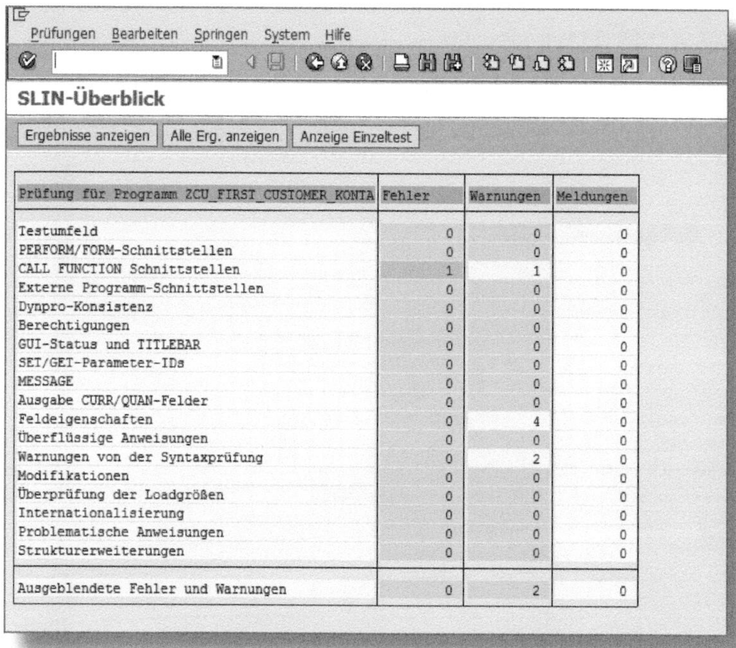

Prüfung für Programm ZCU_FIRST_CUSTOMER_KONTA	Fehler	Warnungen	Meldungen
Testumfeld	0	0	0
PERFORM/FORM-Schnittstellen	0	0	0
CALL FUNCTION Schnittstellen	1	1	0
Externe Programm-Schnittstellen	0	0	0
Dynpro-Konsistenz	0	0	0
Berechtigungen	0	0	0
GUI-Status und TITLEBAR	0	0	0
SET/GET-Parameter-IDs	0	0	0
MESSAGE	0	0	0
Ausgabe CURR/QUAN-Felder	0	0	0
Feldeigenschaften	0	4	0
Überflüssige Anweisungen	0	0	0
Warnungen von der Syntaxprüfung	0	2	0
Modifikationen	0	0	0
Überprüfung der Loadgrößen	0	0	0
Internationalisierung	0	0	0
Problematische Anweisungen	0	0	0
Strukturerweiterungen	0	0	0
Ausgeblendete Fehler und Warnungen	0	2	0

Abbildung 4.16: Ausgabe der erweiterten Programmprüfung

Mit einem Doppelklick auf die Zahl der analysierten Fehler bzw. Warnungen werden weitere Informationen hierzu angezeigt. Im folgenden Beispiel wurde ein Doppelklick auf die Fehlermeldung ausgeführt (siehe Abbildung 4.17).

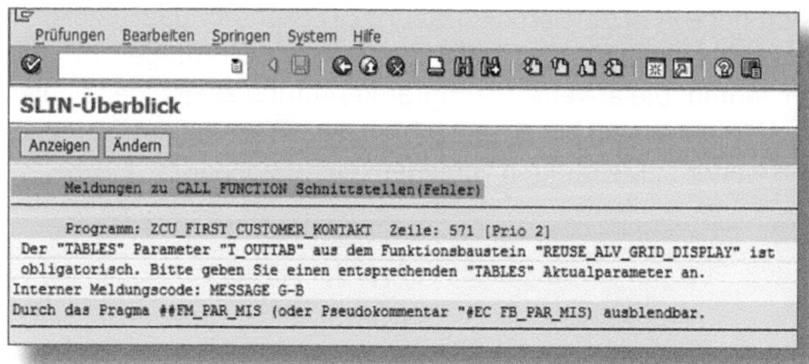

Abbildung 4.17: Detaillierter Bericht einer Meldung in der erweiterten Programmprüfung

Mit einem weiteren Doppelklick auf die erste Zeile der Fehlermeldung erhalten wir die fehlerhafte Stelle im Programm-Coding angezeigt.

Abbildung 4.18 zeigt, dass in diesem Fall der Tables-Parameter beim Aufruf des Funktionsbausteins REUSE_ALV_GRID_DISPLAY fehlt.

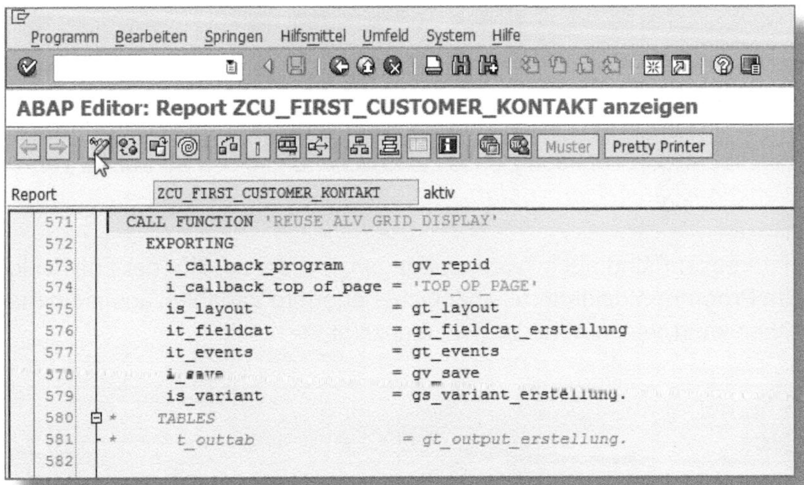

Abbildung 4.18: Direkter Sprung aus der erweiterten Programmprüfung in den Quellcode

Nachdem der Änderungsmodus durch das Icon eingeschaltet, die Kommentare vor TABLES und dem Parameter T_OUTTAB entfernt und das Programm durch das Icon aktiviert wurden, zeigt eine wiederholte Programmprüfung, dass der Fehler nicht mehr vorhanden ist.

Eine interessante Fehlermeldung ist z. B. die Feststellung, dass für den SY-SUBRC des Funktionsbausteins BCONTACT_CREATE keine Fehlerbehandlung existiert (siehe Abbildung 4.19). Ein Fehler im Funktionsbaustein würde also nicht an den Anwender gemeldet werden.

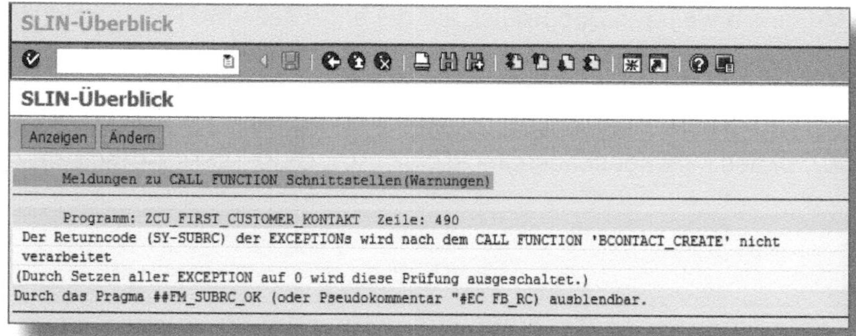

Abbildung 4.19: Meldung, dass keine Behandlung des SY-SUBRC von Funktionsbausteinen erfolgt

Interessant sind auch Warnmeldungen, mit deren Hilfe der Entwickler im Programm deklarierte, aber nicht benötigte Variablen ausfindig machen kann, wie in Abbildung 4.20 gezeigt.

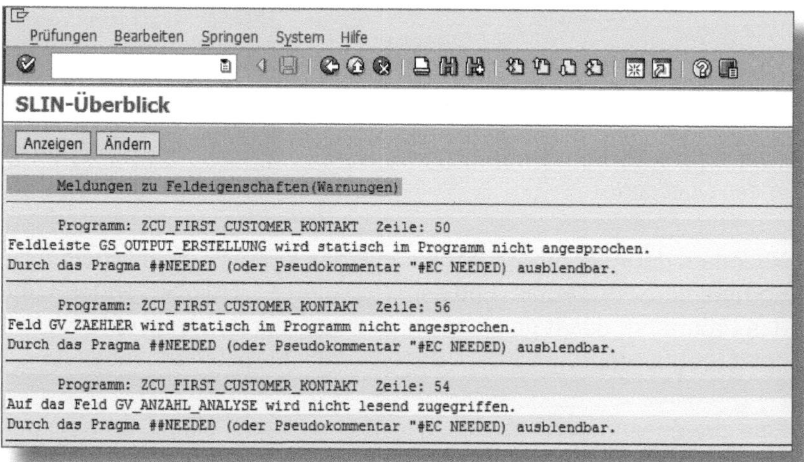

Abbildung 4.20: Meldung zu nicht benötigten, aber deklarierten Programmvariablen

Durch einen Doppelklick auf die erste Zeile einer Fehlermeldung springt das SAP-System an die fehlerhafte Stelle im Programm-Code.

Bestimmte Warnmeldungen zu Syntax-Prüfungen, wie in Abbildung 4.21, können ausgeblendet werden, wenn der Entwickler absichtlich einen entsprechenden ABAP-Befehl geschrieben hat.

```
 Programm: ZCU_FIRST_CUSTOMER_KONTAKT  Zeile: 188
rnung bei der Syntaxprüfung
e Warnung wird nur innerhalb von SLIN angezeigt.
ei "SELECT SINGLE ..." enthält die WHERE-Bedingung für das Schlüsselfeld "BPCONTACT" keinen Test auf
leichheit. Deshalb ist der gesuchte Einzelsatz möglicherweise nicht eindeutig.
terner Meldungscode: MESSAGE GSB
rch den Pseudokommentar "#EC WARNOK ausblendbar.
```

Abbildung 4.21: Warnmeldung zu Select Single ohne Verwendung der Schlüsselfelder

Mit einem Doppelklick auf die erste Zeile zeigt das Programm-Coding folgenden Select-Befehl (siehe Abbildung 4.22).

```
* Selektiere die gewünschten Kontakte zur Kontaktklasse First Customer
LOOP AT gt_output ASSIGNING <gs_output>.

    SELECT SINGLE cclass                                "#EC WARNOK
      FROM bcont
      INTO CORRESPONDING FIELDS OF <gs_output>
      WHERE partner    = <gs_output>-partner
      AND   cclass     = co_cclass    "First Customer
      AND   activity   = co_activity  "zugeordnet
      AND   ctype      = co_ctype.    "Interne Info


    IF sy-subrc <> 0.
      <gs_output>-anmerkung = 'Kunde hat keinen Kontakt mit Kontaktklasse First Customer'.
    ELSE.
      <gs_output>-anmerkung = 'Kunde hat Kontakt mit Kontaktklasse First Customer'.
    ENDIF.

  ENDLOOP.
```

Abbildung 4.22: Ausblenden einer Warnmeldung

Der Entwickler bezweckt mit diesem SELECT-Statement die Prüfung, ob eine bestimmte Kontaktklasse für einen Geschäftspartner überhaupt existiert. Die Frage nach einer bestimmten Kontakt-Nummer ist an dieser Stelle unerheblich. Aus diesem Grund kann diese Warnmeldung durch die Zeichen »#EC WARNOK« hinter dem »SELECT SINGLE *« ausgeblendet werden.

Das Ausblenden von Meldungen zeigt, dass der Entwickler die Warnung der erweiterten Programmprüfung analysiert hat und ihr in diesem Fall keinen Warnstatus beimisst.

4.5 Die Versionsverwaltung

Die *ABAP-Versionsverwaltung* ist ein hilfreiches und oft eingesetztes Tool. Es ermöglicht den Vergleich verschiedener Versionen von Entwicklungs- und Data-Dictionary-Objekten, wie z. B. Programmen, Funktionsbausteinen, Methoden, Data-Dictionary-Strukturen und -Tabellen.

Eine neue Version eines Entwicklungs- bzw. Data-Dictionary-Objektes entsteht immer dann, wenn ein Transport mit diesem Objekt freigegeben wurde. Bei erneuter Bearbeitung wird automatisch ein neuer Transportauftrag angelegt, sodass es anschließend mindestens zwei unterschiedliche Versionen gibt.

Nehmen wir wieder als Beispiel das aus Kapitel 1 heraus entwickelte Programm ZCU_FIRST_CUSTOMER_KONTAKT. Im ABAP-Editor rufen Sie die Versionsverwaltung über den Menüpfad HILFSMITTEL • VERSIONEN • VERSIONSVERWALTUNG auf.

Die Versionsverwaltung zeigt uns jeden Transport an, in dem das Entwicklungsobjekt geändert wurde (siehe Abbildung 4.23).

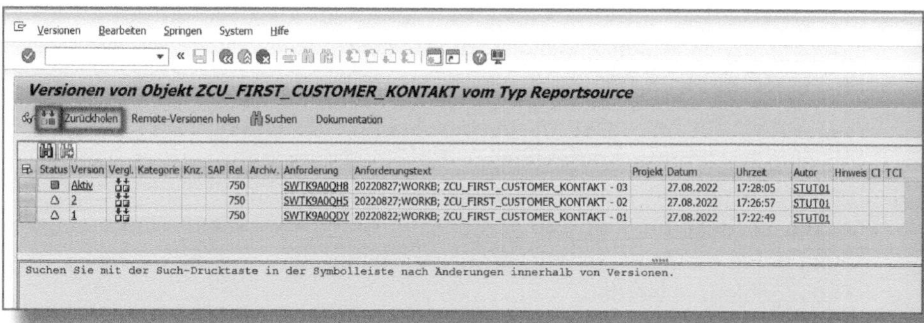

Abbildung 4.23: Anzeige von Versionen und deren Transportaufträge

Für das betrachtete Programm gibt es zwei vergleichbare Versionen (die erste Version wurde erzeugt, als das Programm aus einem anderen Transportauftrag gelöscht und in einem neuen aufgenommen wurde. Aus diesem Grund fehlt die Angabe des Transports, aus dem das Programm gelöscht wurde).

Mit dem Icon ![icon] können Sie die beiden Versionen vergleichen. Dazu markieren Sie in der ersten Spalte im Ankreuzfeld beide Versionen. Sie erhalten daraufhin einen Versionsvergleich, der alle Änderungen an der aktuellen Version gegenüber der Vergleichsversion zeigt – zunächst in einspaltiger Form.

Für ein übersichtliches Bild wechseln wir mit dem Button EINSPALTIG/PARALLEL zu einer zweispaltigen Vergleichsanzeige (siehe Abbildung 4.24).

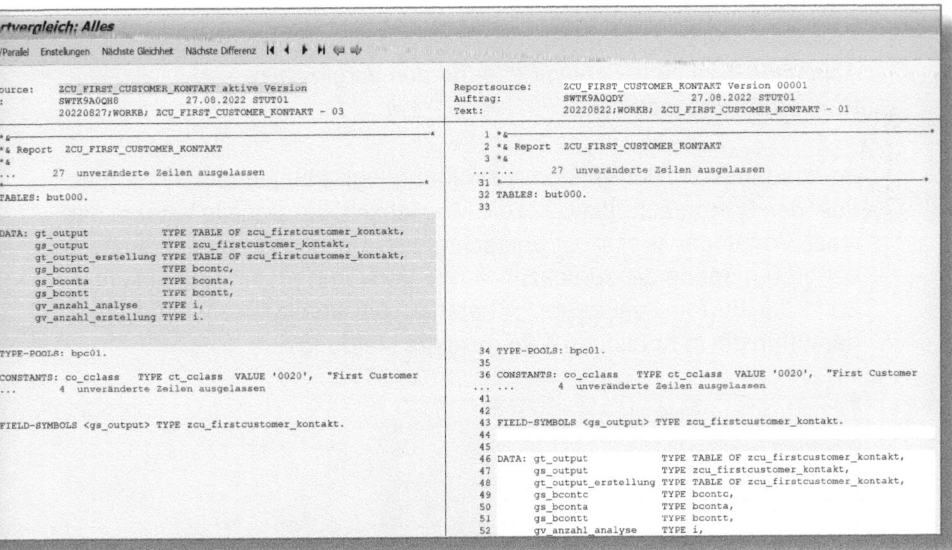

Abbildung 4.24: Zweispaltiger Vergleich zweier Programmversionen

Alternativ können Sie über den Button EINSTELLUNGEN den sogenannten *Split-Screen-Editor* für den Vergleich der Versionen heranziehen (siehe Abbildung 4.25). Die roten Kreuze vor den Quellcode-Zeilen zeigen die Unterschiede in den Versionen auf.

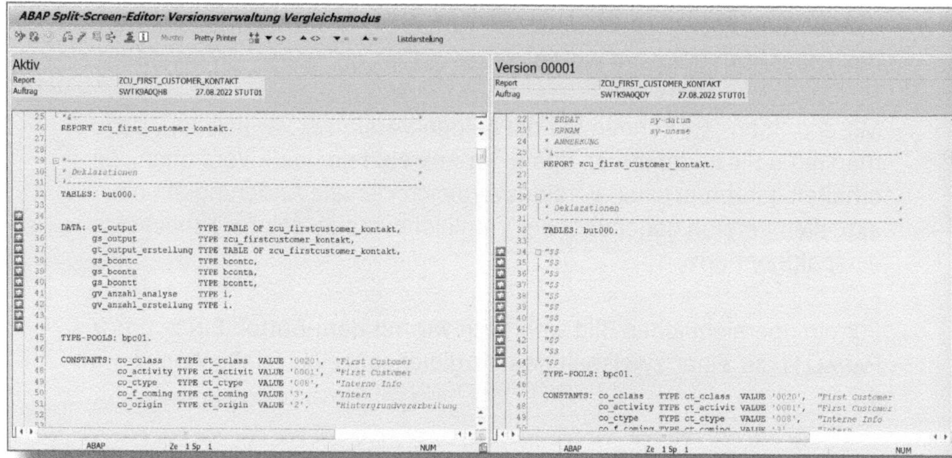

Abbildung 4.25: Split-Screen-Editor für den Vergleich zweier Programmversionen

Im Ausgangsbild der Versionsverwaltung (vgl. Abbildung 4.23) gibt es über den Button ZURÜCKHOLEN die Möglichkeit, die aktuelle Version mit einer Vorgängerversion zu überschreiben. Dazu wird im Ankreuzfeld der ersten Spalte die zurückzuholende Version markiert und anschließend der Button ZURÜCKHOLEN betätigt. Die Versionsverwaltung gibt daraufhin die in Abbildung 4.26 gezeigte Meldung aus.

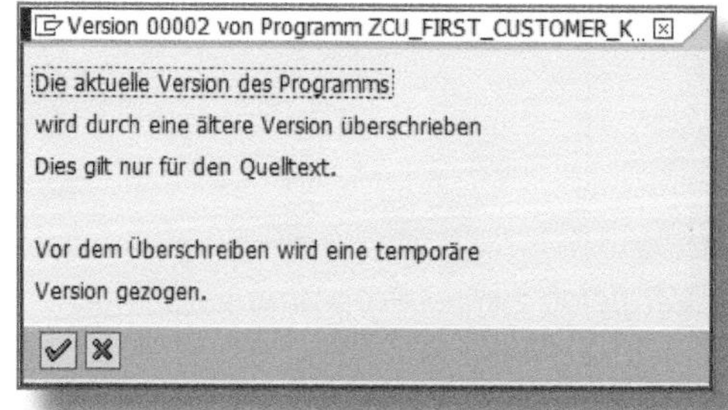

Abbildung 4.26: Info-Meldung beim Zurückholen einer älteren Version

Das bedeutet, dass mit der Bestätigung über das Icon ☑ der Quellcode der aktiven Version mit der zurückgeholten Version überschrieben wird. Die entsprechende Versionsverwaltung zeigt nun Abbildung 4.27.

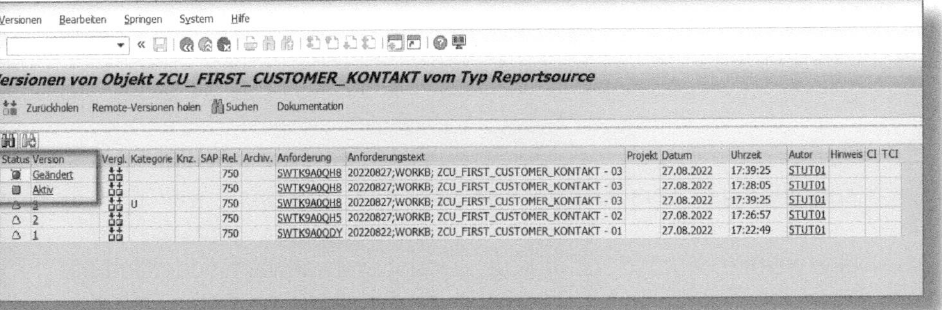

Abbildung 4.27: Anzeige einer zurückgeholten Version in der Versionsverwaltung

Die neueste Version ist die mit der Bezeichnung »Geändert« Noch ist die Ausgangsversion aktiv. An dieser Stelle gibt es zwei Möglichkeiten:

1. Es soll die aktive Version in der Ursprungsversion beibehalten werden. In diesem Fall wird die aktive Version in der ersten Spalte angekreuzt und mit dem Icon 👓 zur Anzeige gebracht. Wird diese Version erneut aktiviert, so verschwindet die temporär erstellte modifizierte Version.

2. Es soll die zurückgeholte Version aktiviert werden. In diesem Fall wird die geänderte Version in der ersten Spalte markiert und mit dem Icon 👓 zur Anzeige gebracht. Wird diese zunächst inaktive Programmversion nun aktiviert, wird die aktive Version endgültig überschrieben. Wie die Versionsverwaltung in Abbildung 4.28 zeigt, wird jedoch für die überschriebene Version aus Sicherheitsgründen eine neue Version »3« (in der Spalte KATEGORIE erhält diese Version ein »U«, d. h. durch Benutzerauftrag erzeugte Version) angelegt, die jederzeit zurückgeholt werden kann.

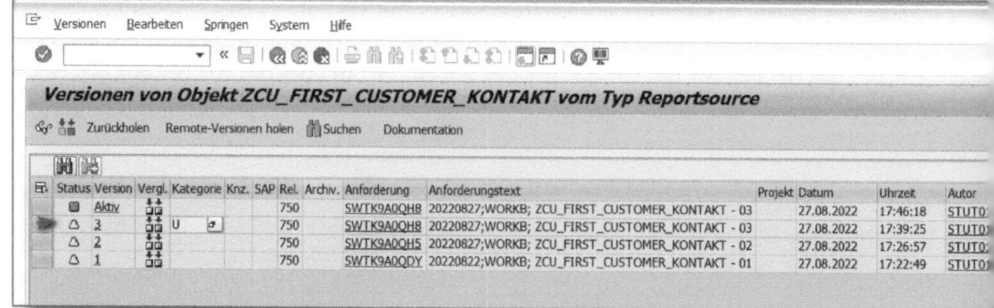

Abbildung 4.28: Verschiedene Versionen in der Versionsverwaltung

Eine weitere wichtige Funktion der Versionsverwaltung ist der *Remote-Vergleich*. Dabei können die Versionen aus dem Testsystem mit der aktuellen Version auf Folgesystemen verglichen werden.

Der Remote-Vergleich wird mit dem gleichnamigen Button in der Versionsverwaltung gestartet. Im darauffolgenden Pop-up ist die System-ID oder eine RFC-DESTINATION des ZIELSYSTEMS einzugeben, mit der die aktuelle Version verglichen werden soll (siehe Abbildung 4.29). Mit dem Icon ✅ wird die Auswahl bestätigt.

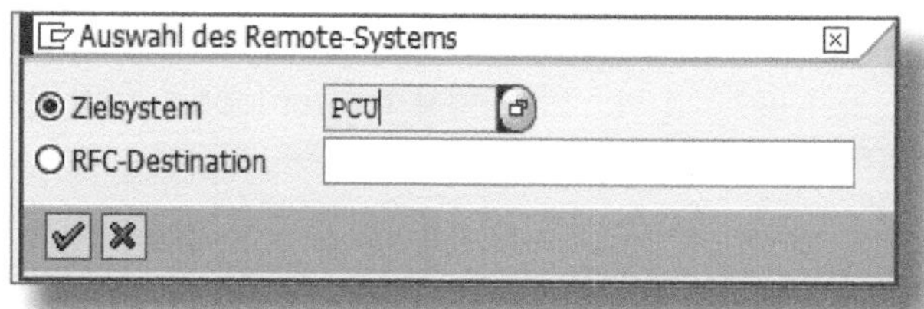

Abbildung 4.29: Eingabe des Zielsystems bei einem Remote-Vergleich von Programmversionen

Abschließend muss im Folgebild nochmals der Button REMOTE-VERGLEICH betätigt werden. Erst dann erfolgt der tatsächliche Vergleich zwischen den Versionen auf den verschiedenen Systemen.

Der Entwickler kann mit dieser Methode feststellen, welche Version auf dem Test- oder dem Produktivsystem vorhanden ist und mit welchem Transportauftrag und zu welchem Zeitpunkt diese in das jeweilige System importiert wurde.

4.6 Quellcode-Vergleich verschiedener Programme

Etwas anders funktioniert der Vergleich verschiedener Programme. Ich habe zu diesem Zweck das Programm ZCU_FIRST_CUSTOMER_KONTAKT in das Programm ZCU_FIRST_CUSTOMER_KONTAKT_NEW kopiert und Änderungen an dieser neuen Version vorgenommen. Für den Programmvergleich verwenden wir im ABAP-Editor der SE80 das Pull-down-Menü HILFSMITTEL • WEITERE HILFSMITTEL • SPLIT-SCREEN-EDIT. Diese Auswahl führt uns auf die Einstiegsseite zum Programmvergleich (siehe Abbildung 4.30).

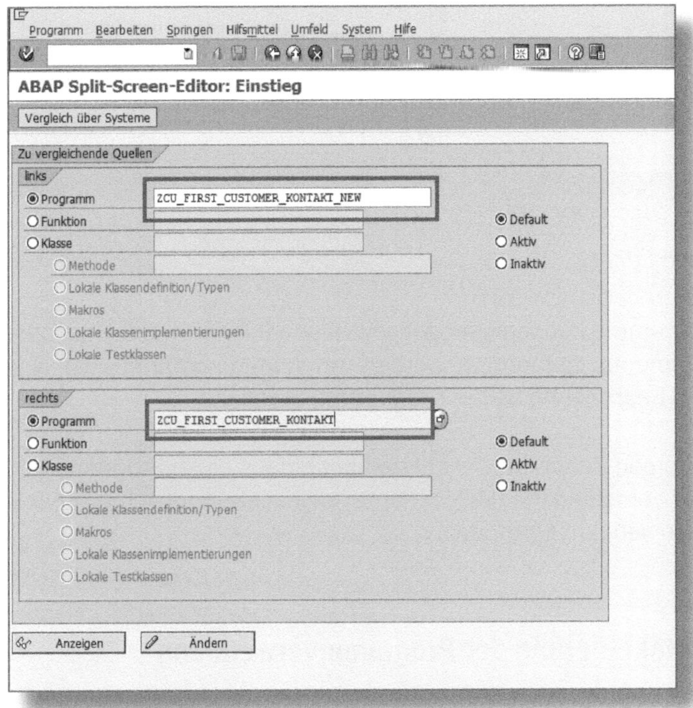

Abbildung 4.30: Eingabe verschiedener Programme für den Quellcode-Vergleich

Im unteren Teil von Abbildung 4.31 wurde bereits der Programmname eingegeben, mit dem das neue Programm verglichen werden soll.

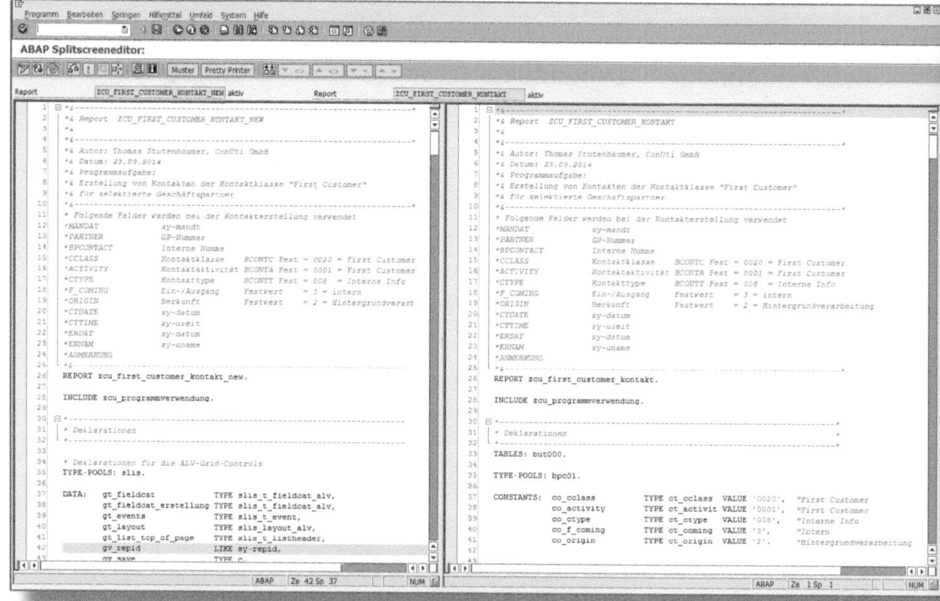

Abbildung 4.31: Quellcode-Vergleich verschiedener Programme im Split-Screen-Editor

Beide Programme können über den jeweiligen Button im Anzeige- oder Änderungsmodus aufgerufen werden. Im Änderungsmodus ist eine zeitgleiche Bearbeitung beider Programme möglich.

Der Split-Screen-Editor ermöglicht darüber hinaus einen Programmvergleich über verschiedene SAP-Systeme sowie den Vergleich von Funktionsbausteinen und Methoden.

4.7 Protokollierung der Programmverwendung

Im Laufe der Zeit sammeln sich in den SAP-Systemen mitunter mehrere Tausend Kundenentwicklungen an. Eine Vielzahl dieser Programme wird im Regelfall nicht wieder verwendet. Der Kunde kann nur nicht sagen, welche.

Dabei kann es in bestimmten Situationen wichtig sein, genau zu wissen, welche Programme in einem definierten Zeitraum verwendet wurden, um z. B. Fehler beim Speichern von Daten auf der Datenbank zu finden.

Dieser und eine Reihe weiterer Gründe sprechen dafür, die Verwendung kundenspezifischer Entwicklungen zu protokollieren. Dazu eignet sich die Entwicklung eines Includes, das die Verwendung eines Programms in eine eigenentwickelte Protokolltabelle schreibt.

Dieses Include ist in allen kundenspezifischen Entwicklungen aufzurufen. Erfahrungen aus der Praxis zeigen, dass der Einbau des Includes in bereits bestehende Kundenentwicklungen zwar einen gewissen Aufwand erzeugt. Dieser macht sich jedoch bei der späteren Arbeit des IT-Dienstleisters schnell bezahlt.

Eine Protokolltabelle wie oben beschrieben kann die in Abbildung 4.32 aufgelisteten Felder beinhalten:

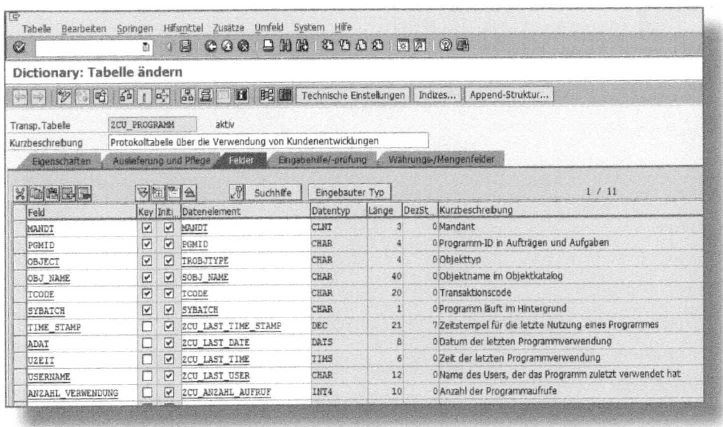

Feld	Key	Initi...	Datenelement	Datentyp	Länge	DezSt...	Kurzbeschreibung
MANDT	☑	☑	MANDT	CLNT	3	0	Mandant
PGMID	☑	☑	PGMID	CHAR	4	0	Programm-ID in Aufträgen und Aufgaben
OBJECT	☑	☑	TROBJTYPE	CHAR	4	0	Objekttyp
OBJ_NAME	☑	☑	SOBJ_NAME	CHAR	40	0	Objektname im Objektkatalog
TCODE	☑	☑	TCODE	CHAR	20	0	Transaktionscode
SYBATCH	☑	☑	SYBATCH	CHAR	1	0	Programm läuft im Hintergrund
TIME_STAMP	☐	☑	ZCU_LAST_TIME_STAMP	DEC	21	7	Zeitstempel für die letzte Nutzung eines Programmes
ADAT	☐	☑	ZCU_LAST_DATE	DATS	8	0	Datum der letzten Programmverwendung
UZEIT	☐	☑	ZCU_LAST_TIME	TIMS	6	0	Zeit der letzten Programmverwendung
USERNAME	☐	☑	ZCU_LAST_USER	CHAR	12	0	Name des Users, der das Programm zuletzt verwendet hat
ANZAHL_VERWENDUNG	☐	☑	ZCU_ANZAHL_AUFRUF	INT4	10	0	Anzahl der Programmaufrufe

Abbildung 4.32: Felder für ein Programm zur Protokollierung der Programmverwendung

Die Tabelle hat folgende Eigenschaften:

- Sie besitzt die Auslieferungsklasse A.
- Eine Tabellenpflege ist eingeschränkt erlaubt, d. h., die Datensätze können nur angezeigt werden.
- Die Tabelle hat die Datenart APPL1 und eine bestimmte Größenkategorie; eine Pufferung der Tabelle ist nicht erlaubt.
- Die Tabelle erhält die Erweiterungskategorie »Nicht erweiterbar«.

Das Include ist schnell fertig gestellt. Wurde ein Programm schon einmal aufgerufen, dann existiert bereits ein Datensatz zu dessen Verwendung. In diesem Fall sind der Username, das Datum, die Zeit, der Zeitstempel sowie die Anzahl der Verwendungen zu aktualisieren.

Wie diese Daten beim ersten Aufruf des Programms zunächst in die Tabelle eingefügt werden, zeigt Listing 4.4.

```
*---------------------------------------------------------------
* INCLUDE ZCU_PROGRAMMVERWENDUNG.
*---------------------------------------------------------------
* Aufgabe dieses Includes:
* Dieses Include schreibt in die Tabelle ZCU_PROGRAMM
* Informationen über die Verwendung eines Programms:
* - Mandant
* - Programmname
* - Transaktionscode
* - Zeitstempel
* - Datum
* - Uhrzeit
* - Batch/Online
* - Zähler, der bei jeder weiteren Verwendung des
*   Programms hochgezählt wird
* Das Include ist in jeder Kundenentwicklung mit dem
* folgenden Befehl aufzunehmen
* INLCUDE ZCU_PROGRAMMVERWENDUNG
* Das Include darf nur in Programmen verwendet werden.
```

```
* In Funktionsbausteinen kann es aufgrund des Commit Work *
zum Dump führen
*--------------------------------------------------------
* Autor: Thomas Stutenbäumer, Conuti GmbH
* Datum: 05.11.2014
*-------------------------------------------------------
* Protokoll-Tabelle für kundeneigene Programme

  TABLES: zcu_programm.

  DATA:   lv_time_stamp TYPE timestampl.

  GET TIME STAMP FIELD lv_time_stamp.

  zcu_programm-mandt             = sy-mandt.
  zcu_programm-pgmid             = 'R3TR'.
  zcu_programm-object            = 'PROG'.
  zcu_programm-obj_name          = sy-repid.
  zcu_programm-tcode             = sy-tcode.
  zcu_programm-sybatch           = sy-batch.
  zcu_programm-time_stamp        = lv_time_stamp.
  zcu_programm-adat              = sy-datum.
  zcu_programm-uzeit             = sy-uzeit.
  zcu_programm-username          = sy-uname.
  zcu_programm-anzahl_verwendung = 1.

* Lesen der Protokolldatei
  SELECT SINGLE *
     FROM zcu_programm
     WHERE pgmid    = zcu_programm-pgmid     "R3TR
     AND   object   = zcu_programm-object    "PROG
     AND   obj_name = zcu_programm-obj_name  "NAME
     AND   tcode    = zcu_programm-tcode     "Transaktion
     AND   sybatch  = zcu_programm-sybatch.  "Dialog/Batch

* Das Programm wurde bereits genutzt
  IF sy-subrc = 0.
*   Anzahl_Verwendung um eins erhöhen
*   und die letzte Verwendung protokollieren
```

```
    IF zcu_programm-anzahl_verwendung > 999999998.
      zcu_programm-anzahl_verwendung = 1.
    ELSE.
      zcu_programm-anzahl_verwendung
              = zcu_programm-anzahl_verwendung + 1.
    ENDIF.

    zcu_programm-adat        = sy-datum.     "Datum
    zcu_programm-uzeit       = sy-uzeit.     "Uhrzeit
    zcu_programm-username    = sy-uname.     "User
    zcu_programm-sybatch     = sy-batch.     "Dial/Batch
    zcu_programm-time_stamp  = lv_time_stamp."Zeitstemp.

    UPDATE zcu_programm.

*   Commit work, um Dead-Lock-Situationen bei
*   zeitgleicher Verwendung des Includes durch
*   verschiedene Programme zu vermeiden
    COMMIT WORK.

  ELSE.
*   Das Programm wird zum ersten Mal genutzt
*   Datensatz einfügen
    INSERT zcu_programm.

*   Commit work, um Dead-Lock-Situationen bei
*   zeitgleicher Verwendung des Includes durch
*   verschiedene Programme zu vermeiden
    COMMIT WORK.
  ENDIF.
*-------------------------------------------------------*
```

Listing 4.4: Include zur Programmverwendung

Es ist festzulegen, dass die Verwendung dieses Includes für die Entwickler verpflichtend ist.

4.8 Arbeitsaufwendig – Bearbeitung von Zeitscheiben

In der Praxis muss der Entwickler des Öfteren die Gültigkeitszeiträume von Datensätzen (Zeitscheiben) bearbeiten. Die Form der Bearbeitung solcher Zeitscheiben birgt immer wieder Missverständnisse zwischen dem anfordernden Anwender und dem Entwickler. Schon kleine Änderungen in den Anforderungen können für die Entwicklung einen erheblichen Mehraufwand bei der Zeitscheibenbearbeitung bedeuten.

Anpassung von Zeitscheiben

Im Kapitel 1 wird die Anforderung gestellt, dass die Ableseeinheit einer Anlage umgestellt wird. Diese Ableseeinheiten werden in Anlagen-Zeitscheiben in der Datenbanktabelle EANLH gespeichert.

Für die Umstellung von Anlagen-Zeitscheiben mit einem frei wählbaren Ab-Datum und dem Bis-Datum »31.12.9999« (für einen unendlichen Gültigkeitszeitraum) ist eine begrenzte Anzahl von Fallunterscheidungen in der Entwicklung zu berücksichtigen (siehe Abbildung 4.33).

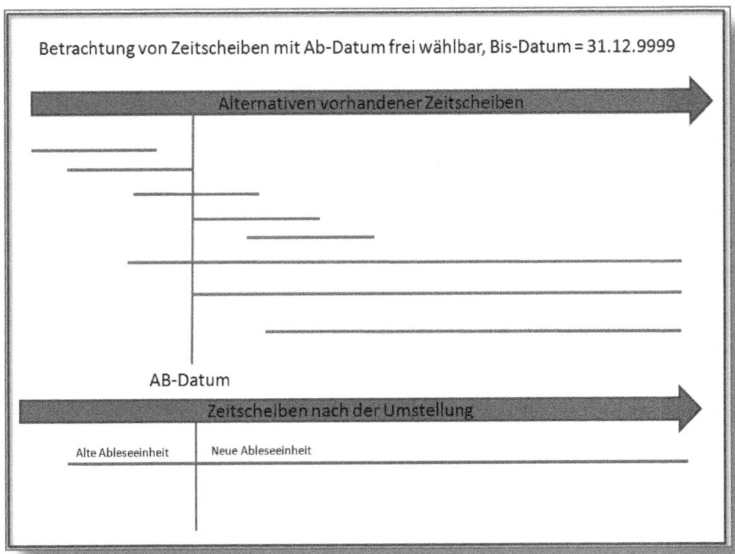

Abbildung 4.33: Zeitscheiben mit einem frei wählbaren Ab-Datum

Wie in Abbildung 4.34 zu sehen, steigt die Anzahl der Fallunterscheidungen vorhandener Zeitscheiben enorm, wenn auch das Bis-Datum frei wählbar ist.

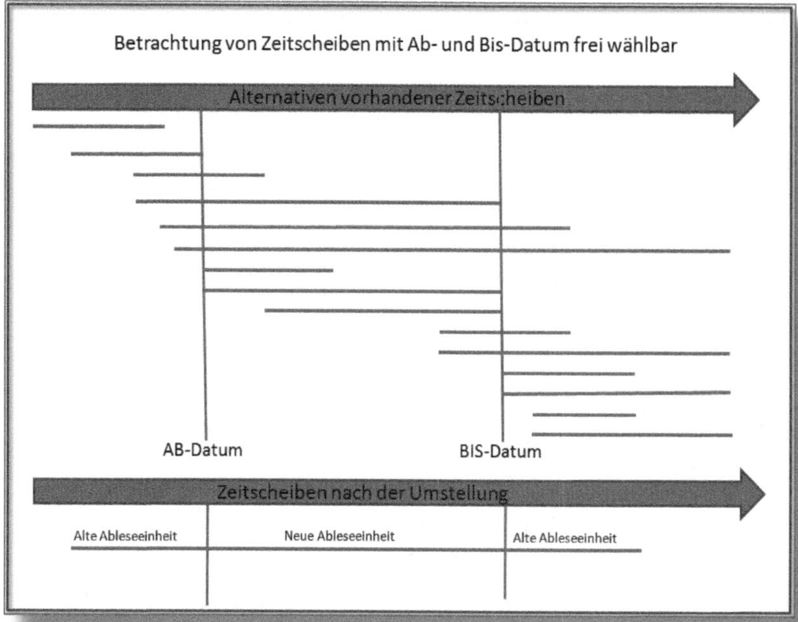

Abbildung 4.34: Zeitscheiben mit frei wählbarem Ab- und Bis-Datum

Die Anzahl der programmtechnisch zu betrachtenden Unterscheidungen steigt von acht Fällen beim frei wählbaren Ab-Datum auf 15 Fälle bei frei wählbarem Ab- und Bis-Datum. Damit verdoppelt sich nahezu der Aufwand für die Programmentwicklung. Daher ist es sehr wichtig, vor einer Aufwandsschätzung die Anforderungen bzgl. der Zeitscheiben genau zu erfassen.

Das in Abschnitt 1.4.2 geforderte Programm zur Umstellung von Ableseeinheiten »ZCU_FIRST_CUSTOMER_ABLESEEINHEIT« enthält das Coding zur Programmierung der Umstellung von Zeitscheiben mit frei wählbarem Ab-Datum und festem Bis-Datum »31.12.9999«.

Programmvorlagen auf der Internetseite des Verlags

Das Coding-Programm zur Umstellung von Ableseeinheiten und alle weiteren in diesem Praxishandbuch ABAP genannten Programme können von der Internetseite des Verlags heruntergeladen werden: *http://abap.espresso-tutorials.com/*.

4.9 Die Datentypen TIMESTAMP und TIMESTAMPL

Die ABAP-Typen TIMESTAMP und TIMESTAMPL sind selten dokumentierte Datentypen. Im SAP-Standard werden sie beim Speichern sensibler Daten (z. B. für den Gültigkeitszeitraum einer Bankverbindung) oder für wichtige Protokollierungen von Datenänderungen (z. B. Datenänderungen mithilfe der Transaktion SE16N und ihre Protokollierung in der DB-Tabelle SE16N_CD_DATA) verwendet.

Mit dem Datentyp TIMESTAMP bzw. mit TIMESPAMPL wird jeweils ein alphanumerisches Feld definiert, in dem Zeitstempel gespeichert werden. Dieser Zeitstempel ist eine spezielle Zeichenkette, die sich aus einem Datums- und einem Zeitwert (bis auf Mikrosekunden) zusammensetzt. Der *Datentyp TIMESTAMP* beschreibt die Kurzform des Zeitstempels. TIMESTAMP besitzt die Domäne TZNTSTMPS und ist ein Dezimalfeld der Länge 15. Der *Datentyp TIMESTAMPL* beschreibt die Langform des Zeitstempels. Er besitzt die Domäne TZNTSTMPL und hat die Länge 21 mit 7 Nachkommastellen.

Die Anweisung »GET TIME STAMP FIELD gv_time_stamp« erstellt aus Systemzeit und Systemdatum einen UTC-Zeitstempel und weist ihn der Variablen gv_time_stamp zu.

Die Variable gv_time_stamp kann vom Datentyp TIMESTAMP oder TIMESTAMPL sein. Entsprechend ihres Typs wird der Variablen durch diesen Befehl der aktuelle Zeitstempel in Kurz- oder Langform zugewiesen:

1. Zuweisung des Zeitstempels in eine Variable vom Typ TIMESTAMPL: 20141105102808.2820000
   Das bedeutet: JJJJMMTTHHMMSS.xyz
2. Zuweisung des Zeitstempels in eine Variable vom Typ TIMESTAMP: 20141105102808
   Das bedeutet: JJJJMMTTHHMMSS

Bedeutung der Kürzel:

- JJJJ = Jahreszahl
- MM = Monatszahl
- TT = Tagesdatum
- HH = Stunde
- MM = Minute
- SS = Sekunde
- xyz = Nachkommastellen zur Sekunde

In der Anzeige dieser Werte auf der Datenbank sehen der Datentyp TIMESTAMP bzw. TIMESTAMPL jeweils anders aus.

Abbildung 4.35 zeigt ein Beispiel für den Gültigkeitszeitraum einer Bankverbindung eines Geschäftspartners in der DB-Tabelle BUT0BK mit der Kurzform des Zeitstempels.

Tabelleneintrag Bearbeiten Springen Einstellungen System Hilfe

Data Browser: Tabelle BUT0BK 200 Treffer

Prüftabelle...

MAN...	PARTNER	BK...	BANKS	BANKL	BANKN	BKONT	BK...	KOINH	BK_VALID_FROM	BK_VALID_TO
504	0010000102	0001	DE	41450075	307476175			Meyer Col. Düsterkötter,Axel	10.101.000.000	99.991.231.235.959
504	0010000106	0001	DE	36060591	443150298			Thüel,Wisia	10.101.000.000	99.991.231.235.959
504	0010000107	0001	DE	41460116	672717747			Götte,August	10.101.000.000	99.991.231.235.959
504	0010000109	0001	DE	41450075	177486235			Poos,Zinoba	10.101.000.000	99.991.231.235.959
504	0010000110	0001	DE	41450075	556080887			Tubesing,Sebastian	10.101.000.000	99.991.231.235.959
504	0010000112	0001	DE	41662465	586197487			Glarmann,Undine	10.101.000.000	99.991.231.235.959
504	0010000114	0001	DE	41670029	137780149			Venckhuß,Quax	10.101.000.000	99.991.231.235.959

Abbildung 4.35: Kurzform des Zeitstempels in der Tabelle BUT0BK (Bankverbindungen)

Die Felder BK_VALID_FROM und BK_VALID_TO besitzen die Domäne TZNTSTMPS (Anzeigen von Datenelementen mit der Transaktion SE11), also die Kurzform des Zeitstempels. In der Domäne sind keine Konvertierungsroutinen angegeben.

Innerhalb einer Selektion genügt es jedoch, dass die Selektionsvariable den Typ TIMESTAMP oder TIMESTAMPL besitzt. Auch wenn das Feld die Kurzform des Zeitstempels besitzt, kann die Variable im Select-Statement mit der Langform abgefragt werden.

Mit dem Coding aus Listing 4.5 wird geprüft, ob ein Geschäftspartner eine gültige Bankverbindung besitzt:

```
DATA: gt_but0bk                      TYPE TABLE OF but0bk,
      gv_time_stamp                   TYPE timestamp.

 SELECTION-SCREEN BEGIN OF BLOCK se1
                          WITH FRAME TITLE text-se1.
 SELECTION-SCREEN SKIP.
 PARAMETERS:  pa_gpart TYPE bu_partner.
 SELECTION-SCREEN SKIP.
 SELECTION-SCREEN END OF BLOCK se1.


  GET TIME STAMP FIELD gv_time_stamp.

   SELECT *
     FROM but0bk
     INTO TABLE gt_but0bk
     WHERE partner        =  pa_gpart
     AND   bk_valid_from <= gv_time_stamp
     AND   bk_valid_to   >= gv_time_stamp.
```

Listing 4.5: Gültigkeitsprüfung für Bankverbindungen

Abbildung 4.36 zeigt Einträge in der Langform des Zeitstempels.

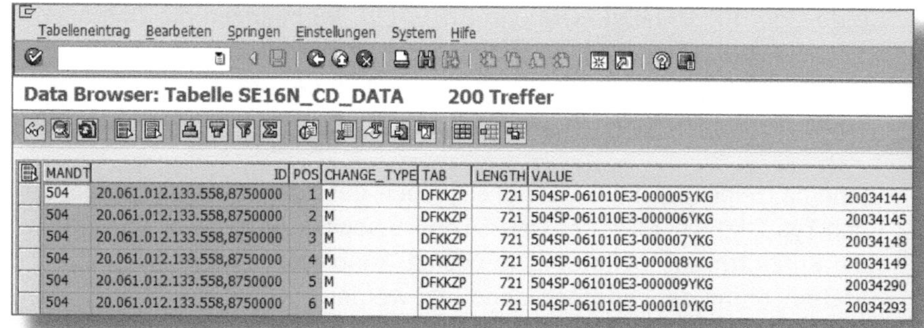

MANDT	ID	POS	CHANGE_TYPE	TAB	LENGTH	VALUE
504	20.061.012.133.558,8750000	1	M	DFKKZP	721	504SP-061010E3-000005YKG 20034144
504	20.061.012.133.558,8750000	2	M	DFKKZP	721	504SP-061010E3-000006YKG 20034145
504	20.061.012.133.558,8750000	3	M	DFKKZP	721	504SP-061010E3-000007YKG 20034148
504	20.061.012.133.558,8750000	4	M	DFKKZP	721	504SP-061010E3-000008YKG 20034149
504	20.061.012.133.558,8750000	5	M	DFKKZP	721	504SP-061010E3-000009YKG 20034290
504	20.061.012.133.558,8750000	6	M	DFKKZP	721	504SP-061010E3-000010YKG 20034293

Abbildung 4.36: Langform des Zeitstempels in der Protokolltabelle SE16N_CD_DATA

Eine Konvertierung des UTC-Zeitstempels in andere Zeitzonen kann mithilfe des Befehls

```
CONVERT TIME STAMP gv_time_stamp
                 TIME ZONE gv_timezone
```

erreicht werden. (Für weitere Informationen verwenden Sie bitte die [F1]-Hilfe im ABAP-Editor).

4.10 Feldsymbole und der ASSIGN-Befehl

Feldsymbole sind hilfreiche Datenobjekte, mit denen der Entwickler zur Laufzeit auf den Speicherinhalt einer zugewiesenen Variablen direkt zugreifen kann. Sie werden im ABAP-Coding in spitzen Klammern geschrieben und unterscheiden sich dadurch sichtlich von anderen Variablen.

Feldsymbole sollten, soweit möglich, typisiert werden. Tabelle 4.1 zeigt, welche Typisierungen wählbar sind.

Typisierung	Prüfung für die Aktualparameter
keine Typangabe	Es werden alle Typen von Datenobjekten akzeptiert. Das Feldsymbol übernimmt alle Attribute des Datenobjektes.
TYPE ANY	analog zu »keine Typangabe«
TYPE C, N, P oder X	Es werden nur Datenobjekte vom Typ C, N, P bzw. X akzeptiert. Das Feldsymbol übernimmt Feldlänge und DECIMALS-Angabe (für Typ P) des jeweiligen Datenobjektes.
TYPE TABLE	Es wird geprüft, ob das Datenobjekt eine interne Standardtabelle ist. Diese Typisierung ist eine Kurzform von TYPE STANDARD TABLE (siehe unten).
TYPE ANY TABLE	Es wird geprüft, ob das Datenobjekt eine interne Tabelle ist. Deren Eigenschaften (Zeilentyp, Tabellenart, Schlüssel) werden komplett vom Feldsymbol übernommen.
TYPE INDEX TABLE	Das System prüft, ob das Datenobjekt eine interne Index-Tabelle (also eine Standard- oder sortierte Tabelle, aber keine Hash-Tabelle) ist. Deren Eigenschaften (Zeilentyp, Tabellenart, Schlüssel) werden komplett vom Feldsymbol übernommen.
TYPE STANDARD TABLE	Das System prüft, ob das Datenobjekt eine interne Standardtabelle ist. Deren Eigenschaften (Zeilentyp, Schlüssel) werden vom Feldsymbol übernommen.
TYPE SORTED TABLE	Das System prüft, ob das Datenobjekt eine sortierte interne Tabelle ist. Deren restliche Eigenschaften (Zeilentyp, Schlüssel) werden vom Feldsymbol übernommen.
TYPE HASHED TABLE	Das System prüft, ob das Datenobjekt eine interne HASH-Tabelle ist. Deren restliche Eigenschaften (Zeilentyp, Schlüssel) werden vom Feldsymbol übernommen.

Tabelle 4.1: Mögliche Typisierung von Feldsymbolen

Daraus leiten sich folgende zwei Formen der Deklaration von Feldsymbolen ab:

- Field-SYMBOLS: `<field_symbol>`,
- Field-SYMBOLS: `<field_symbol> TYPE` (Typ).

Eine Typisierung ist nicht in jedem Fall erforderlich. Aus diesem Grund können diese Datenobjekte sehr gut in der dynamischen Programmierung eingesetzt werden (siehe Abschnitt 4.18).

Feldsymbole können in allen Entwicklungsobjekten definiert werden, mit Ausnahme des Deklarationsteils von Klassen und Interfaces.

Mit dem Befehl *ASSIGN* werden den Feldsymbolen Werte von Variablen zugewiesen, in diesem Beispiel wird die Integer-Variable `gv_anzahl` dem Feldsymbol zugewiesen:

```
ASSIGN gv_anzahl TO <field_symbol>.
```

Wird im Programmerlauf auf das Datenobjekt <field_symbol> zugegriffen, so ist direkt nach der ASSIGN-Anweisung der SY-SUBRC abzufragen.

! Dump beim Zugriff auf nicht zugewiesene Feldsymbole

Ein Zugriff auf ein nicht zugewiesenes Feldsymbol führt zum harten Programmabbruch (DUMP).

Durch die Veränderung des Wertes vom Feldsymbol ändert sich automatisch auch der Wert der zugewiesenen Variablen. D. h., mit der Zuweisung <field_symbol> = 5 hat auch die Variable »gv_anzahl« den Wert »5«. Nehmen wir das Beispiel-Programm ZCU_ABAP_ASSIGN, das die Gültigkeit von Versorgungsverträgen analysiert. Im Analyseteil wird in einer LOOP-Schleife der ASSIGN-Befehl verwendet (siehe Abbildung 4.37).

```
*&---------------------------------------------------------------------*
*&      Form  ANALYSIERE_DATEN
*&---------------------------------------------------------------------*
*       Prüft, ob Geschäftspartner mit Vertragskont einen gültigen
*       Vertrag haben
*----------------------------------------------------------------------*
*  -->  gt_output  Zu analysierende Daten
*  <--  gt_output  analysierte Daten.
*----------------------------------------------------------------------*
FORM analysiere_daten .

  LOOP AT gt_output ASSIGNING <gt_output>.
    IF <gt_output>-loevm_fkkvkp      = 'X'.
      <gt_output>-ergebnis           = 'Vertragskonto wurde gelöscht'.
      CONTINUE.
    ENDIF.
    IF <gt_output>-loevm_ever        = 'X'.
      <gt_output>-vertrag_ungueltig = 'X'.
      <gt_output>-ergebnis           = 'Vertrag wurde gelöscht'.
      CONTINUE.
    ENDIF.
    IF <gt_output>-billfinit         = 'X'.
      <gt_output>-vertrag_ungueltig = 'X'.
      <gt_output>-ergebnis           = 'Vertrag wurde abgerechnet'.
      CONTINUE.
    ENDIF.
    IF <gt_output>-auszdat           < sy-datum.
      <gt_output>-vertrag_ungueltig = 'X'.
      <gt_output>-ergebnis           = 'Auszugsdatum vor aktuellem Tagesdatum'.
      CONTINUE.
    ENDIF.
  ENDLOOP.

ENDFORM.                    " ANALYSIERE_DATEN
```

Abbildung 4.37: LOOP AT gt_output ASSIGNING <gt_output>

Bei der Verwendung von ASSIGNING <gt_output> ist für eine Aktualisierung der Tabelleninhalte der Befehl

```
»MODIFY gt_output FROM gs_output
                  INDEX sy-tabix.«
```

vor dem Ende der Schleife nicht mehr erforderlich.

Durch das ASSIGNING wurden die Werte der jeweiligen Tabellenzeile gt_output im Speicher dem Feldsymbol <gt_output> zugewiesen. Eine Änderung des Wertes im Feldsymbol wirkt sich damit direkt auf den Wert der Zeile im Speicher aus.

Eine solche Verwendung funktioniert nicht bei untypisierten Feldsymbolen. Hierbei kennt das Programm die Struktur des Feldsymbols erst bei der Zuweisung einer Variablen durch den ASSIGN-Befehl. Der Versuch, im Programm auf ein untypisiertes Feldsymbol mit dem Feldnamen eines Strukturelements zuzugreifen, würde bereits beim Syntax-Check einen Fehler erzeugen. Das Programm kennt die zugewiesene Struktur erst zur Laufzeit.

Feldsymbole können vielfach in der Programmierung eingesetzt werden: in der dynamischen Programmierung, als Struktur in Loop-Schleifen und – wie in Abschnitt 4.15 gezeigt wird – auch beim sogenannten »Dirty Assign«.

4.11 Die perfekte Ausgabe – ALV-Grid-Control

SAP hat den Entwicklern mit dem *SAP Control Framework* sehr effiziente Programmiertools zur Verfügung gestellt. Das Control Framework ermöglicht das Ansteuern von Programmfunktionen (auch *Custom Controls* genannt) mithilfe von ABAP-Befehlen. Die Logik dieser Controls läuft auf dem Applikationsserver, während der Frontend-Rechner als Container fungiert. Je nach Version des SAP GUI sind die Custom Controls Active-X-Controls oder JavaBeans.

Die Controls stellen für den Entwickler sogenannte »Blackboxes« dar, mit denen er auf einfache Weise Programmfunktionen zur Ausgabe von Programmergebnissen nutzen kann.

Im Control-Framework stehen dem Entwickler folgende Funktionen zur Verfügung:

- TREE-Control – damit können Menüs in der Form von Baumstrukturen erstellt werden,
- EDIT-Control – dienen der Entwicklung von Texteditoren in Anwendungen,
- PICTURE-Control – zeigen Bilder auf einem Bildschirm an,
- CALENDER-Control – zur einfachen Anzeige und Eingabe eines Datums oder Datumintervalls,
- TOOLBAR-Control – zur Erweiterung von Drucktastenleisten,
- DRAG&DROP-Control – zum Verschieben von Objekten auf dem Bildschirm,
- ALV-GRID-Control – zur Darstellung von Listen mit einer Reihe sinnvoller Funktionen für die Listenbearbeitung (auch *List-Viewer* genannt).

In diesem Abschnitt erläutere ich die Verwendung von *ALV-Grid-Controls*, da diese sehr effektiv und einfach für die Ausgabe von Listen in der List- und Dialogverarbeitung verwendet werden können.

Die SAP stellt im Entwicklungspaket »SLIS« eine Reihe von Beispiel-Programmen für den Einsatz der ALV-Grid-Controls zur Verfügung. Diese Controls sind sehr umfangreiche Hilfsmittel. Für die Praxis genügt jedoch ein relativ kleiner Funktionsumgang, um z. B. ALV-Grid-Listen zu erstellen.

4.11.1 ALV-Grid-Listen in der Listverarbeitung

In der Listverarbeitung können dem Anwender mit wenigen Standard-Funktionsbausteinen für ALV-Grid-Controls sehr nützliche Werkzeuge zur Listenbearbeitung zur Verfügung gestellt werden.

Einsatz von ALV-Grid-Controls

Zur Erläuterung der ALV-Grid-Controls wird das im Kapitel 1 geforderte Programm zur Umstellung der Kontoklasse von Vertragskonten verwendet. Zur Realisierung dieser Anforderung wurde das Beispiel-Programm ZCU_FIRST_CUSTOMER_KONTOKLASSE entwickelt. Das Programm hat zwei Laufvarianten: einen Analyse- und einen Umstellungs-Programmlauf. Um die ALV-Grid-Liste zu erläutern, genügt es, den Analyse-Programmlauf zu betrachten.

Das Programm hat für den Analyse-Programmlauf folgenden Aufbau:

- Deklarationen benötigter Variablen für die Programmfunktionen und Variablen für die Darstellung einer ALV-Grid-Liste,
- Selektionsbildschirm,
- Prüfung der Eingaben,
- Analyse selektierter Datensätze,
- Ausgabe der Analyseergebnisse.

Um die Analyseergebnisse in einem ALV-Grid darzustellen, verwende ich immer ein Template (Beispiel-Programm ZCU_ABAP_ALV_GRID_TEMPLATE), das in jedem Programm mit Listausgabe verwendet werden kann.

Im Deklarationsteil (siehe Abbildung 4.38) sind verschiedene Variablen für das ALV-Grid zu definieren.

Der Type-Pool SLIS beinhaltet Datentypen, die zur Typisierung von Variablen des List-Viewers benötigt wird. Die Deklaration des Type-Pools kann bei Erweiterungen zur Listausgabe erforderlich sein, ist jedoch in diesem einfachen Beispiel nicht zwingend.

```
* Deklarationen für die ALV-Grid-Controls
TYPE-POOLS: slis.

DATA:    gt_fieldcat            TYPE slis_t_fieldcat_alv,
         gt_events              TYPE slis_t_event,
         gt_layout              TYPE slis_layout_alv,
         gt_list_top_of_page    TYPE slis_t_listheader,
         gv_repid               LIKE sy-repid,
         gv_save                TYPE c.


DATA: BEGIN OF gs_variant.
INCLUDE  STRUCTURE  disvariant.
DATA: END OF  gs_variant.
```

Abbildung 4.38: Deklarationen für die Listenverarbeitung mit ALV-Grid-Controls

Als Variablen werden folgende Felder deklariert:

- GT_FIELDCAT – diese interne Tabelle wird Informationen über die Felder der aufzubauenden Liste beinhalten,
- GT_EVENTS – diese Tabelle wird Informationen über Ereignisse beinhalten, auf die das ALV-Grid-Control reagiert,
- GT_LAYOUT – Tabelle mit beschreibenden Informationen zur Gestaltung der Ausgabetabelle,
- GT_LIST_TOP_OF_PAGE – Kopf-Informationen über die auszugebende Tabelle,
- GV_REPID – Variable mit dem aktuellen Programmnamen,
- GV_SAVE – Festlegung, in welcher Form der Anwender das Layout der Ausgabetabelle ändern kann.

Im Anschluss an die Selektion der Daten, Prüfung der Selektionen und Analyse der Daten wird das Analyse-Ergebnis ausgegeben. Die Form-Routine zur Ausgabe der ALV-Grid-Liste ist wiederum ein Template, das bei ihrer Verwendung in einem Programm nur an wenigen Stellen angepasst werden muss (siehe Abbildung 4.39).

```
*&---------------------------------------------------------------------*
*&      Form  AUSGABE_ANALYSE
*&---------------------------------------------------------------------*
* Aufruf des ALV-Grid-Controls mit Hilfe eines Funktionsbausteins
*----------------------------------------------------------------------*
*  -->  gt_output    Ausgabetabelle
*----------------------------------------------------------------------*
FORM ausgabe_analyse .
* Anzahl auszugebender Datensatze
  DESCRIBE TABLE gt_output LINES gv_anzahl_analyse.

* Feldkatalog füllen
  PERFORM alv_fieldcat  USING gt_fieldcat.

* Ausgabelayout Steuerung
  PERFORM alv_layout_build USING gt_layout.

* Ereignisteuerung
  PERFORM eventtab_build USING gt_events[].

  gv_repid               = sy-repid.
  gs_variant-report      = sy-repid.
  gs_variant-username    = sy-uname.

* Speicheroptionen definieren
  gv_save = 'A'.

* Varianten  für Online und Hintergrundverarbeitung vorbelegen
  gs_variant-report  = sy-repid.
  gs_variant-handle  = '0001'.
  gs_variant-variant = '/STANDARD'.

  CALL FUNCTION 'REUSE_ALV_GRID_DISPLAY'
    EXPORTING
      i_callback_program     = gv_repid
      i_callback_top_of_page = 'TOP_OP_PAGE'
      is_layout              = gt_layout
      it_fieldcat            = gt_fieldcat
      it_events              = gt_events
      i_save                 = gv_save
      is_variant             = gs_variant
    TABLES
      t_outtab               = gt_output.

ENDFORM.                    " AUSGABE_ANALYSE
```

Abbildung 4.39: Quellcode zur Ausgabe einer ALV-Grid-Liste

Zur ALV-Grid-Ausgabe werden folgende Schritte durchlaufen:

1. Erstellen des Feldkatalogs, d. h., es wird festgelegt, welche Felder bzw. Spalten auf dem ALV-Grid anzuzeigen sind, welche Datentypen die Felder haben etc.,

2. Erstellen eines Layouts für die auszugebende Tabelle,
3. Ereignissteuerung, z. B. für die Erstellung von Kopfinformationen auf der Liste,
4. Festlegung, ob und wie der Anwender das Layout der angezeigten Liste ändern kann,
5. Aufbau des ALV-Grids durch den Funktionsbaustein REUSE_ALV_GRID_DISPLAY.

Für das Erstellen eines Feldkatalogs wird die in Abbildung 4.40 aufgeführte Form-Routine verwendet.

```
*&---------------------------------------------------------------------*
*&      Form  alv_fieldcat
*&---------------------------------------------------------------------*
*       Feldkatalog des ALV-Grid-Controls
*----------------------------------------------------------------------*
*      -->P_IT_FIELDCAT  text
*----------------------------------------------------------------------*
FORM alv_fieldcat USING    gt_fieldcat TYPE slis_t_fieldcat_alv.

* Feldkatalog für die ALV-Liste füllen
  CALL FUNCTION 'REUSE_ALV_FIELDCATALOG_MERGE'
    EXPORTING
      i_structure_name       = 'ZCU_FIRSTCUSTOMER_KTOKL_ANAL'
      i_client_never_display = 'X'
    CHANGING
      ct_fieldcat            = gt_fieldcat
    EXCEPTIONS
      inconsistent_interface = 1
      program_error          = 2
      OTHERS                 = 3.

  IF sy-subrc <> 0.
    sy-msgid = 'ZCU_ISU'.
    sy-msgty = 'E'.
    sy-msgno = '308'.
    sy-msgv1 = 'Feldkatalogs für die Analyse'.
    MESSAGE ID sy-msgid TYPE sy-msgty NUMBER sy-msgno
            WITH sy-msgv1 sy-msgv2 sy-msgv3 sy-msgv4.
  ENDIF.


ENDFORM.                    " alv_fieldcat
```

Abbildung 4.40: Quellcode zur Erstellung eines Feldkataloges für ALV-Grid-Controls

Der Funktionsbaustein REUSE_ALV_FIELDCATALOG_MERGE erstellt mithilfe einer im Data Dictionary erzeugten Struktur die auszugebenden Tabellenspalten. Es besteht unter bestimmten Bedingungen die Möglichkeit, für den Aufbau des Feldkatalogs programminterne Typen zu verwenden. Die SAP rät jedoch aus Performance-Gründen von dieser Variante ab. Erstellen Sie also am besten sofort mit der Transaktion SE11 eine Dictionary-Struktur, die die auszugebenden Felder beschreibt.

Für die Erstellung des Layouts ist der in Abbildung 4.41 gezeigte Quellcode einer Form-Routine anzuwenden.

```
*&---------------------------------------------------------------------*
*&      Form  alv_layout_build
*&---------------------------------------------------------------------*
*       Format/ Layout des ALV-Grid-Controls
*----------------------------------------------------------------------*
*      -->P_IT_LAYOUT  text
*----------------------------------------------------------------------*
FORM alv_layout_build USING    gs_layout TYPE slis_layout_alv.


   gs_layout-zebra                 = 'X'.
   gs_layout-cell_merge            = ' '.
   gs_layout-colwidth_optimize     = ' '.
   gs_layout-box_fieldname         = space.
   gs_layout-no_vline              = 'X'.
   gs_layout-no_colhead            = ' '.
   CLEAR gs_layout-lights_fieldname.

ENDFORM.                    " alv_layout_build
```

Abbildung 4.41: Quellcode zur Definition des Layouts einer ALV-Grid-Liste

Bei den Angaben zum Layout handelt es sich um Format-Parameter für die Listenausgabe. In der Struktur »slils_layout_alv« sind weitere Einstellungsmöglichkeiten zu finden.

Vor der Erstellung der ALV-Grid-Liste müssen ggf. Ereignisse registriert werden, auf die das ALV-Grid-Control reagiert. In diesem Beispiel ist es das Ereignis TOP-OF-PAGE, mit dem über die Liste bestimmte Informationen ausgegeben werden (siehe Abbildung 4.42).

```
*&---------------------------------------------------------------------*
*&      Form  eventtab_build
*&---------------------------------------------------------------------*
*       Registrieren von Ereignissen, auf die das ALV-Grid
*       reagieren soll
*----------------------------------------------------------------------*
*      -->GT_EVENTS[]  Tabelle mit registrierten Ereignissen
*----------------------------------------------------------------------*
FORM eventtab_build USING    gt_events TYPE slis_t_event.

  DATA: ls_event TYPE slis_alv_event.

  CALL FUNCTION 'REUSE_ALV_EVENTS_GET'
    EXPORTING
      i_list_type = 0
    IMPORTING
      et_events   = gt_events.

  READ TABLE gt_events WITH KEY name =  slis_ev_top_of_page
                           INTO ls_event.

  IF sy-subrc = 0.
    MOVE 'TOP_OF_PAGE' TO ls_event-form.
    APPEND ls_event    TO gt_events.
  ENDIF.

ENDFORM.                    " eventtab_build
```

Abbildung 4.42: Quellcode zur Registrierung von EVENTS in einer ALV-Grid-Liste

Es gibt eine Reihe von Ereignissen für die Listenverarbeitung, auf die ein ALV-Grid-Control reagieren kann, z. B.:

- PF_STATUS_SET = Erweitern des PF-Status,
- USER_COMMAND = reagiert auf eigene Funktionscodes des PF_STATUS_SET,
- TOP_OF_PAGE = reagiert auf einen Seitenanfang,
- END_OF_PAGE = reagiert auf ein Seitenende,
- TOP_OF_LIST = reagiert auf den Beginn einer Liste,
- END_OF_LIST = reagiert auf das Ende einer Liste.

Abschließend wird mit den Variablen I_SAVE und IS_VARIANT festgelegt, ob und welches Layout der ALV-Grid-Liste automatisch gezogen wird bzw., ob der Anwender eigene und für alle User gültige Layouts speichern kann. Hier sind folgende Eingaben möglich:

- `I_SAVE = space, IS_VARIANT = space`
  Nur das aktuelle Layout kann geändert werden.
- `I_SAVE = space, IS_VARIANT = 'Layout_Name'`
  Ein ausgeliefertes Layout kann genutzt werden.
- `I_SAVE <> space, IS_VARIANT = space`
  Ein ausgeliefertes Layout kann genutzt werden.
- `I_SAVE = X, IS_Variant = 'Layout_Name'`
  Nur Speichern voreingestellter Layouts (für alle User gültig).
- `I_SAVE = U, IS_Variant = 'Layout_Name'`
  Nur Speichern benutzerspezifischer Layouts.
- `I_SAVE = A, IS_Variant = 'Layout_Name'`
  Speichern von voreingestellten und benutzerspezifischen Layouts.

Damit im Tabellenkopf Informationen ausgegeben werden können, müssen zwei Form-Routinen implementiert werden (siehe Abbildung 4.43).

```
*&---------------------------------------------------------------------*
*&       Form  TOP_OF_PAGE
*&---------------------------------------------------------------------*
*        Seitenkopf der Ausgabe
*----------------------------------------------------------------------*
FORM top_of_page.                                          "#EC CALLED

  PERFORM comment_build  USING gt_list_top_of_page[].

  CALL FUNCTION 'REUSE_ALV_COMMENTARY_WRITE'
    EXPORTING
      it_list_commentary = gt_list_top_of_page.


ENDFORM.                    " TOP_OF_PAGE
```

Abbildung 4.43: Quellcode für das Ereignis TOP_OF_PAGE der ALV-Grid-Listerstellung

Die Form-Routine TOP_OF_PAGE wird nicht direkt aufgerufen, sondern implizit beim Aufbau der ALV-Grid-Liste verwendet, sobald das Ereignis TOP-OF-PAGE ausgelöst wird (siehe Abbildung 4.44).

```
FORM comment_build USING gt_top_of_page TYPE slis_t_listheader.

  DATA:     ls_line      TYPE slis_listheader,
            lv_date(10)  TYPE c,
            lv_time(8)   TYPE c,
            lv_sdt(2)    TYPE c,
            lv_min(2)    TYPE c,
            lv_sec(2)    TYPE c,
            lv_kopf(45)  TYPE c.

  REFRESH gt_top_of_page[].
* Die Kopfzeile
  lv_kopf = 'Analyse der Kontoklassen'.
  CLEAR ls_line.
  ls_line-typ  = 'H'.
  ls_line-key  = ''.
  ls_line-info = lv_kopf. "CHAR 60
  APPEND ls_line TO gt_top_of_page.

* Kopfinfo: Typ S
  CLEAR ls_line.
  ls_line-typ  = 'S'.
  ls_line-key  = 'Name:'.
  ls_line-info = sy-uname.
  APPEND ls_line TO gt_top_of_page.

  WRITE sy-datum TO lv_date.
  ls_line-key  = 'Datum:'.
  ls_line-info = lv_date.
  APPEND ls_line TO gt_top_of_page.
  WRITE sy-datum TO lv_date.

  lv_sdt = sy-uzeit+0(2).
  lv_min = sy-uzeit+2(2).
  lv_sec = sy-uzeit+4(2).
  CONCATENATE lv_sdt ':' lv_min ':' lv_sec INTO lv_time.
  ls_line-key  = 'Zeit:'.
  ls_line-info = lv_time.
  APPEND ls_line TO gt_top_of_page.

  ls_line-key  = 'Anz. V.-konten:'.
  ls_line-info = gv_anzahl_analyse.
  APPEND ls_line TO gt_top_of_page.

ENDFORM.                          " comment_build
```

Abbildung 4.44: Gestaltung der Kopfinformationen einer ALV-Grid-Liste

Die Form-Routine COMMENT_BUILD wird von der Routine TOP_OF_PAGE gerufen. Die Ausgabe der Analyse von Kontoklassen nach der Selektion von sieben Vertragskonten zeigt Abbildung 4.45.

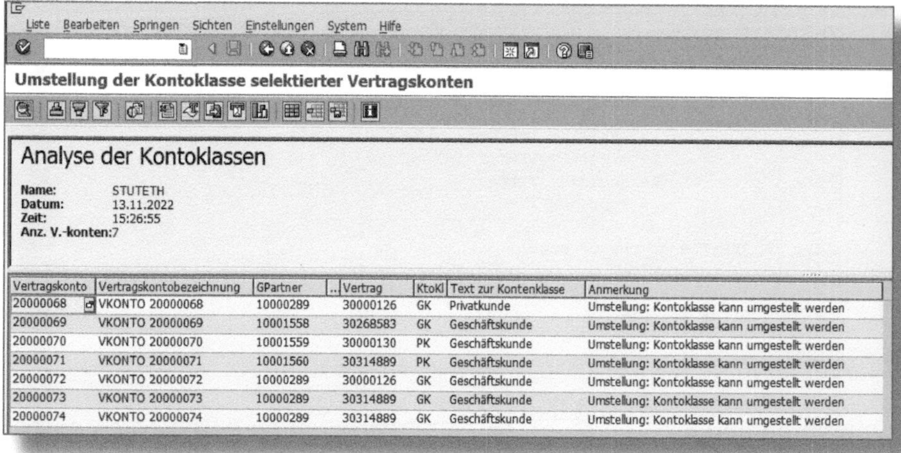

Vertragskonto	Vertragskontobezeichnung	GPartner	..	Vertrag	KtoKl	Text zur Kontenklasse	Anmerkung
20000068	VKONTO 20000068	10000289		30000126	GK	Privatkunde	Umstellung: Kontoklasse kann umgestellt werden
20000069	VKONTO 20000069	10001558		30268583	GK	Geschäftskunde	Umstellung: Kontoklasse kann umgestellt werden
20000070	VKONTO 20000070	10001559		30000130	PK	Geschäftskunde	Umstellung: Kontoklasse kann umgestellt werden
20000071	VKONTO 20000071	10001560		30314889	PK	Geschäftskunde	Umstellung: Kontoklasse kann umgestellt werden
20000072	VKONTO 20000072	10000289		30000126	GK	Geschäftskunde	Umstellung: Kontoklasse kann umgestellt werden
20000073	VKONTO 20000073	10000289		30314889	GK	Geschäftskunde	Umstellung: Kontoklasse kann umgestellt werden
20000074	VKONTO 20000074	10000289		30314889	GK	Geschäftskunde	Umstellung: Kontoklasse kann umgestellt werden

Abbildung 4.45: Ausgabe der ALV-Grid-Liste

Das Standard-ALV-Grid-Control bringt einige hilfreiche Funktionen, die dem Anwender über die Standard-Icon-Leiste angeboten werden:

Detailsicht eines markierten Datensatzes.

Nach Markieren einer Spalte können Datensätze auf- oder absteigend sortiert werden.

Filtern von Datensätzen. Dazu muss im ersten Schritt die Spalte gewählt werden, auf den der Filter gesetzt und im zweiten Schritt ein Wert, nach dem die Daten gefiltert werden sollen.

Druckvorschau der Liste.

zeigt die Daten in MS-Excel an, sofern diese Anwendung auf dem Arbeitsplatz installiert ist.

zeigt die Daten in MS-Word an, sofern diese Anwendung auf dem Arbeitsplatz installiert ist (damit wird auch die Erstellung von Serienbriefen unterstützt).

ermöglicht einen Versand der Liste innerhalb des SAP-Systems, aber auch an Mail-Empfänger im Internet.

erstellt aus markierten Spalten/Zeilen Balkendiagramme.

Diese Icons ermöglichen die Auswahl, das Ändern und Sichern von Layouts (siehe hierzu die Anmerkungen zu den Variablen I_SAVE und IS_VARIANT).

Wählen Sie im Reiter LISTE die Funktion EXPORTIEREN, so ist es möglich, die Liste als lokale Datei auf dem Arbeitsplatz zu speichern, in eine Tabellenkalkulation oder in eine Textverarbeitung zu übertragen.

Mit einer relativ einfachen Entwicklung des ALV-Grid-Controls zur Ausgabe von Daten erhält der Anwender weitreichende Optionen, die ausgegebenen Daten zu bearbeiten. Nutzt der Entwickler zur Erstellung von Reporten ein Template, so kann die Datenausgabe erheblich schneller erstellt werden als mit dem in früheren Zeiten verwendeten *WRITE*-Befehl.

4.11.2 ALV-Grid-Listen in der Dialogverarbeitung

ALV-Grid-Listen in der Dialogverarbeitung sind mit anderen Methoden zu entwickeln. Hier werden SAP-Standard-Klassen und -Methoden anstelle von Funktionsbausteinen eingesetzt. Gegenüber den Funktionsbausteinen für die Listverarbeitung besitzen die Methoden für die ALV-Grid-Listen einen größeren Funktionsumfang. So kann z. B. auf einen Doppelklick im ALV-Grid reagiert werden.

Reaktion auf einen Doppelklick in einer ALV-Grid-Ausgabe

Zur Erläuterung, wie diese Funktionalitäten entwickelt werden, stelle ich Ihnen das Beispiel-Programm ZCU_ABAP_ALV_GRID_DYNPRO vor. Im Selektionsbildschirm können Geschäftspartner, Vertragskonten und Verträge eingegeben werden. Das Programm selektiert Geschäftspartner mit Vertragskonten und Verträgen und analysiert, ob die Verträge aktuell gültig sind. Die Ergebnisliste wird als ALV-Grid in einem Dynpro ausgegeben. Durch Doppelklick auf eine der Vertragsnummern in der ALV-Grid-Liste wird das SAP-Standard-Programm zur Anzeige von Versorgungsverträgen mit der entsprechenden Vertragsnummer aufgerufen. Mit Beenden der Vertragsanzeige wird wieder die Ergebnisliste im Dynpro angezeigt.

Eine Reihe von Beispiel-Programmen ist im SAP-Standard-Entwicklungspaket SALV_OM_OBJECTS zu finden. Diese können mit dem Begriff »SALV_DEMO*« und der [F4]-Hilfe der SE80 angezeigt werden.

Für die ALV-Grid-Ausgabe in der Dialogverarbeitung sind folgende Entwicklungsschritte erforderlich:

1. Anstelle von Funktionsbausteinen wird mit CALL SCREEN <screen_nummer> ein Dynpro im ABAP-Editor erstellt, z. B. CALL SCREEN 0100 (nicht die Nummer 1000 verwenden, da diese Nummer für den Selektionsbildschirm reserviert ist!).

2. Für die Behandlung des Doppelklicks auf dem Dynpro wird eine lokale Klasse definiert und implementiert.

3. Anschließend sind die erforderlichen Variablen zu deklarieren.

4. Vor dem Aufruf des Dynpros wird ein SAP-Standard-Objekt für den Doppelklick auf das Dynpro generiert und das Ereignis »Doppelklick« registriert.

   Die Ablauflogik eines Dynpros besteht aus folgenden Bausteinen:

   - Process-Before-Output-Module, die ABAP-Coding für den Aufbau des Dynpros beinhalten,
   - das Dynpro selbst mit den Elementen, die auf dem Bildschirm angezeigt werden,
   - Process-After-Input-Module, die ABAP-Coding für die Reaktion auf Anwendereingaben enthalten.

5. Mit dem Layout-Editor ist ein Screen-Bereich für die Ausgabe des ALV-Grid-Controls zu erstellen.

6. In einem PBO-Modul wird ein sogenannter *PF-Status* (dazu gehören z. B. das Pull-down-Menü, die Button-Leiste, die Icon-Leiste und die Belegung von Funktionstasten) und ein Titel für das Dynpro definiert.

7. In einem zweiten PBO-Modul wird ein ALV-Grid-Container für die Übergabe der anzuzeigenden Daten an das Dynpro gefüllt.

8. In einem dritten PBO-Modul erfolgt der Versand der internen Tabelle mit den Daten an das Dynpro.

9. In einem PAI-Modul wird auf die Eingaben des Anwenders reagiert.

10. Eine Methode zur Behandlung des Ereignisses »Doppelklick« mit der geforderten Reaktion auf den Doppelklick ist abschließend zu definieren.

Diese Schritte werde ich nun im Folgenden detailliert beschreiben.

Wir definieren bzw. implementieren die Klasse zur Behandlung des Doppelklicks in einem eigenen Include, da sie in weiteren Programmen wiederverwendet werden kann. Nennen wir dieses Include ZCU_ABAP_LOCAL_CLASS_DOP_KLICK und rufen es vor dem Deklarationsteil für die ALV-Grid-Objekte auf (siehe Abbildung 4.46).

```
*---------------------------------------------------------------------*
* Inlcude für die Klasse zur Behandlung des Doppel-Klick im ALV-Grid
*---------------------------------------------------------------------*
INCLUDE zcu_abap_local_class_dop_klick.
```

Abbildung 4.46: Include für die Definition und Implementierung einer lokalen Klasse

Das Include selbst hat das in Abbildung 4.47 gezeigte Coding.

```
*&---------------------------------------------------------------------*
*&  Include           ZCU_ABAP_LOCAL_CLASS
*&---------------------------------------------------------------------*
*&---------------------------------------------------------------------*
*&   Klassendefinition und -implementierung
*&   zur Behandlung des Ereignisses
*&   Doppel_Klick im ALV-Grid-Control
*&---------------------------------------------------------------------*
CLASS lcl_alv_grid DEFINITION.

  PUBLIC SECTION.
    METHODS on_dblclick
            FOR EVENT double_click
            OF cl_gui_alv_grid
            IMPORTING e_row.

ENDCLASS.                    "lcl_alv_grid DEFINITION
*----------------------------------------------------------------------*
*       CLASS lcl_alv_grid IMPLEMENTATION
*----------------------------------------------------------------------*
*        Implementierung zur Behandlung des Doppelklicks
*----------------------------------------------------------------------*
CLASS lcl_alv_grid IMPLEMENTATION.

  METHOD on_dblclick.
*   Bei Doppelclick Aufruf der Transaktion ES22 um den
*   aus der Liste gewählten Beleg anzuzeigen
    READ TABLE        gt_output INDEX e_row-index INTO gs_output.
    SET PARAMETER ID 'VTG'  FIELD gs_output-vertrag.
    CALL TRANSACTION 'ES22' AND SKIP FIRST SCREEN.
    CLEAR e_row.

  ENDMETHOD.                    "on_dblclick

ENDCLASS.                    "lcl_alv_grid IMPLEMENTATION
```

Abbildung 4.47: Lokale Klasse zur Behandlung des Doppelklicks auf einer ALV-Grid-Zeile

Die Methode stellt sicher, dass die beim Doppelklick selektierte Zeile bzw. aus dieser Zeile die Vertragsnummer zum Aufruf der Transaktion ES22 (Vertrag anzeigen) verwendet wird. Der Transaktion ES22 wird dabei die Vertragsnummer in die Parameter-ID »VTG« übergeben. Diese Parameter-ID können wir mit der [F1]-Hilfe zum Selektionsfeld VERTRAG in der Transaktion ES22 in Erfahrung bringen. Mittels Button TECHNISCHE INFORMATIONEN wird uns die ID in den FELD-DATEN angezeigt (siehe Abbildung 4.48).

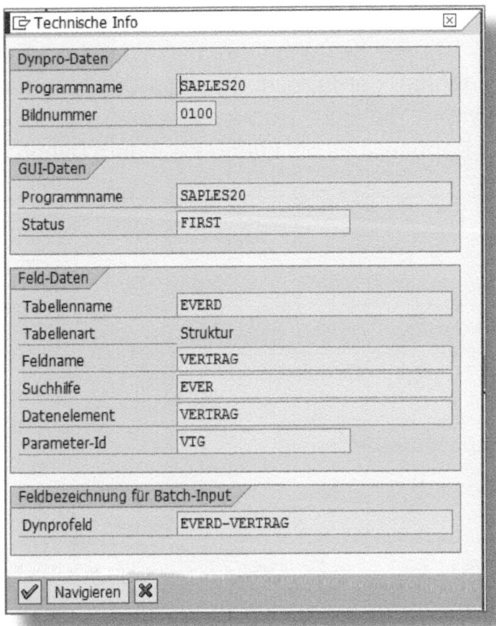

Abbildung 4.48: Auffinden der Parameter-ID in der vorletzten Zeile

Für die Ausgabe des ALV-Grids auf einem Dynpro sind die in Abbildung 4.49 gezeigten Deklarationen erforderlich.

```
*----------------------------------------------------------------------*
* Inlcude für die Klasse zur Behandlung des Doppel-Klick im ALV-Grid
*----------------------------------------------------------------------*
INCLUDE zcu_abap_local_class_dop_klick.

*----------------------------------------------------------------------*
* Objekt-Deklarationen für das ALV Grid Control
*----------------------------------------------------------------------*

DATA: go_custom_container     TYPE REF TO cl_gui_custom_container,
      go_sap_grid             TYPE REF TO cl_gui_alv_grid,
      go_sap_dblclick         TYPE REF TO lcl_alv_grid,
      gs_alv_layout           TYPE lvc_s_layo,
      gs_alv_variant          TYPE disvariant,
      gv_alv_save(1)          TYPE c,
      ok_code                 TYPE sy-ucomm.

```

Abbildung 4.49: Deklaration von Variablen für das ALV-Grid auf einem Dynpro.

Kommen wir nun zu den notwendigen Vorarbeiten vor dem Aufruf des Dynpros (siehe Abbildung 4.50). Sie bestehen aus den Vorgaben zur Speicherung von Layout-Varianten, der Erzeugung eines Objektes für den Doppelklick auf das Dynpro mit dem Namen »go_sap_dblclick« sowie der Registrierung des Doppelklicks als Ereignis auf dem Dynpro.

```
*&---------------------------------------------------------------------*
*&       Form  AUSGABE_ERGEBNIS
*&---------------------------------------------------------------------*
*        Ausgabe des Konvertierungsergebnis in einem ALV-Grid
*----------------------------------------------------------------------*
*   -->  gt_output Ausgabetabelle
*----------------------------------------------------------------------*
FORM ausgabe_ergebnis .

*----------------------------------------------------------------------*
* Ermittlung der Anzahl auszugebender Datensätze
*----------------------------------------------------------------------*
  DESCRIBE TABLE gt_output LINES gv_anzahl.

*----------------------------------------------------------------------*
* Setzen von Vorgaben für das ALV-Grid-Control
* Mit diesen Werten können Anzeigevarianten gesichert werden
*----------------------------------------------------------------------*
  gs_alv_variant-report = sy-cprog.
  gv_alv_save = 'A'.

*----------------------------------------------------------------------*
* Erzeugen eines Objektes für die Behandlung des Ereignisses
* Doppelklick auf dem ALV-Grid-Control
*----------------------------------------------------------------------*
  CREATE OBJECT go_sap_dblclick.

*----------------------------------------------------------------------*
* Registrieren des Ereignisses Doppelklick auf dem ALV-Grid-Control
*----------------------------------------------------------------------*
  SET HANDLER go_sap_dblclick->on_dblclick FOR ALL INSTANCES.

  CALL SCREEN 0100.

ENDFORM.                    "AUSGABE_ERGEBIS
```

Abbildung 4.50: Vor dem Aufruf des ALV-Grid-Dynpros

Anschließend wird mit dem Befehl `CALL_SCREEN 0100.` das Dynpro mit der ALV-Grid-Ausgabe aufgerufen. Durch einen Doppelklick auf die Zahl »0100« wird ein Dynpro im Programm angelegt.

Dem Entwickler wird ein Bildschirm mit drei Reitern angezeigt (siehe Abbildung 4.51):

- EIGENSCHAFTEN des Dynpros, mit Titel des Dynpros, DYNPROTYP (Normal, Subscreen oder Modales Dynpro) sowie das FOLGEDYNPRO,
- ELEMENTLISTE des Dynpros, d. h., welche Objekte im Dynpro angezeigt werden,
- ABLAUFLOGIK des Dynpros.

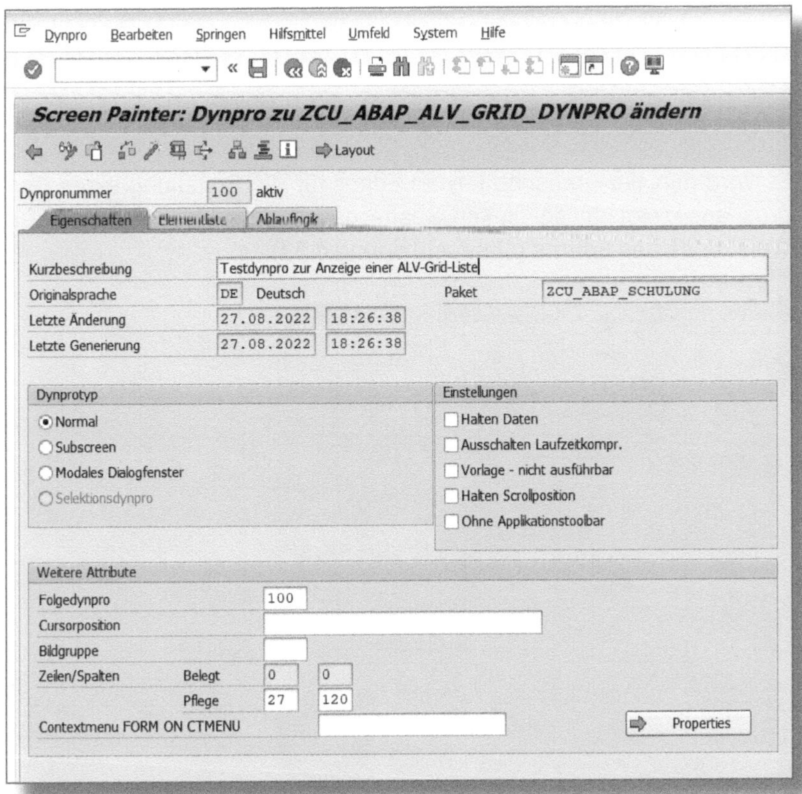

Abbildung 4.51: Eigenschaften des ALV-Grid-Dynpros

Wir wählen in diesem Beispiel den DYNPROTYP »normal« mit dem FOLGEDYNPRO »100«, d. h., nach Beendigung des Dynpros würde wieder das Dynpro 100 angezeigt, z. B. durch Betätigen der [Enter]-Taste.

Wechseln wir zunächst auf das Dynpro-Layout mit dem Button LAYOUT (siehe Abbildung 4.52).

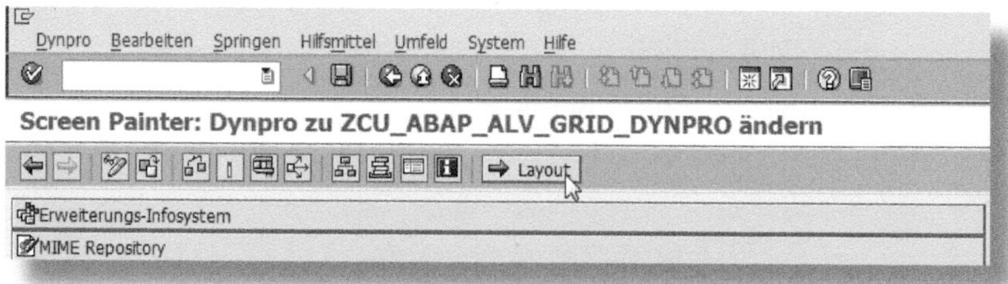

Abbildung 4.52: Aufruf des Layout-Painters

Es wird nun der grafische Layout-Editor für die Erstellung eines Dynpros angezeigt. In der linken Spalte des Bildschirms sehen Sie die Werkzeuge des Editors (siehe Abbildung 4.53).

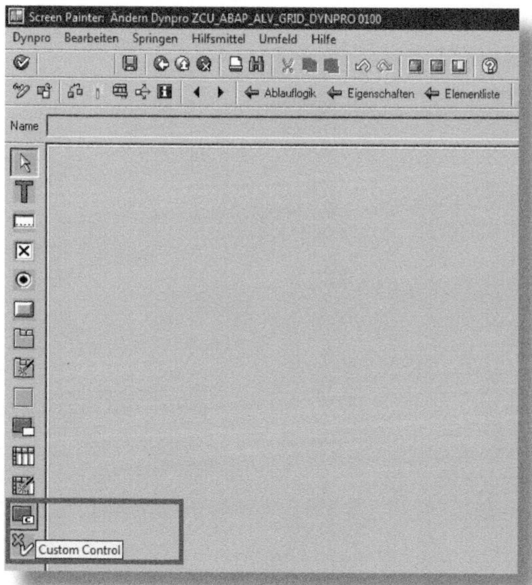

Abbildung 4.53: Custom-Control-Element in der Werkzeug-Leiste des Layout-Painters

Wir wählen das vorletzte Icon zur Erstellung eines Dynpro-Bereichs (Custom Control) für einen Control-Bereich. Damit können wir im Dynpro einen Bereich zur Ausgabe des ALV-Grid-Controls zeichnen, der bei den heutigen Bildschirmauflösungen ruhig etwas großzügiger ausfallen darf (siehe Abbildung 4.54).

Abbildung 4.54: Bereich für die Ausgabe eines Custom-Control-Elementes im Dynpro

In der Eingabezeile geben wir diesem Dynpro-Bereich einen frei definierbaren Namen, in diesem Fall ALV_GRID_CONTROL_0100.

Damit unter der Ausgabe der Liste die Anzahl selektierter Daten ausgegeben wird, verwenden wir nun das zweite Icon (ein großes T) in der Werkzeugleiste, um ein Textfeld im Dynpro auszugeben. Dieses Textfeld trägt den Namen »Anzahl selektierter Datensätze«, und wir platzieren es in einem freien Raum unterhalb des Bereiches für das

ALV-Grid-Control. Jetzt fehlt nur noch die Ausgabe der Anzahl selektierter Daten.

Dazu verwenden wir das Icon aus der oberen Leiste.

Es wird nun ein weiteres modales Fenster geöffnet, das den Zugriff auf Dictionary-Elemente oder programminterne Variablen zulässt. Wir suchen nach der globalen Variable *GV_ANZAHL*, die unter der ALV-Grid-Liste ausgegeben werden soll. Dazu geben wir den Variablen-Namen unter Tabellen-/Feldname ein und klicken auf den Button Holen aus Programm (siehe Abbildung 4.55).

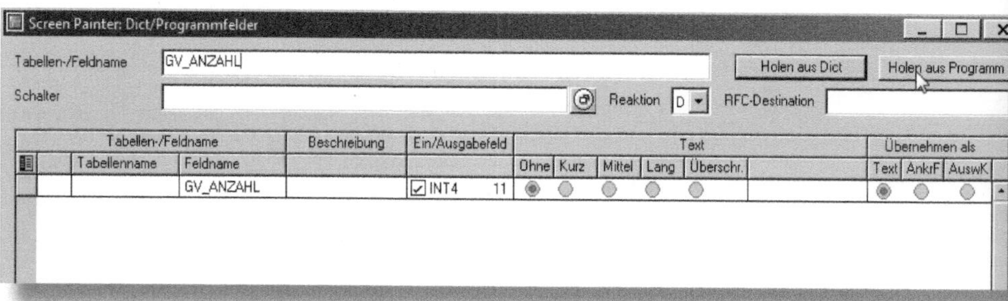

Abbildung 4.55: Auswahl von Programmfeldern in das Dynpro

Die gesuchte Variable wird – wenn man sich nicht verschrieben hat – in einer Liste direkt darunter angezeigt. Wir markieren diese Variable in der ersten Spalte und ziehen sie per Drag-and-drop auf eine freie Stelle des Dynpros unter der ALV-Grid-Liste.

Das modale Fenster für die Dictionary-/Programmfelder wird wieder geschlossen.

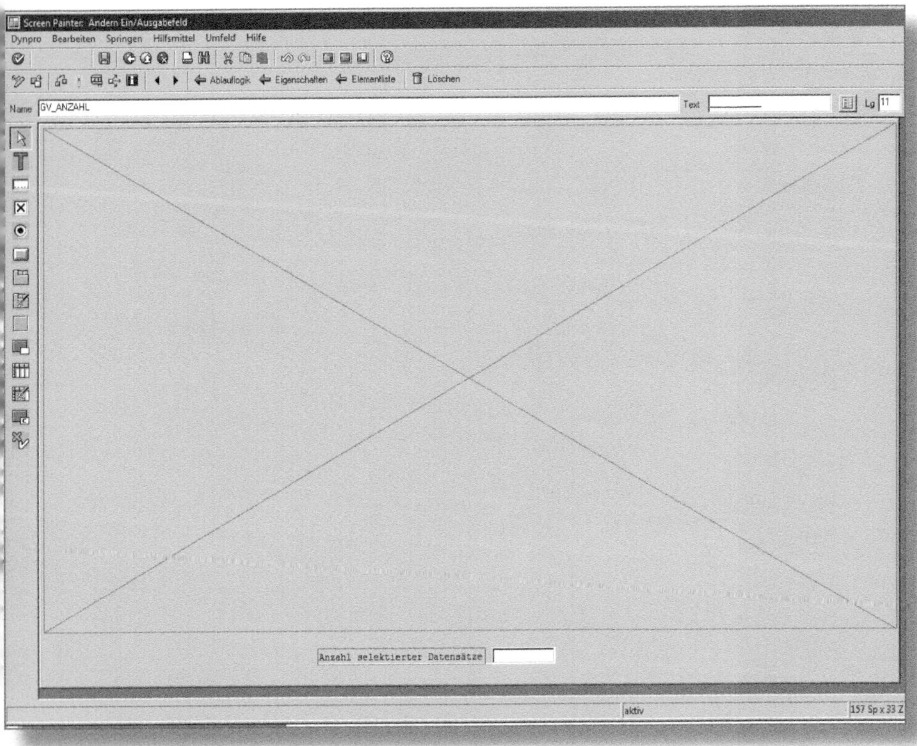

Abbildung 4.56: Platzieren eines Programmfeldes im Dynpro

Das Feld für die Ausgabe der Anzahl selektierter Daten – also *GV_ANZAHL* – ist nach wie vor eingabebereit. Mit einem Doppelklick darauf öffnet sich das zugehörige Eigenschaften-Fenster (siehe Abbildung 4.57).

Abbildung 4.57: Feldeigenschaften des Programmfeldes im Dynpro

Der Haken im Feld EINGABEFELD wird entfernt, wodurch das Ausgabefeld eine graue Farbe erhält. Die Variable GV_ANZAHL ist damit nicht mehr eingabebereit und dient nur noch der Ausgabe. Somit kann auch das Eigenschaften-Fenster wieder geschlossen werden. Mit einem Klick auf das Icon [] im Screen Painter wird das Dynpro aktiviert und abschließend das Screen-Painter-Fenster geschlossen.

Nun wechseln wir zum zweiten Reiter mit dem Namen ELEMENTLISTE in der Dynpro-Anzeige. Hier sind alle Elemente aufgeführt, die mithilfe des Screen Painters im Dynpro definiert wurden (siehe Abbildung 4.58).

Dynpronummer 100 aktiv

Eigenschaften | Elementliste | Ablauflogik

Allg. Attrib. | Texte u. E/A-Schabl. | Spez. Attrib. | Anzeigeattrib. | ModifGruppen/Funktionen | Referenzen

H..	M	Name	Typ ...	Ze..	Sp...	de...	vis...	Hö...	roll...	Format	Ei...	Au...	Nur...	Di...	Dict...	Property-Liste
+		ALV_GRID_CONTROL_0100	CuCtr	1	1	157	157	30			☐	☐	☐	☐		
		ANZAHL_DATENSAETZE	Text	32	32	30	30	1			☐	☐	☐	☐		Properties
		GV_ANZAHL	I/O	32	84	11	11	1	☐	INT4	☐	☑	☐	☐		Properties
		OK_CODE	OK	0	0	20	20	1	☐	OK				☐		Properties

Abbildung 4.58: Die Variable OK_CODE als Attribut des Dynpros

Wir geben ein weiteres Dynpro-Element mit dem Namen *OK_CODE* ein. Dieser Variablenname ist für die Variable reserviert, in die der Funktionscode geschrieben wird, den sie durch die Reaktion eines Anwenders im Dynpro erhält. Die möglichen Funktions-Codes werden im PF-Status (siehe unten) und die Variable OK_CODE im Deklarationsteil des Programms mit dem Typ SY-UCOMM definiert, also:

```
DATA: ok_code TYPE sy-ucomm.
```

Kommen wir nun zum dritten Reiter: der ABLAUFLOGIK. Im Standard wird bei der Generierung des Dynpros folgende Ablauflogik angezeigt (siehe Abbildung 4.59).

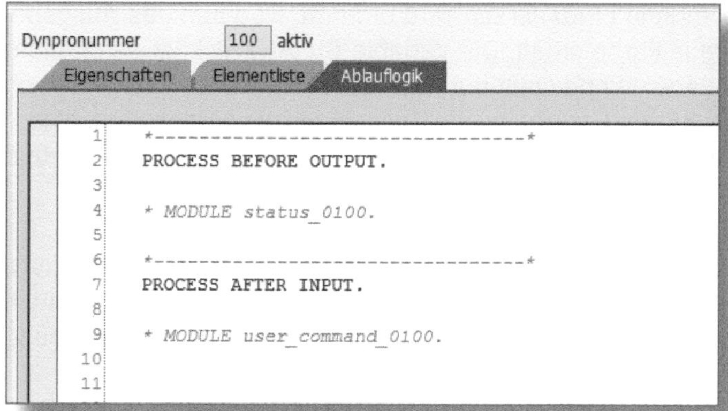

Abbildung 4.59: Die Ablauflogik des Dynpros

Die Kommentarzeilen vor den Dynpro-Modulen werden entfernt, und durch Doppelklick auf den Modulnamen wird ein sogenanntes *PBO-Modul* im Programm angelegt.

PBO-Module enthalten ABAP-Code, der die Ausgabe des Dynpros vorbereitet (siehe Abbildung 4.60).

```
*&---------------------------------------------------------------------*
*&      Module  STATUS_0100  OUTPUT
*&---------------------------------------------------------------------*
*       Definition von PF-Status und Titel des Dynpros 0100
*----------------------------------------------------------------------*
MODULE status_0100 OUTPUT.

  SET PF-STATUS 'PF_100'.

ENDMODULE.                 " STATUS_0100  OUTPUT
```

Abbildung 4.60: Definition des PF-Status eines Dynpros

Im Modul STATUS_<dynpro_nr> wird der PF-Status definiert: Dazu gehören die Funktionstastenbelegung, die Button- sowie die Icon-Leiste des Dynpros 0100 (auch *GUI-Status* genannt). Wir benötigen hier nur einen einfachen PF-Status (mit den Icons (BACK), (EXIT) und (CANCEL)), da dem Anwender durch die Anzeige des ALV-Grids hinreichende Menüs zur Verfügung gestellt werden (siehe Abbildung 4.61).

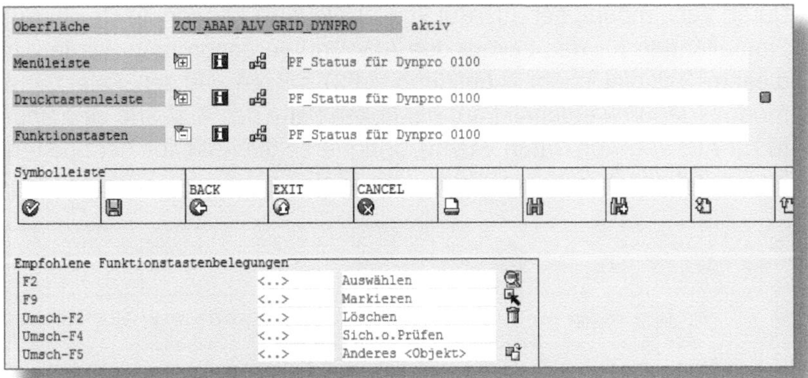

Abbildung 4.61: Eigenschaften des PF-Status

Für die ALV-Grid-Ausgabe im Dynpro werden zwei weitere PBO-Module benötigt: ein Modul, in dem der ALV-Grid-Container und das ALV-Grid selbst instanziiert werden (siehe Abbildung 4.62).

```
*&---------------------------------------------------------------------*
*&      Module  CREATE_ALV_OBJECT  OUTPUT
*&---------------------------------------------------------------------*
*       Erzeugen eines Container-Objektes für das ALV-Grid
*----------------------------------------------------------------------*
MODULE create_alv_object OUTPUT.

  IF go_custom_container IS INITIAL.

    CREATE OBJECT go_custom_container
      EXPORTING
        container_name = 'ALV_GRID_CONTROL_0100'.

    CREATE OBJECT go_sap_grid
      EXPORTING
        i_parent = go_custom_container.

  ENDIF.

ENDMODULE.                 " CREATE_ALV_OBJECT  OUTPUT
```

Abbildung 4.62: Instanziierung eines Container-Elements für die ALV-Grid-Ausgabe

In einem zweiten Modul werden die Daten der Ausgabetabelle »gt_output« in den soeben instanziierten ALV-Grid-Container »go_sap_grid« übergeben.

Durch Verwendung der Struktur »gs_alv_layout« können weitreichende Einstellungen für das Layout des ALV-Grid vorgenommen werden. In diesem Beispiel (siehe Abbildung 4.63) setzen wir den Selektionsmodus (dadurch erscheint auf der linken Seite des ALV-Grid eine Spalte zur Auswahl von Datensätzen), optimieren die Ausgabe der Spaltenbreite und geben dem ALV-Grid einen Titel.

```
*&---------------------------------------------------------------------*
*&  Module  TRANSFER_ALV_DATA  OUTPUT
*&---------------------------------------------------------------------*
*    PBO Datentransfer int. Tabelle gt_output in das ALV-Grid Control
*    Damit Anzeigevarianten auf dem Grid-Control gespeichert werden können,
*    müssen die Parameter is_variant und I_SAVE übergeben werden.
*----------------------------------------------------------------------*
MODULE transfer_alv_data OUTPUT.


* Layout-Parameter definieren
* Drucktasten am linken Rand des ALV_Grid zur Auswahl von Zeilen
  gs_alv_layout-sel_mode   = 'A'.
* Optimierung der Spaltenbreite
  gs_alv_layout-cwidth_opt = 'X'.
* Titel des ALV-Grid
  gs_alv_layout-grid_title = 'Testprogramm ALV-Grid auf Dynpros'.


  CALL METHOD go_sap_grid->set_table_for_first_display
    EXPORTING
      i_structure_name = 'ZCU_ABAP_ASSIGN'
      is_variant       = gs_alv_variant
      is_layout        = gs_alv_layout
      i_save           = gv_alv_save
    CHANGING
      it_outtab        = gt_output.


ENDMODULE.                 " TRANSFER_ALV_DATA  OUTPUT
```

Abbildung 4.63: Übergabe der selektieren Werte in der Tabelle GT_OUTPUT an das Dynpro

Abbildung 4.64 zeigt das aktuelle Coding für die Ablauflogik des Dynpros »0100«.

```
*---------------------------------*
PROCESS BEFORE OUTPUT.

  MODULE status_0100.

  MODULE create_alv_object.

  module transfer_alv_data.


*---------------------------------*
PROCESS AFTER INPUT.

  MODULE user_command_0100.
```

Abbildung 4.64: Fertige Ablauflogik des ALV-Grid-Dynpros

Für die Reaktion von Benutzereingaben im Dynpro muss ein *PAI-Modul* entwickelt werden (siehe Abbildung 4.65). In unserem Beispiel werden die definierten Icons in der Symbolleiste (BACK), (EXIT) und (CANCEL) abgefangen. Das bedeutet, dass ein Mausklick auf eines dieser drei Icons das Programm beendet.

```
*&---------------------------------------------------------------------*
*&      Module  USER_COMMAND_0100  INPUT
*&---------------------------------------------------------------------*
*       Reaktion auf Benutzereingaben
*----------------------------------------------------------------------*
MODULE user_command_0100 INPUT.

  CASE ok_code.

    WHEN 'BACK'
    OR   'EXIT'
    OR   'CANCEL'.
      LEAVE PROGRAM.

  ENDCASE.

ENDMODULE.                 " USER_COMMAND_0100  INPUT
*----------------------------------------------------------------------*
```

Abbildung 4.65: Das PAI-Modul des ALV-Grid-Dynpros

Das Programm ist damit fertiggestellt. Abbildung 4.66 zeigt als Ergebnis des Programmtests die ALV-Grid-Liste im Dynpro »0100«:

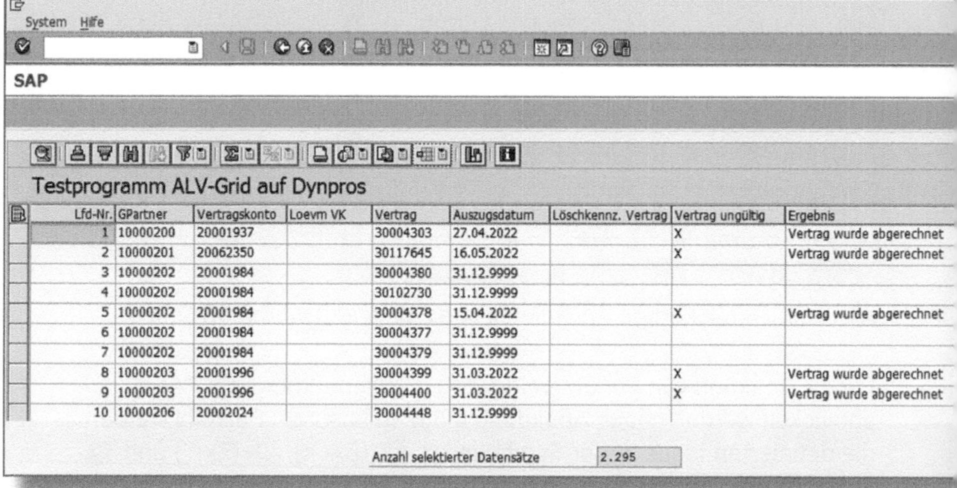

Lfd-Nr.	GPartner	Vertragskonto	Loevm VK	Vertrag	Auszugsdatum	Löschkennz. Vertrag	Vertrag ungültig	Ergebnis
1	10000200	20001937		30004303	27.04.2022		X	Vertrag wurde abgerechnet
2	10000201	20062350		30117645	16.05.2022		X	Vertrag wurde abgerechnet
3	10000202	20001984		30004380	31.12.9999			
4	10000202	20001984		30102730	31.12.9999			
5	10000202	20001984		30004378	15.04.2022		X	Vertrag wurde abgerechnet
6	10000202	20001984		30004377	31.12.9999			
7	10000202	20001984		30004379	31.12.9999			
8	10000203	20001996		30004399	31.03.2022		X	Vertrag wurde abgerechnet
9	10000203	20001996		30004400	31.03.2022		X	Vertrag wurde abgerechnet
10	10000206	20002024		30004448	31.12.9999			

Abbildung 4.66: Ausgabe des ALV-Grid-Dynpros

Durch Doppelklick auf eine der Vertragsnummern verzweigt das Programm in die Detailanzeige (siehe Abbildung 4.67) des ausgewählten Vertrags (Transaktion ES22).

Wird die Anzeige des Vertrags mit einem wiederholten Mausklick auf das Icon (ZURÜCK) oder einem einfachen Klick auf das Icon (BEENDEN) verlassen, so kehrt der Anwender in die Anzeige der ALV-Grid-Liste zurück.

In diesem Beispiel wurde lediglich das Ereignis »double_klick« realisiert. Analog können Sie weitere Ereignisse realisieren, wie z. B.

- `before_user_command`: Standard-Funktionstasten, wie z. B. die Tastenbelegung und das Kontextmenü ändern,
- `set_frontend_fieldcatalog`: auszugebende Struktur ändern,
- `set_frontend_layout`: Layout der auszugebenden Tabelle definieren,

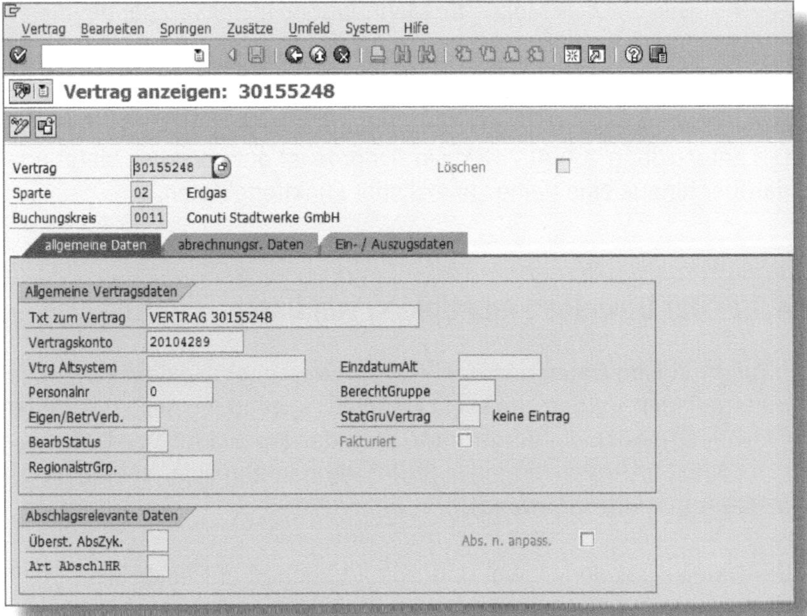

Abbildung 4.67: Detailanzeige, Vertrag aus ALV-Grid-Dynpro

- `set_filter_criteria`: Filterkriterien für die auszugebenden Daten definieren,
- `print_top_of_list`: Ausgabe von Informationen über die ALV-Grid-Liste,
- `button_click`: Abfangen eines Mausklicks auf eine Drucktaste im Grid Control,
- `double_click`: Abfangen eines Doppelklicks auf eine Zelle des Grid Controls,
- `hotspot_click`: Hotspot-Klick auf vorher dafür festgelegte Spalten abfragen,
- `user_command`: Abfangen von eigenen Funktionscodes,
- `toolbar`: GUI-Elemente in der Toolbar ändern, löschen oder hinzufügen,

- `menu_button`: Menüs für Menübuttons in der Toolbar definieren,
- `after_user_command`: Abfragen von eigenen und Standard-Funktionscodes.

Die Entwicklung von ALV-Grids in Dynpros ist aufwendiger, bietet aber darüber hinaus eine Reihe zusätzlicher Funktionalitäten.

4.12 Der Download und Upload von Daten

Häufig müssen Daten aus dem SAP-System in eine externe Datei heruntergeladen werden, um sie in weiteren Anwendungen zu bearbeiten (*Download*). Auch der umgekehrte Weg, das Hochladen von Daten aus einer Nicht-SAP-Anwendung in SAP-Datenbanktabellen, ist eine oft gestellte Anforderung (*Upload*).

Die Dateien für den Down- und Upload können auf einem Netzwerkverzeichnis des SAP-Applikationsservers bzw. auf einem lokalen Verzeichnis des Arbeitsplatzes gespeichert sein.

Für beide Wege gibt es verschiedene Datenformate, von denen die Folgenden am gebräuchlichsten sind:

- *ASC-Format*: Die Tabelle wird als Text übertragen. Dabei werden Konvertierungsexits ausgeführt. Das Ausgabeformat hängt von weiteren Parametern ab: CODEPAGE, TRUNC_TRAILING_BLANKS und TRUNC_TRAILING_BLANKS_EOL.
- Dieses Format eignet sich insbesondere zur weiteren Verarbeitung der Daten in Anwendungen wie z. B. Microsoft Excel oder Word. Ohne Formatangabe wird in SAP-Standard-Funktionsbausteinen automatisch das ASC-Format verwendet.
- *BIN-Format*: Die Daten werden binär übertragen. Es finden keine Aufbereitung und keine Codepage-Konvertierung statt. Die Daten werden zeilenweise interpretiert und nicht spaltenweise aufbereitet. Die Länge der Daten ist im Parameter BIN_FILESIZE anzugeben. Die Tabelle sollte aus einer Spalte vom Typ

»X« bestehen, da insbesondere in Unicode-Systemen die Umwandlung strukturierter in binäre Daten zu Fehlern führen kann.

- *DAT-Format*: Bei diesem Format erfolgt die Datenübertragung spaltenweise. Wie beim ASC-Format wird für die Daten das Textformat verwendet. Im Gegensatz zum ASC-Format lassen sich keine Konvertierungsexits ausführen, und die Spalten werden durch Tabulatorzeichen getrennt. Dieses Format erzeugt Dateien, die mit `gui_upload` oder `ws_upload` wieder eingelesen werden können. Das Format eignet sich also dafür, Daten aus einem SAP-System herunter- und in ein anderes SAP-System hochzuladen.

4.12.1 Der Download von Daten

Download von Daten aus einem SAP-System

Für den Download von Daten der SAP-Datenbanktabelle ZRAHMENVERTRAG wurde das Programm ZCU_ABAP_DOWNLOAD_ZRAHMENVERTRAG entwickelt. Damit werden Daten im ASC-Format auf den Arbeitsplatzrechner oder den Applikationsserver heruntergeladen.

Das Programm besitzt folgende Funktionsbereiche:

- Selektionsbild,
- Selektion der Daten,
- Download auf den Applikationsserver,
- Download auf den Arbeitsplatzrechner,
- Ausgabe des Programmergebnisses.

Entsprechend dieser Funktionsbereiche wird das Hauptprogramm strukturiert.

Das Selektionsbild zeigt eine Auswahl des Downloads, die auf dem Applikationsserver oder dem PC (als Arbeitsplatzrechner) zur Verfügung gestellt wurde (siehe Abbildung 4.68).

```
*---------------------------------------------------------------------*
* Selection-Screen                                                    *
*---------------------------------------------------------------------*
SELECTION-SCREEN BEGIN OF BLOCK block1 WITH FRAME TITLE TEXT-001.
SELECTION-SCREEN SKIP.
PARAMETERS: p_appl     RADIOBUTTON GROUP ausw DEFAULT 'X'.
PARAMETERS: p_file     TYPE cfdlfile OBLIGATORY
            DEFAULT    'ZRAHMENVERTRAG'.
PARAMETERS: p_verzap   TYPE cfdlfile
            DEFAULT     '/usr/sap/trans'.
SELECTION-SCREEN SKIP.
PARAMETERS: p_pc        RADIOBUTTON GROUP ausw.
PARAMETERS: p_filepc    TYPE cfdlfile
            DEFAULT     'C:'.
SELECTION-SCREEN SKIP.
SELECTION-SCREEN END OF BLOCK block1.
```

Abbildung 4.68: Selektionsbild für die Eingabe von Zielverzeichnis und -datei für den Download

Das Default-Verzeichnis für den Applikationsserver können Sie über die Transaktion AL11 in Erfahrung bringen. Mit dieser Transaktion hat der Anwender einen Zugriff auf die Netzwerkverzeichnisse des SAP-Servers. Im Regelfall wird das Verzeichnis »/usr/sap/trans/« für den Download von Dateien verwendet. Es ist auf ein Netzwerk-Verzeichnis gemappt, sodass der Anwender sich die heruntergeladenen Daten dort abholen kann. Unternehmensspezifische Verzeichnisse sind beim SAP-Basisteam zu erfragen.

Das Standard-Verzeichnis für den Download auf den Arbeitsplatzrechner ist das Verzeichnis »C:\TEMP«. Nicht alle Anwender arbeiten direkt im Netzwerk, sondern über das Internet auf dem SAP-System. Damit auch bei einem Remote-Zugriff auf das System sichergestellt wird, dass ein Verzeichnis gewählt werden kann, auf das der Anwender Zugriff hat, wird zum Zeitpunkt der Auswahl von PC-Verzeichnis und Dateinamen eine F4-Hilfe zur Verfügung gestellt. Dazu können die SAP-Klasse »CL_GUI_FRONTEND_SERVICES« und deren Methode »FILE_OPEN_DIALOG« verwendet werden (siehe Abbildung 4.69).

```
*---------------------------------------------------------------------*
* At Selection-Screen On Value-Request                                 *
*---------------------------------------------------------------------*
AT SELECTION-SCREEN ON VALUE-REQUEST FOR p_filepc.


  CALL METHOD cl_gui_frontend_services=>file_open_dialog
    EXPORTING
      window_title            = 'Bitte selektieren Sie die Excel-Datei für den Download'
*     default_extension       =
*     file_filter             =
*     with_encoding           =
*     initial_directory       =
*     multiselection          =
    CHANGING
      file_table              = gv_pc_file_table
      rc                      = gv_rc
*     user_action             =
*     file_encoding           =
    EXCEPTIONS
      file_open_dialog_failed = 1
      cntl_error              = 2
      error_no_gui            = 3
      not_supported_by_gui    = 4
      OTHERS                  = 5.

  IF sy-subrc <> 0 OR gv_rc < 0.
    MESSAGE e001(zcu_isu) WITH 'Fehler beim Öffnen des PC-Verzeichnisses'.
  ENDIF.
```

Abbildung 4.69: SAP-Klasse zur Auswahl des Speicherziels einer Download-Datei auf dem lokalen Arbeitsplatz

Das Programm selbst hat eine sehr einfache Struktur, wie Abbildung 4.70 zeigt.

```
*---------------------------------------------------------------------*
* Start-of-selection                                                   *
*---------------------------------------------------------------------*

START-OF-SELECTION.

  PERFORM selektiere_daten.

  IF p_appl = 'X'.
    PERFORM download_appl_server.
  ELSEIF p_pc = 'X'.
    PERFORM download_pc.
  ENDIF.

  PERFORM ausgabe_ergebnis.

*---------------------------------------------------------------------*
```

Abbildung 4.70: Programmstruktur für den Daten-Download

Der Download auf den Applikationsserver wird mit dem in Abbildung 4.71 dargestellten ABAP-Coding gewährleistet.

```
*&---------------------------------------------------------------------*
*&      Form  DOWNLOAD_APPL_SERVER
*&---------------------------------------------------------------------*
*       Download der Tabelle ZRAHMENVERTRAG auf den Appl.-Server
*----------------------------------------------------------------------*
*  --> gt_zrahmenvertrag  Tabelle, die auf den Appl.-Server
*                         heruntergeladen werden soll
*----------------------------------------------------------------------*
FORM download_appl_server .

  CONCATENATE p_verzap
              p_file
         INTO p_file.

* Datei auf Appl.-Server öffnen und Download der Daten
  OPEN DATASET p_file FOR OUTPUT IN TEXT MODE ENCODING NON-UNICODE.
  IF sy-subrc <> 0.
    WRITE: /'Fehler beim Öffnen der Datei', p_file.
    EXIT.
  ELSE.
    LOOP AT gt_zrahmenvertrag INTO gs_zrahmenvertrag.
*        gs_output = <gs_tabelle>.
      TRANSFER gs_zrahmenvertrag TO p_file.
    ENDLOOP.
    CLOSE DATASET p_file.
  ENDIF.

* Erfolgs-/Fehlermeldung für den Download auf Appl.-Server
  IF sy-subrc = 0.
    gv_erfolg = 'X'.
  ELSE.
    gv_fehler = 'X'.
  ENDIF.

ENDFORM.                    " DOWNLOAD_APPL_SERVER
```

Abbildung 4.71: Quellcode für den Download auf das Verzeichnis des Applikationsservers

Der Download auf den Arbeitsplatzrechner kann mithilfe des SAP-Standard-Funktionsbausteins GUI_DOWNLOAD realisiert werden. Das Coding für die Verwendung dieses Funktionsbausteins (siehe Abbildung 4.73) können Sie sehr schnell mit dem Button MUSTER im ABAP-Editor erzeugen (siehe Abbildung 4.72).

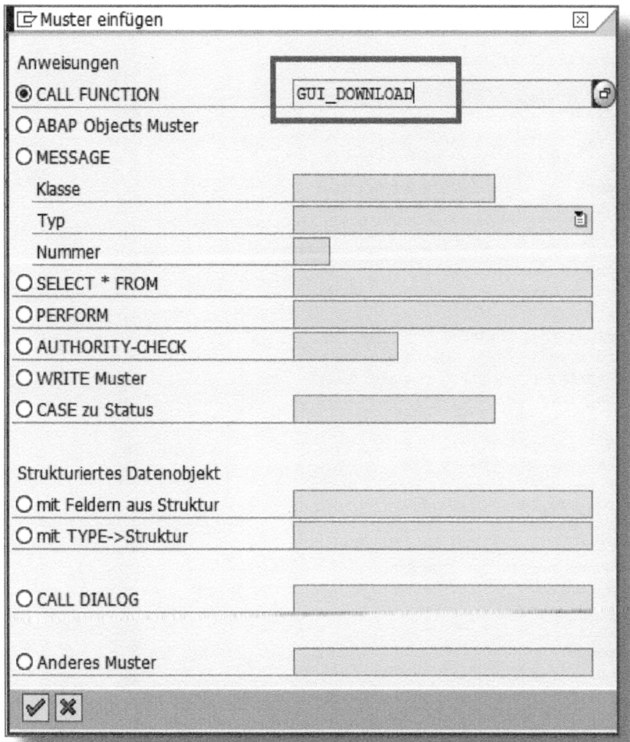

Abbildung 4.72: Verwendung der Muster-Funktion im ABAP-Editor

Für den Download auf den Arbeitsplatzrechner (Abbildung 4.73) sind für den Funktionsbaustein GUI_DOWNLOAD lediglich der Dateiname (filename), das Ausgabeformat (filetype) und die auszugebende Tabelle (data_tab) zu benennen.

Zum Programmabschluss wird dem Anwender durch einfache Write-Statements mitgeteilt, ob der Download korrekt erzeugt wurde oder fehlerhaft war.

```
FORM download_pc .

  DATA: lv_pc_file TYPE string.

  lv_pc_file = p_filepc.

  CALL FUNCTION 'GUI_DOWNLOAD'
    EXPORTING
      filename                = lv_pc_file
      filetype                = 'ASC'
    TABLES
      data_tab                = gt_zrahmenvertrag
    EXCEPTIONS
      file_write_error        = 1
      no_batch                = 2
      gui_refuse_filetransfer = 3
      invalid_type            = 4
      no_authority            = 5
      unknown_error           = 6
      header_not_allowed      = 7
      separator_not_allowed   = 8
      filesize_not_allowed    = 9
      header_too_long         = 10
      dp_error_create         = 11
      dp_error_send           = 12
      dp_error_write          = 13
      unknown_dp_error        = 14
      access_denied           = 15
      dp_out_of_memory        = 16
      disk_full               = 17
      dp_timeout              = 18
      file_not_found          = 19
      dataprovider_exception  = 20
      control_flush_error     = 21
      OTHERS                  = 22.

  IF sy-subrc <> 0.
    gv_fehler = 'X'.
    gv_fehlercode = sy-subrc.
  ELSE.
    gv_erfolg = 'X'.
  ENDIF.


ENDFORM.                    " DOWNLOAD_PC
```

Abbildung 4.73: Quellcode für den Download auf das lokale Verzeichnis des Arbeitsplatzsystems

```
*&---------------------------------------------------------------------*
*&      Form  AUSGABE_ERGEBNIS
*&---------------------------------------------------------------------*
*       Ausgabe des Ergebnisses des Programmlaufes
*----------------------------------------------------------------------*
*  -->  p_appl        Kennzeichen für den Download auf den Appl.Server
*  -->  p_pc          Kennzeichen für den Download auf den PC
*  -->  gv_erfolg     Kennzeichen, ob der Download erfolgreich war
*  -->  gv_fehler     Kennzeichen, dass der Download fehlerhaft war
*  -->  gv_fehlercode Fehlercode beim Download auf den PC
*----------------------------------------------------------------------*
FORM ausgabe_ergebnis .

  WRITE: / 'Ausgabe des Programmergebnisses'.
  WRITE: / 'User',     (15) sy-uname.
  WRITE: / 'Programm', (15) sy-repid.
  WRITE: / 'Datum',    (15) sy-datum.
  WRITE: / 'Zeit',     (15) sy-uzeit.

  IF p_appl = 'X'.
    IF gv_erfolg = 'X'.
      WRITE: / 'Die Datensätze der Tabelle ZRAHMENVERTRAG wurden erfolgreich auf den Appl.Server heruntergeladen.'.
      WRITE: / 'Es wurden insgesamt', gv_anzahl_datensaetze, 'Datensätze heruntergeladen'.
      ULINE.
      WRITE: / '----------------------PROGRAMMENDE---------------------------'.
    ELSEIF gv_fehler = 'X'.
      WRITE: / 'Fehler beim Download der Tabelle ZRAHMENVERTRAG auf den Appl.Server.'.
      ULINE.
      WRITE: / '----------------------PROGRAMMENDE---------------------------'.
    ENDIF.
  ELSEIF p_pc ='X'.
    IF gv_erfolg = 'X'.
      WRITE: / 'Die Datensätze der Tabelle ZRAHMENVERTRAG wurden erfolgreich auf den Arbeitsplatz heruntergeladen.'.
      WRITE: / 'Es wurden insgesamt', gv_anzahl_datensaetze, 'Datensätze heruntergeladen'.
      ULINE.
      WRITE: / '----------------------PROGRAMMENDE---------------------------'.
    ELSEIF gv_fehler = 'X'.
      WRITE: / 'Fehler beim Download der Tabelle ZRAHMENVERTRAG auf den Arbeitsplatz.'.
      WRITE: / 'Der Fehlercode = ', gv_fehlercode.
      ULINE.
      WRITE: / '----------------------PROGRAMMENDE---------------------------'.
    ENDIF.

  ENDIF.

ENDFORM.                    " AUSGABE_ERGEBNIS
```

Abbildung 4.74: Quellcode zur Information des Anwenders über das Programmergebnis

Besitzt der Entwickler ein solches Download-Programm als Template, so kann er sehr schnell den Download von Daten aus SAP erzeugen. Noch schneller geht es übrigens mit einem Programm, in dem die *dynamische Programmierung* verwendet wird. Damit kann ein Programm für den Download beliebiger Tabellen erzeugt werden. Aber dazu komme ich im Abschnitt 4.18.

4.12.2 Der Upload von Daten

Analog zum Download kann ein Template-Programm für den Upload von Daten aus Fremdsystemen in das SAP-System entwickelt werden. Ich verwende dazu das Beispiel-Programm ZCU_ABAP_UPLOAD_ZRAHMENVERTAG.

Der Upload von Dateien des Applikationsservers funktioniert ausschließlich mit CHAR-Feldern. Die Tabelle ZRAHMENVERTRAG besitzt drei Datumsfelder mit dem Format DATS. Diese müssen beim Einlesen der Daten CHAR-Felder sein. Für die Konvertierung gibt es die Möglichkeiten, eine programminterne Struktur oder eine Hilfsstruktur im Data Dictionary zu erstellen.

Wie in Abbildung 4.75 zu sehen, erstellen wir zunächst eine Hilfsstruktur mit dem Namen »ZRAHMENVERTRAG_CHAR«, in dem unter KOMPONENTEN die Datumsfelder der Tabelle ZRAHMENVERTRAG durch CHAR-Felder der LÄNGE »8« geändert wurden.

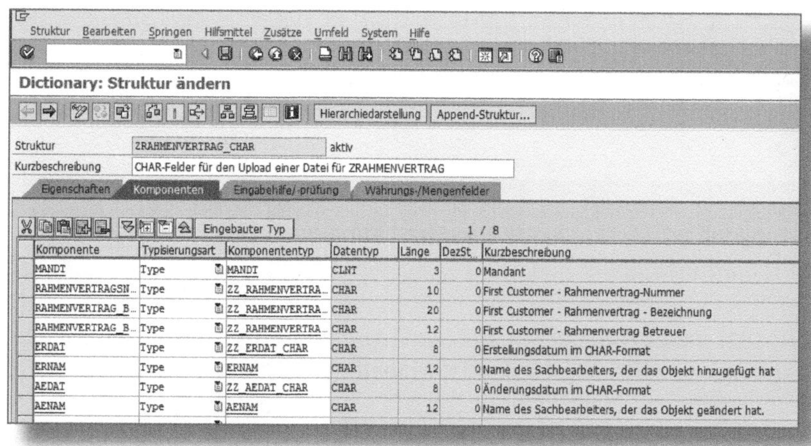

Abbildung 4.75: Hilfsstruktur für den Upload von Daten der Tabelle ZRAHMENVERTRAG

Darüber hinaus muss beim Upload von Tabelleninhalten darauf geachtet werden, dass Daten nicht doppelt in eine Datenbanktabelle geladen werden. Wir müssen also vor einer Änderung des Tabelleninhalts prüfen, ob es einen Datensatz mit dem Schlüsselfeld RAHMENVER-

TRAGSNUMMER bereits gibt. Ist kein Datensatz mit dieser Nummer vorhanden, kann der hochgeladene Datensatz durch einen *Insert*-Befehl in die Datenbanktabelle geschrieben werden. Wird ein solcher Datensatz gefunden, ist zu prüfen, ob es Änderungen zwischen dem hochgeladenen und dem Datensatz auf der Datenbank gibt. Wenn ja, dann wird der Datensatz auf der Datenbank durch den hochgeladenen mittels *MODIFY*-Befehl geändert. Gibt es keine Änderung, so kann dieser Datensatz ignoriert werden.

Das Programm für den Upload hat damit folgende Ablauflogik:

1. Selektionsbild,
2. Hochladen der Daten vom Applikationsserver oder
3. Hochladen der Daten vom Arbeitsplatzsystem,
4. Prüfen der hochgeladenen Daten gegen die Daten auf der Datenbanktabelle,
5. Insert oder Modify auf der Datenbanktabelle,
6. Ausgabe des Programmergebnisses.

In Abbildung 4.76 sehen Sie das Selektionsbild mit dem entsprechenden ABAP-Coding.

```
*----------------------------------------------------------------------*
* Selection-Screen                                                     *
*----------------------------------------------------------------------*
SELECTION-SCREEN BEGIN OF BLOCK block1 WITH FRAME TITLE text-001.
SELECTION-SCREEN SKIP.
PARAMETERS: p_appl     RADIOBUTTON GROUP ausw DEFAULT 'X'.
PARAMETERS: p_file     TYPE cfdlfile OBLIGATORY
            DEFAULT    'ZRAHMENVERTRAG'.
PARAMETERS: p_verzap   TYPE cfdlfile
            DEFAULT     '\\R3DCUCI\SAPMNT\TRANS\TMP\'.
SELECTION-SCREEN SKIP.
PARAMETERS: p_pc        RADIOBUTTON GROUP ausw.
PARAMETERS: p_filepc    TYPE cfdlfile
            DEFAULT     'C:\TEMP\ZRAHMENVERTAG'.
SELECTION-SCREEN SKIP.
SELECTION-SCREEN END OF BLOCK block1.
```

Abbildung 4.76: Selektionsbild für den Upload von Daten

Analog zum Download wird dem Anwender bei der Auswahl der Zieldatei vom Arbeitsplatzrechner eine F4-Hilfe zur Verfügung gestellt. Dazu wird wiederum der Funktionsbaustein »WS_FILENAME_GET« verwendet.

Auch das Upload-Programm hat eine sehr einfache Ablaufstruktur.

```
*&---------------------------------------------------------------------*
*&      Form  UPLOAD_APPL_SERVER
*&---------------------------------------------------------------------*
*       Upload der Selektieren Datei für die Tabelle ZRAHMENVERTRAG
*       vom Application-Server
*----------------------------------------------------------------------*
*  --> p_verzap  Dateiverzeichnis des Application-Servers
*  <-- p_file    Dateiname der hochzuladenden Datei
*----------------------------------------------------------------------*
FORM upload_appl_server .

*-----------------------------------------------------------------*
*     Upload der Tabelleninhalte vom Application-Server
*-----------------------------------------------------------------*
  CONCATENATE p_verzap
              p_file
         INTO p_file.


* Datei auf Appl.-Server öffnen und Download der Daten
  OPEN DATASET p_file FOR INPUT IN TEXT MODE ENCODING DEFAULT.

  IF sy-subrc = 0.
    DO.
      READ DATASET p_file INTO gs_zrahmenvertrag_char.
      IF sy-subrc = 0.
        MOVE-CORRESPONDING gs_zrahmenvertrag_char TO gs_zrahmenvertrag.
        APPEND gs_zrahmenvertrag TO gt_zrahmenvertrag.
      ELSE.
        EXIT.
      ENDIF.
    ENDDO.
    CLOSE DATASET p_file.
  ELSE.
    CONCATENATE  'Fehler beim Öffnen der Datei'
                 p_file
            INTO gv_message.
    MESSAGE i001(zcu_isu) WITH gv_message.
    LEAVE PROGRAM.
  ENDIF.

* Anzahl eingelesenener Datensätze
  DESCRIBE TABLE gt_zrahmenvertrag LINES gv_anzahl_upload.


ENDFORM.                    " UPLOAD_APPL_SERVER
```

Abbildung 4.77: Quellcode für den Upload von Daten vom Applikationsserver

Wie beim Download unterscheiden sich auch die Programmteile für den Upload vom Applikationsserver von denen des Arbeitsplatz-Uploads:

- Upload vom Arbeitsplatzrechner bzw. Applikationsserver,
- Prüfen der geladenen Datensätze,
- Update der Daten auf der entsprechenden Datenbanktabelle,
- Ausgabe des Programmergebnisses.

Wie bereits einleitend angemerkt, besitzt die Struktur gs_zrahmenvertrag_char nur CHAR-Felder. Bei dem anschließenden *MOVE-CORRESPONDING* werden die Datumsfelder wieder in das DATS-Format der Datenbanktabelle konvertiert.

Die ENCODING-Option beim *OPEN DATASET*-Befehl ist nur in Unicode-Systemen erforderlich.

Analog zum Download wird beim Upload von Dateien des Arbeitsplatzsystems ein SAP-Standard-Funktionsbaustein verwendet (siehe Abbildung 4.78).

Hier ist zudem eine Format-Konvertierung des Dateinamens erforderlich, da beim Aufruf des Funktionsbausteins der Dateiname in einer STRING-Variablen erwartet wird.

Nach dem Daten-Upload wird in einer Form-Routine geprüft, ob die hochgeladenen Datensätze bereits in der Datenbanktabelle vorhanden sind.

! Verhindern Sie das Einfügen doppelter Datensätze

In jedem Fall muss der Versuch unterbunden werden, dass das Programm einen gleichen Datensatz erneut in die Datenbanktabelle hochlädt. Dadurch würde es einen harten Programmabbruch (Dump) geben.

```
*&---------------------------------------------------------------------*
*&      Form  UPLOAD_PC
*&---------------------------------------------------------------------*
*       Upload der selektierten Datei vom Arbeitsplatzsystem
*----------------------------------------------------------------------*
*  --> p_filepc          Verzeichnis und Dateiname auf dem PC
*  <-- gt_zrahmenvertrag Hochgeladene Datensätze
*----------------------------------------------------------------------*
FORM upload_pc .

  DATA: lv_dateiname TYPE string.

  lv_dateiname = p_filepc.

  CALL FUNCTION 'GUI_UPLOAD'
    EXPORTING
      filename                = lv_dateiname
      filetype                = 'ASC'
    TABLES
      data_tab                = gt_zrahmenvertrag
    EXCEPTIONS
      file_open_error         = 1
      file_read_error         = 2
      no_batch                = 3
      gui_refuse_filetransfer = 4
      invalid_type            = 5
      no_authority            = 6
      unknown_error           = 7
      bad_data_format         = 8
      header_not_allowed      = 9
      separator_not_allowed   = 10
      header_too_long         = 11
      unknown_dp_error        = 12
      access_denied           = 13
      dp_out_of_memory        = 14
      disk_full               = 15
      dp_timeout              = 16
      OTHERS                  = 17.

  IF sy-subrc <> 0.
    MESSAGE e002(zcu_isu) WITH 'Fehler beim PC-Upload mit dem Fehlercode:' sy-subrc.
  ENDIF.
* Anzahl eingelesenener Datensätze
  DESCRIBE TABLE gt_zrahmenvertrag LINES gv_anzahl_upload.

ENDFORM.                    " UPLOAD_PC
```

Abbildung 4.78: Quellcode für den Upload von Daten vom lokalen Arbeitsplatzsystem

In der Form-Routine PRUEFE_DATEN (siehe Abbildung 4.79) werden die hochgeladenen Datensätze, je nach Prüfungsergebnis, in die internen Tabellen GT_INSERT, GT_MODIFY oder GT_DO_NOTHING geschrieben.

```
FORM pruefe_daten.

  DATA: ls_zrahmenvertrag_db TYPE zrahmenvertrag.

  IF gv_anzahl_upload > 0.

    REFRESH gt_insert.
    REFRESH gt_modify.
    REFRESH gt_do_nothing.

    gv_anzahl_insert     = 0.
    gv_anzahl_modify     = 0.
    gv_anzahl_do_nothing = 0.


    LOOP AT gt_zrahmenvertrag INTO gs_zrahmenvertrag.
      SELECT SINGLE *
        FROM zrahmenvertrag
        INTO ls_zrahmenvertrag_db
        WHERE rahmenvertragsnummer = gs_zrahmenvertrag-rahmenvertragsnummer.

      IF sy-subrc <> 0.
        APPEND gs_zrahmenvertrag TO gt_insert.
        CONTINUE.
      ELSE.
        IF ls_zrahmenvertrag_db = gs_zrahmenvertrag.
          APPEND gs_zrahmenvertrag TO gt_do_nothing.
          CONTINUE.
        ELSE.
          APPEND gs_zrahmenvertrag TO gt_modify.
          CONTINUE.
        ENDIF.
      ENDIF.
    ENDLOOP.

  ENDIF.

  DESCRIBE TABLE gt_zrahmenvertrag LINES gv_anzahl_upload.
  DESCRIBE TABLE gt_insert         LINES gv_anzahl_insert.
  DESCRIBE TABLE gt_modify         LINES gv_anzahl_modify.
  DESCRIBE TABLE gt_do_nothing     LINES gv_anzahl_do_nothing.

ENDFORM.                    " PRUEFE_DATEN
```

Abbildung 4.79: Quellcode für die Prüfung der Daten vor einem Upload in eine SAP-Tabelle

Abbildung 4.80 zeigt die Form-Routine AKTUALISIERE_DB_TABELLE, mit der die Tabelle ZRAHMENVERTRAG durch die hochgeladenen Datensätze geändert wird.

```
FORM akutalisiere_db_tabelle.

* Datensätze einfügen
  IF gv_anzahl_insert > 0.
    LOOP AT gt_insert INTO gs_insert.
      INSERT INTO zrahmenvertrag VALUES gs_insert.
      IF sy-subrc <> 0.
        gv_anzahl_insert_fehler = gv_anzahl_insert_fehler + 1.
      ENDIF.
    ENDLOOP.
  ENDIF.

* Datensätze ändern
  IF gv_anzahl_modify > 0.
    LOOP AT gt_modify INTO gs_modify.
      MODIFY zrahmenvertrag FROM gs_modify.

      IF sy-subrc <> 0.
        gv_anzahl_modify_fehler = gv_anzahl_modify_fehler + 1.
      ENDIF.
    ENDLOOP.
  ENDIF.


ENDFORM.                    " AKUTALISIERE_DB_TABELLE
```

Abbildung 4.80: Quellcode für das Insert neuer Datensätze und das Update vorhandener Datensätze

Zum Abschluss des Programms wird der Anwender durch eine einfache Ausgabe über das Programmergebnis informiert (siehe Abbildung 4.81).

Auch dieses Programm kann als Template für den Upload weiterer Dateien aus verschiedenen Datenbanktabellen verwendet werden. Für den Upload von Daten anderer Datenbanktabellen genügt es, ein paar Coding-Zeilen zu ändern.

```
FORM ausgabe_ergebnis .

* Es wurden Datensätze hochgeladen
  IF gv_anzahl_upload > 0.
    WRITE: / 'Ausgabe des Programmergebnisses'.
    WRITE: / 'User',      (15) sy-uname.
    WRITE: / 'Programm', (15) sy-repid.
    WRITE: / 'Datum',     (15) sy-datum.
    WRITE: / 'Zeit',      (15) sy-uzeit.
    WRITE: / 'Anzahl hochgeladener Datensätze:', gv_anzahl_upload.
    IF gv_anzahl_insert > 0.
      WRITE: / 'Es wurde folgende Anzahl von Datensätzen hinzugefügt:', gv_anzahl_insert.
    ENDIF.
    IF gv_anzahl_modify > 0.
      WRITE: / 'Es wurde folgende Anzahl von Datensätzen geändert:', gv_anzahl_modify.
    ENDIF.
    IF gv_anzahl_do_nothing > 0.
      WRITE: / 'Folgende Anzahl von Datensätzen wurden weder hinzugefügt noch geändert:',
                 gv_anzahl_do_nothing.
    ELSEIF gv_anzahl_do_nothing = 0.
      WRITE: / 'Alle hochgeladenen Datensätze wurden hinzugefügt bzw. geändert'.
    ENDIF.
    IF gv_anzahl_insert_fehler > 0.
      WRITE: / 'Es gab folgende Anzahl von Fehlern beim Modify', gv_anzahl_insert_fehler.
    ENDIF.
    IF gv_anzahl_modify_fehler > 0.
      WRITE: / 'Es gab folgende Anzahl von Fehlern beim Modify', gv_anzahl_modify_fehler.
    ENDIF.

* Es wurden keine Datensätze hochgeladen
  ELSEIF gv_anzahl_upload = 0.

    WRITE: / 'Ausgabe des Programmergebnisses'.
    WRITE: / 'User',      (15) sy-uname.
    WRITE: / 'Programm', (15) sy-repid.
    WRITE: / 'Datum',     (15) sy-datum.
    WRITE: / 'Zeit',      (15) sy-uzeit.

    WRITE: / 'Es wurden keine Datensätze hochgeladen.'.
    ULINE.
    WRITE: / '----------------------PROGRAMMENDE----------------------------'.

  ENDIF.

ENDFORM.                    " AUSGABE_ERGEBNIS
```

Abbildung 4.81: Quellcode zur Information des Anwenders über das Ergebnis des Daten-Uploads

4.13 ABAP-Coding in Tabellen speichern und aus Tabellen lesen

Muss zum Beispiel geprüft werden, ob kundeneigene Programmierstandards eingehalten werden, so ist das Coding mehrerer Programme zu kontrollieren. Alle Codezeilen von ABAP-Programmen werden in der Datenbanktabelle REPOSRC gespeichert. Das Coding befindet sich im Feld DATA und steht dort in einem verschlüsselten Hexadezimal-Code. Um das Coding von Programmen in die interne Tabelle eines ABAP-Programms zu laden, muss der SAP-Standard-Funktionsbaustein READ_SOURCE verwendet werden (siehe hierzu das Beispiel-Programm ZCU_ABAP_SOURCE_CODE in Abbildung 4.82).

```
CALL FUNCTION 'READ_SOURCE'
  EXPORTING
    scanned           = space
    content_save_flag = space
    pcmode            = space
    edit_control      = space
    new_source        = space
    komprmode         = space
    overflow_area     = space
    msg               = space
    incl              = space
    row               = space
    col               = space
    wrd               = space
    change_mod_flag   = space
    transport_key     = gs_transport_key
  TABLES
    content           = gt_content
    content_c         = gt_content_c
    lineindex         = gt_lineindex
    mod_tab           = gt_mod_tab
    smodilog_abap     = gt_smodilog_abap
    page              = gt_page
    linenum           = gt_linenum
    step              = gt_step
    tk                = gt_tk
    stm               = gt_stm
  CHANGING
    status_flag       = gv_status_flag
    extend_mod        = gv_extend_mod
    edit              = gs_edit
  EXCEPTIONS
    cancelled         = 1
    not_found         = 2
    read_protected    = 3
    OTHERS            = 4.

IF sy-subrc = 1.
  MESSAGE e001(zcu_isu) WITH 'Das Lesen der Programmzeilen wurde abgebrochen'.
ELSEIF sy-subrc = 2.
  MESSAGE e001(zcu_isu) WITH 'Dier Programmzeilen des selektierten Programms wurden nicht gefunden.'
                             pa_progn.
ELSEIF sy-subrc = 3.
  MESSAGE e001(zcu_isu) WITH 'Das Programm ist lesegeschützt.'.
ELSEIF sy-subrc = 4.
  MESSAGE e001(zcu_isu) WITH 'Systemfehler beim Lesen der Programzeilen.'.
ENDIF.
```

Abbildung 4.82: Aufruf des SAP-Standard-Funktionsbausteins READ_SOURCE

Wichtig für den Aufruf des Funktionsbausteins ist die korrekte Typisierung der verwendeten Variablen, dargestellt in Abbildung 4.83.

```
*&---------------------------------------------------------------------*
*& Deklarationen
*&---------------------------------------------------------------------*

TYPE-POOLS: smodi.

DATA: gt_content          TYPE rswsourcet,
      gt_content_c        TYPE rswsourcet,
      gt_mod_tab          TYPE smodi_mod_tab,
      gt_page             TYPE rswsourcet,
      gt_tk               TYPE sedi_tk,
      gt_lineindex        TYPE TABLE OF edlineindx,
      gt_smodilog_abap    TYPE TABLE OF smodilog,
      gt_linenum          TYPE TABLE OF edlinenum,
      gt_step             TYPE TABLE OF edstep,
      gt_stm              TYPE TABLE OF sstmnt,
      gs_transport_key    LIKE trkey,
      gv_status_flag(1)   TYPE c,
      gv_extend_mod(1)    TYPE c,
      gs_edit             TYPE s38e,
      gv_output           TYPE string.
```

Abbildung 4.83: Deklarationen für den Aufruf des SAP-Standard-Funktionsbausteins READ_SOURCE

Die einzelnen Zeilen des Programms stehen in den Zeilen der Tabelle GT_CONTENT. Die Zeilen können mit einem

```
LOOP AT gt_content INTO gv_content
```

einzeln ausgelesen werden. Dazu muss die Variable »gv_content« den Typ XSTRING besitzen.

4.14 Der E-Mail-Versand aus SAP

Die Beschreibung des E-Mail-Versands aus SAP setzt voraus, dass mit der Transaktion SCOT (*Business Communication Services* – Administration) ein Mail-Server für das SAP-System eingerichtet wurde.

Für den Aufbau der Mail gibt es zwei verschiedene Möglichkeiten: Entweder wird der Tabelleninhalt als Text in der Mail oder als Datei im Anhang der Mail ausgegeben.

Für den Mail-Versand aus SAP wird der SAP-Standard-Funktionsbaustein SO_NEW_DOCUMENT_SEND_API1 verwendet. Vorher müssen mindestens vier Elemente der Mail-Nachricht definiert werden:

- die Empfänger,
- die Eigenschaften,
- der Dokumenttyp,
- der Inhalt.

Zur Erläuterung des Mail-Versands habe ich das Demo-Programm ZCU_ABAP_MAIL_VERSENDEN entwickelt. Die Mail soll die Daten der Tabelle ZRAHMENVERTRAG versenden. In unserem Beispiel wählen wir die erste Alternative.

Zur Erstellung der Mail benötigen wir die in Abbildung 4.84 gelisteten Deklarationen.

```
DATA: lt_empfaenger      TYPE TABLE OF somlreci1,
      ls_empfaenger      TYPE somlreci1,
      lt_mail            LIKE solisti1 OCCURS 5000 WITH HEADER LINE,
      ls_mail            TYPE solisti1,
      ls_doc_data        TYPE sodocchgi1.
```

Abbildung 4.84: Deklarationen für den Mail-Versand

Zunächst werden die Empfänger der Mail in die interne Tabelle »lt_empfaenger« gestellt (siehe Abbildung 4.85).

```
REFRESH lt_empfaenger.
ls_empfaenger-rec_type    = 'U'.
ls_empfaenger-receiver    = 'thomas.stutenbaeumer@conuti.de'.
ls_empfaenger-express     = 'X'.
APPEND ls_empfaenger TO lt_empfaenger.
```

Abbildung 4.85: Erstellen einer Empfänger-Liste

Im Anschluss daran legen wir die Eigenschaften der Mail fest (siehe Abbildung 4.86).

```
* Eigenschaften des zu versendenden Dokumentes festlegen--------------*
  ls_doc_data-obj_name          = 'Rahmenverträge'.
  ls_doc_data-obj_langu         = sy-langu.
  ls_doc_data-sensitivty        = 'F'.
  ls_doc_data-obj_prio          = '5'.
  ls_doc_data-no_change         = 'X'.
```

Abbildung 4.86: Festlegen der Mail-Eigenschaften

In unserem Beispiel erhält die Mail den Namen »Rahmenverträge«. Sie wird in der Systemsprache versendet. Die Sensitivität beschreibt, ob der Inhalt von anderen Personen gelesen bzw., ob die Mail weitergeleitet werden kann. Es gibt die folgenden Optionen:

- Sensitivität 'O' = normal,
- Sensitivität 'F' = funktional, die Mail kann weitergeleitet werden,
- Sensitivität 'P' = vertraulich, die Mail kann von einem Vertreter nicht eingesehen werden.

Die Objekt-Priorität beschreibt die Empfängerpriorität. Hierdurch werden beim Empfänger z. B. bestimmte Signale im Mail-Eingang gesetzt, die diese Mail als wichtig kennzeichnen. Es gibt die Prioritäten 1 bis 9, dabei ist »1« die höchste und »9« die niedrigste Priorität.

Wird das Kennzeichen `no_change = 'X'` gesetzt, kann nur der Autor der Mail deren Inhalt ändern.

Im letzten Schritt vor dem Mailversand werden die Daten der Tabelle ZRAHMENVERTRAEGE in die Mail geschrieben (siehe Abbildung 4.87).

```
* Zu versendende Daten an die Mail hängen.
* Datenüberschrift erzeugen.

  REFRESH lt_mail.

  CONCATENATE 'Mandant'
              'Rahmenvertragsnummer'
              'Rahmenvertragsbezeichnung'
              'Kundenbetreuer'
              'Erstell-Datum'
              'Ersteller'
              'Änderungsdatum'
              'Änderer'
        INTO ls_mail-line SEPARATED BY ';'.
  APPEND ls_mail TO lt_mail.

  LOOP AT gt_output INTO gs_output.

    CLEAR          ls_mail.

    CONCATENATE    gs_output-mandt
                   gs_output-rahmenvertragsnummer
                   gs_output-rahmenvertrag_bezeichnung
                   gs_output-rahmenvertrag_betreuer
                   gs_output-erdat
                   gs_output-ernam
                   gs_output-aedat
                   gs_output-aenam
              INTO ls_mail-line SEPARATED BY ';'.

    APPEND ls_mail TO lt_mail.

  ENDLOOP.
```

Abbildung 4.87: Füllen der Mail mit den gewünschten Informationen

Wurden die erforderlichen Parameter für den Aufruf des SAP-Standard-Funktionsbausteins gefüllt (siehe Abbildung 4.88), so kann die Mail nun mit dessen Hilfe versendet werden.

```
* Aufruf des Funktionsbausteins

  CALL FUNCTION 'SO_NEW_DOCUMENT_SEND_API1'
    EXPORTING
      document_data                = ls_doc_data
      document_type                = 'TXT'
    TABLES
      object_content               = lt_mail
      receivers                    = lt_empfaenger
    EXCEPTIONS
      too_many_receivers           = 1
      document_not_sent            = 2
      document_type_not_exist      = 3
      operation_no_authorization   = 4
      parameter_error              = 5
      x_error                      = 6
      enqueue_error                = 7
      OTHERS                       = 8.
```

Abbildung 4.88: Aufruf eines SAP-Standard-Funktionsbausteins für den Mail-Versand

Eine für den Anwender verständliche Fehlerbeschreibung, falls der Funktionsbaustein einen Fehler meldet (`sy-subrc <> 0`), versteht sich von selbst. Auch über den erfolgreichen Versand der Mail ist der Anwender zu informieren.

Mit dem fertiggestellten Aufruf des Funktionsbausteins kann die Mail in die Ausgabe-Queue gestellt werden. Im Regelfall übernimmt das Programm RSCONN01 als regelmäßig wiederkehrender Job den Versand der Mail aus dem SAP-System heraus. Ist dieser Job nicht eingeplant, muss der Mailversand mittels der Transaktion SCOT manuell angestoßen werden.

Dazu wird in der Transaktion SCOT das Menü ADMINISTRATION • AUSGEHENDE SENDEAUFTRÄGE verwendet (siehe Abbildung 4.89).

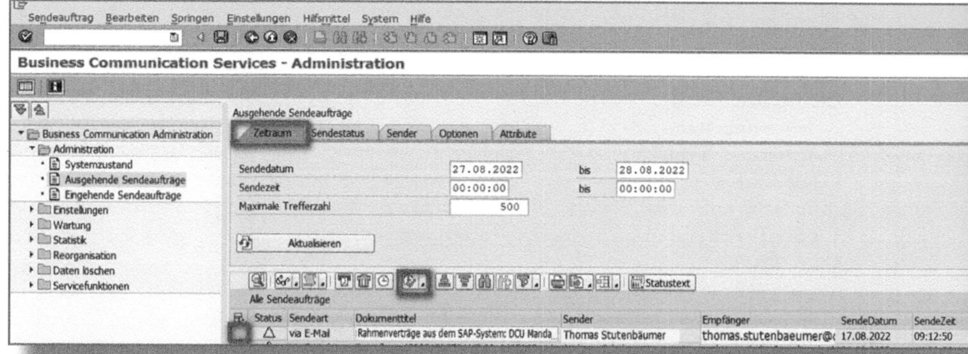

Abbildung 4.89: Ausgehende Sendeaufträge in der Transaktion SCOT

In der ersten Spalte der SENDEAUFTRÄGE markieren Sie die zu versendende Mail-Nachricht und wählen anschließend im Reiter ZEITRAUM und mit dem folgenden Icon

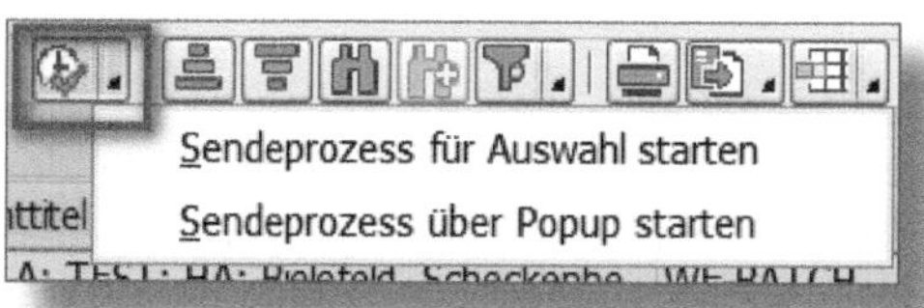

die Funktion SENDEPROZESS FÜR AUSWAHL STARTEN.

! Vorsicht beim Mail-Versand

Achten Sie darauf, dass z. B. in einem Testsystem nicht versehentlich der Versand für alle Mails in den Sendeaufträgen angestoßen wird. Es könnten sich hier z. B. Testmails von Bestellungen aus einem elektronischen Bestellsystem befinden.

Mithilfe der Transaktion SCOT können Sie auch die Mail-Inhalte einsehen. Dazu wird die einzusehende Mail in der Liste der Sendeaufträge markiert und anschließend mit einem Klick auf das Icon der Dokumentinhalt aufgerufen.

Die Transaktion SCOT kann ebenfalls dazu verwendet werden, erstellte Mails aus der Sendequeue zu löschen. Dazu dient das Icon in der Übersicht der Sendeaufträge (vgl. Abbildung 4.89). Damit ist jedoch nicht die Mail als solche gelöscht.

Dies kann mit einem anderen Werkzeug der Transaktion SCOT durchgeführt werden, das Abbildung 4.90 zeigt.

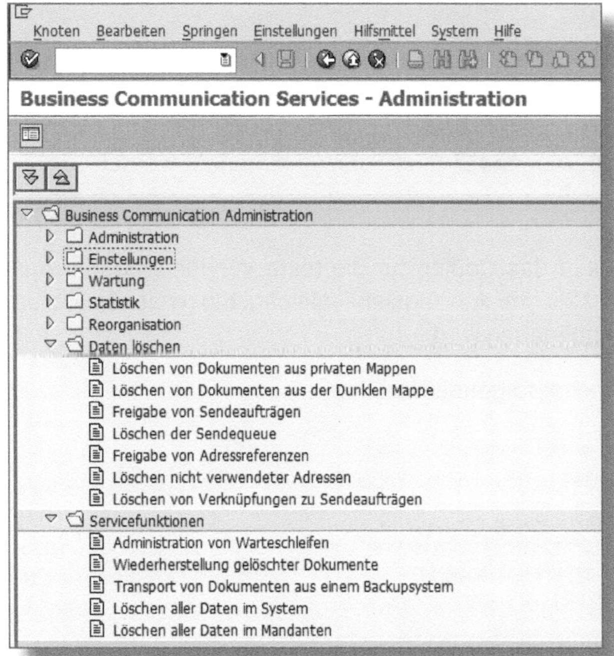

Abbildung 4.90: Löschen von Daten aus den Business Communication Services

4.15 »Dirty Assign«

Das »Dirty Assign« kann ein mächtiges Hilfsmittel sein oder erheblichen Schaden anrichten. Es kommt darauf an, wie das Verfahren eingesetzt wird. Ich gehe davon aus, dass die Leser verantwortungsvolle

ABAP-Entwickler sind und das »Dirty Assign« nur verwenden, wenn es zur Problemlösung keine Alternativen gibt.

»Dirty Assign«, zu Deutsch »schmutzige Zuweisung«, erlaubt dem Entwickler, auf den Speicherinhalt globaler Variablen vorgelagerter Programmteile im ABAP-Stack zuzugreifen. Damit können diese z. B. in User-Exits auf den Speicherinhalt von Variablen zugreifen, die im aktuellen User-Exit nicht verfügbar sind.

Funktionsweise des »Dirty Assign«

Wir verwenden einen User-Exit, der beim Anlegen von Auszügen eingesetzt wird. In diesem User-Exit EXIT_SAPLEC55_012 können kundeneigene Prüfungen für einen Auszug hinterlegt werden.

Abbildung 4.91 zeigt das Coding für die feste Verwendung des Auszugsdatums »31.12.« im Auszugsjahr, gleichgültig welches Datum vom Anwender eingegeben wird.

Das »Dirty Assign« hat folgende Notation:

```
FIELD-SYMBOLS: <fieldsymbol>
               TYPE (Typ der globalen Variabel).

ASSIGN ('(Programmname)globale Variabel')
               TO <fieldsymbol>.

IF sy-subrc = 0.
      <fieldsymbol> -(feldname) = ......
ENDIF.
```

! Beim ASSIGN immer den SY-SUBRC abfangen

In jedem Fall ist der `sy-subrc` des *ASSIGN*-Befehls abzufangen. Wurde ein ASSIGN nicht ausgeführt, ist der `sy-subrc <> 0`. In diesem Fall darf nicht auf das Feldsymbol zugegriffen werden, da es ansonsten zu einem harten Programmabbruch (Dump) kommt.

```
IF   x_moveout_ext-okcode = 'SAVE'
 AND sy-tcode             = 'EC55E'. "Auszug anlegen

* Setzte das Auszugsdatum immer auf den 31.12. des aktuellen Jahres
  FIELD-SYMBOLS: <auszug>      TYPE isu06_moveout,
                 <s_eausv>     TYPE eausv,
                 <s_t_mo_d>    TYPE isu06_mo_eausvd,
                 <s_t_mo_tcd>  TYPE isu06_mo_eausvtcd,
                 <s_t_mo_kto>  TYPE isu06_mo_eausvkto.

  DATA: lv_jahr(4)     TYPE c,
        lv_auszdat(8)  TYPE c.

  ASSIGN ('(SAPLEC55)OBJ') TO <auszug>.
  IF sy-subrc = 0.
    LOOP AT <auszug>-t_eausv ASSIGNING <s_eausv>.
      lv_jahr = <s_eausv>-auszdat(4).
      CONCATENATE lv_jahr
                  '1231'
             INTO lv_auszdat.
      <s_eausv>-auszdat = lv_auszdat.
    ENDLOOP.
    LOOP AT <auszug>-t_mo_d ASSIGNING <s_t_mo_d>.
      lv_jahr = <s_eausv>-auszdat(4).
      CONCATENATE lv_jahr
                  '1231'
             INTO lv_auszdat.
      <s_t_mo_d>-auszdat = lv_auszdat.
    ENDLOOP.
    LOOP AT <auszug>-t_mo_tcd ASSIGNING <s_t_mo_tcd>.
      lv_jahr = <s_eausv>-auszdat(4).
      CONCATENATE lv_jahr
                  '1231'
             INTO lv_auszdat.
      <s_t_mo_tcd>-auszdat = lv_auszdat.
    ENDLOOP.
    LOOP AT <auszug>-t_mo_kto ASSIGNING <s_t_mo_kto>.
      lv_jahr = <s_eausv>-auszdat(4).
      CONCATENATE lv_jahr
                  '1231'
             INTO lv_auszdat.
      <s_t_mo_kto>-auszdat = lv_auszdat.
    ENDLOOP.
  ENDIF.
* Ende Eingefügt Thomas Stutenbäumer, ConUti GmbH, 21.11.2014
```

Abbildung 4.91: User-Exit »EXIT_SAPLEC55_012«

Mithilfe des »Dirty Assign« wird im User-Exit auf den Speicherinhalt der globalen Struktur »OBJ« des zuvor ausgeführten PROGRAMMS »SAPLEC55« zugegriffen. Im ABAP-STACK des Debuggers steht der Funktionsbaustein ISU_MOVEOUT_CREATE an Stelle 11 (siehe Abbildung 4.92).

ABAP und Dynpro Stack

Sta...	Stac...	S...	Ereignistyp	Ereignis	Programm	Navi...	Include	Zeile
⇨	18		FUNCTION	EXIT_SAPLEC55_012	SAPLXECA		ZXECAU01	84
	17		FORM	CF012_CUSTOMER_INPUT	SAPLEC55		LEC55F50	32
	16		FUNCTION	ISU_O_MOVE_OUT_INPUT	SAPLEC55		LEC55U02	86
	15		MODULE (PAI)	INPUT_CHECK	SAPLEC55		LEC55I10	362
	14		PAI MODULE	INPUT_CHECK				29
	13		PAI SCREEN	0200	SAPLEC55			29
	12		FUNCTION	ISU_O_MOVE_OUT_DIALOG	SAPLEC55		LEC55U14	35
	11		FUNCTION	ISU_S_MOVE_OUT_CREATE	SAPLEC55		LEC55U08	130
	10		FUNCTION	ISU_REMOVAL_MOVEOUT_CREATE	SAPLEC60		LEC60U01	42
	9		FORM	MOVE_OUT_CREATE	SAPLEC60		LEC60F01	897
	8		MODULE (PAI)	PAI_100_ACTIONS	SAPLEC60		LEC60I01	167
	7		PAI MODULE	PAI_100_ACTIONS				25
	6		PAI SCREEN	0100	SAPLEC60			25
	5		FUNCTION	ISU_REMOVAL_FO_CONTROL	SAPLEC60		LEC60U11	113
	4		EVENT	START-OF-SELECTION	EMOVEINOUT		EMOVEINOUT	27
	3		PAI MODULE	SYST-ABRUN				6
	2		PAI SCREEN	1000	SAPMSSY0			6
	1		TRANSACTION	EC55E(EC55E)				0

Abbildung 4.92: ABAP-Stack beim Auszug

Mit einem Doppelklick darauf springt der Debugger an die Stelle, an der das Programm aktuell in diesem Funktionsbaustein steht. Im Reiter für globale Variablen (GLOBALS) finden wir ganz oben die komplexe Struktur »OBJ« (siehe Abbildung 4.93).

Durch das »Dirty Assign« kann der Entwickler zum Zeitpunkt des User-Exits direkt auf den Speicherinhalt dieser Struktur »OBJ« zugreifen. War das »Dirty Assign« erfolgreich, dann wird in den Tabellen dieser Struktur das Auszugsdatum verändert.

! Globale Variable beim Dirty Assign

Beim »Dirty Assign« kann nur auf GLOBALE Variablen in vorgelagerten Programmbausteinen zugegriffen werden und nicht auf lokale Variabeln der vorgelagerten Programmteile.

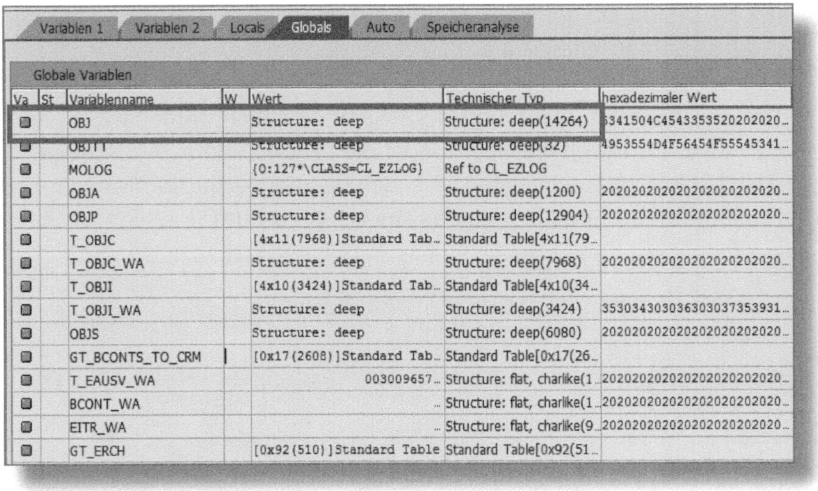

Variablen 1 | Variablen 2 | Locals | Globals | Auto | Speicheranalyse

Globale Variablen

Va	St	Variablenname	W	Wert	Technischer Typ	hexadezimaler Wert
▣		OBJ		Structure: deep	Structure: deep(14264)	341504C4543353520202020…
▣		OBJTT		Structure: deep	Structure: deep(32)	4953554D4F56454F55545341…
▣		MOLOG		{0:127*\CLASS=CL_EZLOG}	Ref to CL_EZLOG	
▣		OBJA		Structure: deep	Structure: deep(1200)	202020202020202020202020…
▣		OBJP		Structure: deep	Structure: deep(12904)	202020202020202020202020…
▣		T_OBJC		[4x11(7968)]Standard Tab…	Standard Table[4x11(79…	
▣		T_OBJC_WA		Structure: deep	Structure: deep(7968)	202020202020202020202020…
▣		T_OBJI		[4x10(3424)]Standard Tab…	Standard Table[4x10(34…	
▣		T_OBJI_WA		Structure: deep	Structure: deep(3424)	353034303036303037353931…
▣		OBJS		Structure: deep	Structure: deep(6080)	202020202020202020202020…
▣		GT_BCONTS_TO_CRM		[0x17(2608)]Standard Tab…	Standard Table[0x17(26…	
▣		T_EAUSV_WA		003009657…	Structure: flat, charlike(1…	202020202020202020202020…
▣		BCONT_WA		…	Structure: flat, charlike(1…	202020202020202020202020…
▣		EITR_WA		…	Structure: flat, charlike(9…	202020202020202020202020…
▣		GT_ERCH		[0x92(510)]Standard Table	Standard Table[0x92(51…	

Abbildung 4.93: Globale Variable in einem vorgelagerten Verarbeitungsblock

Das »Schmutzige« an dieser Zuweisung ist, dass die Änderung des Speicherinhalts der Variablen »OBJ« nicht in dem dafür vorgesehenen, sondern in einem Programmteil vorgenommen wird, in dem der Zugriff auf diese Variable »OBJ« mit normalen ABAP-Befehlen nicht möglich wäre.

☛ Einsatz von Dirty Assign

Verwenden Sie dieses Verfahren nur dann, wenn andere Lösungen wie z. B. »Import to Memory« und »Export from Memory« nicht zum gewünschten Ergebnis führen. Dokumentieren Sie die Verwendung von »Dirty Assign« an einer zentralen Stelle.

4.16 Auf den Verbucher warten

Im Beispiel-Programm zur Umstellung der Ableseeinheiten von Anlagen ZCU_FIRST_CUSTOMER_ABLEINH muss in bestimmten Fällen erst ein Datensatz gelöscht werden, bevor ein neuer Datensatz mit den gleichen Schlüsselfeldern angelegt werden kann.

Betrachten wir in Abbildung 4.94 einen Anlagen-Datensatz, in dem u. a. der Gültigkeitszeitraum für die zugeordnete ABLESEEINHEIT »THV12FRE« gespeichert ist. Die Schlüsselfelder in der Tabelle sind die Nummer der ANLAGE und das GÜLTIG-BIS-Datum.

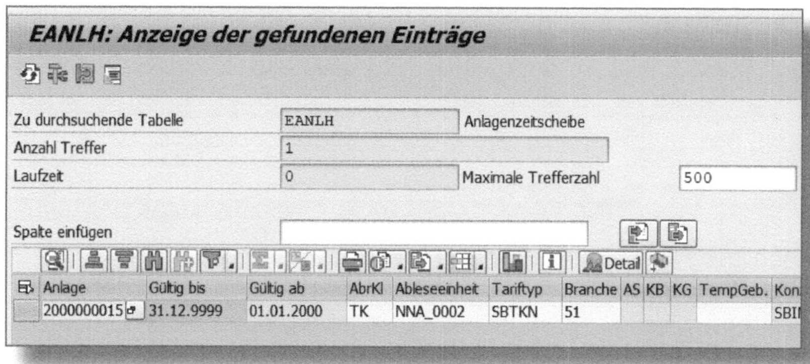

Abbildung 4.94: Zeitscheibe in der Tabelle EANLH

Zum 01.01.2022 soll eine neue Ableseeinheit mit dem Gültig-bis-Datum ergänzt werden. Dazu muss diese von der vorhandenen Zeitscheibe zeitlich abgegrenzt werden, d. h., die vorhandene Anlagenzeitscheibe muss das Gültig-bis-Datum »31.12.2021« erhalten. Anschließend ist eine neue Anlagenzeitscheibe mit dem Gültig-ab-Datum »01.01.2022« und dem Gültig-bis-Datum »31.12.9999« sowie der neuen Ableseeinheit anzulegen.

Da das Gültig-bis-Datum ein Schlüsselfeld ist, müssen der vorhandene Datensatz gelöscht und zwei neue Datensätze angelegt werden: eine Zeitscheibe für den Gültigkeitszeitraum der »alten« Ableseeinheit und eine Zeitscheibe für den Gültigkeitszeitraum der »neuen« Ableseeinheit (siehe Abbildung 4.95).

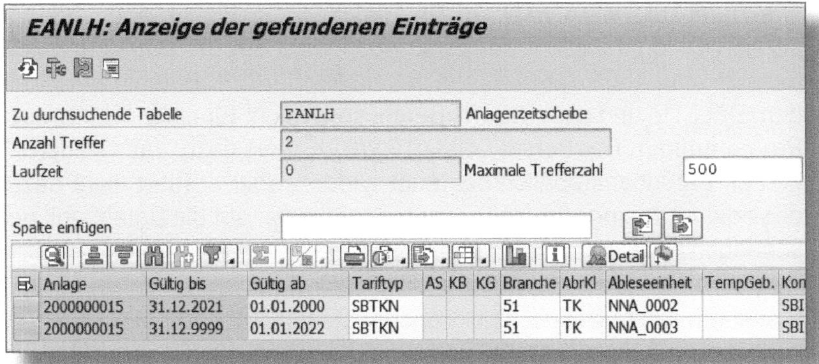

Abbildung 4.95: Geänderte und neue Zeitscheibe in der Tabelle EANLH

Im Programm muss zunächst die »alte« Zeitscheibe gelöscht werden, da ansonsten wegen des Datums GÜLTIG BIS im Primärschlüssel der Tabelle keine neue Zeitscheibe mit dem Gültig-bis-Datum »31.12.9999« angelegt werden kann.

Das Coding für die Umstellung der Zeitscheiben sieht wie folgt aus:

```
DELETE FROM eanlh
       WHERE anlage = gs_eanlh_alt-anlage
       AND   bis    = gs_eanlh_alt-bis
       AND   ab     = gs_eanlh_alt-ab.
```

Nach dem Löschen der Zeitscheibe für die »alte« Ableseeinheit erfolgt das Einfügen der beiden Datensätze für die Zeitscheibenabgrenzung der »alten« Ableseeinheit und dem Gültigkeitszeitraum für die »neue« Ableseeinheit.

```
INSERT INTO eanlh VALUES gs_eanlh_alt.
INSERT INTO eanlh VALUES gs_eanlh_neu.
```

Würden wir den *DELETE*- und den *INSERT*-Befehl direkt hintereinander ausführen, so käme es zum Datenbank-Fehler »DUPLICATE KEY«. Der alte Datensatz wäre zwar im Hauptspeicher gelöscht, aber das Löschen würde zu diesem Zeitpunkt noch nicht auf der Datenbank umgesetzt sein. Auch das Einfügen des *COMMIT-WORK*-Befehls zwischen dem DELETE- und dem INSERT-Befehl sorgt nicht für einen fehlerfreien Programmlauf. Der Befehl COMMIT WORK führt dazu, dass Änderungen an Datenbanktabellen bestätigt werden, aber er führt nicht dazu, dass die Änderung vom sogenannten *Verbucher* auf die Datenbank geschrieben wird.

Erst durch den Aufruf des Funktionsbausteins C14_WAIT_ON_COMMIT nach einem COMMIT WORK wartet das Programm mit der Ausführung des DELETE-Befehls auf der Datenbank. Der Verbucher sendet nach dem Löschen des Datensatzes ein Signal an den Funktionsbaustein C14_WAIT_ON_COMMIT. Erst dann wird das aufrufende Programm mit dem nächsten Verarbeitungsschritt fortgesetzt.

4.17 Änderungsbelege schreiben

Werden sensible Daten in SAP geändert, wie z. B. Daten des Vertragskontos oder Bankdaten des Kunden, werden sogenannte *Änderungsbelege* gespeichert. Diese Änderungsbelege ermöglichen im entsprechenden Objekt nachzuvollziehen, welcher Anwender zu welchem Zeitpunkt welche Änderungen durchgeführt hat.

Unser Beispiel-Programm zur Änderung der Kontoklasse des Vertragskontos ZCU_FIRST_CUSTOMER_KONTOKLASSE ist ein klassischer Fall, bei dem Änderungsbelege geschrieben werden müssen.

Um Änderungsbelege für ein bestimmtes SAP-Objekt in einem eigenentwickelten Programm zu erstellen, muss der Entwickler in Erfahrung bringen, ob diese für das gesuchte SAP-Objekt (in diesem Fall das Vertragskonto) bereits erstellt werden können. Diese Information kann mithilfe der Transaktion SCDO (Übersicht: Änderungsbelegobjekte) recherchiert werden (siehe Abbildung 4.96).

Beim Vertragskonto handelt es sich um das ÄNDERUNGSBELEGOBJEKT »MKK_VKONT«. Gäbe es dieses nicht, könnte über diese Transaktion ein neues angelegt werden.

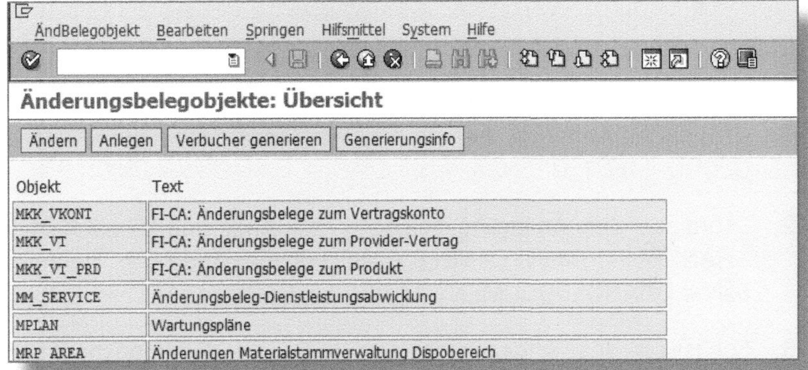

Abbildung 4.96: Änderungsbelegobjekte

Über ÄNDBELEGOBJEKT • ANZEIGEN können Sie sich die Eigenschaften des Objektes anzeigen lassen.

ÄndBelegobjekt Bearbeiten Springen Hilfsmittel System Hilfe

Änderungsbelegobjekt: Ändern

Generierungsinfo

Objekt MKK_VKONT

Text FI-CA: Änderungsbelege zum Vertragskonto

Tabellen

Name der Tabelle	Übergabe als interne Tab.	Doku. der einzelnen Felder bei Löschung	Doku. der einzelnen Felder bei Einfügung	Name der ref. Tab.	Name der alten Feldleiste
DFKKTAXEX	☑	☑	☐		
FKKVK	☐	☑	☐		
FKKVKP	☑	☑	☐		
FKKVKP_CHGDISC	☑	☑	☐		
FKKVK_CORR	☑	☑	☐		

Abbildung 4.97: Eigenschaften eines Änderungsbelegobjektes

In Abbildung 4.97 sehen wir, dass es das Änderungsbelegobjekt für fünf Tabellen gibt. Änderungen an diesen werden als interne Tabelle vom Verbucher übergeben. Außerdem wird das Löschen einzelner Felder protokolliert, aber nicht das Einfügen.

In Programmen sind für das Schreiben von Änderungsbelegen drei Schritte durchzuführen:

1. Öffnen des Änderungsbelegs mit dem Funktionsbaustein CHANGEDOCUMENT_OPEN,
2. Schreiben des Änderungsbelegs – bei Änderung eines Feldes CHANGEDOCUMENT_SINGLE_CASE und bei Änderung mehrerer Felder CHANGEDOCUMENT_MULTIPLE_CASE,
3. Schließen des Änderungsbelegs mit dem Funktionsbaustein CHANGEDOCUMENT_CLOSE.

Für die Änderung der Kontoklasse verwenden wir die Funktionsbausteine wie in Abbildung 4.98 bis Abbildung 4.100 zu sehen.

```
*        1. Öffnen des Änderungsbelegobjektes
         ls_cdhdr-objectclas = 'MKK_VKONT'.
         ls_cdhdr-objectid   = gs_output-vkont.
         ls_cdhdr-tcode      = 'ZISU_KONTOKLASSE'.

         CALL FUNCTION 'CHANGEDOCUMENT_OPEN'
           EXPORTING
             objectclass      = ls_cdhdr-objectclas
             objectid         = ls_cdhdr-objectid
           EXCEPTIONS
             sequence_invalid = 1
             OTHERS           = 2.
         IF sy-subrc <> 0.
           gs_output_umstellung-anmerkung = 'Error: Änderungsbeleg konnte nicht gespeichert werden.'.
           MODIFY gt_output_umstellung FROM gs_output_umstellung INDEX sy-tabix
                                                                  TRANSPORTING anmerkung.
           CONTINUE.
         ENDIF.
```

Abbildung 4.98: Funktionsbaustein für das Öffnen eines Änderungsbelegobjektes

```
*       2. Schreiben des Änderungsbelegobjektes
        ls_cdpos-tabname     = 'FKKVKP'.

        CALL FUNCTION 'CHANGEDOCUMENT_SINGLE_CASE'
          EXPORTING
            change_indicator       = 'U'
            docu_delete            = ' '
            docu_insert            = ' '
            refarea_new            = ls_fkkvkp_new
            refarea_old            = ls_fkkvkp_old
            reftablename           = ls_cdpos-tabname
            tablename              = ls_cdpos-tabname
            workarea_new           = ls_fkkvkp_new
            workarea_old           = ls_fkkvkp_old
          EXCEPTIONS
            nametab_error          = 1
            open_missing           = 2
            position_insert_failed = 3
            OTHERS                 = 4.

        IF sy-subrc <> 0.
          gs_output_umstellung-anmerkung = 'Error: Änderungsbeleg konnte nicht gespeichert werden.'.
          MODIFY gt_output_umstellung FROM gs_output_umstellung  TRANSPORTING anmerkung.
          CONTINUE.
        ENDIF.
```

Abbildung 4.99: Funktionsbaustein für das Schreiben eines Änderungsbelegobjektes

```
*       3. Schließen des Änderungsbelegobjektes
        CALL FUNCTION 'CHANGEDOCUMENT_CLOSE'
          EXPORTING
            date_of_change         = sy-datum
            objectclass            = ls_cdhdr-objectclas
            objectid               = ls_cdhdr-objectid
            tcode                  = ls_cdhdr-tcode
            time_of_change         = sy-uzeit
            username               = sy-uname
          IMPORTING
            changenumber           = lv_changenr
          EXCEPTIONS
            header_insert_failed   = 1
            no_position_inserted   = 2
            object_invalid         = 3
            open_missing           = 4
            position_insert_failed = 5
            OTHERS                 = 6.
        IF sy-subrc <> 0.
          gs_output_umstellung-anmerkung = 'Error: Änderungsbeleg konnte nicht gespeichert werden.'.
          MODIFY gt_output_umstellung FROM gs_output_umstellung TRANSPORTING anmerkung.
          CONTINUE.
        ENDIF.

      ENDIF.

*     Wait on Commit.
      COMMIT WORK.
      CALL FUNCTION 'C14Z_WAIT_ON_COMMIT'.
```

Abbildung 4.100: Funktionsbaustein für das Schließen eines Änderungsbelegobjektes

Bei der Änderung der Kontoklasse durch das Programm ZCU_FIRST_CUSTOMER_KONTOKLASSE wird mit der Änderung im Vertragskonto ein Änderungsbeleg geschrieben.

Im nachfolgenden Beispiel wurde das VERTRAGSKONTO 20032187 mithilfe des oben genannten Programms auf die KONTOKLASSE 0007 (= Premiumkunde) umgestellt. Das Vertragskonto kann mit der Transaktion CAA2 angezeigt werden (siehe Abbildung 4.101).

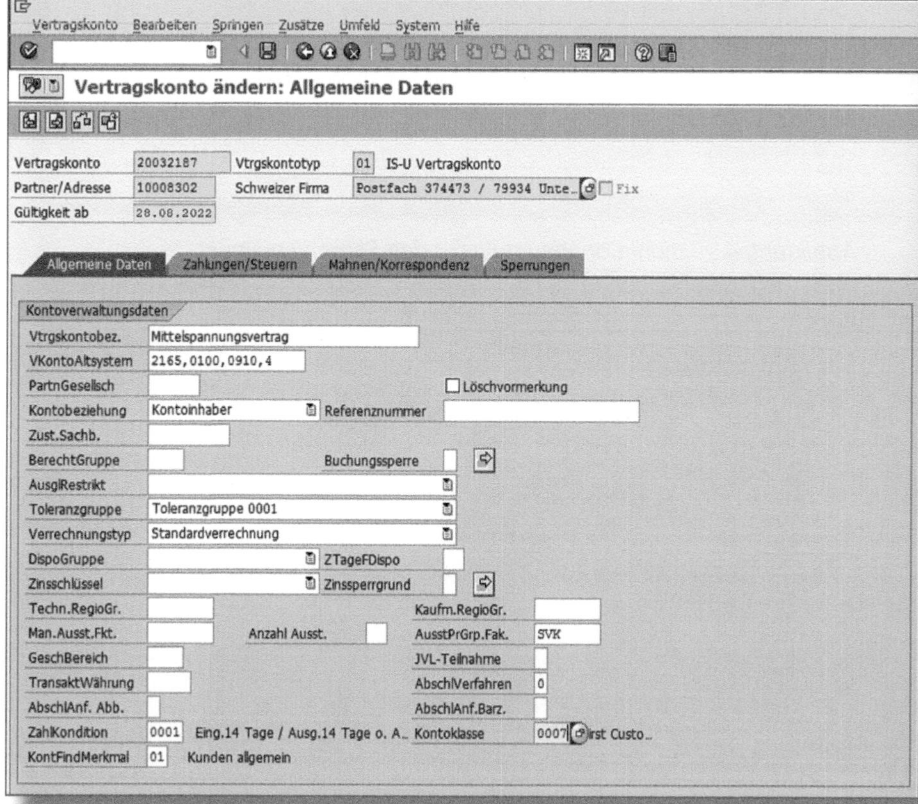

Abbildung 4.101: Vertragskonto mit geänderter Kontoklasse

Anschließend gelangen Sie über ZUSÄTZE • KONTOÄNDERUNGEN auf einen Sub-Screen mit allen Änderungen an diesem Vertragskonto (siehe Abbildung 4.102).

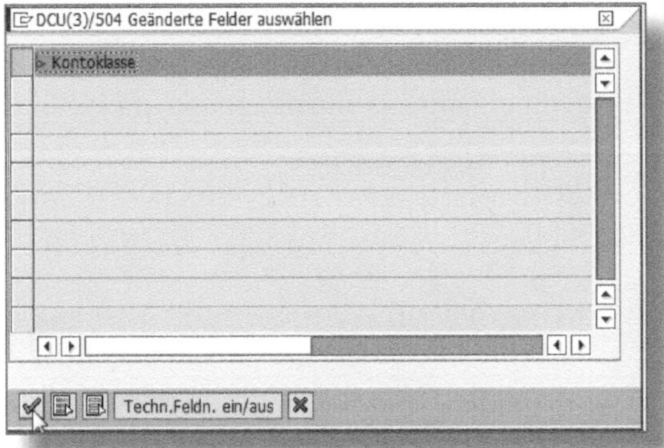

Abbildung 4.102: Anzeige von Änderungen am Vertragskonto

In diesem Fall wurde nur die Kontoklasse des Vertragskontos geändert. Die Zeile wird markiert und das Icon ✅ mit einem Klick bestätigt.

Im nächsten Bild (siehe Abbildung 4.103) sehen Sie Details zur Änderung an der Kontoklasse, d. h. DATUM und UHRZEIT der Änderung, im Feld OBJEKTWERT die Nummer des Vertragskontos, den Namen des ÄNDERERS, das geänderte Feld sowie ALTER und NEUER WERT.

DCU(3)/504 Änderungsbelege

Alle Änderungen bis zum 28.08.2022

Datum	Uhrzeit	Objektwert	Änderer	Feldname	Techn. Feldname	neuer Wert	alter Wert	Weitere Schlüssel
28.08.2022	09:31:49	000020032187	STUTETH	Kontoklasse	FKKVKP-KTOKL	0007	SVK	0010008302

Abbildung 4.103: Detailansicht eines Änderungsbelegs im Vertragskonto

Die Änderungsbelege selbst werden in den Tabellen CDHDR (Kopfinformationen eines Änderungsbelegs, siehe Abbildung 4.104 und Abbildung 4.105) und CDPOS (Informationen über die Änderung, siehe

Abbildung 4.106) gespeichert. Mit der Transaktion SE16N wird nun die Belegnummer des Änderungsbelegs gesucht.

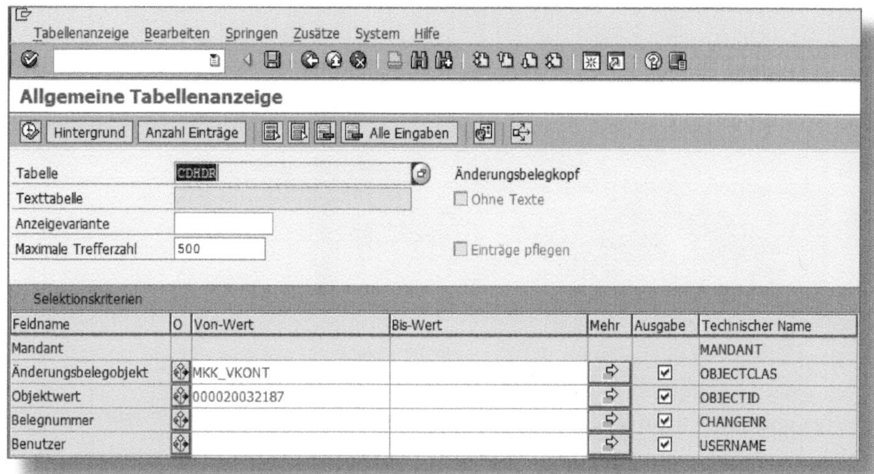

Abbildung 4.104: Selektion der Kopfinformationen von Änderungsbelegen aus Tabelle CDHDR

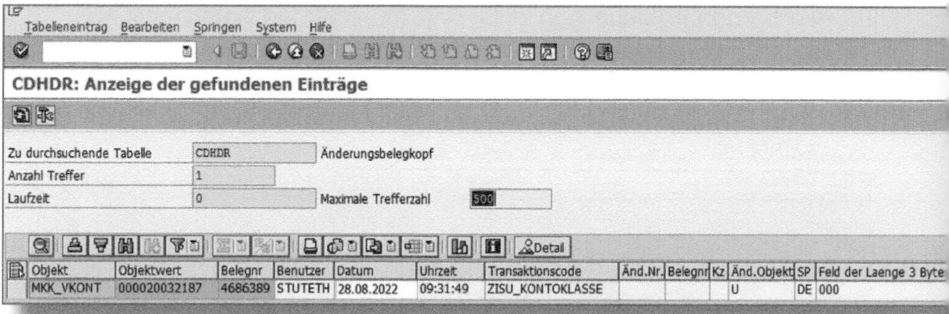

Abbildung 4.105: Kopfinformationen von Änderungsbelegen in Tabelle CDHDR

Mit dieser Belegnummer selektieren wir aus der DB-Tabelle CDPOS die Änderungsposition (siehe Abbildung 4.107).

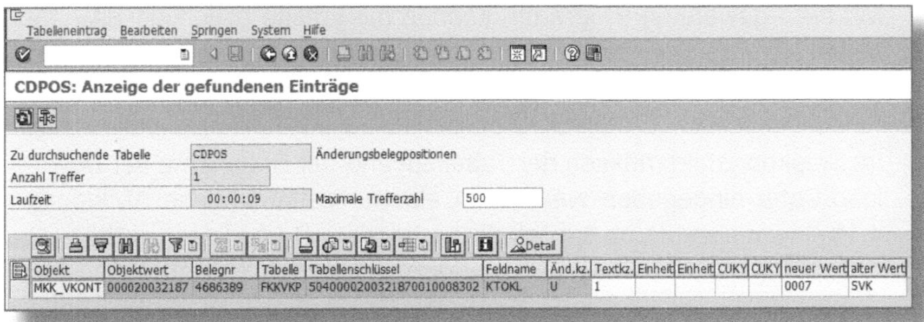

Abbildung 4.106: Positionsinformationen von Änderungsbelegen in der Tabelle CDPOS

4.18 Dynamische Select-Statements

In der dynamischen Programmierung werden beispielsweise Datenselektionen auf Tabellen durchgeführt, von denen der Name erst zur Laufzeit des Programms – also noch nicht bei dessen Entwicklung – bekannt ist. Des Weiteren kann z. B. der Aufruf von Funktionsbausteinen dynamisch erfolgen, wenn vor dem Aufruf der Name des Funktionsbausteins aus einer Tabelle selektiert wird. Diese Technik wird u. a. beim Aufrufen mandantenabhängiger Funktionsbausteine eingesetzt. (Das Verfahren wird im zweiten Teil des SAP-Praxishandbuchs ABAP beschrieben.)

Der Einsatz dynamischer Programmiertechniken kann u. U. in Unternehmen aus Sicherheitsgründen untersagt sein, da dynamische Programme sehr flexibel eingesetzt werden können.

Dynamische Select-Statements

Als Beispiel-Programm verwenden wir ZCU_ABAP_DOWNLOAD_TABLE_DATA. Im Selektionsbild des Programms muss ein Tabellenname eingegeben werden. Das Programm prüft zunächst, ob diese Tabelle im SAP-System vorhanden ist. Anschließend werden die Daten der Tabelle in einer Datei auf dem Applikationsserver ausgegeben.

Mit dem gewählten Programm können die Inhalte beliebiger SAP-Tabellen heruntergeladen werden. Das ist in einigen Unternehmen sehr sicherheitsrelevant – und könnte daher nicht erlaubt sein.

Im Selektionsbild müssen der Tabellen- und der Dateiname der Download-Datei eingegeben werden. In einem Testlauf (siehe Abbildung 4.107) wird geprüft, ob die Tabelle vorhanden ist und Daten enthält.

```
*---------------------------------------------------------------------*
* Selection-Screen                                                    *
*---------------------------------------------------------------------*
SELECTION-SCREEN BEGIN OF BLOCK block1 WITH FRAME TITLE text-001.
SELECTION-SCREEN SKIP.
PARAMETERS: pa_tabn TYPE tabname OBLIGATORY.
SELECTION-SCREEN SKIP.
PARAMETERS: p_file        TYPE cfdlfile OBLIGATORY.
PARAMETERS: p_verzap      TYPE cfdlfile
            DEFAULT '\\R3DCUCI\SAPMNT\TRANS\TMP\'.
SELECTION-SCREEN SKIP.

PARAMETERS: p_test AS CHECKBOX DEFAULT 'X'.
SELECTION-SCREEN END OF BLOCK block1.


*---------------------------------------------------------------------*
* AT LINE-SELECTION                                                   *
*---------------------------------------------------------------------*

AT LINE-SELECTION.

  READ LINE pa_tabn.

  READ CURRENT LINE LINE VALUE INTO gv_tabname.
```

Abbildung 4.107: Selektionsbild und Übernahme des Tabellennamens aus dem Selektionsbild

Im nächsten Programmschritt wird geprüft, ob die selektierte Tabelle im SAP-System bekannt ist. Kennt das SAP-System die Tabelle nicht, wird das Programm mit einer sprechenden Informationsmeldung abgebrochen. Ist sie bekannt, werden der internen Tabelle <GT_TABELLE> sowie der internen Struktur <GS_TABELLE> jeweils dynamisch der Typ der selektierten Tabelle zugewiesen (siehe Abbildung 4.108).

```
*----------------------------------------------------------------------*
* START-OF-SELECTTION                                                  *
*----------------------------------------------------------------------*
START-OF-SELECTION.

  gv_tabname = pa_tabn.

  SELECT SINGLE *
    FROM dd03m
    INTO gs_dd03m
    WHERE tabname = gv_tabname.

  IF sy-subrc <> 0.
    MESSAGE i005(zcu) WITH gv_tabname.
    LEAVE PROGRAM.
  ENDIF.


* Interne Tabelle dynamisch den Typ zuweisen
  CREATE DATA dref TYPE TABLE OF (gv_tabname).
  ASSIGN dref->* TO <gt_tabelle>.

  CREATE DATA dref TYPE (gv_tabname).
  ASSIGN dref->* TO <gs_tabelle>.

```

Abbildung 4.108: Dynamische Zuweisung eines Tabellentyps

Nach einer Sicherheitsabfrage, ob die Daten der selektierten Tabelle ausgegeben werden sollen, wird das dynamische Select-Statement, wie in Abbildung 4.109 gezeigt, ausgeführt.

```
    SELECT *
      FROM (gv_tabname)
      INTO TABLE <gt_tabelle>.

    IF sy-subrc <> 0.
      CONCATENATE 'Tabelle'
                  pa_tabn
                  'enthält keine Datensätze'
            INTO gv_message.
      MESSAGE i011(zcu) WITH gv_message.
      LEAVE PROGRAM.
    ENDIF.

```

Abbildung 4.109: Dynamische Selektion von Daten aus einer SAP-Tabelle

Wie bereits in Abschnitt 4.12.1 (Download von Daten) beschrieben, wird im Anschluss an die Selektion der Daten zur Ausgabe ein Download auf den Applikationsserver durchgeführt.

Sobald die Übertragung abgeschlossen ist, kann der Inhalt der Datei mithilfe der Transaktion AL11 eingesehen werden.

4.19 Nummernkreise und die Transaktion SNRO

Wollen Sie in einer Kundenentwicklung neue Datensätze erstellen, die einer SAP-internen, fortlaufenden Nummerierung unterliegen, muss diese Nummerierung bei der Erstellung berücksichtigt werden.

SAP-interne Nummernkreise

Angenommen, es soll in einer Kundenentwicklung eine neue Versorgungsanlage angelegt werden. In diesem Fall ist zu prüfen, ob es für die Versorgungsanlage einen Nummernkreis gibt. Dazu wird die Transaktion SNRO verwendet.

Über die F4-Hilfe müssen alle OBJEKTNAMEN angezeigt werden. Dazu entfernen Sie im Filter die Beschränkung auf 500 Einträge. Anschließend suchen Sie mit dem Icon nach dem Begriff »Anlage« (siehe Abbildung 4.110).

Abbildung 4.111 zeigt die Suchhilfe mit der entsprechenden Trefferliste.

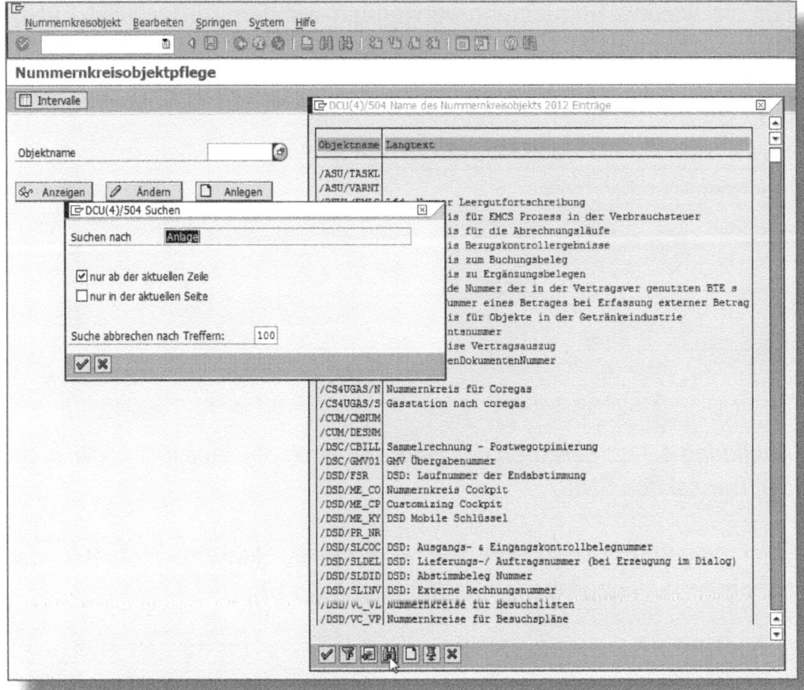

Abbildung 4.110: Finden von Nummernkreisobjekten in der Transaktion SNRO

DCU(4)/504 Suchen

Anzahl Treffer: 7

ANLAGENNR	Nummernkreise Anlagen
EWAEL_WDPP	Anlageninterner Vorgang
EWAEL_WDPT	Nummer der Entsorgungsanlage
ISM_IACNO	Nummer Anlage/Änderung über eine IAC
ISU_EANL	Nummernkreis Anlage (Abrechnungsobjekt)
ISU_IDCDCI	Neuanlagebeleg Verbrauchsstelle - Daten für eine Anlage
ISU_IDCDOC	Neuanlagebeleg Verbrauchsstelle - Kopfdaten

Abbildung 4.111: Trefferliste der F4-Hilfe für Nummernkreisobjekte

Für die weitere Betrachtung verwenden wir den Treffer »ISU_EANL« (siehe Abbildung 4.112).

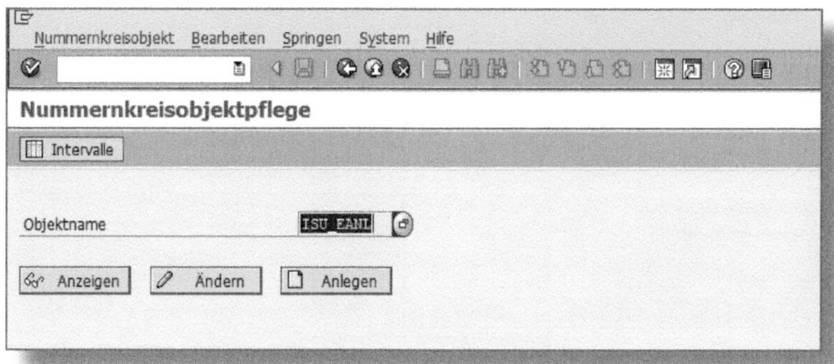

Abbildung 4.112: Selektion des Nummernkreisobjektes ISU_EANL in der Transaktion SNRO

Über den Button ANZEIGEN gelangen Sie zu den Eigenschaften des Nummernkreisobjektes (siehe Abbildung 4.113).

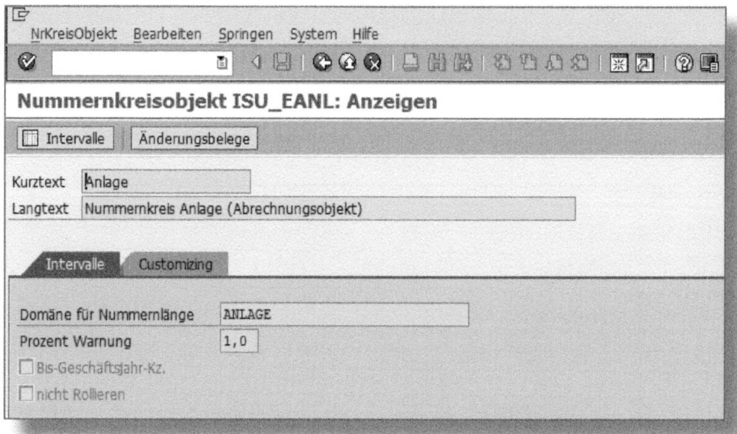

Abbildung 4.113: Eigenschaften des Nummernkreisobjektes

Über den Button INTERVALLE werden der Nummernkreis sowie der aktuelle NUMMERNSTAND angezeigt (siehe Abbildung 4.114).

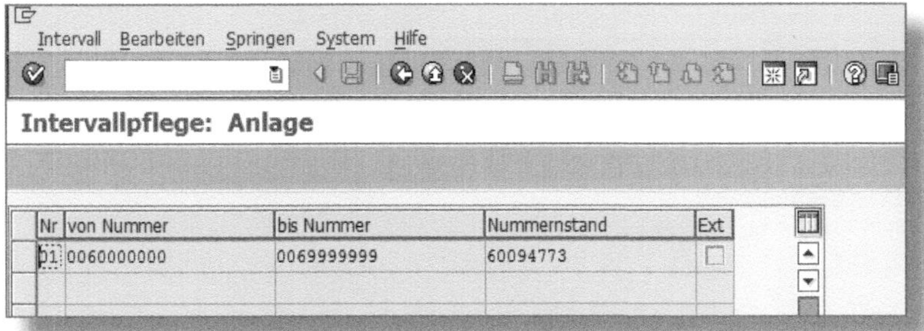

Abbildung 4.114: Intervalle von Nummernkreisobjekten

Die Nummer einer Versorgungsanlage hat in diesem System eine Zahl zwischen »0060000000« und »0069999999«. Die zuletzt angelegte Anlage hat die Nummer »60094773«. Da kein Haken in der Spalte EXT gesetzt ist, wird die Anlagennummer immer intern, d. h. über diesen Nummernkreis vergeben.

In einer Kundenentwicklung wird zur Reservierung einer neuen Anlagennummer der SAP-Standard-Funktionsbaustein NUMBER_GET_NEXT verwendet, dessen Aufruf Abbildung 4.115 zeigt. Mit diesem Funktionsbaustein können eine oder mehrere Nummern aus dem Nummernkreis selektiert werden. Zur Erläuterung des Funktionsbausteins kann das Programm ZCU_ABAP_NUMMERNKREIS_ANLAGE verwendet werden.

```
*&---------------------------------------------------------------------*
*&      Form  HOLE_ANLAGENNUMMERN
*&---------------------------------------------------------------------*
*       Holt neue Anlagennummern aus dem Nummernkreis ISU_EANL
*----------------------------------------------------------------------*
*  -->  gv_nkrs_objekt       Nummernkreisobjekt
*  -->  gv_nkrs_nummer       Nummernkreisnummer
*  -->  pa_anz               Anzahl zu reservierender Anlagennummern
*  <--  gv_anlagen_nummer    Neue Anlagen-Nummer aus dem Nummernkreis
*                            ISU_EANL
*  <--  gv_anzahl            Anzahl reservierter Anlagennummern
*----------------------------------------------------------------------*
FORM hole_anlagennummern .


  CALL FUNCTION 'NUMBER_GET_NEXT'
    EXPORTING
      nr_range_nr             = gv_nkrs_nummer " = 01
      object                  = gv_nkrs_objekt " = ISU_EANL
      quantity                = pa_anz         " Default '1'
    IMPORTING
      number                  = gv_anlagen_nummer "TYPE anlage
      quantity                = gv_anzahl
    EXCEPTIONS
      interval_not_found      = 1
      number_range_not_intern = 2
      object_not_found        = 3
      quantity_is_0           = 4
      quantity_is_not_1       = 5
      interval_overflow       = 6
      buffer_overflow         = 7
      OTHERS                  = 8.


  IF sy-subrc <> 0.
    MESSAGE e003(zcu_isu) WITH 'Fehler beim Holen einer neuen Anlagen-Nummer'
                               'Fehler-Code:' sy-subrc.
  ENDIF.


ENDFORM.                    " HOLE_ANLAGENNUMMERN
```

Abbildung 4.115: Aufruf des Funktionsbausteins NUMBER_GET_NEXT

Mit diesem Coding können Sie eine definierte Anzahl von Anlagennummern erzeugen. Die Anzahl der zu reservierenden Anlagennummern steht im Parameter `pa_anz`, während im Rückgabeparameter `gv_anzahl` die Anzahl der reservierten Nummern zu finden ist. Wenn mehr als eine Nummer reserviert werden soll, wird die letzte vergebene Nummer im Rückgabeparameter `gv_anlagen_nummer` übergeben.

Die reservierten Nummern liegen dann im Intervall:

```
[GV_ANLAGEN_NUMMER-GV_ANZAHL+1;
                GV_ANLAGEN_NUMMER].
```

Mit jeder Verwendung dieses Funktionsbausteins wird der Nummernstand im Nummernkreis hochgezählt. Sollen keine »Löcher« im Nummernkreis entstehen, muss bei einem Programmfehler – also wenn die reservierte Nummer nicht verwendet wird – der Nummernstand wieder zurückgesetzt werden. Dazu kann der SAP-Standard-Funktionsbaustein NUMBER_RANGE_OBJECT_UPDATE verwendet werden. Der Nummernstand von Nummernkreis-Objekten wird in der Tabelle NRIV und dem Feld »NRLEVEL« gespeichert.

4.20 Call Transaction und die Transaktion SM35

Die Realisierung von Anforderungen verlangt in bestimmten Fällen, dass für ein Löschen oder Einfügen neuer Datensätze SAP-Standard-Transaktionen verwendet werden. Das trifft z. B. für den Fall zu, wenn Datensätze nur gelöscht werden sollen, solange von den Anwendern noch keine Folgeaktionen im SAP-System vorgenommen wurden. In anderen Fällen darf ein Datensatz nur eingefügt werden, wenn im Customizing die korrekten Einstellungen vorgenommen wurden.

Die SAP-Standard-Transaktionen verwenden für das Löschen und Einfügen neuer Datensätze in diesen Fällen eine Reihe von Prüfroutinen. Diese Prüfroutinen selbst zu entwickeln, kann den Aufwand für eine Kundenentwicklung in unerschwingliche Höhen treiben.

Was liegt näher, als diese SAP-Transaktionen für das Löschen bzw. Einfügen von Daten in der Kundenentwicklung zu verwenden. In unserem Beispiel liegt eine solche Situation für das Löschen von Abschlagsplänen bzw. Anlegen neuer Abschlagspläne vor. Abschlagspläne dürfen grundsätzlich nur dann gelöscht werden, wenn noch keine Buchungen auf ihnen vorgenommen wurden. Neue Abschlagspläne wiederum dürfen erst dann angelegt werden, wenn eine neue Ableseeinheit customized ist, die einer *Portion* zugeordnet und für die Terminsätze bzw. Portionen angelegt wurden. Unter einer *Portion* versteht man die Zusammenfassung mehrerer Ablesungen. Für das Anlegen von Abschlagsplänen ist die Transaktion EA61, für das Löschen die Transaktion E61D zu verwenden. Ich veranschauliche beide Wege anhand des Beispiel-Programms ZCU_FIRST_CUSTOMER_ABSCHLAG.

Zur Programmierung beider Verfahren sind ein paar Vorarbeiten erforderlich:

- Aufzeichnen einer Transaktion,
- Generieren eines Programms aus der Aufzeichnung,
- Befehle der Aufzeichnung in die Entwicklung übernehmen.

4.20.1 Aufzeichnen einer Transaktion

Wir beginnen mit einer Aufzeichnung der Transaktion EA61 für die Anlage eines Abschlagsplans.

Dazu wird die Transaktion SM35 (Batch-Input: Mappenübersicht) verwendet (siehe Abbildung 4.116).

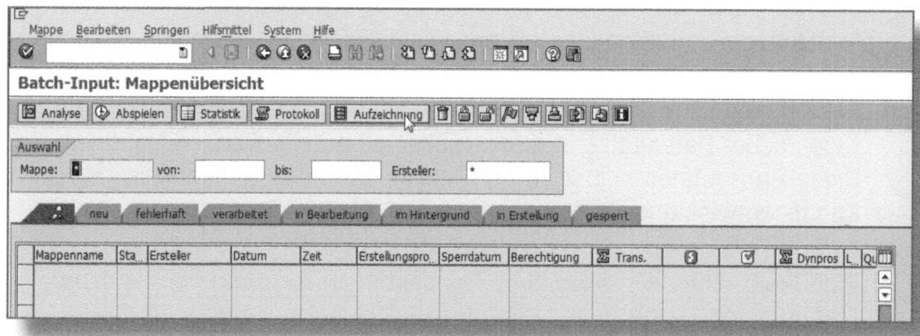

Abbildung 4.116: Transaktion SM35 – Batch-Input: Mappen-Übersicht

Über den Button AUFZEICHNUNG wechseln wir in das Menü zum Aufzeichnen von SAP-Transaktionen. Vor einer Aufzeichnung ist ein Beispiel zu finden, mit dem diese Transaktion fehlerfrei durchgeführt werden kann. Dieses Beispiel ist im Regelfall nicht im Entwicklungssystem zu finden. Also wird die Aufzeichnung in einem Testsystem vorgenommen.

Über den Button NEUE AUFZEICHNUNG wird nun die Aufzeichnung der Transaktion EA61 gestartet (siehe Abbildung 4.117).

Abbildung 4.117: Anlegen einer neuen Transaktionsaufzeichnung

Da bei der Aufzeichnung jede Bewegung in der Transaktion mit aufgezeichnet wird, ist es sehr sinnvoll, zuvor ein Beispiel zu testen, dass fehlerfrei durch die Transaktion EA61 bearbeitet werden kann.

Wir starten mit dem Selektionsbild der neuen Aufzeichnung (siehe Abbildung 4.118). Hier ist der aufzuzeichnende Transaktionscode – in diesem Fall die Transaktion EA61 – einzugeben. Der angezeigte VERBUCHUNGS- und CATTMODUS kann unverändert übernommen werden. Die Aufzeichnung sollte in der STANDARDGRÖSSE durchgeführt werden. Nach Eingabe dieser Werte wird die Aufzeichnung der Transaktion über den Button AUFZEICHNUNG STARTEN begonnen.

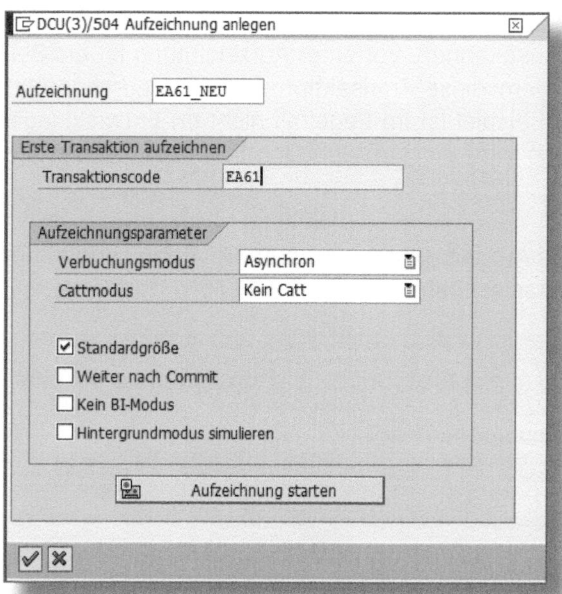

Abbildung 4.118: Starten der Transaktionsaufzeichnung

Die Aufzeichnung startet mit der Eingabe von Selektionswerten, in unserem Beispiel dem VERTRAGSKONTO mit der VERTRAGSNUMMER und einem beliebigen DATUM IN DER ABSCHLAGSPERIODE in der Transaktion EA61 (siehe Abbildung 4.119).

Abbildung 4.119: Bearbeitung einer Transaktion in der Aufzeichnung

Diese Eingaben werden mit der Enter-Taste bestätigt. Der daraufhin erstellte Abschlagsplan (siehe Abbildung 4.120) ist über einen Mausklick auf das Icon zu sichern.

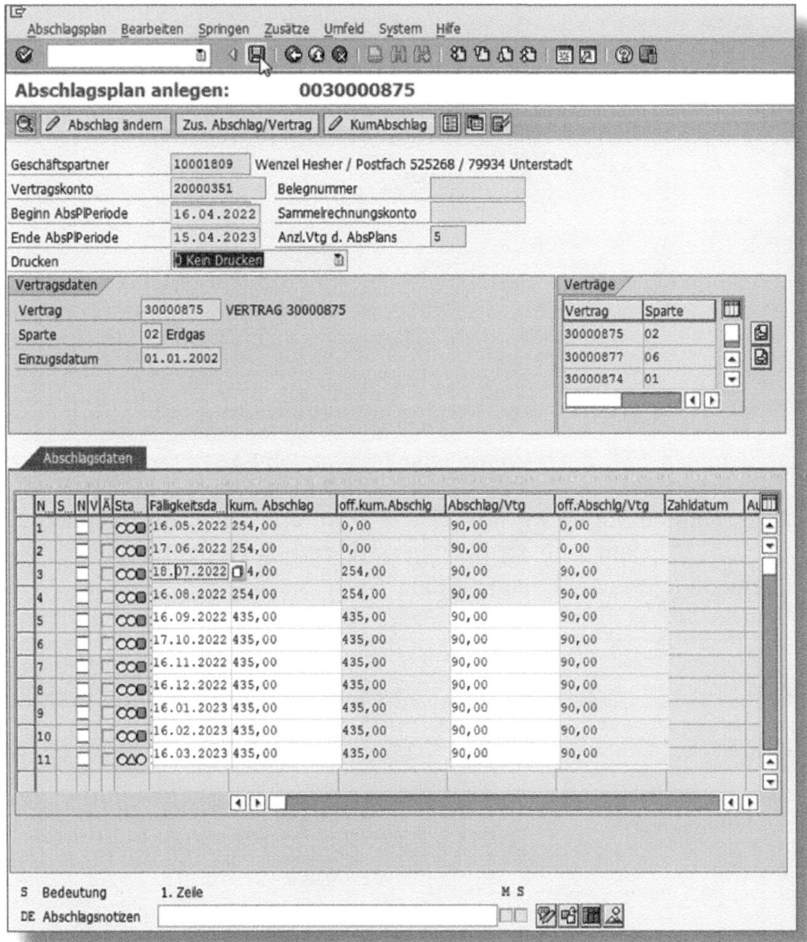

Abbildung 4.120: Beenden einer Transaktionsaufzeichnung

Damit wird die Aufzeichnung der Transaktion beendet, und das SAP-System zeigt die aufgezeichneten Programmschritte im Änderungsmodus an (siehe Abbildung 4.121).

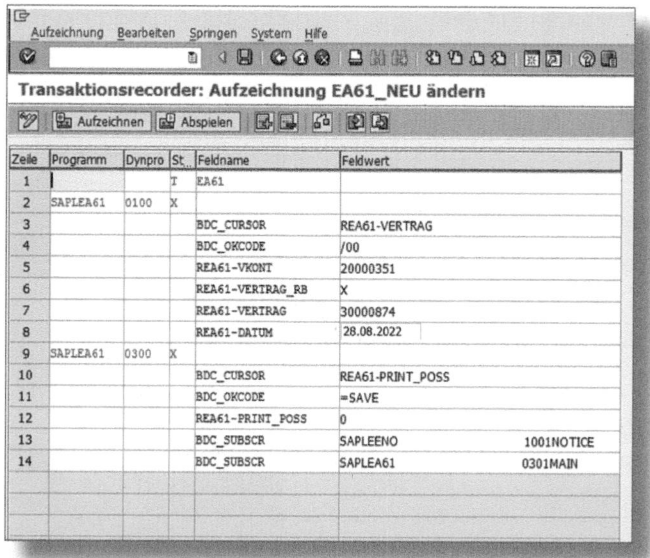

Zeile	Programm	Dynpro	St..	Feldname	Feldwert	
1			T	EA61		
2	SAPLEA61	0100	X			
3				BDC_CURSOR	REA61-VERTRAG	
4				BDC_OKCODE	/00	
5				REA61-VKONT	20000351	
6				REA61-VERTRAG_RB	X	
7				REA61-VERTRAG	30000874	
8				REA61-DATUM	28.08.2022	
9	SAPLEA61	0300	X			
10				BDC_CURSOR	REA61-PRINT_POSS	
11				BDC_OKCODE	=SAVE	
12				REA61-PRINT_POSS	0	
13				BDC_SUBSCR	SAPLEENO	1001NOTICE
14				BDC_SUBSCR	SAPLEA61	0301MAIN

Abbildung 4.121: Aufzeichnung der Transaktion EA61

Nochmals betätigen wir das Icon, um auch die Aufzeichnung zu sichern. Mit dem Icon gelangen wir zurück in die Aufzeichnungsübersicht (siehe Abbildung 4.122).

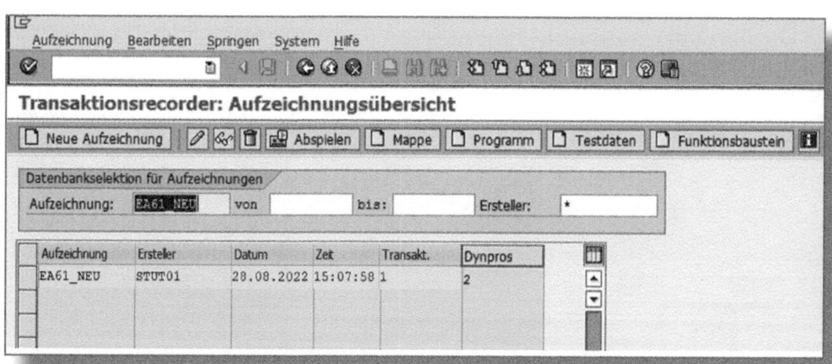

Aufzeichnung	Ersteller	Datum	Zeit	Transakt.	Dynpros
EA61_NEU	STUT01	28.08.2022	15:07:58	1	2

Abbildung 4.122: Gespeicherte Transaktionsaufzeichnung

Damit ist die Aufzeichnung der Transaktion EA61 fertiggestellt.

Wurde die Aufzeichnung wegen fehlender Testdaten nicht auf dem Entwicklungs-, sondern auf einem Testsystem erstellt, muss sie noch in das Entwicklungssystem überführt werden. Dazu rufen wir mit einem Doppelklick auf ihren Namen die Aufzeichnung »EA61_NEU« im Anzeigemodus auf. Über AUFZEICHNUNG • EXPORTIEREN kann diese in einer lokalen Datei gespeichert werden (siehe Abbildung 4.123).

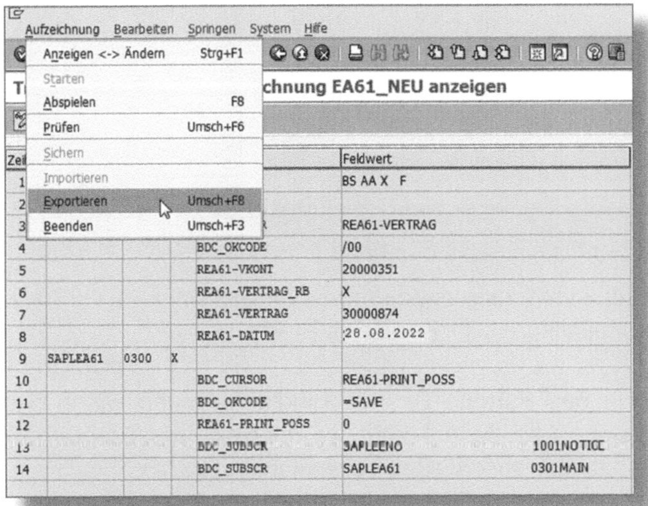

Abbildung 4.123: Exportieren einer Transaktionsaufzeichnung

Analog dazu könnten wir sie auch ins Entwicklungssystem importieren. Eine Aufzeichnung kann nur dann ex- bzw. importiert werden, wenn sie lesend oder schreibend geöffnet ist.

4.20.2 Programm aus Aufzeichnung generieren

Im nächsten Arbeitsschritt wird aus der Aufzeichnung ein Quellcode erzeugt, der in der Kundenentwicklung verwendet werden kann.

In der Aufzeichnungsübersicht (siehe Abbildung 4.121) markieren wir die dort gelistete Aufzeichnung »EA61_NEU«. Mit einem Mausklick auf den Button PROGRAMM wird aus der Aufzeichnung ein Programm generiert.

Im folgenden Dynpro ist der Programmname einzugeben und der Radio-Button AUS AUFZEICHNUNG ÜBERNEHMEN zu wählen (siehe Abbildung 4.124).

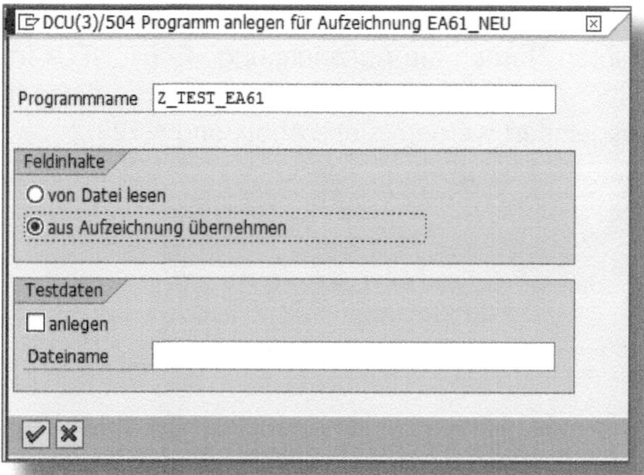

Abbildung 4.124: Generierung eines Programms aus einer Transaktionsaufzeichnung

Durch Anklicken des Buttons GRÜNER HAKEN gelangen wir in das nächste Bild (siehe Abbildung 4.125), wo der TITEL des Programms eingegeben und dieses anschließend gespeichert wird.

Mit einem Mausklick auf den Button QUELLTEXT können wir uns das generierte Programm anzeigen lassen (siehe Abbildung 4.126).

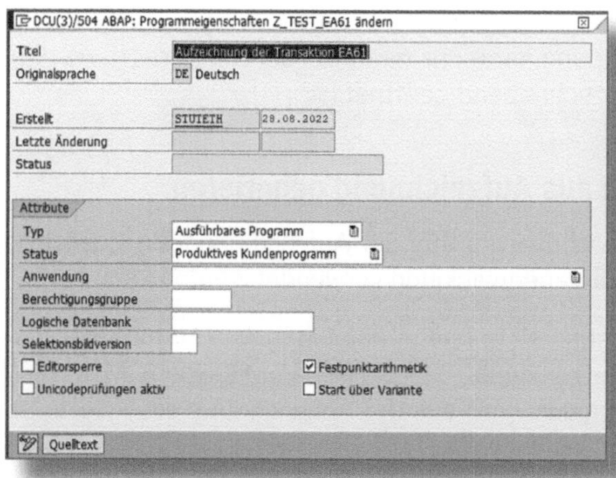

Abbildung 4.125: Festlegen der Programmeigenschaften

Programm Bearbeiten Springen Hilfsmittel Umfeld System Hilfe

ABAP Editor: Report Z_TEST_EA61 ändern

Muster Pretty Printer

Report Z_TEST_EA61 aktiv

```
report Z_TEST_EA61
       no standard page heading line-size 255.

include bdcrecx1.

start-of-selection.

perform open_group.

perform bdc_dynpro      using 'SAPLEA61' '0100'.
perform bdc_field       using 'BDC_CURSOR'
                              'REA61-VERTRAG'.
perform bdc_field       using 'BDC_OKCODE'
                              '/00'.
perform bdc_field       using 'REA61-VKONT'
                              '20000351'.
perform bdc_field       using 'REA61-VERTRAG_RB'
                              'X'.
perform bdc_field       using 'REA61-VERTRAG'
                              '30000874'.
perform bdc_field       using 'REA61-DATUM'
                              '28.08.2022'.
perform bdc_dynpro      using 'SAPLEA61' '0300'.
perform bdc_field       using 'BDC_CURSOR'
                              'REA61-PRINT_POSS'.
perform bdc_field       using 'BDC_OKCODE'
                              '=SAVE'.
perform bdc_field       using 'REA61-PRINT_POSS'
                              '0'.
perform bdc_transaction using 'EA61'.

perform close_group.
```

Abbildung 4.126: Quellcode des generierten Programms aus einer Aufzeichnung

4.20.3 Befehle der Aufzeichnung in die Entwicklung übernehmen

Dieses Coding kann in der Kundenentwicklung verwendet werden, um zu selektierten Vertragskonten und Verträgen eine große Anzahl von Abschlagsplänen anzulegen.

ABAP-Befehle in der Aufzeichnung

Im Programm, das aus der Aufzeichnung generiert wurde, befinden sich drei relevante Befehlstypen (vgl. Abbildung 4.126):

- BDC_DYNPRO: Aufruf eines Dynpros,
- BDC_OKCODE: Ausführen einer Programmfunktion, wie z. B. das Sichern oder das »Entern« (erfolgt im Programm nach dem Füllen der Felder, wird jedoch direkt nach dem BDC_DYNPRO-Befehl im Quellcode aufgeführt),
- BDC_FIELD: Füllen eines Felds im Dynpro.

Grundsätzlich funktioniert jede Transaktionsaufzeichnung genau in der angegebenen Reihenfolge.

BDC_CURSOR stellt den Cursor im Bildschirm auf ein definiertes Feld. Diese Befehlsart ist für die Übernahme in die Entwicklung nicht relevant.

BDC_OKCODE wird durch den sogenannten PF-Status des aktuell aufgerufenen Dynpros definiert. Es gibt jedoch ein paar Standard-Codes, wie z. B. `/00` für [Enter] oder `=SAVE` für das Sichern.

Im Anhang finden Sie eine Liste der gängigen BDC_OKCODES.

Um die Befehle aus der Aufzeichnung in das Programm zu übernehmen, werden die eingegebenen Werte zum Vertragskonto, Vertrag und Datum durch Parameter ersetzt.

Folgende weitere Schritte sind zu beachten:

- Die Form-Routinen OPEN_GROUP und CLOSE_GROUP werden nur in Batch-Input-Mappen benötigt, jedoch nicht für das Call-Transaction-Verfahren. Ihr Aufruf kann also entfernt werden.
- Die Form-Routine BDC_TRANSACTION wird durch den ABAP-Befehl CALL TRANSACTION ersetzt.
- Die Form-Routinen BDC_DYNPRO und BDC_FIELD benötigt das Programm zur Erstellung der Parameter, die an die Transaktion EA61 übergeben werden.

- Bei der Eingabe des Datums wird in der Aufzeichnung das ABAP-interne Datenformat DATS, also »JJJJMMTT« verwendet. Für das Call-Transaction-Verfahren wird das externe Datumsformat »TT.MM.JJJJ« benötigt. Also ist jedes benötigte Datumsfeld in das externe Datumsformat zu konvertieren.

Abbildung 4.127 zeigt, wie die Form-Routine für das Anlegen von Abschlagsplänen nun aussieht.

```
FORM abschlagsplan_anlegen  CHANGING p_gs_output
                            TYPE zcu_firstcustomer_abschlag_ana.

  DATA: lv_jahr(4)    TYPE c,
        lv_monat(2)   TYPE c,
        lv_tag(2)     TYPE c,
        lv_datum(10)  TYPE c.

* Datum im Abschlagszeitraum
  lv_jahr  = pa_datap(4).
  lv_monat = pa_datap+4(2).
  lv_tag   = pa_datap+6(2).

  CONCATENATE lv_tag
              lv_monat
              lv_jahr
         INTO lv_datum SEPARATED BY '.'.

  PERFORM bdc_dynpro      USING 'SAPLEA61' '0100'.
  PERFORM bdc_field       USING 'BDC_OKCODE'
                                '/00'.
  PERFORM bdc_field       USING 'REA61-KUNDE_RB'
                                ''.
  PERFORM bdc_field       USING 'REA61-GPART'
                                p_gs_output-gpart.
  PERFORM bdc_field       USING 'REA61-VKONT'
                                p_gs_output-vkonto.
  PERFORM bdc_field       USING 'REA61-VERTRAG_RB'
                                'X'.
  PERFORM bdc_field       USING 'REA61-VERTRAG'
                                p_gs_output-vertrag.
  PERFORM bdc_field       USING 'REA61-DATUM'
                                lv_datum.
  PERFORM bdc_dynpro      USING 'SAPLEA61' '0300'.
  PERFORM bdc_field       USING 'BDC_OKCODE'
                                '=SAVE'.
  PERFORM bdc_field       USING 'REA61-PRINT_POSS'
                                '1'.
  PERFORM bdc_dynpro      USING 'SAPLSPO1' '0100'.
  PERFORM bdc_field       USING 'BDC_OKCODE'
                                '=NO'.
  CALL TRANSACTION 'EA61' USING bdcdata
                          MODE bdc_mode
                          UPDATE upd_mode
                          MESSAGES INTO messtab.
```

Abbildung 4.127: Einbau der aufgezeichneten Transaktion für das Call-Transaction-Verfahren

Die Form-Routinen BDC_DYNPRO und BDC_FIELD enthalten das in Abbildung 4.128 gelistete Coding.

```
*----------------------------------------------------------------------*
*        Start new screen                                              *
*----------------------------------------------------------------------*
FORM bdc_dynpro USING program dynpro.
  CLEAR bdcdata.
  bdcdata-program  = program.
  bdcdata-dynpro   = dynpro.
  bdcdata-dynbegin = 'X'.
  APPEND bdcdata.
ENDFORM.                    "bdc_dynpro

*----------------------------------------------------------------------*
*        Insert field                                                  *
*----------------------------------------------------------------------*
FORM bdc_field USING fnam fval.
  CLEAR bdcdata.
  bdcdata-fnam = fnam.
  bdcdata-fval = fval.
  APPEND bdcdata.
ENDFORM.                    "bdc_field
```

Abbildung 4.128: Die Form-Routinen BDC_DYNPRO und BDC_FIELD

Mit dem Aufruf des Call-Transaction-Befehls können für den Aufruf- und den Update-Modus jeweils verschiedene Werte gesetzt werden (siehe Abbildung 4.129).

```
* Deklarationen für den Call Transaction
DATA:    bdcdata  LIKE bdcdata     OCCURS 0 WITH HEADER LINE,
         messtab  LIKE bdcmsgcoll OCCURS 0 WITH HEADER LINE,
         bdc_mode TYPE c VALUE 'E',
*        Mode E = Anhalten bei Error
*        Mode N = Hintergrundverarbeitung (nicht sichtbar)
*        Mode A = Online-Verarbeitung (sichtbar).
         upd_mode TYPE c VALUE 'S'.
*        Mode A = Asynchron (analog: ohne Commit)
*        Mode S = Synchron (analog: Commit Work and Wait on Commit)
*        Mode L = Lokale Buchung (analog: Anweisung SET UPDATE TASK LOCAL)
```

Abbildung 4.129: Update- und Aufrufmodus im Call-Transaction-Verfahren

Beim Test der Kundenentwicklung kann z. B. der Aufrufmodus »A« gesetzt werden. Damit wird dem Entwickler bei der Programmausführung der Call-Transaction jeder Eingabeschritt für die Transaktion EA61 gezeigt. Bei einem produktiven Programmlauf ist der Aufrufmodus »N« zu verwenden. Fehlermeldungen aus der Abarbeitung der Transaktion EA61 werden vom SAP-System in die Rückgabe-Tabelle MESSTAB geschrieben. Diese Fehlermeldungen sind dem Anwender in verständlicher Form mitzuteilen.

Mit dem gleichen Verfahren wird aus der Aufzeichnung der Transaktion E61D (»Abschlagsplan löschen«) eine Form-Routine für das Löschen von Abschlagsplänen erstellt. Damit kann das Programm ZCU_FIRST_CUSTOMER_ABSCHLAG nach einem Analyse-Programmlauf Abschlagspläne für alte Ableseeinheiten löschen und für neue anlegen.

4.21 Lesen und Schreiben von Daten beim Einsatz der HANA-DB

Wie im Abschnitt 2.1 bereits beschrieben, weist die HANA-DB Änderungen gegenüber den traditionell relationalen DBMS auf. Diese Änderungen haben in ABAP-Programmen Auswirkungen auf das Lesen aus der Datenbank und das Schreiben in die Datenbank. Die wichtigsten Aspekte fasse ich Ihnen nachfolgend zusammen.

Kein SELECT *

HANA-DB-Tabellen sind i. d. R. Tabellen mit sehr vielen Feldern – sogenannte *breite Tabellen*. Daher ist es immer sinnvoll, ein globales SELECT mittels »*« zu vermeiden. Es sollten bei einem SELECT immer nur diejenigen Felder selektiert sein, die tatsächlich im Programm benötigt werden.

Vorsicht beim TABLE FETCH

Bei einem sogenannten *Table-Fetch*, also beim Befehl

```
SELECT <feldname1>...<feldnamen>
   FROM <DB-Tabelle>
```

```
    INTO TABLE <name_der_internen_Tabelle>
    WHERE...
```

ist beim Einsatz der HANA-DB davon auszugehen, dass die selektierten Datensätze nicht – wie bei den traditionell relationalen DBMS – sortiert sind.

Wird im Programmcoding eine Sortierung der selektierten Datensätze vorausgesetzt, ist bei der Einführung der HANA-DB in den eigenentwickelten Kundenprogrammen dafür Sorge zu tragen, dass die selektierten Felder der internen Tabelle sortiert werden.

Es bestehen zwei Möglichkeiten, die zuletzt genannte Anforderung zu lösen:

1. Versehen Sie das Select-Statement mit dem Zusatz »ORDER BY«:

```
SELECT <feldname1>...<feldnamen>
    FROM <DB-Tabelle>
    INTO TABLE <name_der_internen_Tabelle>
    WHERE...
    ORDER BY <feldname_xy>
```

2. Nehmen Sie die Sortierung der Tabelle nach dem Table-Fetch vor, also bevor im Programm mit den Tabelleninhalten weitergearbeitet wird:

```
SELECT <feldname1>...<feldnamen>
    FROM <DB-Tabelle>
    INTO TABLE <name_der_internen_Tabelle>
    WHERE...

SORT <name_der_internen_Tabelle> BY <feldname_xy>.
```

Unterstützung beim Auffinden solcher Select-Statements in den kundeneigenen Entwicklungen liefert das *ABAP Test Cockpit* (siehe Abschnitt 4.22).

Das gleiche wie für den Select auf DB-Tabellen gilt auch für das Lesen aus programminternen Tabellen mit folgendem Befehl:

```
READ TABLE <name_der_internen_Tabelle>
  WITH KEY <name des Schlüsselfeldes>
  INTO  <name_der_internen_Struktur>
```

Hier ist demnach ebenfalls die interne Tabelle, aus der gelesen werden soll, zuvor mit dem SORT-Befehl zu sortieren:

```
SORT <name_der_internen_Tabelle>
  BY <name_des_Schlüsselfeldes>

READ TABLE <name_der_internen_Tabelle>
  WITH KEY <name des Schlüsselfeldes>
  INTO  <name_der_internen_Struktur>
```

Besonderheiten bei INSERT, UPDATE und MODIFY

Ähnliche Besonderheiten sind bei schreibenden Zugriffen auf die HANA-DB-Tabellen zu berücksichtigen, z. B. bei INSERT, UPDATE oder MODIFY. Häufig werden diese Befehle innerhalb einer Loop-Schleife verwendet. Wie beim Lesen ist zuvor sicherzustellen, dass die zu schreibenden Datensätze vor dem LOOP sinnvollerweise nach dem Primärindex sortiert werden.

EXEC SQL vermeiden

Mit dem Befehl `EXEC SQL` konnten in den traditionell relationalen DBMS datenbankspezifische Select-Befehle verwendet werden, die nicht in ABAP SQL vorhanden sind (sogenannte *OPEN SQL*-Befehle). Dadurch sollte das Lesen bzw. Schreiben von Datensätzen beschleunigt werden. Die HANA-DB nutzt eigene optimierte Lese- und Schreibalgorithmen und stellt verschiedene HANA-spezifische Datenbankoperationen zur Verfügung. Die Verwendung des Befehls `EXEC SQL` ist damit nicht mehr notwendig – und auch nicht mehr vorgesehen – und sollte vermieden werden.

Kein Zugriff auf Pool- und Clustertabellen

Der direkte Zugriff auf sogenannte *Pool- und Clustertabellen* aus Eigenentwicklungen ist nicht mehr möglich, da diese Tabellen mit dem Einsatz der HANA-DB bereits in Standard-Datenbanktabellen (auch *transparente Tabellen* genannt) migriert wurden.

ABAP-SQL in HANA-Datenbank

Die lesenden und schreibenden Befehle für die HANA-Datenbank bieten in ABAP SQL eine Reihe zusätzlicher Befehle und Befehlsoptionen an, z. B. die Definition eines Datenbank-Views aus einem Programm heraus (CREATE VIEW) oder Zeichenkettenoperationen (CONCATENATE) innerhalb eines SELECT-Befehls.

Mit den neuen Funktionen von *SQL Script* können datenintensive Berechnungen einfach gestaltet und vollständig in die HANA-DB verlagert werden. Erreicht wird dies durch die Programmierung von Datenbank-Prozeduren mit dem Befehl CREATE PROCEDURE. Ebenso können neue Datentypen mit dem Befehl CREATE TYPE in HANA angelegt werden.

Es würde an dieser Stelle zu weit führen, all diese neuen Funktionalitäten in ihrem Gesamtumfang darzustellen. Aus diesem Grund verweise ich im Anhang auf weiterführende Literatur.

4.22 ATC-Check beim Einsatz der HANA-DB

Wird in Ihrem System die HANA-DB eingesetzt oder steht eine Einführung der HANA-DB bzw. der neuen Version SAP S/4HANA bevor, sollten Sie als ABAP-Entwickler unbedingt vor der Produktivsetzung einer Entwicklung mit dem *ABAP Test Cockpit* (kurz: *ATC*) prüfen, ob Ihre Entwicklung auch nach einer Migration noch fehlerfrei funktioniert.

Voraussetzung ist selbstverständlich, dass in Ihrem Unternehmen entweder ein eigenständiges ATC-System existiert oder dass das ATC lokal auf Ihrem Entwicklungssystem eingerichtet und konfiguriert ist.

Das ABAP Test Cockpit ist ein Tool, mit dem Sie aus der Entwicklungsumgebung (Transaktion SE80) heraus prüfen können, ob Kundenentwicklungen mit der HANA-DB oder gar unter der neuen SAP Version S/4HANA korrekt funktionieren.

Lassen Sie mich kurz die Funktionsweise des ATC erläutern. Rufen Sie dazu das Programm ZCU_FIRST_CUSTOMER_KONTOKLASSE in der Transaktion SE80 auf.

Anschließend setzen Sie den Cursor auf den Programmnamen, öffnen mit der rechten Maustaste das Kontextmenü und wählen PRÜFEN • ABAP TEST COCKPIT (ATC) MIT ... (siehe Abbildung 4.130).

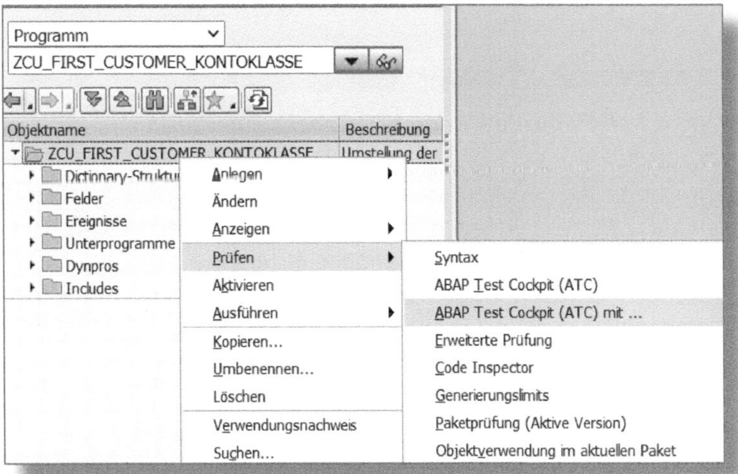

Abbildung 4.130: Programmprüfung mit dem ATC-Check

Daraufhin wird Ihnen ein Screen gemäß Abbildung 4.131 angezeigt. Rufen Sie direkt den Reiter OPTIONEN auf und geben Sie den AUSFÜHRUNGSMODUS *2 Sofort* sowie die CODE-INSPECTOR-PRÜFVARIANTE *FUNCTIONAL_DB* ein. Letztere prüft das Programm auf Kompatibilität mit der HANA-DB. Wollen Sie wissen, ob die Eigenentwicklung korrekt unter der neuen SAP-Version S/4HANA funktioniert, wählen Sie stattdessen die ATC-Standard-Prüfvariante *S4HANA_READINESS_...*

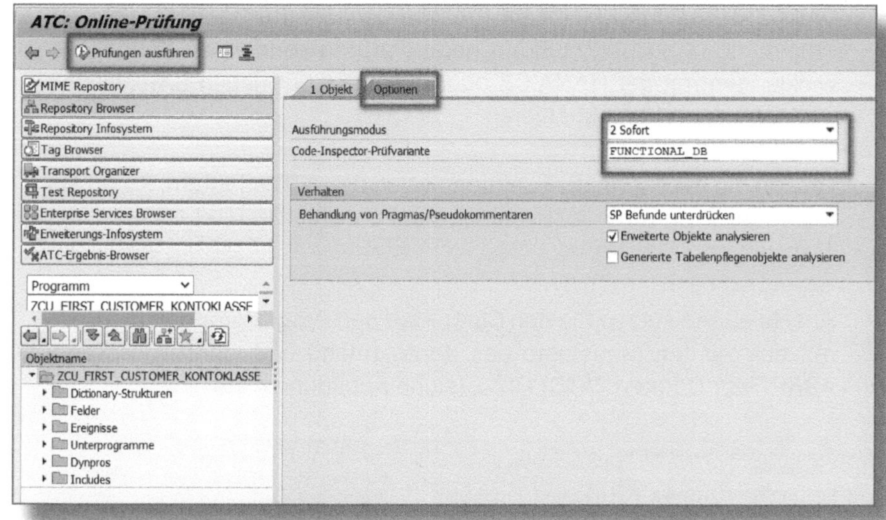

Abbildung 4.131: Prüfvariante des ATC-Checks auswählen

Mit dem Button Prüfungen ausführen wird der ATC-Check gestartet. Nach kurzer Zeit wird Ihnen das Ergebnis des »FUNCTIONAL_DB«-Checks zu Ihrer Eigenentwicklung angezeigt (siehe Abbildung 4.132). Alle Prüfungen ergeben einen Fehler mit PRIORITÄT »3«. Ein Prio-1-Fehler erscheint z. B. dann, wenn die Eigenentwicklung Syntaxfehler enthält. Bei einem Prio-1-Fehler kommt es bereits bei der Produktivsetzung zu einem Transportfehler.

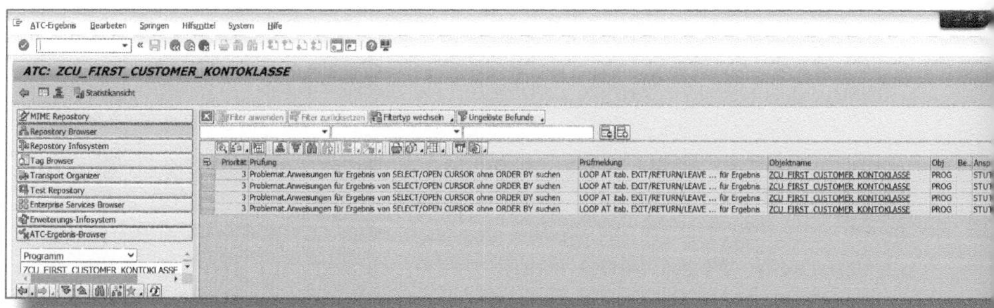

Abbildung 4.132: Ergebnis eines ATC-Checks

Wenn Sie nun in den ersten beiden Spalten einen Doppelklick auf eines der Prüfergebnisse ausführen, erhalten Sie im unteren Bildschirmbereich die DETAILS zum Prüfergebnis (siehe Abbildung 4.133).

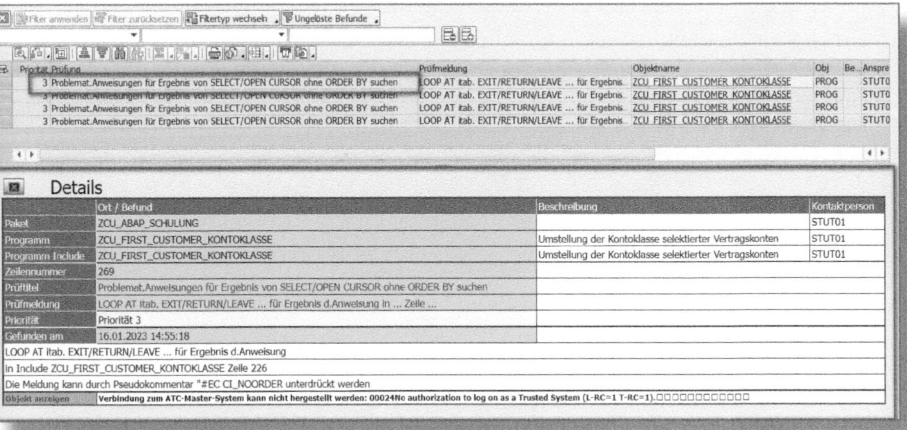

Abbildung 4.133: Details zum Prüfergebnis

Hier wird beschrieben, warum es zu einem Fehler kommt. In diesem Fall wird innerhalb einer LOOP-Schleife über eine nicht sortierte Tabelle der Befehl zum Verlassen der Schleife (EXIT, RETURN oder LEAVE) aufgerufen.

Mit einem Doppelklick auf den Objektnamen (hier: ZCU_FIRST_CUSTOMER_KONTOKLASSE) zeigt der ATC-Check die Stelle im Quellcode des Programms an, die den Fehler im Prüfergebnis erzeugt hat (siehe Abbildung 4.134).

ATC: ZCU_FIRST_CUSTOMER_KONTOKLASSE

Meldungstext	Include	Zeile	Include
SELECT/FETCH-Befüllen intern.Tab./Arbeitsberei.	ZCU_FIRST_CUSTOMER_KONTOKLASSE	226	ZCU_FIRST_CUSTOMER_KONTOKLASSE
loop at LT_EVER. exit/return/leave	ZCU_FIRST_CUSTOMER_KONTOKLASSE	269	ZCU_FIRST_CUSTOMER_KONTOKLASSE

Abbildung 4.134: Fundstelle des Prüffehlers im Source-Code

Mit einem weiteren Doppelklick auf eine Zeile navigiert das System direkt an die »fehlerhafte« Stelle im geprüften Programm (siehe Abbildung 4.135).

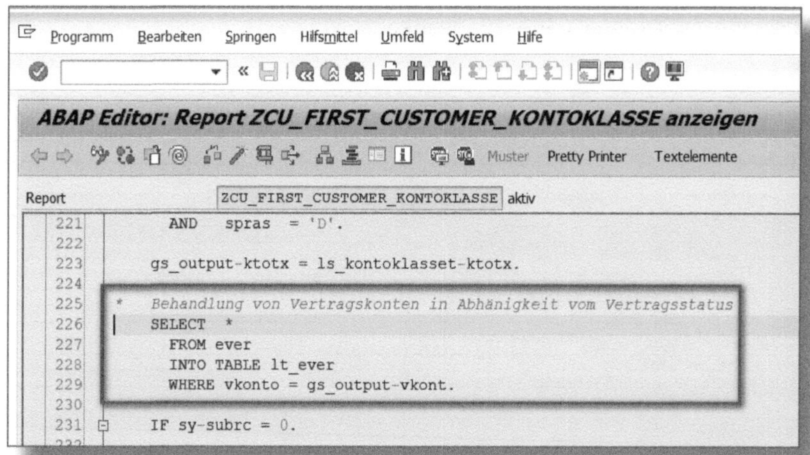

Abbildung 4.135: HANA-Problem – keine Sortierung der Ergebnisse in der internen Tabelle LT_EVER

Jetzt hat der Entwickler zu prüfen, ob vor der Schleife eine Sortierung der programminternen Tabelle vorgenommen werden muss, oder ob diese Fehler mithilfe eines sogenannten *Pseudokommentars* unberücksichtigt bleiben.

Für das gezeigte Beispiel ist der in den Details genannte Pseudokommentar (siehe Abbildung 4.133) wie folgt hinter dem Befehl zum Verlassen (hier der EXIT-Befehl) der Schleife einzugeben.

```
LOOP AT <interne_Tabelle> INTO <workarea>

...
EXIT. "#EC_CI_NOORDER

...
ENDLOOP.
```

Wenn Sie nun eine erneute ATC-Prüfung vornehmen, wird dieser Fehler nicht mehr angezeigt.

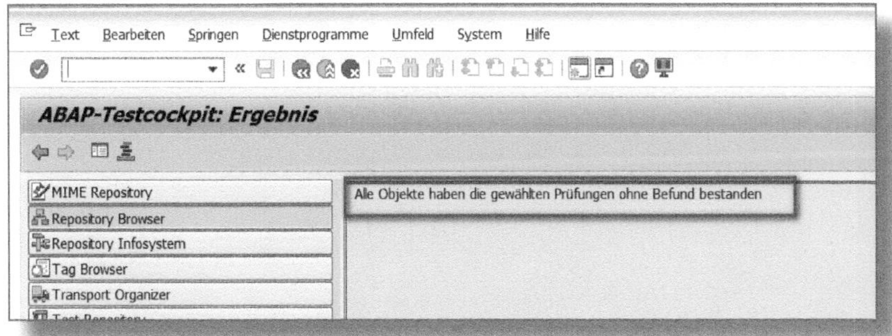

Abbildung 4.136: Fehlerfreies Ergebnis des ATC-Checks

Ist hingegen eine Sortierung der internen Tabelle vor der Loop-Schleife erforderlich, so wird der ATC-Fehler durch folgende Befehlsfolge vermieden:

```
SORT <interne_Tabelle> BY <primärschlüssel_der_Tabelle>
LOOP AT <interne_Tabelle> INTO <workarea>

...
  EXIT.

...
ENDLOOP.
```

Demnach lässt sich ein ATC-Check-Fehler auch durch den SORT-Befehl vor der Loop-Schleife beseitigen.

5 Weitere Entwicklungswerkzeuge

Schon seit geraumer Zeit sind SAP-Anwendungen über das Internet verfügbar. Das bedeutet einerseits, dass diese Anwendungen in der sogenannten *Cloud-Version* laufen, also als Internetdienste im Sinne von *Software-as-a-Service (SaaS)*, und sich so via Standard-Browser Anwendungen zur Daten- und Prozessbearbeitung zur Verfügung stellen lassen. Andererseits ist es möglich, Betrieb und Entwicklung von Anwendungen auf einer internetbasierten Technologie (sogenannten *Platform-as-a-Service – PaaS*) zu betreiben. SAP nennt diese Lösung *Business Technology Platform*. Diese Plattform bietet eine Vielzahl an Tools zur technischen Integration von Anwendungen auf der Basis von Schnittstellen und Konnektoren, zur Unterstützung beim Umgang mit der Datenbank HANA sowie zur Entwicklung von Anwendungen. Auf dieser Plattform ist es u. a. auch möglich, weiterhin die Programmiersprache ABAP einzusetzen.

Mit den eingangs genannten Technologien ist der SAP ein großer Schritt in Richtung Internet und Konnektivität zu SAP-Backend-Systemen gelungen. Um diese Technologien im Umfeld der Softwareentwicklung verfügbar zu machen, wurden auf internetorientierten Technologien basierte Entwicklungswerkzeuge zur Verfügung gestellt.

Es führt an dieser Stelle zu weit, diese vielen neuen Tools mit ihren vielfältigen Funktionen zu erläutern. Dennoch sollen an dieser Stelle die wichtigsten Entwicklungswerkzeuge aufgezeigt und ihr jeweiliger Einsatzzweck erläutert werden. Dabei versuche ich, den von der SAP verursachten Begriffsdschungel ein wenig zu lichten.

5.1 Eclipse als grundlegende Entwicklungsumgebung

Die SAP legte sich auf *Eclipse* für die strategische Ausrichtung weiterer Entwicklungen im SAP-Umfeld fest. Es gibt eine Reihe von Entwicklungswerkzeugen, die Eclipse als Basis nutzen:

- SAP Netweaver Developer Studio (siehe Abschnitt 5.2)
- SAP Core Data Service (siehe Abschnitt 5.3)
- SAP ABAP Development Tool (siehe Abschnitt 5.4)
- SAP WEB IDE (siehe Abschnitt 5.5.1)
- SAP Gateway Plugin für Eclipse (siehe Abschnitt 5.5.3)
- SAP Development-Tools für HTML5, also für die Gestaltung von Benutzeroberflächen (siehe Abschnitt 5.6)
- SAP HANA-Studio (siehe Abschnitt 5.7.1)
- SAP HANA XS (siehe Abschnitt 5.7.2)

Eclipse wurde ursprünglich als integrierte Entwicklungsumgebung (Integrated Development Environment oder kurz IDE) für die objektorientierte Programmiersprache JAVA entwickelt. Ab der Eclipse-Version 3 wird lediglich noch ein Eclipse-Programmkern zur Verfügung gestellt. Für die Verwendung verschiedener Programmiersprachen oder anderer Werkzeuge sind zusätzlich *Plugins* zu installieren.

Für alle Plugins stellt Eclipse eine einheitliche grafische Benutzeroberfläche zur Verfügung, um zeitgleich in verschiedenen Ebenen der Entwicklung mit unterschiedlichen Plugins arbeiten zu können. Dazu werden *Sichten* (auch *Views* genannt) verwendet. Das sind verschiedene Fenster in der Entwicklungsumgebung, die unterschiedliche Inhalte zur Verfügung stellen, wie z. B. verschiedene Editoren, Navigationsbereiche, Dateibrowser, Suchfelder, Templates sowie Klassen- und Methodensysteme.

In Eclipse verfügt jede Programmiersprache über einen eigenen Editor, der Syntaxprüfungen, automatische Einrückungen, Autovervollständigung oder Hervorhebung von Programmbefehlen und Werkzeuge zur Gestaltung von grafischen Benutzeroberflächen via Drag-and-drop zur Verfügung stellt.

Die jeweils aktuelle Eclipse-Version kann kostenfrei von der Seite *https://www.eclipse.org/downloads/* heruntergeladen werden. Sie finden im Internet zahlreiche Beschreibungen, wie Eclipse auf Ihrem lokalen Rechner zu installieren ist. Für alle im SAP-Umfeld verwendeten Eclipse-Plugins ist zunächst das JAVA-Plugin zu installieren. Dies ist aber erst am Ende, nach einer erfolgreichen Eclipse-Installation, möglich.

5.2 SAP NetWeaver Development Studio

SAP NetWeaver Development-Studio stellt als IDE (Integrated Development Environment) bereits für SAP-R/3-Versionen eine Plattform für internetbasierte Entwicklungen zur Verfügung. Es nutzt Eclipse als Entwicklungsumgebung – jedoch ausschließlich mit JAVA als Programmiersprache – und unterstützt die Entwicklung von Web-Anwendungen (wie z. B. Web-taugliche Dynpros) auf der Middleware einer JAVA-Plattform.

5.3 Core Data Service

Der *Core Data Service (CDS)* ist ein Tool zur Definition komplexerer Datenmodelle über Tabellen einer SAP-Datenbank. Durch das CDS können datenintensive Abfragen aus den Programmen direkt in die Datenbank verlagert werden (auch Code Pushdown genannt). Dadurch können insbesondere bei analytischen Abfragen erhebliche Performancegewinne erzielt werden.

Das Tool ist sowohl unter der SAP-Version R/3 (sog. ABAP-CDS) als auch unter SAP S/4HANA (sog. HANA-CDS) verfügbar. Während ein ABAP-CDS weitgehend unabhängig vom eingesetzten traditionell relationalen DBMS ist, ist ein HANA-CDS direkt an die besonderen Eigenschaften der HANA-DB angepasst. Damit sind ABAP-CDS-Objekte nicht in einem HANA-DB-System verfügbar und umgekehrt.

CDS setzen den Einsatz der Entwicklungsumgebung Eclipse voraus. Die mit einem CDS erstellten Datenstrukturen können nur mithilfe von Eclipse eingesehen und bearbeitet werden. Die Anzeige und Bearbeitung der CDS-Strukturen mit dem in Kapitel 2 erläuterten SAP Data Dictionary ist nicht möglich. Weitere Informationen zu Eclipse finden Sie im Abschnitt 5.4.

Wird eine CDS-Datenstruktur in Eclipse aktiviert, wird auf dem SAP-Backend-Entwicklungssystem ein Eintrag in der Tabelle TADIR (Katalog der Repository-Objekte) erzeugt. Definierte CDS-Datenstrukuren im Repository des Backend-Entwicklungssystems kann sich der Entwickler z. B. mit der Transaktion SE16N anzeigen lassen.

Die transportierbaren CDS-Objekte sind mit den Bezeichnungen Objekt-ID = R3TR und OBJECT = DDLS in der DB-Suche zu finden.

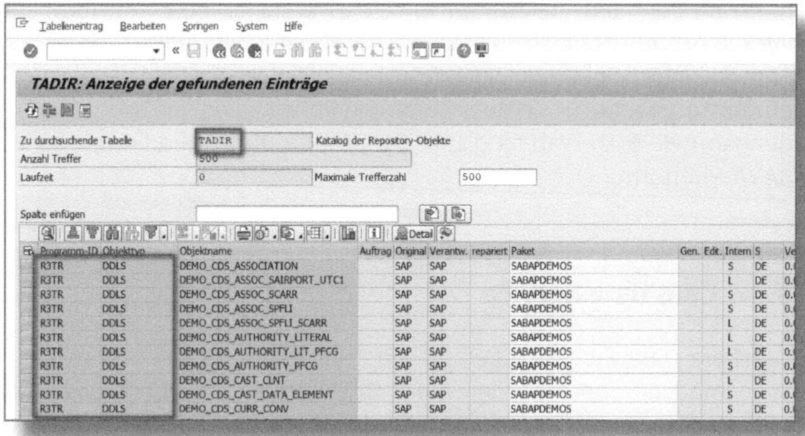

Abbildung 5.1: CDS Objekte in der Tabelle TADIR

Die Möglichkeiten zur Datenmodellierung wurden im CDS gegenüber dem bekannten Data Dictionary erheblich erweitert. Dies zeigt sich bei der Datenselektion komplexerer Abfragen. Insbesondere für Anwendungen mit aufwendigen analytischen Datenauswertungen lohnt sich der Einsatz des CDS.

5.4 ABAP Development Tools

Die *ABAP Development Tools (ADT)* basieren ebenfalls auf der Eclipse-Entwicklungsumgebung.

Nach der erfolgreichen Eclipse-Installation für die Programmiersprache JAVA ist das Plugin für die ADT zu installieren. Das ADT-Plugin ist nicht gesondert herunterzuladen. Es wird über einen Download-Link in Eclipse installiert.

Eclipse und ADT müssen zueinander passen

Die Plugin-Version muss zur installierten Eclipse-Version passen. Bringen Sie daher vorab die Kompatibilität zwischen der installierten Eclipse-Version und der ADT-Plugin-Version in Erfahrung.

Das ADT-Tool wird über Eclipse im Pull-down-Menü HELP • INSTALL NEW SOFTWARE implementiert (siehe Abbildung 5.2). Nach erfolgter Installation des ATD-Plugins kann in Eclipse die Entwicklungsumgebung mit der Programmiersprache ABAP verwendet werden.

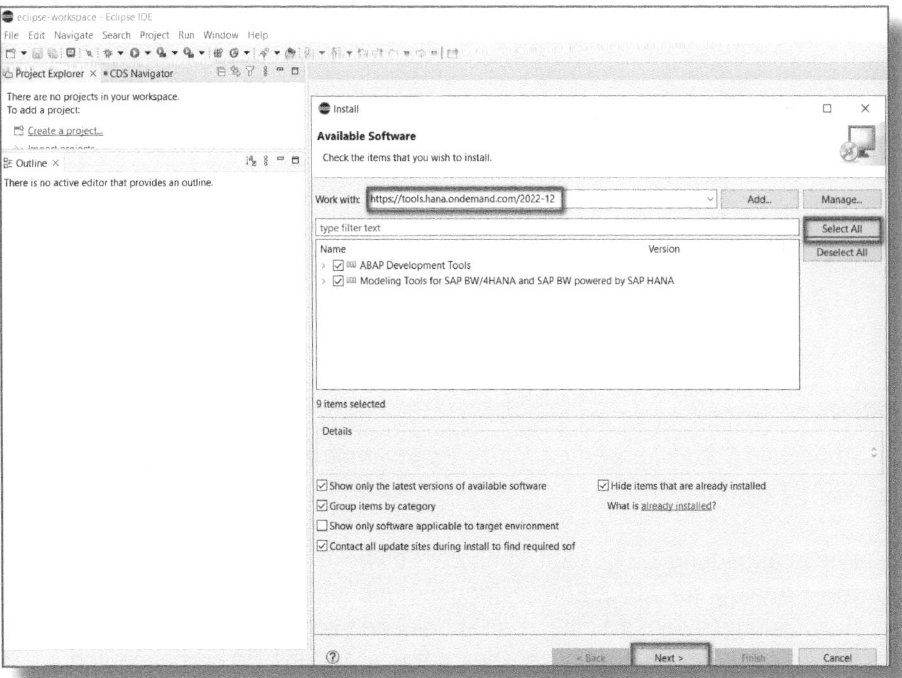

Abbildung 5.2: Installation des SAP ADT in Eclipse

Für den Start einer Entwicklungsaufgabe in Eclipse ist zunächst ein neues Projekt anzulegen. Dabei werden Sie aufgefordert, sich an einem SAP-Backend-Entwicklungssystem mit Ihrem User und Passwort anzumelden. Nach erfolgreicher Anmeldung öffnet Eclipse im linken Fenster die ABAP-Entwicklungspakete des SAP-Backend-Entwicklungssystems. Hier können Sie entweder ein vorhandenes Paket (= Programm) bearbeiten oder ein neues ABAP-Programm anlegen.

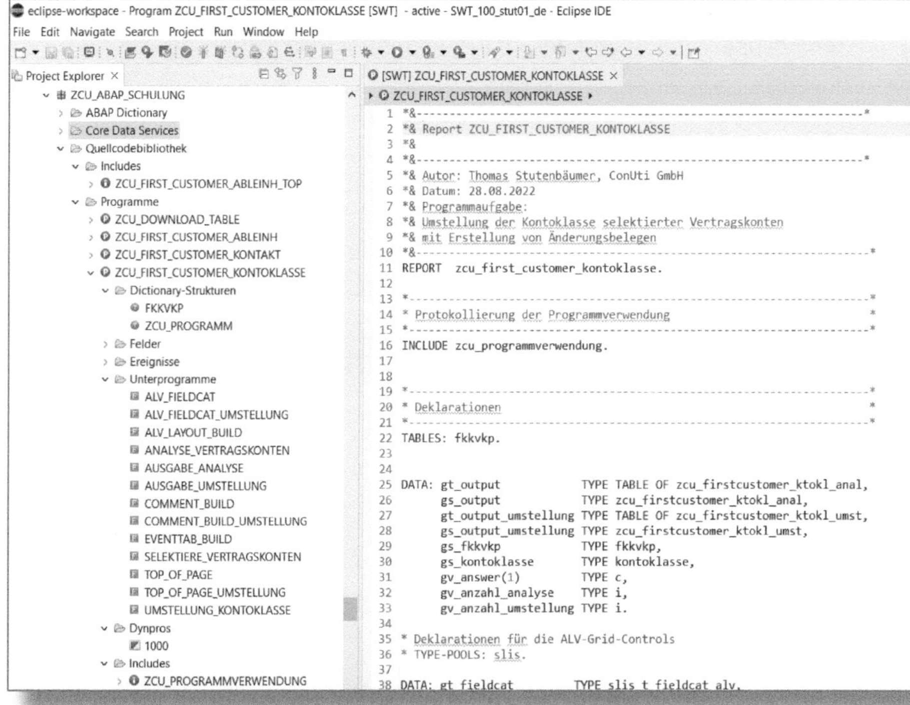

Abbildung 5.3: Eclipse-Editor für die Bearbeitung von ABAP-Programmen

Wie in Abbildung 5.3 gezeigt, kann der Entwickler mit dem Eclipse-Editor – analog zur ABAP-Entwicklungsumgebung – wie in einem SAP-Entwicklungssytem arbeiten. Das »Look and Feel« ist dem der bekannten Transaktion SE80 ähnlich. Dies gilt u. a. für das Hervorheben von ABAP-Schlüsselwörtern, den ABAP-Syntaxcheck und die Aktivierung von Programmen mit dem Icon [icon]. Auch Breakpoints können wie gewohnt im ABAP-Coding gesetzt werden.

Sobald der Entwickler ein von ihm neu entwickeltes oder geändertes Programm aktiviert, wird er zunächst aufgefordert, es einem änderbaren Transportauftrag im Backend-Entwicklungssystem zuzuordnen. Nur wenn das Programm syntaktisch fehlerfrei ist, wird anschließend eine aktive Version auf dem SAP-Backend-Entwicklungssystem erzeugt. Damit wird parallel eine neue Version des Programms in der ABAP-Versionsverwaltung auf dem Backend erzeugt.

Dies gilt ausschließlich für Entwicklungsobjekte, die sich im SAP Data Dictionary befinden. Native Entwicklungsobjekte des HANA-Datenbankkataloges außerhalb des Data Dictionary, unterliegen nicht der Änderungsaufzeichnung und dem Transportsystem des SAP Application Servers. Zu diesen Objekten gehören z. B. HANA-Objekte vom Typ »Procedure«. Diese Procedures enthalten Zusammenfassungen von Datenbankbefehlen mit Ein- und Ausgabeparametern. Für die Produktivsetzung nativer HANA-Datenbankobjekte ist im ADT ein *HANA-Transportcontainer* zu verwenden.

Das bedeutet, dass mit dem ADT direkt auf dem Backend-Entwicklungssystem gearbeitet wird. Versucht nun ein anderer Entwickler auf dem zentralen Entwicklungssystem oder über eine Eclipse-Version auf einem anderen Entwicklerrechner das gleiche Programm zu bearbeiten, so erhält er die Nachricht, dass das Programm bereits von einem anderen Entwickler bearbeitet wird.

Über das Pull-down-Menü RUN • RUN AS • ABAP APPLICATION wird das Selektionsbild des Programms im gleichen Fenster wie der ABAP-Editor gestartet. Tatsächlich läuft das Programm jedoch auf dem zentralen Entwicklungssystem.

Eine CDS-Datenstruktur kann über das Kontextmenü zu einem Entwicklungspaket angelegt werden. Dazu setzen Sie den Cursor auf das Entwicklungspaket, in dem das CDS-Objekt angelegt werden soll, rufen mit der rechten Maustaste das Kontextmenü auf und beginnen die Anlage über NEW • OTHER ABAP REPOSITORY OBJEKT (siehe Abbildung 5.4).

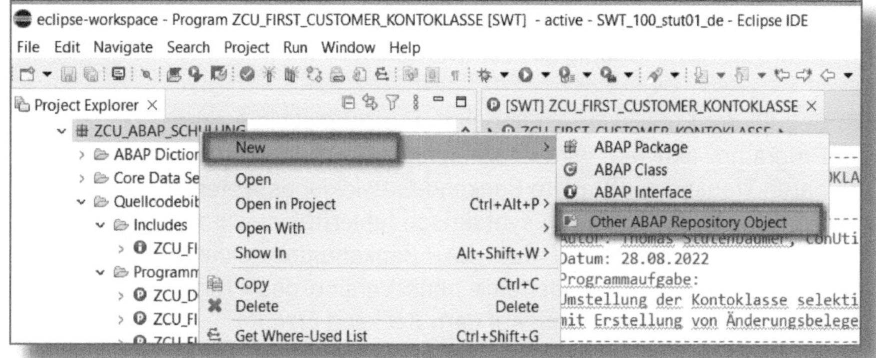

Abbildung 5.4: Erstellen eines CDS-Objektes in Eclipse

Nun erscheint in Eclipse eine Auswahl möglicher anzulegender Repository-Objekte. Hier ist das Objekt CORE DATA SERVICES zu wählen. Die Auswahl wird mit dem Button Next > bestätigt.

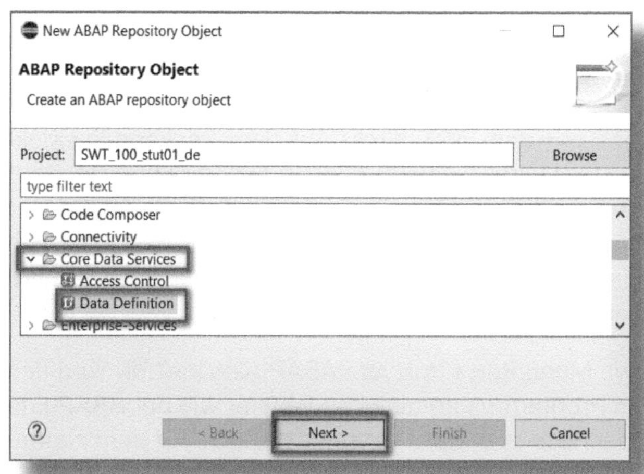

Abbildung 5.5: Anlegen einer CDS Data Definition

Im darauffolgenden Screen ordnen Sie die DATA DEFINITION einem Entwicklungspaket zu (hier ZCU_ABAP_SCHULUNG) und geben der Datendefiniton einen Namen (hier ZCDS_VIEW_FKKVKP_EVER). Abschließend ist dieses CDS-Objekt einem änderbaren Transportauftrag im Backend-Entwicklungssystem zuzuweisen.

Damit wird in Eclipse im Entwicklungspaket ZCU_ABAP_SCHULUNG ein zusätzlicher Menüzweig mit dem CDS-Objekt und der Datendefiniton ZCDS_VIEW_FKKVKP_EVER angelegt. In einem neuen Eclipse-Fenster wird ein Template für diese Datendefinition dargestellt (siehe Abbildung 5.6).

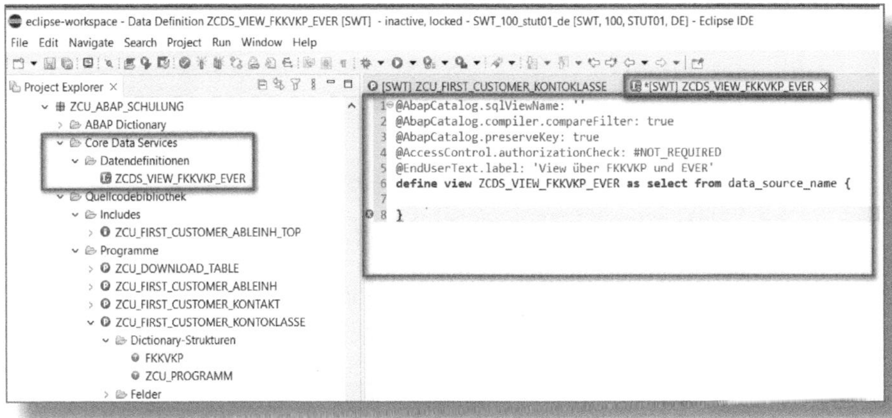

Abbildung 5.6: CDS-Datendefinition in einem Eclipse-Fenster

Im Backend-Entwicklungssystem wurde zeitgleich im selektierten Transportauftrag ein transportierbares Objekt mit der Bezeichnung DATA DEFINITION LANGUAGE SOURCE und dem Namen ZCDS_VIEW_FKKVKP_EVER angelegt (siehe Abbildung 5.7).

```
Änderbar
  SWTK9A0UHZ    STUT01    20.01.2023 20230120;Workbench;ZCU_ABAP_Schulung
    SWTK9A0UI0    STUT01    20.01.2023 20230120;Workbench;ZCU_ABAP_Schulung
      Data Definition Language Source
        ZCDS_VIEW_FKKVKP_EVER
```

Abbildung 5.7: CDS-View als Transportobjekt im Backend

Das Coding ist nun den jeweiligen Anforderungen entsprechend zu erstellen. In diesem Beispiel sollen folgende Felder ausgegeben werden: Vertragskonto, Vertrag, Einzugsdatum, Auszugsdatum, Kennzeichen, ob der Vertrag schlussabgerechnet ist (siehe Abbildung 5.8).

```
@AbapCatalog.sqlViewName: 'ZCDS_VIEW_FKKVKP'
@AbapCatalog.compiler.compareFilter: true
@AbapCatalog.preserveKey: true
@AccessControl.authorizationCheck: #NOT_REQUIRED
@EndUserText.label: 'View über FKKVKP und EVER'
define view ZCDS_VIEW_FKKVKP_EVER as select from fkkvkp
    left outer join ever
    on  fkkvkp.mandt = ever.mandt
    and fkkvkp.vkont = ever.vkonto
    {fkkvkp.vkont,
     fkkvkp.gpart,
     ever.vertrag,
     ever.einzdat,
     ever.auszdat,
     ever.billfinit }
```

Abbildung 5.8: CDS-View über die Tabellen FKKVKP und EVER

Nachdem das Coding des Views vervollständigt wurde, kann der View über RUN • RUN AS • ABAP APPLICATION getestet werden.

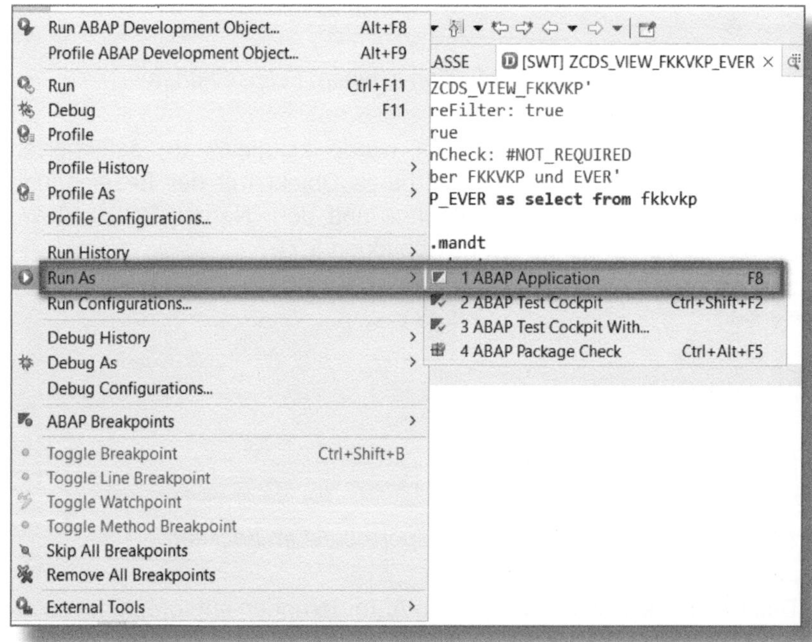

Abbildung 5.9: Test eines CDS-Views

Das Testergebnis des Views mit den selektierten Daten gibt Eclipse in einem neuen Fenster, der sogenannten *SQL-Konsole*, aus.

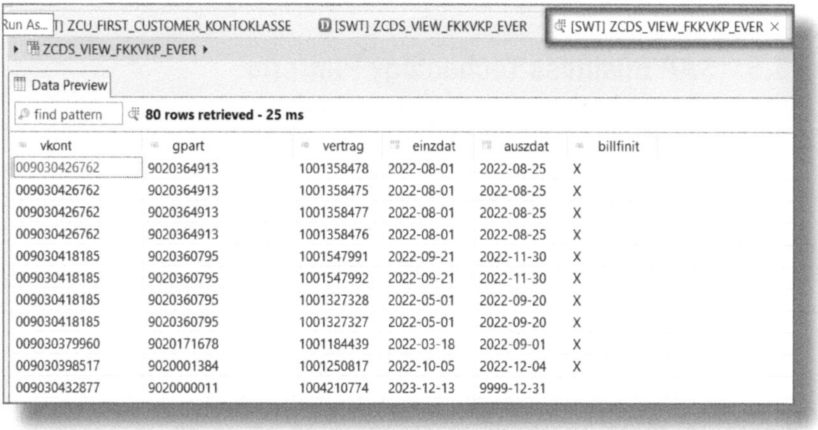

Run As... T] ZCU_FIRST_CUSTOMER_KONTOKLASSE [SWT] ZCDS_VIEW_FKKVKP_EVER [SWT] ZCDS_VIEW_FKKVKP_EVER ×
ZCDS_VIEW_FKKVKP_EVER
Data Preview
find pattern **80 rows retrieved - 25 ms**

vkont	gpart	vertrag	einzdat	auszdat	billfinit
009030426762	9020364913	1001358478	2022-08-01	2022-08-25	X
009030426762	9020364913	1001358475	2022-08-01	2022-08-25	X
009030426762	9020364913	1001358477	2022-08-01	2022-08-25	X
009030426762	9020364913	1001358476	2022-08-01	2022-08-25	X
009030418185	9020360795	1001547991	2022-09-21	2022-11-30	X
009030418185	9020360795	1001547992	2022-09-21	2022-11-30	X
009030418185	9020360795	1001327328	2022-05-01	2022-09-20	X
009030418185	9020360795	1001327327	2022-05-01	2022-09-20	X
009030379960	9020171678	1001184439	2022-03-18	2022-09-01	X
009030398517	9020001384	1001250817	2022-10-05	2022-12-04	X
009030432877	9020000011	1004210774	2023-12-13	9999-12-31	

Abbildung 5.10: Testergebnis eines CDS-Views

Der CDS-View kann, wie im Listing 5.1 dargestellt, in ein ABAP-Programm eingebaut werden.

```
SELECT vkonto vertrag einzdat auszdat billfinit
  FROM ZCDS_VIEW_FKKVKP_EVER
  INTO CORRESPONDING FIELDS OF TABLE gt_output
  WHERE vkont in so_vkont.

IF sy-subrc <> 0.
*  Zu den Selektionskriterien keine Daten gefunden
   MESSAGE e000(zcu_isu).
ENDIF.
```

Listing 5.1: Select-Befehl mit einem CDS-View

Dieser kleine Exkurs zur Bedienung der Eclipse-Umgebung soll zeigen, dass sich erfahrene ABAP-Entwickler schnell in Eclipse einarbeiten werden.

Wie unschwer zu erkennen ist, besteht der wesentliche Vorteil beim Einsatz von Eclipse darin, auf verschiedene Werkzeuge in einer Entwicklungsumgebung zeitgleich in mehreren Fenstern zugreifen zu können.

5.5 SAP Business Technology Platform

Die Bezeichnung *SAP Business Technolgy Platform* (kurz BTP) entstand im Jahr 2021 durch eine Umbenennung der »SAP Cloud Platform« (kurz SCP). Die BTP ist eine Werkzeugsammlung, bei der internetbasierte, administrative Werkzeuge für den Betrieb und Entwicklungswerkzeuge für Cloud-basierte SAP-Backend-Installationen zur Verfügung gestellt werden.

Mit diesen Werkzeugen können unternehmensindividuelle Erweiterungen von SAP-Cloud-Systemen mit internetbasierten Anwendungen integriert und betrieben werden.

Folgende dieser Werkzeuge möchte ich Ihnen kurz vorstellen:

- SAP Web IDE
- SAP Cloud Connector
- SAP Gateway

5.5.1 SAP Web IDE

SAP Web IDE ist eine Entwicklungsumgebung für Web-Anwendungen mit einer Benutzeroberfläche nach dem SAP-UI5-Standard (siehe hierzu Abschnitt 5.6). Damit ist es die Entwicklungsumgebung für SAPUI5 bzw. Fiori-Anwendungen. Anders als das Netweaver Development Tool (siehe Abschnitt 5.2) oder die ADT (siehe Abschnitt 5.4) wird die Web IDE nicht lokal auf einem Arbeitsplatz installiert, sondern kann über einen Internet-Browser in der SAP Cloud genutzt werden.

Der Vorteil besteht darin, dass mit Web IDE entwickelte Anwendungen zum Testen nicht extra auf einem Internet-Gateway zur Verfügung gestellt werden müssen. Das spart viel Entwicklungszeit.

5.5.2 SAP Cloud Connector

Der *SAP Cloud Connector* (ehemals HANA Cloud Connector) dient dazu, Daten aus einem Cloud-SAP-Backend-System in internetbasierten Anwendungen (z. B. Apps) zur Verfügung zu stellen.

Gleichermaßen kann die Notwendigkeit bestehen, Daten über Cloud-basierte Apps an das SAP-Backend-System zu übergeben. Auch das ist eine Kernaufgabe des SAP Cloud Connectors.

5.5.3 SAP Gateway

SAP Gateway wurde zuvor »SAP NetWeaver Gateway« genannt. Mit der Weiterentwicklung des NetWeaver Gateway können die Funktionalitäten des SAP Gateway auch für die neue SAP-Version S/4HANA genutzt werden.

Analog zu anderen Entwicklungswerkzeugen wird Eclipse auch bei SAP Gateway über ein Plugin als Entwicklungsumgebung verwendet.

Das Gateway-Plugin stellt ein Framework für die Kommunikation zwischen SAP- und Nicht-SAP-Anwendungen dar. Die dafür verwendete Technologie basiert auf *Remote-Function-Call*-Verbindungen (kurz: RFC-Verbindungen). Ebenso ermöglicht das Gateway die Kommunikation zwischen SAP-Backend-Systemen und mobilen SAP-Anwendungen. Mit diesem Tool lassen sich sowohl die Komplexität der Verbindung zwischen den SAP- und Nicht-SAP-Anwendungen als auch der Entwicklungsaufwand verringern.

Das aktuelle Gateway-Plugin verwendet darüber hinaus das standardisierte *OData-Protokoll* für den Zugriff auf Geschäftsdaten im SAP-Backend.

Des Weiteren können mithilfe des Gateway-Plugins Verbindungen zwischen SAP-Backend-Systemen unterschiedlichster Versionen erstellt und betrieben werden.

5.6 SAP Fiori

SAP Fiori ist ein Entwicklungswerkzeug zur Erstellung standardisierter sowie personalisierter Benutzeroberflächen. Dazu wurden spezielle Fiori-Guidelines herausgegeben. Diese Guidelines bestimmen das Design von Benutzeroberflächen, die von den Anwendern intuitiv genutzt werden können – ähnlich den Apps auf Smartphones oder Tablets. Prinzipiell handelt es sich bei dem Fiori-Design um kachelähnliche Darstellungen verschiedener Ein- und Ausgabmasken, die sich z. B. auf Tablets mit einem einfachen Screentouch öffnen lassen.

Um eine möglichst einfache und effiziente Entwicklung von Benutzeroberflächen zu ermöglichen, gab es bereits vor der Einführung von SAP Fiori den Standard *SAP UI5* (User Interface 5). Mit dem gleichklingenden Werkzeugnamen SAPUI5 können WEB-Benutzeroberflächen nach HTML5-Standard anhand von Programmiervorlagen, Templates und Befehlsbibliotheken entwickelt werden.

Das Werkzeug SAP Fiori arbeitet auf der Basis von Eclipse mit den SAPUI5-Vorlagen und nutzt darüber hinaus Designvorlagen für die Gestaltung von Benutzeroberflächen.

5.7 Entwicklungen für SAP S/4HANA

Für die Entwicklung mit der HANA-Datenbank existieren zwei verschiedene Versionen der HANA-Plattform: SAP HANA Studio und SAP HANA XS.

5.7.1 SAP HANA Studio

SAP HANA Studio dient als Plattform für Entwicklungen, sofern im Rahmen einer vollständigen S/4HANA-Installation (also einer On-Premise-Installation) gearbeitet wird. Diese enthält im Regefall SAP-Standard-Applikationen wie SAP Finance & Controlling (FI), Material Management (MM), Human Capital Management (HCM) in der S/4HANA-Version.

Das HANA Studio ist als Plugin-Download für Eclipse auf der SAP-HANA-Internetseite kostenfrei verfügbar.

Es beinhaltet zum einen die bereits in Abschnitt 5.4 beschriebenen ABAP Development Tools und zum anderen Modeling Tools für SAP BW on HANA.

Die Modeling Tools für das Business Warehouse unter HANA stellen eine in Eclipse verfügbare Entwicklungsumgebung dar, mit deren Hilfe Metadaten des BW editiert werden können, wie etwa neue Data-Warehouse-Objekte und -Queries.

Diese Modeling Tools stehen zur Verfügung, wenn beim Anlegen eines neuen Eclipse-Projekts der Login zu einem Business Warehouse besteht. Analog zu den ADT arbeiten die Modeling Tools eng mit dem BW-Backend-System zusammen.

5.7.2 SAP HANA XS

SAP HANA XS (Extended Application Service) ist eine Web-Plattform für kleinere Anwendungen. Er ermöglicht die Entwicklung und den Betrieb von HANA-Anwendungen, ohne die Implementierung von SAP-Standard-Anwendungen (wie z. B. FI, MM, SD) auf einem SAP Application Server.

Damit können z. B. Kunden über einen Webbrowser Anfragen an das XS-System stellen. Die HANA-XS-Plattform bearbeitet die Anfragen und sendet – entsprechend der programmierten Logik – Daten im HTML-Format zurück an den Kunden.

Das HANA-XS-System besitzt alle erforderlichen Entwicklungswerkzeuge:

- Datenmodellierung und -zugriff mit einer CDS-entsprechenden Beschreibungssprache,
- ABAP- und JAVA-Programmiersprache für die Entwicklung der Programmierlogik,

- Oberflächenentwicklung mit Werkzeugen, die dem UI5-Standard (vgl. Abschnitt 5.6) entsprechen,
- HANA als Datenbank,
- Web-Dispatcher für die Annahme von internetbasierten HTTP-Anfragen sowie den Versand von Antworten, nachdem die Anwendungslogik die entsprechenden Daten aus HANA selektiert und aufgearbeitet hat.

6 Was bisher erreicht wurde

Ausgehend von der in Kapitel 1 dargestellten Anforderung aus der Praxis sind Sie nun in der Lage, mit den bisher erläuterten Methoden die nachfolgend aufgelisteten Lösungen zu erarbeiten.

- Erstellung der kundeneigenen Tabelle ZRAHMENVERTRAG
- Erweiterung des Customer-Includes CI_EVER für die Zuordnung von Rahmenverträgen zu Versorgungsverträgen
- Einrichten der Tabelle ZRAHMENVERTRAG als Suchhilfe zum Feld »Rahmenvertrag« in der SAP-Tabelle EVER (Versorgungsverträge)
- Anlegen einer Suchhilfe für die Auswahl von Rahmenverträgen in der SAP-Standard-Transaktion zum Ändern und Anlegen von Versorgungsverträgen

Bis auf das Customizing der Prüftabelle »Kontoklasse« wurden damit alle Grundlagen für das Speichern neuer Daten mithilfe des Data Dictionarys geschaffen.

Ebenso können Sie komfortabel Programme erstellen für

- den Upload von Rahmenvertragsdaten,
- die Umstellung der Vertragskonten auf eine neue Kontoklasse,
- die Umstellung der Ableseeinheit über eine neue Zeitscheibe in den Anlagen,
- die Erstellung spezifischer Geschäftspartnerkontakte mit einer neuen Kontaktklasse sowie
- die Anpassung von Abschlagsplänen.

Um alle Anforderungen im vorgestellten Beispiel abzudecken, fehlen Methoden und Verfahren zur modifikationsfreien Erweiterung von SAP-Standardprogrammen. Diese werden im zweiten Teil des SAP-Praxishandbuchs erläutert. Dieser Folgeband enthält darüber hinaus

Erläuterungen zur Performance-Steigerung von SAP-Programmen, eine kurze Anleitung zum SAP-Customizing, Grundlagenwissen aus dem SAP-Transportwesen, Vorgehensweisen zur Fehlerbehebung in Programmen, Hilfen zum Umgang mit SAP-Hinweisen und Orientierung im neuen SAP Support Portal.

Im Anhang B finden Sie eine Aufstellung der verwendeten Beispiel-Programme. Diese Programme können Sie von der Internetseite des Verlags herunterladen: *http://abap.espresso-tutorials.com*. Die Entwicklungen zeigen anhand von Praxis-Beispielen die vorgestellten Methoden und Verfahren zur ABAP-Programmierung.

A Der Autor

Thomas Stutenbäumer arbeitet bereits mehr als 30 Jahre für die IT von Versorgungsunternehmen. Nach seinem Studium der Mathematik an der Westfälischen Wilhelms-Universität Münster war er maßgeblich für die Neugestaltung des IT-Einsatzes eines mittelgroßen Stadtwerke-Unternehmens verantwortlich. In dieser Zeit war er für verschiedene Berufsverbände tätig, veröffentlichte Artikel über den Einsatz neuer Informationstechnologien und trat als Referent in Veranstaltungen der Versorgungsindustrie auf.

Seit über 20 Jahre entwickelt der Autor ABAP-Programme und modifiziert SAP-Standard-Anwendungen. In der Zeit von 2013 bis 2016 war er Senior Consultant bei dem Unternehmen ConUti GmbH und SAP-Entwickler bei verschiedenen Unternehmen der Energiebranche. Seit 2017 ist er bei den Stadtwerken Bielefeld als SAP-Entwickler für die Branchenlösung SAP IS-U (Industry Solution-Utilities) und das SAP-Energiedatenmanagement verantwortlich.

B Beispiel-Programme

Programmname	Eigenschaften
ZCU_ABAP_ALV_GRID_DYNPRO	ALV-Grid-Ausgabe in der Dialogprogrammierung
ZCU_ABAP_ALV_GRID_TEMPLATE	Template zur Erstellung von ALV-Grid-Ausgaben in der Listverarbeitung
ZCU_ABAP_ASSIGN	Verwendung von Feldsymbolen im LOOP, LOOP AT gt_table ASSIGNING <gs_struktur>
ZCU_ABAP_DOWNLOAD_TABLE_DATA	Dynamisches Select-Statement
ZCU_ABAP_DOWNLOAD_ZRAHMENVERTRAG	Download von Daten aus SAP-Tabellen auf den Applikationsserver oder das Arbeitsplatzsystem
ZCU_ABAP_HINTERGRUND_DEBUGGEN	Debuggen im Hintergrund
ZCU_ABAP_JOIN	Select mit JOIN-Option
ZCU_ABAP_MAIL_VERSENDEN	Mail-Versand aus dem SAP-System
ZCU_ABAP_NUMMERNKREIS_ANLAGE	Verwendung von Nummernkreisen
ZCU_ABAP_SOURCE_CODE	Auslesen des Quellcodes von ABAP-Programmen
ZCU_ABAP_TIMESTAMP	Verwendung des Datentyps TIMESTAMP
ZCU_ABAP_UPLOAD_ZRAHMENVERTRAG	Hochladen von Daten in SAP-Tabellen vom Applikationsserver oder Arbeitsplatzsystem
ZCU_ABAP_VARIANTE_STARTEN	Start von User-spezifischen Programmvarianten
ZCU_ABAP_ZAHL_CHAR	Konvertierung von Zahlen und Datum in CHAR-Feldern in ein sortierbares Format

Programmname	Eigenschaften
ZCU_FIRST_CUSTOMER_ABLEINH	Fallunterscheidung in Zeitscheiben, ALV-Grid-Ausgabe mit Funktionsbausteinen
ZCU_FIRST_CUSTOMER_ABSCHLAG	Call-Transaction-Verfahren, ALV-Grid-Ausgabe mit Funktionsbausteinen
ZCU_FIRST_CUSTOMER_KONTAKT	Erstellen von Geschäftspartner-Kontakten
ZCU_FIRST_CUSTOMER_KONTOKLASSE	ENQUE- und DEQUEUE-Funktionsbausteine, Änderungsbelege

C Häufig benötigte Transaktionen und Tabellen

SAP-Transaktionen

Trans-aktion	Funktion
AL11	Anzeige der SAP-Verzeichnisse
FQVENTS	Verwaltung von Event-Fubas für FI-CA
SCC4 und SE06	Systemänderbarkeit
SCDO	Änderungsbelegobjekte
SE11	Data Dictionary
SE24	Klassen anlegen, anzeigen, bearbeiten und löschen
SE37	Funktionsbausteine anlegen, anzeigen, bearbeiten und löschen
SE38	Programme und Includes anlegen, anzeigen, bearbeiten und löschen
SE80	ABAP-Entwicklungsumgebung
SE91	Nachrichtenverwaltung
SE93	Transaktionsverwaltung
SM04	Azeige der am System angemeldeten User
SM12	Sperrverwaltung
SM35	Batch-Input und Call-Transaction-Aufzeichnungen
SM50	Prozessübersicht
ST22	Dump-Analyse

SAP-Datenbanktabellen

Tabellenname	Tabelleninhalt
CDHDR	Änderungsbelege – Kopf
CDPOS	Änderungsbelege – Positionen
DEVACCESS	Entwicklerschlüssel
E070	Transportsystem: Aufträge/Aufgabe und deren Bezeichnungen
E071	Objekte in Aufträgen und Transporten
E07T	Bezeichnungen von Aufträgen und Transporten
TLOCK	Durch Transporte gesperrte Objekte
NRIV	Nummernkreisintervalle
SE16N_CD_DATA	Protokollierung von Tabellenänderung mit der Transaktion SE16N – Positionsdaten
S16N_CD_KEY	Protokollierung von Tabellenänderung mit der Transaktion SE16N – Kopfdaten
T001	System und Mandanten
T100	SAP-Nachrichten-Meldungsarten ändern (E -> W)
TADIR	Katalog aller Repository-Objekte, z. B. das Quellsystem und das Reparaturkennzeichen
TDEVC	Tabelle für Entwicklungspakete
TFK*	FI-CA-Customizing-Tabellen
TSTC	SAP-Transaktionscodes
REPOSRC	Report Sourcen (Quellcode von ABAP-Entwicklungen)

BDC_OKCODE

BDC_OKCODE	Bedeutung
/00	Enter
ENTE	Enter
ENTR	Enter
UPDA	Update, Sichern der Daten
UPD	Update, Sichern der Daten
SAVE	Sichern der eingegebenen Daten
SICH	Sichern der eingegebenen Daten
BU	Buchen bzw. Sichern der eingegebenen Daten
BACK	eine Bildschirmanzeige zurückspringen (analog /3)
MAIN	Hauptmenü anzeigen
EEND	Beenden des Programms bzw. der Transaktion
YES	Auswählen von »Ja« in einer Pop-up-Anzeige
PI	Selektion der Cursor-Position
DELZ	Delete Cursor
P++	auf die letzte Seite springen
P+	eine Seite nach unten blättern
P--	auf die erste Seite springen
P-	eine Seite nach oben blättern
/3	Funktionstaste F3, d. h. zurück
/15	Funktionstaste F15, d. h. beenden

D Weiterführende Literatur

Für Hilfestellungen zu neueren Entwicklungsthemen im SAP-Umfeld verweise ich auf gute Fachbücher aus dem Verlag Espresso Tutorials, z. B.:

- »ABAP-Programmierung unter SAP S/4HANA« von Victor Laufer und Rüdiger Deppe, ISBN: 9783945170571
- »SAP-Praxishandbuch ABAP Core Data Services (CDS)" von Johannes Gerbershagen, ISBN: 9783960121367
- »Cloud-Entwicklung in SAP HANA« von Eike Sunke, ISBN: 9783960120162
- »SAP S/4HANA Analytical Applications with Fiori Elements« von Uladzislau Pralat, ISBN: 9783960123071

Stöbern Sie doch einfach auf der Internetseite *https://www.espresso-tutorials.de/*. Sicherlich werden Sie zu vielen Fragestellungen bzgl. neuerer Entwicklungstools entsprechende Fachbücher finden.

E Index

V

W

Z

F Disclaimer

Die in diesem Werk wiedergegebenen Gebrauchsnamen, Handelsnamen, Warenbezeichnungen usw. können auch ohne besondere Kennzeichnung Marken sein und als solche den gesetzlichen Bestimmungen unterliegen. Sämtliche in diesem Werk abgedruckten Bildschirmabzüge unterliegen dem Urheberrecht der SAP SE, Dietmar-Hopp-Allee 16, 69190 Walldorf.

In dieser Publikation wird auf Produkte der SAP SE Bezug genommen. SAP, R/3, SAP NetWeaver, Duet, PartnerEdge, ByDesign, SAP BusinessObjects Explorer, StreamWork und weitere im Text erwähnte SAP-Produkte und -Dienstleistungen sowie die entsprechenden Logos sind Marken oder eingetragene Marken der SAP SE in Deutschland und anderen Ländern. Business Objects und das Business-Objects-Logo, BusinessObjects, Crystal Reports, Crystal Decisions, Web Intelligence, Xcelsius und andere im Text erwähnte Business-Objects-Produkte und -Dienstleistungen sowie die entsprechenden Logos sind Marken oder eingetragene Marken der Business Objects Software Ltd. Business Objects ist ein Unternehmen der SAP SE. Sybase und Adaptive Server, iAnywhere, Sybase 365, SQL Anywhere und weitere im Text erwähnte Sybase-Produkte und -Dienstleistungen sowie die entsprechenden Logos sind Marken oder eingetragene Marken der Sybase Inc. Sybase ist ein Unternehmen der SAP SE. Alle anderen Namen von Produkten und Dienstleistungen sind Marken der jeweiligen Firmen. Die Angaben im Text sind unverbindlich und dienen lediglich zu Informationszwecken. Produkte können länderspezifische Unterschiede aufweisen.

Der SAP-Konzern übernimmt keinerlei Haftung oder Garantie für Fehler oder Unvollständigkeiten in dieser Publikation. Der SAP-Konzern steht lediglich für SAP-Produkte und -Dienstleistungen nach der Maßgabe ein, die in der Vereinbarung über die jeweiligen Produkte und Dienstleistungen ausdrücklich geregelt ist. Aus den in dieser Publikation enthaltenen Informationen ergibt sich keine weiterführende Haftung.

Weitere Bücher von Espresso Tutorials

Eik Sunke:

Cloud-Entwicklung in SAP HANA®

- Einstieg in die cloudbasierte Softwareentwicklung
- SAP-HANA-XSA-Plattform für eigene Softwareprojekte verwenden
- Entwickeln mit HANA CDS, Java, Node.js, Python und SAPUI5
- Inklusive vollständiger MTA-Beispielanwendung

http://5516.espresso-tutorials.de

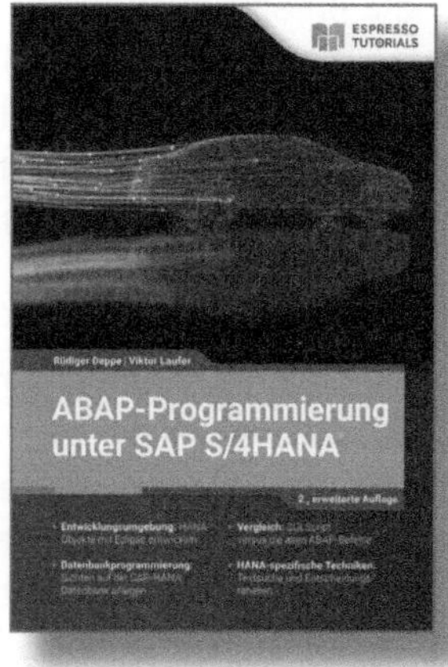

Viktor Laufer, Rüdiger Deppe:

ABAP-Programmierung unter SAP S/4HANA®

- Entwicklungsumgebung: HANA-Objekte mit Eclipse entwickeln
- Datenbankprogrammierung: Sichten auf der SAP-HANA-Datenbank anlegen
- Vergleich: SQLScript versus die alten ABAP-Befehle
- HANA-spezifische Techniken: Textsuche und Entscheidungstabellen

http://5533.espresso-tutorials.de